JN441836

1부 1권

양반도 깨어라
상놈도 깨어라 ①

이승만과 김구

1875~1919

나남
nanam

손 세 일

서울대학교 문리과대학 정치학과를 졸업하고,
미국 인디애나대학교 저널리즘 스쿨,
일본 도쿄대학교 법학부 대학원에서 수학했다.
〈사상계〉, 〈신동아〉 편집장과 〈동아일보〉 논설위원을 거쳐
1980년에 정계에 투신하여, 3선 국회의원을 지냈다.

저서로 《이승만과 김구》(1970), 《인권과 민족주의》(1980),
《한국논쟁사(I~V)》(편) (1976) 등이 있고,
역서로 《트루먼 회고록(상, 하)》(1968) 등이 있다.

1부 1권

양반도 깨어라 상놈도 깨어라 ①
이승만과 김구 1875~1919

2008년 9월 5일 발행
2008년 9월 5일 1쇄

저자_ 孫世一
발행자_ 趙相浩
발행처_ (주) 나남
주소_ 413-756 경기도 파주시 교하읍
출판도시 518-4
전화_ 031) 955-4600 (代)
FAX_ 031) 955-4555
등록_ 제 1-71호(79. 5. 12)
홈페이지_ www.nanam.net
전자우편_ post@nanam.net

ISBN 978-89-300-8327-0
ISBN 978-89-300-8326-3 (세트)
책값은 뒤표지에 있습니다.

손세일의 한국 현대사《이승만과 김구》 1부 1권

양반도 깨어라
상놈도 깨어라 ①

이승만과 김구

1875~1919

손세일

나남
nanam

역사와 개인의 역할

역사란 무엇인가 라는 물음은 인간의 역사 기록 그 자체만큼이나 해묵은 것이다. 그리고 그 물음에 대한 정의는 말하는 사람의 수만큼이나 다양하다. 그것은 사람은 누구나 현재의 당면 문제나 지향하는 목적에 도움이 될 만한 교훈을 역사에서 찾게 마련이기 때문이다. 그런 점에서 모든 역사는 현대사라는 크로체(Benedetto Croce)의 말은 옳다. 역사란 무엇인가 라는 물음과 관련하여 1960년대 이후 한국의 저항적 지식인들을 포함한 세계의 많은 지식인들에게 가장 큰 영향을 끼친 책은 아마 카(Edward Hallet Carr)의 《역사란 무엇인가?》(1961) 일 것이다. 그리하여 "역사란 현재와 과거의 끊임없는 대화"라는 그의 말은 이제 역사란 무엇인가 라는 물음에 대한 가장 대중적인 정의가 되었다.

그러나 21세기를 사는 우리에게는 그 '대화'의 방법과 내용은 사뭇 달라질 수밖에 없게 되었다. 《역사란 무엇인가?》 출간 40주년을 기념하여 2001년 11월에 런던대학교 역사연구소에서 열린 심포지엄에서 기조연설격인 보고를 한 에반스(Richard J. Evans)는 다음과 같이 말했다.

> 대부분의 역사가들이 사용해 온 인과관계 모델, 비록 간접적으로나마, 경제가 사회에 작용하고 사회가 정치에 작용한다는 말은 이제 분명히 타당하지 않게 되었다. 마지막으로, ―이러한 다른 진

> 전과 무관하지 않으나—1989년에서 1990년에 걸친 소련과 동유럽에서의 공산주의의 극적인 붕괴에 따라 전후시대의 학문 사이의 경계선은 갑자기 소멸되었다. 이러한 일들은 E. H. 카가 역사가들이 채택하도록 촉구한 거대 담론이나 목적론을 파괴했을 뿐만 아니라, 역사는 단일의 방향과 목적을 가졌다고 보는 모든 관념을 파괴했다. …[1]

이러한 주장에는 역사의 진전에 대한 카의 성급한 예측을 반박하는 뜻도 포함되어 있다. 카는 자전적 회고록에서, 서유럽사회는 몰락할 수밖에 없고 다가오는 세계는 "사회주의적" 유토피아가 될 것이라고 예측했다.[2] 그는 또 자본주의의 몰락을 완성시킬 세계혁명은 식민지 인민들의 봉기일 것이라고 말하기도 했다.[3]

'인과관계의 종언'과 함께 역사와 개인의 역할이라는 해묵은 논제가 새로이 거론되고 있는 것은 눈여겨볼 만한 일이다. 그것은 물론 위인들 이야기의 부활을 뜻하는 것은 아니다. 그러나 포스트모더니즘 역사학의 원류의 하나로 일컬어지는 부르크하르트(Jacob C. Burckhardt)가 역사의 출발점은 언제나 있었고 또 언제나 있을, 버텨내고 노력하고 행동하는 인간[4]이라고 한 말은 여러 가지를 되새겨 보게 한다. 부르크하르트

---

1) Richard J. Evans, "Prologue: *What is History?*—Now", David Cannadine ed., *What is History Now?*, Palgrave Macmillan Ltd, 2002, p. 6.
2) R. W. Davies, "Note towards a Second Edition of *What is History?*", E. H. Carr, *What is History?* Second Edition, Palgrave, 1986, p. 1xxix.
3) *ibid*, p. 1xxxiii.
4) Jacob Burckhardt, *Weltgeshichtliche Betrachtungen*, Alfred Kröner Verlag, 1978, SS. 5~6.

가 강조한 역사의 세가지 힘 — 국가와 종교와 문화 — 의 명제는 에반스가 파괴되었다고 말하는 거대 담론에 속하는 것일지 모른다. 그러나 그것은 우리의 두 주인공 이승만과 김구가 살았던 시대의 한국 역사의 본질이며 핵심적 가치였다. 뿐만 아니라 냉전체제의 붕괴와 더불어 지구상의 거의 모든 지역에서 역동적으로 나타나는 현상이 내셔널리즘(또는 지역주의)과 종교와 문화를 통한 정체성의 추구라는 사실은 퍽 심각하면서도 흥미로운 일이 아닐 수 없다. 그리하여 나는 두 사람의 생애를, 부르크하르트의 세 가지 명제에 비추어 생각하면서, 될 수 있는 대로 자세히 톺아보았다. 그것은 이를테면 이 나라의 국가적 정체성의 탐구작업이기도 하다.

국가적 정체성은 직접적으로든 간접적으로든 정치 지도자들에 의하여 영향을 받게 마련이다. 그리고 근대적 국민국가의 정치체제가 제도로서 확립되어 있지 않은 사회일수록 정치 지도자의 리더십이 그 사회의 변화의 방향을 결정할 만큼 큰 힘을 발휘하게 마련이다. 나아가 오늘날에는 주권국가 내부에서뿐만 아니라 국제정치에서의 리더십의 문제도 정치학의 중요한 연구과제가 되고 있다.

선례가 헌법적 권위를 누리던 왕조시대에는 역사는 곧 정치였다. 그리고 그러한 정치문화의 유습은 20세기의 굴절된 역사를 거치는 동안 여러 가지 변형된 모습으로, 그러나 꽤 영향력을 발휘하면서 오늘날까지 한국사회에 잔존해 있는 경우가 많다.

이승만과 김구는 오늘의 한국을 만든 대표적인 두 지도자이다. 일본의 《아사히 신문(朝日新聞)》은 20세기를 마무리하는 기획특집 "100인의 20세기"(1998)에서 한국인으로는 이승만과 김일성(金日成) 두 사람을 다루었다. 한국에서는 김구의 평가가 훨씬 더 높다. 《조선일보(朝鮮

日報)》가 선정한 "대한민국 50년을 만든 인물 10인"(1999. 3)에서는 김구가 1위이고 이승만이 5위였다. 이러한 평가는 저마다 다른 기준과 시각에 따른 것이겠으나, 두 사람이 한국 현대사의 중심적 존재임을 말해주는 것임에 틀림없다. 말하자면 이승만과 김구는 20세기 한국 민족주의의 가장 큰 두 유산인 셈이다. 그 유산 가운데에는 물론 빚도 있다.

나는 1970년에 단권의 《이승만과 김구》를 출판하면서, 저술동기를 다음과 같이 적었다.

> 역사는 개인에 의하여 빚어지는 동시에 인간은 역사 속의 개인이다. 오늘날 이 나라의 얄궂은 정치문화는 '박사'와 '선생'이라는, 원래의 뜻보다는 엄청난 권위로 확대된 존칭이 아주 걸맞게 어울렸던 이 두 사람과 그들의 관계로부터 영향된 바 크다. 그러나 한편으로는 이 나라의 그러한 정치문화가 그들로 하여금 결국 정치적 패배의 쓴 잔을 들게 했다고도 말할 수 있을 것이다. 그리고 전통적으로 이 땅의 정치적 운명이 국제정치질서에 의해 크게 제약받고 있었기 때문에 그 비극적 요소는 더욱 심각한 것이었다. 다시 말하면 국민들에게 공통적인, 혹은 지배적인 공감을 불러일으킬 만한 '삶의 방식'을 제시하기가 지극히 어려운 처지에서 이 나라의 지도자들은 고심해왔다. 이러한 형편을 나는 퍽 동질적인 바탕이면서도 대조적인 모습으로 나타났던 이 두 사람의 정치행태를 견주어 봄으로써 다만 문제제기라도 해보려고 했다.[5]

그러나 그것은 의욕에 비하여 크게 미치지 못하는 작품이었다. 그리고 두 사람의 생애를 총괄하여 정치적 패배라고 평가한 것은 젊은 저널리스트의 오만과 시대적 에토스의 소산이었음은 말할 나위도 없다. 그

5) 孫世一, 《李承晩과 金九》, 一潮閣, 1970, p. ii.

럼에도 불구하고 여러 면으로 결함이 많은 이 책에 대해 정치학계에서는 한국 헌정사 연구의 선구적 성과[6] 또는 정치전기학의 시발로,[7] 역사학계에서는 대한민국임시정부 연구의 본격적인 출발점의 하나로[8] 평가해 주었다. 민망스러운 일이 아닐 수 없다.

냉전체제의 붕괴에 따른 정치적 및 사회적 분위기의 전환과 더불어 두 사람과 직접 간접으로 관련된 많은 종류의 기초자료들이 속속 공개되고 있다. 이제 자료부족을 핑계 삼을 수는 없는 상황이 되었다. 뿐만 아니라 그동안 국내외를 통하여 연구자들도 크게 불어나서 정치학계나 역사학계에서 발표되는 관련분야의 연구성과는 괄목할 만하다. 여간 기쁘고 고마운 일이 아니다. 나는 이러한 조건과 연구성과들을 힘자라는 대로 활용하고, 또 한때 이 나라의 정치현장에서 활동하는 동안 깨우친 정치의 이치 같은 것도 유념하면서 《이승만과 김구》를 새로 쓰기로 했다.

이 책은 3부로 구성되어 있다. 제 1부 "양반도 깨어라 상놈도 깨어라"는 두 사람의 출생에서부터 3·1운동 때까지의 지도자로 성장하는 과정을 다루었다. 이 기간은 비교정치학에서 말하는 정치적 사회화(political socialization) 과정에 해당한다. 일반적으로 정치적 사회화과정의 요인으로는 가족, 학교, 종교기관, 동류집단(peer group), 직업, 대중매체, 정당, 정부조직과의 직접 접촉, 사회적 및 문화적 환경 등을 꼽는다.[9]

6) 盧在鳳, "書評", 《京鄕新聞》 1970년 11월3일자.

7) 면담 이정식/편집해설 김학준, 《혁명가들의 항일회상》, 민음사, 2005, pp. 22~23.

8) 김희곤, 《대한민국임시정부 연구》, 지식산업사, 2004, p. 20 ; 윤대원, 《상해시기대한민국임시정부 연구》, 지식산업사, 2004, p. 3, p. 16 주1).

9) Gabriel A. Almond - G. Bingham Powell, Jr. ed., *Comparative Politics Today*, Scott, Foresman and Company, 1988, pp. 35~40.

궁핍한 가정환경에서 각각 독자로 태어난 이승만과 김구는 한 사람은 왕족의 후손이라는 의식을, 또 한 사람은 심한 상놈 콤플렉스를 느끼면서 위에 열거한 것과 같은 정치적 사회화과정을 통하여 인간은 얼마나 자기 자신을 변화시킬 수 있는지를 보여주었다.

정치적 사회화과정의 하나로서 두 사람에게 가장 중요했던 것은 청년시절의 감옥생활의 경험일 것이다. 이승만과 김구는 장기간의 감옥생활을 했다. 이승만은 25세에서 30세까지의 5년7개월 동안, 김구는 20대 초반에 1년10개월 동안, 30대 중반에 4년 반 넘어 혹독한 감옥생활을 했는데, 두 사람의 감동적인 감옥생활은 그들이 각각 다른 모습의 지도자로 성장하는 아주 특별한 정치 오리엔테이션이 되었다. 이승만은 일반 사회에서라면 도저히 불가능 했을 만큼 많은 학문습득과 저술활동을 감옥 안에서 했다. 김구에게 감옥은 그를 저항적 민족주의의 강철덩어리로 달구어 낸 '불가마'였다.

두 사람은 이러한 정치적 사회화 과정을 통하여 라스웰(Harold D. Lasswell)의 이른바 정치적 인간형의 인물이 되었다. 라스웰은 정치적 인간형은 사적 동기를 공적 목적에 전위하여 공공의 이익의 이름으로 합리화한다고 정의했다.[10] 그렇게 하여 두 사람은 3·1운동 때까지는 이 나라 현대사의 핵심적 사건이나 운동에 직접 참여하여 중요한 역할을 하게 되었다. 나는 그러한 사건이나 운동의 실상과 두 사람의 관계를 분석하고 그것이 그들의 생애와 한국 현대사에서 갖는 의미를 이해하려고 노력했다.

제 2부는 두 사람이 3·1운동의 결과로 수립되는 대한민국 임시정부

10) Harold D. Lasswell, *Power and Personality*, The Viking Press, 1962, p. 38.

에 참가해서부터 1945년 8월15일의 민족의 해방을 맞을 때까지 직업적 독립운동가로 활동하는 26년 동안의 정치 행태와 그 관계를 그들이 처했던 정치상황과 관련하여 살펴보았다. 제2부까지는 《월간조선(月刊朝鮮)》에 연재를 끝냈다.

제3부는 1945년의 민족의 해방과 더불어 귀국한 두 사람이 해방정국의 정치적 열광 속에서 근대적 국민국가의 건설이라는 과제를 두고 어떻게 고민하면서 어떻게 행동했는가를 살펴보게 될 것이다. 시기적으로는 김구가 장절한 최후를 마칠 때까지이다.

모두 열권이 될 이 《이승만과 김구》는 나로서는 퍽 힘겨운 라이프 워크이다. 이 작업을 하는 동안 어느새 고희를 넘겼다. 그러한 나에게 힘이 되어 주는 것은 미네르바의 부엉이처럼 황혼에 나타나는, 나 자신이 그리는 이승만과 김구의 긴 그림자이다.

2008년 8월15일

감사말씀

나는 이 작업을 하면서 참으로 많은 분들의 힘을 입었다. 먼저 정명환(鄭明煥) 교수는 《이승만과 김구》가 《월간조선(月刊朝鮮)》에 연재되는 동안 원고를 먼저 읽고 내용 검토와 함께 문장을 꼼꼼히 손질해 주셨다. 김우창(金禹昌) 교수, 신용하(愼鏞廈) 교수, 최기영(崔起榮) 교수, 고정휴(高珽烋) 교수, 윤상철(尹相哲) 교수와 하와이의 이덕희(李德姬) 선생은 발표된 글을 자세히 읽고 친절한 논평을 해주셨다. 이분들의 논평은 책으로 내면서 보완작업을 하는 데 큰 도움이 되었다. 보완작업을 하느라고 분량도 늘어났다. 외우 김우창 교수는 까다로운 영어 문장을 정확하게 읽는 일도 거들어 주었다. 최기영, 고정휴 두 교수와 이덕희 선생은 힘들여 구하신 귀중한 자료들도 나누어 주셨다. 한문이나 국한문 초서로 된 문서들을 해독하는 일은 이우성(李佑成) 교수에게 폐를 끼쳤다. 기독교의 역사와 관련된 문제에 관해서는 이만열(李萬烈) 교수와 윤경로(尹慶老) 교수의 도움을 받았다.

전택부 선생, 윤병석(尹炳奭) 교수, 나채운(羅采雲) 교수, 유영익(柳泳益) 교수, 정진석(鄭晋錫) 교수, 최창희(崔昌熙) 교수, 김상기(金祥起) 교수, 박맹수(朴孟洙) 교수, 장석흥(張錫興) 교수, 한철호(韓哲昊) 교수, 이명화(李明花) 박사, 장규식(張圭植) 교수, 정병준(鄭秉峻) 교수, 배현주(裵賢珠) 교수는 귀중한 자료를 나누어 주시기도 하고 자료를 찾는 일을 도와주셨다. 펜실베이니아의 이정식(李庭植) 교수, 하와이의 최영호(崔泳浩) 교수, 일본의 이경민(李景珉) 교수, 나가타 아키후미(長田彰文) 교수, 한영대(韓永大) 선생은 귀중한 자료들을 나누어 주시거나 일본의 자료와 참고문헌을 찾는 번거로운 일을 해 주셨다. 화폐와 환율가치에 대해서는 이헌창(李憲昶) 교수의 도움을 받았다. 이현주(李賢周) 박사와 배경식(裵慶植) 연구원은 저자와 공동작업을 하다시피 애를 써 주었다.

참고문헌은 주로 국회도서관 소장 문헌들을 이용했으나, 국회도서관에 없는 자료들은 국립중앙도서관, 연세대학교 도서관, 한림대학교 아시아문화연구소, 국사편찬위원회, 한국연구원의 소장 자료들을 이용했다. 사진자료들은 이화장, 백범기념관, 도산기념사업회, 독립기념관의 협조를 받았다. 이화장의 이승만 관계 사진들은 연세대학교 현대한국학연구소에서 소장하고 있는데, 이 책에서 이용한 사진들은 거의가 유영익 교수의 《이승만의 삶과 꿈》(1996)에 수록되어 있는 것들이다. 전재를 허락해 주신 유 교수에게 감사한다.

이 작업은 《월간조선》의 조갑제(趙甲濟) 전 발행인 겸 편집장을 비롯한 여러 분이 귀중한 지면을 제공해 주셨기 때문에 가능했다. 변변치 못한 작품을 보기 좋게 꾸며서 출판해 주신 나남출판의 조상호(趙相浩) 사장에게 감사한다.

손세일의 한국 현대사 《이승만과 김구》 **1부 1권**

양반도 깨어라
상놈도 깨어라 ①

이승만과 김구

1875~1919

차례

제 2 장 과거에 낙방하고

제 3 장 '애기접주'의 해주성 공략

제 4 장 "배재학당에 가서 화학을 배우라고 말했다"

제 9 장 독립협회의 급진과격파

제 10 장 위정척사파에서 개화파로

김구의 첫번째 감옥생활

1부 2권

1부 3권

왕손의식과 '상놈' 콤플렉스
가계와 어린 시절

제 1 장

1. 양녕대군의 16대손

영락한 조선조 종친의 후손 이황(李璜)이 대대로 살아온 한양을 떠나서 황해도 해주로 이주하게 된[1] 직접적인 계기는 분명하지 않다. 조선시대에 한양에 살던 양반 선비 가문이 지방으로 이주하는 경우는 대개 두가지였다. 하나는 사화(士禍) 등에 연루되어 일족이 화를 피해 지방으로 피신하는 경우이고, 다른 하나는 생활이 궁핍해져서 낙향하는 경우였다. 이황의 경우는 후자에 속했을 것이다.

전설의 명산 수양산(首陽山)을 뒤로 하고 망망한 바다에 면해 있는 해주는 고려조 이래로 해서지방(海西地方)의 군사요충지이자 행정의 중심지로 발달했다. 율곡(栗谷) 이이(李珥)가 황해감사로 있을 때에 수양산 밑에서 아름다운 석남(石潭)을 발견하고 황해감사에서 물러난 뒤에 여기에 집을 짓고 학문을 상론하사 경향 각지의 선비들이 몰려왔다고 한다. 《동국여지승람》은 해주가 "고을이 웅장하게 자리잡아 물산이 많고, 지역이 커서 사민〔四民: 士, 農, 工, 商〕이 모두 모여들고, 여러 고을을 관리하는 곳"이라고 설명하고 있다.[2] 그리고 해주는 지리상으

---

1) Robert T. Oliver, *Syngman Rhee — The Man Behind the Myth*, Dodd Mead and Company, 1960, p. 7.

2) 《국역 신증동국여지승람(v)》, 민족문화추진회, 1970, p. 404.

이승만과 김구의 조상이 서울을 떠나서 찾아간 해주. 수양산을 이고 남산을 감싸안고 바늘을 꺾은 모양으로 인가가 들어서 있다.

로 한양과 그다지 두절된 곳이 아니었다. 이런 조건 때문에 이황이 이곳을 이주지로 삼았을 것으로 생각된다.

이황의 가문은 외로웠다. 자손이 많은 것이 곧 가문의 힘이던 시대에 이황의 할아버지도 아버지도, 그리고 그 자신도 독자(獨子)였다. 또 아들도 독자요 손자도 독자였다. 이황의 손자 이경선(李敬善)은 용모가 수려하고, 정이 많고, 씀씀이에 인색하지 않으며, 활달한, 그리고 태평스러운 인품이었다.[3]

이경선은 자신이 어려서 다니던 서당 훈장 김창은(金昌殷)의 외동딸 김해 김씨와 혼인하여 초년에 아들 둘을 낳았으나 둘 다 천연두로 잃었다. 둘째 아들이 죽자 이경선은 격분한 나머지 역귀한테 올리는 터줏상을 몽둥이로 때려 부수고, 역귀가 머문다는 사당 앞에서 큰 칼을 휘둘렀다. 그가 석 달 동안 몸져눕자 사람들은 그것이 그런 지각없는 행동 때문이라고들 말했다.[4] 그런데 이승만은 이상하게도 자서전 초록에 자신이 이경선의 둘째 아들이라고 적었다.[5] 이경선에게는 딸이 둘 있었

3) Oliver, *op. cit.*, p. 3.

4) Syngman Rhee, "Child Life in Korea", *The Korea Mission Field*, vol. 8, no. 3, March 1912, p. 94.

5) "청년이승만자서전", 이정식 지음, 권기붕 옮김, 《초대대통령 이승만의 청년시절》, 동아일보사, 2002, p. 248.

다. 큰딸은 해주의 단양(丹陽) 우씨(禹氏) 집으로, 작은딸은 평산(平山)의 청송(靑松) 심씨(沈氏) 집으로 시집을 갔는데, 이경선은 뒷날 한양에 올라와서 살면서도 이들 딸네 집을 찾아가곤 했다.

해가 거듭되어도 아들을 보지 못하는 이경선 내외가 얼마나 초조해 했을지는 짐작하기 어렵지 않다. 이승만은 자기 아버지가 좋은 묏자리를 찾느라고 수천냥의 돈을 썼다고 적고 있다. 어떤 지관이 이경선에게 아버지의 뫼를 잘못 써서 아들이 없다고 말했기 때문이었다는 것이다.[6] 그러니 궁색한 잔반(殘班)인 이경선에게 과연 그럴 만한 재력이 있었는지는 적이 의심스럽다. 아내는 아내대로 열심히 불공을 드리러 설에 나녔다.

이경선은 집을 줄여 평산으로 이사했다. 황해도의 진산(鎭山)인 멸악산(滅岳山) 밑자락에 자리 잡은 평산은 해주에 버금가는 큰 고을이었다. 일찍이 평산도호부(平山都護府)가 설치되어 있던 곳으로서, "딴 지방에서 사족(士族)들이 흘러와서 사는 자가 있다"라는 기록도 있다.[7] 또한 평산에는 유적지도 많았다. 마산면(馬山面)의 자모산성(慈母山城)은 병자호란(丙子胡亂) 때에 적병이 공략하지 못했던 좋은 피란처로, 그리고 의적 임꺽정〔林巨正〕이 웅거했던 곳으로 유명하다. 이경선은 자모산성에 가까운 대경리(大慶里) 능안골〔陵內洞〕에 정주했다. 지명으로 보아서 근처에 어떤 능이 있었을 것이나, 어느 문헌에도 능에 관련된 기록은 보이지 않는다. 풍수지리에 경도되었던 이경선이 이 자모산성의 지세에 대한 고려와 함께 작은딸네 집과도 가까운 곳이었기 때문에 이곳을 새 거주지로 택했을 개연성이 있어 보인다.

이경선은 이 능안골에서 마침내 늦둥이 아들을 얻었다. 이렇게 이승

---

6) Syngman Rhee, *op. cit.*, p. 94.

7) 李重煥 著, 李翼成 譯, 《擇里志》, 乙酉文化社, 1971, p. 59.

만은 6대 독자로 태어났다. '은둔의 나라' 조선이 세계를 향해 문을 여는 계기가 된 운양호사건(雲揚號事件)이 터지던 해인 1875년 2월19일(양력 3월26일)이었다. 이경선보다 네 살 위인 그의 아내는 손자를 볼 나이인 마흔 두 살에 아들을 낳은 것이었다. 뒷날 이승만은 어머니가 자기는 한양 서쪽의 한 절에 모셔놓은 부처님이 주셨다고 말하곤 했다고 적고 있다. 김씨 부인은 그 절에 가서 불공을 드리고 난 어느 날 밤에 용이 품속으로 들어오는 꿈을 꾸었다고 했다. 그것이 태몽이었다. 그래서 이승만은 어릴 적에 '용이'로 불렸다.[8] 항렬이 승(承)자였으므로 아버지는 승룡(承龍)이라고 이름을 지었다. 김씨 부인이 아들을 낳기 위해 불공을 드리러 다녔던 한양 서쪽의 절은 북한산(北漢山) 기슭의 문수암(文殊庵: 지금의 文殊寺)이었다. 문수사에 전해져 오는 말로는, 김씨 부인은 문수암에서 백일기도를 드리고 나서 용꿈을 꾸었다. 오백나한(五百羅漢)을 모신 문수암은 전국적으로 알려진 기도도량의 하나이다. 그렇기 때문에 김씨 부인은 평산에서 문수암까지 불공을 드리러 다녔던 것이다.

그토록 바라던 아들을 얻자 이경선 내외의 기쁨은 이루 말할 수 없었다. 큰 잔치가 벌어졌고, 동네사람들은 이씨 집안이 후사를 잇게 되었다고 축하했다. 돌날이 되어 승룡은 큰 돌상에 갖은 음식과 함께 늘어놓은 여러 가지 물건 가운데에서 붓을 잡았다. 이승만 자신이 추측하듯이 아마 아기 손이 미칠 수 있는 가장 가까운 자리에 붓을 놓아두었기 때문에 그랬을 것인데도, 김씨 부인은 여간 기뻐하지 않았다. 김씨 부인은 승룡에게 커서 큰 학자가 될 것이라고 말하곤 했다.[9]

승룡이 세 살 나던 해에 이경선은 집을 정리하여 한양으로 올라왔다. 이승만의 구술을 토대로 하여 쓴 서정주(徐廷柱)의 《이승만 박사전(李

8) Syngman Rhee, *op. cit.*, p. 95.

9) *ibid.*, p. 94.

承晩博士傳)》은 이경선이 집을 정리하여 한양으로 올라 온 것은 집안형편이 더욱 어려워졌기 때문이었다고 적고 있다. 이경선이 술값으로 진 빚 때문에 능안골의 집마저 정리해야 할 형편이 되었다는 것이다.[10] 이승만 자신은 그의 자서전 초록에서 "한때 그(아버지)도 부자였으나 젊은 시절에 모두 탕진해 버렸다. 어머니 말로는 내가 태어날 무렵에는 집에 재산이 없었다. '너의 아버지는 여자나 도박에는 흥미가 없었으나, 친구와 술을 위해서는 있는 대로 모두 내놓으셨다'는 것이다. 그가 친구들과 술잔을 주고받을 때에는 세상의 어떤 일도 그보다 더 귀한 것이 없었다고 한다"라고 적었다.[11]

그러나 한편으로는, 어머니 김씨 부인이 외아들을 훌륭하게 키우기 위해 남편을 설득하여 한양으로 올라오게 되었다고 전해진다.[12] 6대 독자로 태어난 승룡이 입신출세해야 가문이 살아날 수 있었으므로 이경선이 아들교육을 위하여 조상들이 살아온 한양으로 올라올 결심을 한 것은 당연한 일이었을 것이다. 오로지 술빚 때문에 집을 처분해야 했을 만큼 가난하지는 않았던 것은, 한양에 올라와서도 승룡이 어릴 때에 집에 늙은 하인 내외와 하녀 복녀를 부렸던 사실로도 짐작할 수 있다. 지금도 이승만 명의로 된 평산의 임야대장이 이화장(梨花莊)에 보존되어 있다.[13]

한양으로 올라온 이경선은 처음에 남대문 밖 염동(鹽洞)에 자리를 잡았다가 이태 뒤에 낙동(駱洞)으로 옮겼고, 승룡이 열한 살 되던 해에 다시 지덕사(至德祠)가 있는 도동(桃洞)의 우수현(雩守峴) 밑으로 이사했다. 우수현은 오랫동안 비가 오지 않을 때에 기우제를 지내는 마루터기였다. 이승만은 이 우수현 밑의 오막살이집에서 어른이 될 때까지 살았

---

10) 徐廷柱, 《李承晩博士傳》, 三八社, 1949, p. 32.
11) "청년이승만자서전", 이정식 지음, 권기붕 옮김, 앞의 책, p. 248.
12) 曺惠子, "人間李承晩의 새 傳記①", 《女性中央》 1983년 1월호.
13) 李仁秀 증언.

동작구 상도4동 221번지에 있는 지덕사. 남대문 밖에 있던 것을 1912년에 이곳으로 옮겼다. 이승만 내외는 1956년 3월15일에 이근수의 자부 생일을 맞아 지덕사를 방문하고, 일가친척들과 기념촬영을 했다.

다. 지덕사는 태종(太宗)의 적장자로서 세자에 책봉되었다가 아우 충녕대군(忠寧大君: 뒤의 世宗)에게 왕위를 넘겨 준 양녕대군(讓寧大君)의 유덕을 기리기 위하여 숙종(肅宗) 원년(1675)에 세운 사당이다. 이경선이 지덕사 가까운 곳으로 이사한 것은 그곳에 양녕대군의 봉사손〔奉祀孫: 조상의 제사를 받들어 지내는 자손〕 이근수(李根秀) 판서를 비롯하여 일가들이 모여 살고 있었기 때문이다. 이승만은 양친으로부터 들은 지덕사에 얽힌 이야기를 자서전 초록에 자세히 적어 놓았다.

> 옛날 어느 추운 겨울날 남산골 가난한 이생원 집에 한 중이 동냥을 왔다. 그러나 그 집주인은 땔감이 없어서 추위에 불도 때지 못하는 형편인데 무슨 동냥을 주느냐고 말했다. 그러자 중은 주변을 두리번거리다가 건너편 지덕사 앞에 있는 노간주나무를 가리키며 "저기 저 나무라도 베어다가 때시지 그래요" 하고 돌아갔다. 그리하여 그

> 집에서는 그 나무를 베어다가 그 겨우내 땔감 걱정을 하지 않고 지냈다.
>
> 지덕사가 있는 골짜기 건너편 언덕에는 거창한 관제묘(關帝廟)가 있었는데, 노간주나무를 잘라버린 얼마 뒤에 임금이 그 관제묘에 참배하러 행차하게 되었다. 이 행차는 해마다 한 번씩 있는 행사였다. 임금이 관제묘에서 나오다가 건너편에 못 보던 헌 사당이 있는 것을 보고 그 사당의 유래를 묻자, 신하가 양녕대군의 사당이라고 아뢰었다. 임금은 낡고 쓰러져 가는 사당을 헐고 새로 짓게 하고, 그 가난한 선비에게는 벼슬을 주고 재산을 하사했다. …

이승만은 이 이야기를 소개하면서 그 임금이 지덕사 중수를 명한 것은 만일 양녕대군이 왕위 계승권을 포기하지 않았더라면 지금 자기가 임금의 자리에 있지 못했을 것이라는 사실을 잘 알고 있었기 때문이었다고 설명하고 있다. 그러면서도 양녕대군을 조선왕조를 창건한 태조(太祖)의 장남이고, 그가 왕위를 양보한 동생이 정종(正宗)이었다고 잘못 기술하고 있는 것은 이상하다.[14]

이러한 지덕사는 이승만의 성장기의 생활에 많은 영향을 끼쳤고, 특히 자신이 왕족의 후예라는 의식을 깊이 심어 주었던 것 같다. 지덕사는 1912년에 일본인들에 의해 동작구 상도4동 221번지의 현재의 위치로 옮겨졌다.

이승만은 청년시절에 고종(高宗)과 조선의 조정에 대하여 누구보다도 과격한 비판자가 되었는데, 그러한 비판정신의 밑바나에는 정치개혁에 대한 열정과 함께 자신이 왕위 계승권을 양보한 양녕대군의 후예라는 의식이 미묘하게 작용하고 있었음은 그의 자서전 초록의 다음과 같은 문장으로도 짐작할 수 있다.

---

14) "Autobiography of Dr. Syngman Rhee", George A. Fitch Papers, Yenching Institute, Harvard University, pp. 2~3 ; "청년이승만자서전", 이정식 지음, 권기봉 옮김, 앞의 책, p. 251.

> 만일에 16대 전의 나의 선조가 그렇게 관대하게 왕위 계승권을 동생에게 넘겨주지 않았더라면 나는 고종의 위치에 놓여졌을지 모른다. 그런데 우리나라는 고종 치하에서 독립을 빼앗겼다. 그래서 나와 이씨 왕족의 먼 관계는 나에게는 영예가 아니라 치욕이다. 그러한 관계로 나는 성을 바꿀 수 있는 것이라면 바꾸어 버리기라도 하겠다.[15]

이러한 생각의 밑바닥에는 특히 강화도령이었던 철종(哲宗) 이후의 왕위 계승의 정통성을 인정하고 싶지 않은 심리도 깔려 있었는지 모른다. 이승만은 조상에 관해서 적어 놓기는 했으나, 뒷날 자기의 전기를 쓰는 올리버(Robert T. Oliver)에게 원고를 전할 때에 다음과 같은 메모를 첨부했다.

> 나의 조상에 관한 이야기는 하지 말아주시오. 나의 정적들은 내가 민주제도를 세우려고 하지 않고 (이씨) 왕조를 부활시키려 한다는 자기들의 주장을 '입증'하기 위하여 나의 족보를 캐내려고 애를 많이 썼기 때문입니다. 여기에 적은 것은 윤곽에 불과합니다.

그러나 올리버는 이승만의 이러한 당부에도 불구하고 이승만 전기에서 "이승만의 가계는 다년간 그의 울분의 대상이었고 또 어떤 점에서는 핸디캡이기도 했다"라고 전제하고 나서, 이승만의 가계를 소개했다.[16]

이승만이 자신의 가계에 대해 울분을 느꼈다는 것은 자기 스스로 이씨 왕족과의 먼 관계를 "영예가 아니라 치욕이다"라고 한 것과 맥을 같이한다. 그러나 그것은 결국 자신이 왕위 계승권을 포기한 양녕대군의 후예라는 의식을 반증하는 것이기도 하다. 그리고 자신을 가리켜 이씨

---

15) "Autobiography of Dr. Syngman Rhee", p. 3 ; "청년이승만자서전", 이정식 지음, 권기붕 옮김, 앞의 책, p. 427.

16) Oliver, *op. cit.*, p. 7 ; "청년이승만자서전", 이정식 지음, 권기붕 옮김, 앞의 책, p. 249 역주 참조.

왕조를 부활시키려 한다고 비난했다는 정적들이 실제로 얼마나 있었는지는 분명하지 않다.

보학(譜學)에 밝았던 이경선은 아들에게 자기네가 왕족의 후예라는 것을 주입시키려고 노력했다. 이승만이 어릴 때에는 말할 나위도 없고 성장하여 독립협회(獨立協會)의 급진과격파로 만민공동회(萬民共同會)를 주도하고 다닐 때에도 그는 아들을 따라다니면서 "너는 6대 독자이다"라는 말을 강조했다. 위험한 행동을 하여 대가 끊기는 일이 있어서는 안 된다는 뜻이었다.

이경선은 24권으로 된 족보를 아름다운 책장에 넣어 놓고 늘 꺼내어보면서 직계(直系)는 어떻게 되고, 지파(支派)는 어떻게 되었다는 것을 훤히 꿰고 있었다. 그는 자기네 가문뿐만 아니라 다른 명문의 족보에 대해서도 밝았다. 그러나 그는 어린 승룡이 족보에 전혀 관심이 없는 것을 보고 실망했다. 그리하여 이경선은 아들에게 신라시대까지 거슬러 올라가는 직계 선조의 계보를 손수 간략하게 적어서 조그마한 책자를 만들어 주었다. 그것이 《세계여사주병록: 선원세보(世系與四柱幷錄: 璿源世譜)》이다. 이승만은 뒷날 하와이에서 집안 유물상자를 열었다가 이 《선원세보》를 발견하고[17] 평생 동안 소중하게 간직했다. 그랬을 뿐만 아니라 그는 똑같은 크기의 별지로 부모와 자기와 아내 프란체스카의 관련 사항을 자기 손으로 적어 넣어서 함께 보관했다. 그런데도 이승만은 평생 동안 족보에 대해 이야기하기를 좋아하지 않게 된 이유라면서 어릴 때에 들은 다음과 같은 이야기를 자서전 초록에 적고 있어서 흥미롭다.

어떤 사람이 죽은 뒤에 그의 혼이 저승에 가서 그곳 궁전의 구석구석을 안내받았다. 그러는 가운데 양반들이 살고 있는 어느 한 곳에 들어갔더니, 그곳에 있는 양반들은 어찌나 말라빠졌던지 뼈와 가

17) "Autobiography of Dr. Syngman Rhee", p. 3 ; "청년이승만자서전", 이정식 지음, 권기봉 옮김, 앞의 책, p. 251.

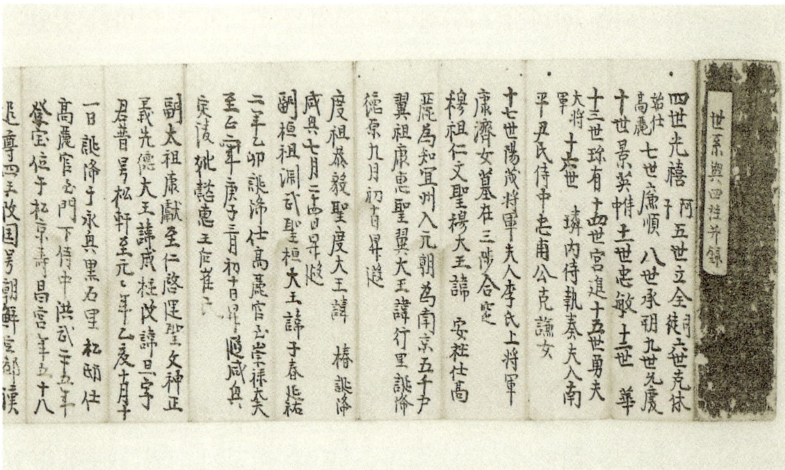

이경선이 어린 이승만에게 만들어준 《세계여사주병록: 선원세보》의 첫부분.

> 죽만 남아서 아주 가엾은 몰골들이었다. 어찌된 영문인가 하고 보고 있는데, 그 사람들이 다가왔다. 그리고 하는 말이, 자기들은 양반들의 유명한 조상들인데 자기네 후손들이 스스로 생계를 개척해 나가지 않고 늘 조상들만 뜯어먹어서 이렇게 되었으니 돌아가거든 제발 좀 그러지 말라고 일러 달라고 부탁했다는 것이었다.[18]

사실 이승만의 선조는 이황이 해주로 낙향하기 훨씬 전에 이미 몰락양반이 되어 있었다. 이승만의 가계는 양녕대군의 서자인 제5남 장평부정(長平副正) 이흔(李訢)의 후손들인데, 종친 예우는 《경국대전(經國大典)》의 규정에 따라 이흔의 손자인 이윤인(李允仁)으로 끝났다. 그 후대로는 이윤인의 아들 이충당(李忠讜)이 과거를 거쳐서 정6품 좌랑(左郎)을 지내고 사후에 정3품 참의(參議)에 추증된 것이 가장 높은 벼슬이었다. 이충당의 아들 이원약(李元約)이 병자호란 때에 무공을 세워서 오

18) "Autobiography of Dr. Syngman Rhee", p. 1 ; "청년이승만자서전", 이정식 지음, 권기붕 옮김, 앞의 책, p. 249.

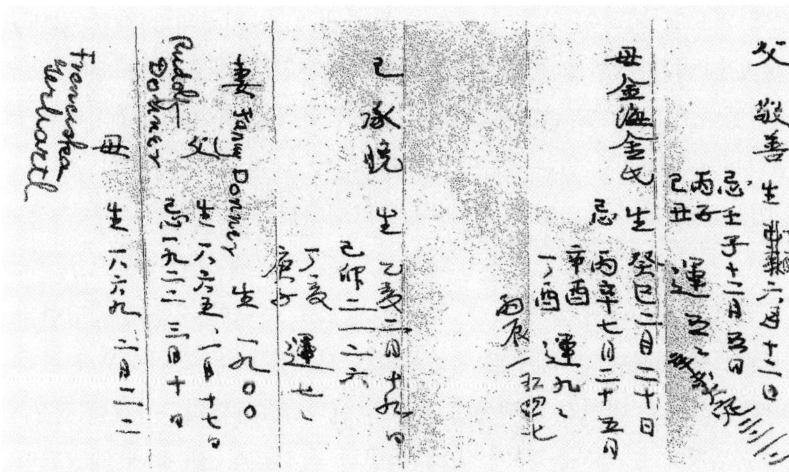
父 敬善
母 金海金氏
承晩
妻 Fanny Donner
父 Rudolf Donner
母 Franciska Gerhartl

《선원세보》 끝에 이승만이 적은 별지. 프란체스카의 부모에 관한 사항도 적어 놓았다.

위(五衛)의 종3품 무관직인 대호군(大護軍)을 지내고 사후에 전풍군(全豊君)에 추증되고, 그 후광을 입은 몇몇 자손들이 무관직에 등용되기도 했으나, 이승만의 6대조 이징하(李徵夏)가 음직(陰職)으로 현령(縣令)을 지내고 나서부터는 대대로 벼슬이 끊긴 채였다.[19] 해주로 이주한 이황은 이징하의 증손자이다.

2. 모반자 김자점의 방계 후손

김구의 선조들은 인조반정(仁祖反正)의 공신으로 인조 때에 크게 권세를 떨쳤던 김자점(金自點)의 방계 후손이었다. 김자점이 효종(孝宗)

19) 宗正院 編, "源續譜", 《太宗子孫錄: 讓寧大君派》, 1902, 1, 3, 11, 2책, 高廷烋, "開化期 李承晩의 思想形成과 活動(1875~1904)", 《歷史學報》 109집, 1986, p. 26 ; 정병준, 《우남 이승만연구 — 한국근대국가의 형성과 우파의 길》, 역사비평사, 2005, pp. 51~52.

때에 역모를 꾀하여 일족이 멸문을 당하게 되자 김구의 11대조 김대충(金大忠)이 가족들을 이끌고 처음에는 고향인 경기도 고양(高陽)으로 피신했다가, 그곳도 한양에 가까워서 위험하다고 하여, 다시 황해도 해주 서쪽 팔십리에 있는 백운방(白雲坊) 텃골〔基洞〕의 팔봉산(八峰山) 양가봉(楊哥峰) 밑으로 옮겨 숨어살게 되었다. 그러므로 김구 조상의 낙향은, 이승만 조상의 경우와 대조적으로, 한양에 살던 양반 선비가문이 역모사건에 연루되어 화를 피해 지방으로 이주한 경우에 해당한다. 그리고 두 가문이 다 해주로 이주했다는 사실은 매우 흥미로운 일이다. 이때에 해주로 내려간 김대충은 관직이 사과(司果)였다. 사과란 직무가 없는 무장에게 녹봉을 주기 위해 마련한 직위로서 정6품에 해당했다. 김대충의 5대조 김종지(金終智)가 남평현감(南平縣監)을 지낸 이래로 대대로 부사직(副司直), 어모장군(御侮將軍) 등의 직무 없는 무관벼슬을 지냈다.[20]

이들은 김자점의 일족임을 숨기기 위하여 양반 행세를 단념하고 상민 생활을 했다. 그들은 농사일을 하고 임야를 개간하여 생계를 유지하다가, 군역전(軍役田)을 경작하면서부터 숫제 '상놈'의 패를 차게 되었다. 군역전이란 관아에 속한 경작지로서 땅 없는 가난한 사람들이 그 땅을 부치다가 전란이 나서 나라에서 징병령을 내리면 병역에 응해야 했다. 조선조 때에는 병역이 천역이었으므로 이러한 제도가 있었다.

조선 봉건사회에서 상민은 아무런 권리가 없었다. 김구는 어려서부터 자기 집안이 그러한 '상놈'이라는 사실에 대하여 심한 콤플렉스를 느끼면서 성장했다. 그의 자서전 《백범일지(白凡逸志)》는 여러 대목에서 그러한 콤플렉스를 토로하고 있다. 가령 뒤에서 보듯이, 그의 아버지가 숨을 거둘 때에 "연산으로 모시고 가서 만년에나 강씨, 이씨에게 상놈 대우를 받던 뼈에 사무치는 한을 면하시게 할까 하고 속으로 기대하였

---

20) 《安東金氏翼元公派譜》 참조.

더니…" 하고 슬퍼하는 것은 그 대표적인 보기이다. 따라서 김구는 아마 위에 적은 직계조상들의 신분도 모르고 자랐을 것이다.

그런데 뒷날 《백범일지》의 국내판(국사원본)을 출판할 때에 원본에 없던 다음과 같은 문장을 서두에 적고 있는 것은 매우 주목할 만한 일이다.

> 우리는 안동 김씨(金氏) 경순왕(敬順王)의 자손이다. 신라의 마지막 임금 경순왕이 어떻게 고려 왕건(王建) 태조의 따님 낙랑공주의 부마가 되셔서 우리들의 조상이 되셨는지는 《삼국사기》나 안동 김씨 족보를 보면 알 것이다. 경순왕의 8대손이 충렬공(忠烈公)이고 충렬공의 현손(玄孫)이 익원공(翼元公)인데, 이 어른이 우리파의 시조요, 나는 익원공에서 이십일대손이다. 충렬공과 익원공은 다 고려조의 공신이거니와 이조에 들어와서도 우리 조상은 대대로 서울에 살아서 글과 벼슬로 가업을 삼고 있었다.[21]

그리고 이 책의 권두에 있는 화보에는 김구가 귀국한 뒤에 경순왕릉을 참배하는 사진이 실려 있고, "내 시조 경순왕릉에 제를 드렸다"라는 설명이 붙어 있다. 이는 김구가 경순왕릉을 참배한 행동 그 자체와 함께 한국사회의 혈통주의 내지 씨족주의의 가치관을 반영한 것이라고 할 수 있을 것이다. 이 글 이후로 김구의 가계와 관련된 모든 기록은, 그 자신이 《백범일지》를 처음 집필할 때에 "조선(祖先)은 안동 김성(金姓)이니, 김자점씨의 방계라"라는 문장으로 시작한 것과는 달리, 그가 '경순왕의 후예'임을 강조하고 있다. 가령 이승만은 김구의 《도왜실기(屠倭實記)》의 국문판에 붙인 서문에서 김구가 '명문의 후예'라고 소개했고, 진보적 성향의 지식인이었던 안재홍(安在鴻)도 김구가 암살된 직후인 1949년 8월에 쓴 "백범 김구선생 약사"에서 "선생의 본관은 안동이니, 그 선조는 신라 마지막 임금 경순왕의 후예로서…"라고 서두에 적있다.[22]

---

21) 金九著, 《金九自叙伝 白凡逸志》, 國士院, 1947, p. 3.

김씨 일족은 텃골 주위에 살고 있는 진주(晉州) 강씨(姜氏)나 덕수(德水) 이씨(李氏) 등 토착양반들로부터 대대로 핍박과 괄시를 받으면서 살았다. 김씨 집안의 처녀가 강씨나 이씨 집안으로 시집가는 것은 영광이었으나, 강씨나 이씨 집안의 처녀가 김씨 집안으로 시집오는 일은 거의 없었다. 강씨와 이씨 집안은 대대로 방장〔坊長: 지금의 面長〕을 지냈으나 김씨 집안 사람은 기껏해야 존위(尊位)가 되는 것이 고작이었다. 존위란 방장의 지시에 따라 세금을 거두는 직책이었다. 강씨와 이씨네 사람들은 비록 머리 땋은 아이들라도 칠팔십 세되는 김씨네 노인에게 '하게'를 하는 한편, 김씨네 노인들은 갓 상투를 튼 강씨, 이씨 집 아이들에게도 반드시 존댓말을 썼다. 그러나 김구의 7대조 김언함(金彦喊)의 부인이 진주 강씨였던 것을 보면,[23] 퍽 예외적인 경우이기는 했으나 김씨 집안과 강씨, 이씨 집안 사이에 통혼이 전혀 없지는 않았던 것 같다.

김씨 집안이 꽤 창성한 때도 있었다. 20여호 되는 텃골의 김씨 집단 취락에는 기와집도 있고, 또 선산에는 큰 석물을 만들어 놓기도 했었다. 텃골 뒷개〔後浦〕에 있는 묘역에는 김대충의 묘를 비롯하여 역대 김구 선조들의 묘가 있었다. 그리고 세전노비를 두고 있기까지 했다. 그러다가 살림이 궁핍해지자 이들 노비들을 해방시켜 주었는데, 그들 가운데에는 김씨 집안에 혼사나 장례 등 큰 일이 있을 때에는 와서 일을 보는 사람도 있었다. 그러한 세전노비였던 이정길(李貞吉)이라는 인물을 회상하면서 김구가 "그는 소위 말하는 '종의 종'이었다. 이정길처럼 우리 운명보다도 더 흉악한 운명을 가진 사람도 있었다"[24] 라고 적고 있는 것이 눈길을 끈다.

김씨 집안은 해주에 온 이래로 글하는 사람도 없지는 않았으나, 이름

---

22) 安在鴻, "白凡金九先生略史", 《新天地》 1949년 8월호.

23) 《安東金氏翼元公派譜》 참조.

24) 도진순 주해, 《김구자서전 백범일지》, 돌베개, 1997, p. 23.

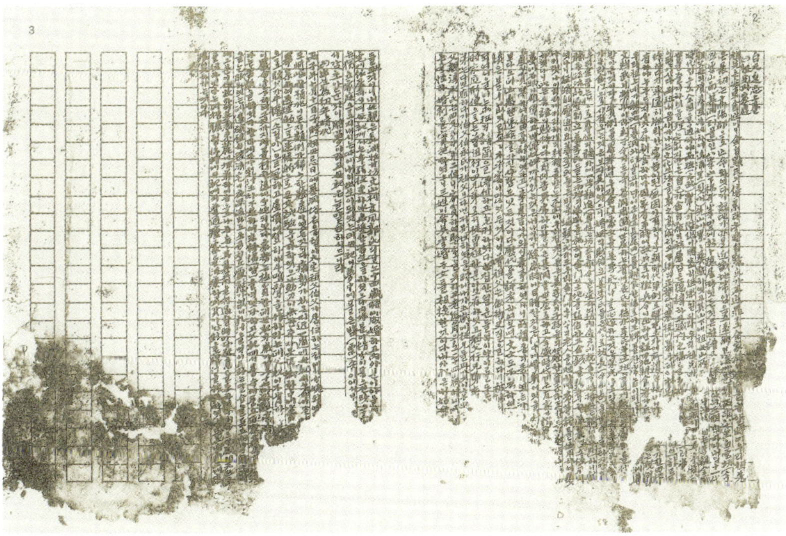

“조선과 가정”에 대해서 적은 《백범일지》 친필 원고의 첫 부분.

을 떨칠 만하지는 못했다. 그리하여 이웃 토반들의 핍박은 필연적으로 김씨 집안 사람들의 불평불만과 저항을 유발했다. 김구의 증조부 김영원(金榮元)은 가짜로 암행어사 행세를 하다가 체포되어 해주 관아에 갇히기도 했는데, 서울 어느 양반의 청탁편지로 형벌을 면했다고 한다.[25] 그런데 그러한 이야기가 사실이라면, 김씨 집안은 김구의 증조부 대까지 서울의 영향력 있는 양반과 연줄이 닿아 있었음을 말해 준다.

김영원에게 두 아들이 있었다. 큰아들 김만묵(金萬默)은 4남 1녀를 두었는데, 김만묵의 둘째 아들 김순영(金淳永)은 소문난 효자였다. 김순영은 집안이 가난하여 오랫동안 장가를 들지 못하고 있다가 스물네 살이 되어서야 삼각혼으로 장연(長淵) 목감방(牧甘坊) 문산촌(文山村)의 열네 살 난 현풍(玄風) 곽씨〔郭氏: 뒤에 이름을 ‘낙원(樂園)’으로 지었다〕와 혼인했다. 삼각혼이란 혼비를 절약하기 위하여 세 집안이 서로

25) 위와 같음.

딸을 바꾸는 것으로서, 주로 하층사회의 혼인풍습이었다. 이를 '물레 혼인' 또는 '물레 바꿈'이라고도 일컬었다.[26] 김순영은 혼인하고도 살림을 나지 못하여 3년 동안 아들 하나뿐인 작은아버지 집에 더부살이를 했다. 그러다가 따로 살림을 나던 해에 김구를 낳았다. 1876년 7월11일(양력 8월29일). 그것은 이승만이 태어난 지 한 해 뒤이며, 이 나라의 역사가 크게 달라지는 병자수호조약〔丙子修好條約: 한-일 수호조약〕이 체결되던 해였다. 곽씨 부인이 꿈에 푸른 밤송이에서 크고 붉은 밤 한 톨을 얻어서 깊이 감추어 둔 것이 태몽이었다. 그것은 꿈에 용이 김씨 부인의 품속으로 들어왔다는 이승만의 태몽과는 퍽 대조적이다.

김구 자신의 말대로, "일생이 기구할 조짐이었는지" 그의 출생은 유례없는 난산이었다. 사람들이 웅덩이 큰 댁이라고 부르는 할아버지와 큰아버지가 사는 집에서 해산했는데, 진통이 있고 나서 일주일 가까이 되도록 아이는 태어나지 않고, 산모의 생명은 위험했다. 친척들이 모두 모여 온갖 의약을 쓰고 미신 방법을 시험해 보았으나 효험이 없었다. 사태가 황급해지자 집안 어른들은 김순영에게 소길마를 머리에 쓰고 지붕에 올라가서 소울음 소리를 내라고 했다. 그것은 평안도와 해서지방의 풍속으로서 난산의 경우 산모의 고통을 나누기 위한 의식이었다. 김순영은 처음에는 거절했으나 어른들이 호통을 쳐서 시키는 대로 했다. 그런 뒤에야 아이가 태어났다.

이날은 공교롭게도 김순영 어머니의 기일이었다. 김순영은 어머니가 돌아갈 때에 왼손 무명지를 칼로 잘라 어머니의 입에 피를 흘려 넣어 사흘을 더 버티게 했다고 한다.[27] 부모나 남편이 위독할 때에 피를 내어 먹이려고 자기의 손가락을 자르는 이른바 단지(斷指)는, 허벅지의 살을 베는 할고(割股)와 함께, 효행과 정절의 극치로 평가되는 행위이다. 뒤

---

26) 《백범일지》, p.23 주8) 참조.

27) 《백범일지》, p.28.

에서 보듯이 김구도 아버지가 죽을 때에 할고를 했다.

곽씨 부인은 체구도 작은데다가 어린 나이에 고된 일로 많은 고생을 하고 열일곱 살에 아들을 낳았는데, 젖이 부족하여 암죽을 끓여 먹이면서 차라리 아이가 죽었으면 좋겠다고 푸념하곤 했다. 그녀는 그 뒤로는 아이를 낳지 못했다. 그러나 부부의 정분은 좋았다. 김순영은 갓난아이를 품고 근처의 젖먹이 있는 집을 찾아다니면서 동냥젖을 얻어 먹였다. 김순영의 먼 친척 아주머니뻘 되는 핏개댁〔稷浦宅〕은 밤중에 찾아가도 조금도 싫어하는 내색을 하지 않고 아이에게 젖을 물려주었다. 이때의 일과 관련하여 김구는 "내 나이 열 살 남짓에 그분이 돌아가셔서 텃골 동산에 묻혔는데, 나는 그 묘를 지날 때마다 경의를 표하였다"라고 적고 있다.[28] 이러한 기술은 김구가 어릴 때부터 자기에게 도움을 준 사람들에 대한 고마움을 잊지 않으면서 성장했음을 말해 준다.

3. 어머니가 들려준 오백나한 이야기

이처럼 이승만과 김구는 두 사람 다 외아들로 태어났다. 그러므로 그들의 유년기의 성장에는 부모들의 영향이 압도적으로 컸다. 이승만이 어릴 때의 이야기를 적으면서 "이 모든 것은 어머니와 두 누이에게서 들은 것이다"[29] 라고 한 것으로 보아, 이승만은 어릴 때에 나이 차이가 많은 두 누이의 사랑도 받고 자랐음을 알 수 있다. 그러나 두 누이는 이승만네가 한양으로 올라오기 전에 이미 출가해 있어서 함께 생활하지는 않았다.

이승만은 아버지를 닮아서 강건한 체력을 타고났다. 이는 육체적 고

---

28) 《백범일지》, p. 24.

29) Syngman Rhee, *op. cit.*, p. 95.

초를 동반하는 뒷날의 파란만장한 생애에서 큰 자산이 되었다. 이승만은 키가 168센티미터 남짓했고, 혈액형은 O형이었다.[30] 김씨 부인의 정성어린 양육은 그가 건강하게 자라는 데 큰 도움이 되었다. 이승만은 어머니 품에서 어머니의 젖을 먹고 자랐다. 대통령 재임 때에 이승만은 이따금 비지찌개나 된장떡을 먹고 싶어했다. 주방에서 정성껏 만들어 올리면 "우리 어머니가 만들어 주시던 그 맛이 아니야" 하면서도 맛있게 먹었다고 한다. 작고하기 얼마 전에도 "내가 남의 나라 음식도 많이 먹어 보았지만 우리나라 음식이 제일이야. 그중에서도 우리 어머니가 담그셨던 동치미는 정말 맛있었지"하며 어머니 손맛을 그리워했다. 김씨 부인은 달걀찜과 두부찌개를 만들 때에는 새우젓 국물로 간을 맞추었는데, 그 맛에 길들여진 이승만의 입맛에 맞추느라고 뒷날 프란체스카도 달걀찜과 두부찌개를 만들 때에는 새우젓을 썼다. 이승만은 여든이 넘어서도 간식으로 누룽지를 먹을 정도로 이가 튼튼했다. 그는 자신이 이가 좋은 것은 어머니가 담근 동치미와 김치를 먹고 자란 덕분이라고 늘 자랑하곤 했다. 하야하고 나서 하와이에서 요양생활을 할 때에 의사가 김치는 짜서 고혈압에 해롭다고 하여 프란체스카가 조금씩 주자 이승만은 "한국사람은 김치를 못 먹으면 혈압이 더 오른단 말이야" 하고 투정했다.[31]

김씨 부인은 빗살이 촘촘한 작은 참빗으로 어린 승룡의 머리를 빗겨 주었다. 어머니가 참빗으로 머리를 빗길라치면 승룡은 너무 아파서 울곤 했다. 그런데 놀랍게도 이승만은 이 참빗을 일생 동안 간직했다. 하와이에 있을 때에 그는 이 참빗을 주머니에 넣고 다니면서 농장노동자들 아이들의 머리에 있는 이와 서캐를 잡아 주었고, 6·25전쟁 동안 피란민 수용소와 고아원을 방문할 때에도 이 참빗을 가지고 다니면서 그

30) 李仁秀 증언.

31) 리 프란체스카 지음, 조혜자 옮김, 《대통령의 건강》, 촛불, 1988, p.69; 曺惠子 증언.

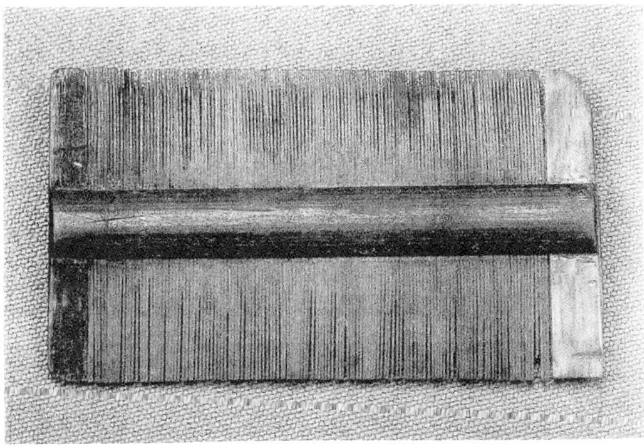

이승만의 어머니가 어린 아들의 머리를 빗겨줄 때에 사용했던 참빗. 이승만은 이 참빗을 일생 동안 간직했다.

렇게 했다. 이승만은 운명하기 전 하와이의 병실에서도 이 작은 참빗을 만지작거리면서 고국을 그리워했다.[32] 프란체스카는 이 참빗을 가리켜 '이 잡는 연장(lice-hunter)'이라면서 웃곤 했다.[33]

승룡은 동네 아이들과 어울려 놀기를 좋아하는 개구쟁이 소년으로 자랐다. 그는 끼니때와 책 읽는 시간과 잠자는 시간을 빼놓고는 집 밖에 나가서 뛰놀았다. 장난은 심했으나 재미있고 용감한 아이였고, 친구들 사이에 인기가 있었다고 같이 자란 서당친구 이병주(李丙冑)는 회상했다.[34] 승룡은 나막신을 신고 다녔다. 나막신을 신고 성벽에 올라가서 아슬아슬하게 걷는 묘기로 친구들을 즐겁게 해주기도 했다. 그리하여 '나막신 선비'라는 별명이 붙었다.

도동에는 동네이름 그대로 복숭아 나무가 많았다. 승룡의 집에도 복숭아 나무가 있었다. 이승만은 미국에서 망명생활을 할 때에도 복숭아꽃이

32) 위의 책, p. 30.

33) 조혜자, "촘촘한 사랑으로 머리를 빗긴다", 《女苑》 1984년 12월호.

34) 曺惠子, "人間李承晩의 새 傳記②", 《女性中央》 1983년 2월호.

이경선의 만년의 모습. 이승만은 1917년에 호놀룰루에서 출판한 《독립정신》에 "본 저술가의 부친"이라는 설명을 붙여서 이 사진을 실었다.

만발하던 고향집과 친구들과 함께 복숭아밭에서 복숭아를 따먹던 일을 회상하곤 했다. 그럴 때에는 마치 소년 같았다고 한다.[35]

설이 돌아오면 대나무 살을 다듬어서 연을 만들어 날렸다. 우수현 고갯마루는 바람이 세기 때문에 연날리기가 좋았다. 노년에 이승만은 "참 연날리기를 많이 했지"라는 말을 자주 했다. 대통령의 바쁜 일정 속에서도 한국일보사 주최의 '전국 연날리기 대회'에 하루 두 번씩이나 들러 손수 얼레짓을 해보인 것도 이런 어린 시절의 향수에서였을 것이다. 그 얼레짓이 보통솜씨가 아니었다고 한다.[36]

승룡은 또 남사당패를 따라가서 광대놀이를 구경하며 즐기기도 했다. "어, 사당돈이야…" 하고 남사당패가 흥을 돋우면 구경꾼들은 엽전을 던져 주었다. 어린 승룡도 사람들을 따라서 엽전을 던져 주기도 했다. 뒷날 그는 "남사당 놀이는 참 재미있었어. 아마 그들은 행복했을 거야" 라고 말하기도 했다.[37] 흥과 장난기가 많은 승룡은 남사당 놀이를 구경

35) 리 푸란세스카 지음, 조혜자 옮김, 앞의 책, p.28.

36) 張基榮 증언, "人間李承晩百年(5)", 《한국일보》 1975년 3월15일자.

37) 徐廷柱 증언, "人間李承晩百年(5)", 《한국일보》 1975년 3월15일자.

하고 와서는 사당패 흉내를 그대로 내면서 신이 나서 사람들을 웃기기도 했다. 어느 날 그런 장면을 이경선에게 들켰다. 이경선은 크게 노하여 "회초리 가지고 내 방으로 오너라" 하고 불러서는 승룡의 걷어 올린 종아리를 호되게 후려쳤다. 그럴 때면 김씨 부인은 아들이 매를 다 맞을 때까지 문 밖에서 기다렸다.[38]

이경선은 동네사람들로부터 "샌님은 더할 나위 없는 양반이시다"라는 말을 듣는 선비였다. 그는 친구들과 어울려 술을 마신 뒤에도 비틀거리는 일이 없었다. 그는 만취했을 때에는 얼굴이 창백해져서 천천히, 그리고 침착하게 걸음을 걸었다.[39] 그는 아들에게 고전 시문(詩文)이나 명가(名家)의 문장을 외우게 하고, 도중에 아들이 틀리거나 막히면 머리를 설레설레 저으면서 자기가 이어주곤 했다. 이경선은 어린 승룡에게 경전 말고도 실생활의 교훈이 되는 속담도 많이 가르쳐 주었다. 이경선은 아들에게 "고목에 꽃이 피랴"라는 속담의 보기를 들면서, 오지도 않을 복을 바라고 있지 말라고 가르치기도 했다고 올리버는 적었다.[40] 뒷날 이승만은 글을 적거나 연설을 할 때에도 비유법으로 속담을 많이 썼다.

이경선은 집을 비우는 때가 많았다. 그는 털빛이 서릿발처럼 흰 서산 나귀 한 필을 애지중지하며 먹이고 있었다. 이 나귀를 타고 나침반을 차고 좋은 묏자리를 찾느라고 금강산(金剛山)이고 어디고 두루 찾아다니는 것이 그의 오랜 습벽이었다. 이경선이 그토록 명당을 찾아 헤맨 것은 과거에 실패하여 가문을 일으키지 못한 한이 맺힌 그로서 늦둥이 외아들 승룡의 입신출세를 그만큼 간절히 바랐기 때문이었다. 그러나 이경선이 나침반을 차고 전국의 명당자리를 찾아다녔다는 사실은 그의 아버지 묏자리를 찾기 위해서만은 아니었다. 그가 양녕대군의 봉사손

---

38) 曺惠子, "人間李承晩의 새 傳記②", 《女性中央》 1983년 2월호.

39) "청년이승만자서전", 이정식 지음, 권기붕 옮김, 앞의 책, p. 248.

40) Oliver, *op. cit.*, pp. 8~9.

이근수를 비롯한 세가 친족들과 교제가 넓었던 것으로 보아 그들의 선영을 돌보고 명당을 찾아주는 지관(地官) 일도 하고 있었던 것으로 짐작된다. 그리고 그것이 그의 중요한 수입원이기도 했을 것이다. 이경선은 불시에 나귀등에 올라앉아 방울소리를 울리며 집을 나가서는 서너 달씩 소식이 없다가 문득 어느 눈 내리는 날 밤에 방울소리를 울리며 돌아오는 때도 있었다.[41]

이러한 아버지를 이승만은 그다지 존경하지 않았던 것 같다. 죽은 조상들만 뜯어먹고 사는 양반들의 이야기를 소개하는 데서 보듯이, 가난한 형편에 족보만 들여다보고 앉았는가 하면 명당자리를 찾는다면서 오래 집을 비우는 아버지가 어린 승룡에게는 못마땅했을 것이다. 성장해서도 이승만은 아버지를 제대로 모시지 못했다. 뒤에서 보듯이 노후의 이경선은 종로의 한 교회 문간방에서 동네아이들을 가르치며 혼자서 궁색하게 살다가 생애를 마쳤다.

이러한 아버지였으므로 어린 승룡은 어머니로부터 훨씬 더 많은 영향을 받고 자랐다. 김씨 부인은 독실한 불교신자였고, 또 서당훈장인 아버지로부터 기본적인 한학소양을 익히고 있었다. 집안살림도 주로 김씨 부인이 몰래 삯바느질까지 해가면서 꾸려 나갔다고 한다.

이승만이 어머니로부터 받은 가장 큰 정신적 영향은 불교였다. 그는 어머니에게서 들은 석가모니의 전생담(前生譚)이나 오백나한 이야기를 어른이 되어서도 자세히 기억했다. 김씨 부인은 아들에게 오백나한 설화를 다음과 같이 들려주었다.

> 석가모니가 불교를 설법하고 기도할 때마다 '나무아미타불'을 300번 이상씩 되뇌며 온 누리를 여행하고 다닐 때였다. 어느 날 그는

41) 徐廷柱, 앞의 책, p. 32.

문수사에 있는 오백나한상.

피곤하여 기장 들판의 한쪽 구석에 앉아서 쉬었다. 마침 기장이 아주 잘 익어서 이삭들은 낟알이 차서 늘어져 있었다. 지친 석가모니는 한창 수확 때인 들녘의 아름다운 정경에 감격하면서 무심코 기장 이삭을 건드렸다. 낟알 세개가 그의 손바닥에 떨어졌다. 그는 소중한 낟알을 버리기가 아까워서 별다른 생각 없이 그것을 입에 넣었다. 그러나 그는 이내 농부가 1년 내내 일해서 얻은 첫 수확을 자기가 먹어버려서 농부에게 죄를 지었다는 사실을 깨닫고 깜짝 놀랐다. 그는 당장 제자들을 해산시키고 스스로 큰 소로 변신했다. 이 석가모니 소는 농부의 집으로 가서 낟알 셋을 먹은 대가로 3년 동안 일을 했다. 그 3년 동안에 농부는 널리 소문이 날 만큼 큰 부자가 되었다.

어느 날 아침에 농부는 그의 소가 자기 앞에 와서 마치 사람처럼 말을 하는 것을 보고 소스라치게 놀랐다. 소는 농부에게 그날 밤에 그 집을 찾아오는 손님 500명을 대접해야 한다고 말했다. 농부는 의아스럽고 두려운 마음으로 500명을 위한 잔치를 준비했다. 그날 밤에 500명의 도둑 떼가 그 집에 들이닥쳤다. 굶주린 밤손님들이 한참 음식을 즐길 때에 그 소는 외양간에서 나와서 도둑들에게 낟알 셋을 먹었던 것과 그 대가로 3년 동안 일했던 것을 모두 이야기

이승만이 쓴 북한산 문수사의 현판과 영주 부석사 안양루의 현판.

했다.

농부에게 충분한 보상을 했으므로 석가모니는 그와 작별하고 다시 설법에 나섰다. 그 노상강도들은 모두 자기들의 죄를 뉘우치고 석가모니를 따랐다. 그것이 나한의 기원이었다.[42]

그런데 이러한 오백나한 설화는 석가모니의 일생을 다룬《불소행찬(佛所行讚)》이나 그 밖의 불교 설화집에서도 찾아보기 어렵다. 불교경전에 대한 지식이 대중화되지 못했던 당시의 상황으로 미루어 김씨 부인은 아마도 문수암의 승려 등을 통하여 불교 교리에 대해서도 꽤 통달해 있었던 모양이다. 어린 승룡은 어머니의 말을 사실로 믿었다.

김씨 부인은 승룡을 생일 때마다 문수암에 보내어 불공을 드리게 했다. 불공을 드리러 갈 때에는 사흘 동안 집에서 금식을 하고 사람이나 짐승의 피나 시체와 같은 부정한 것을 보지 말아야 했다. 그렇게 한 다음

42) Syngman Rhee, "Child Life in Korea", *op. cit.* pp. 95~96.

승룡은 복녀를 따라 문수암에 갔다. 문수암에 처음 갔을 때의 일을 이승만은 자서전 초록에서 다음과 같이 적었다.

1958년 9월27일에 83세의 나이로 프란체스카와 함께 문수암을 찾아 북한산을 오르는 이승만.

> 북한산에 자리 잡은 그 아름다운 절의 첫인상은 어찌나 좋았든지 나의 기억에서 영원히 사라지지 않을 것이다. 영적인 분위기와 금욕적인 환경 속에서 모든 것이 어찌나 속세와 다르든지 나는 꿈나라에 간 기분이었다. 형형색색의 옷을 입고 모자를 쓴 오백 나한들이 웅장한 불당에 일매지게 앉아 있었고, 벽에는 극락과 지옥의 그림들이 황홀하게 그려져 있었다.[43]

이승만은 대통령 재임 때에도 노구를 무릅쓰고 이 문수암을 찾았다. 현재의 문수사의 현판도 이승만이 쓴 것이다. 이승만은 문수사뿐만 아니라 다른 유명한 사찰들도 기회가 있을 때마다 찾았다. 경북 영주시 부석사(浮石寺)의 안양루(安養樓)에 걸려 있는 현판도 1957년에 이승만 내외가 방문했을 때에 쓴 것이다.

어린 시절의 불교의 영향은, 이승만이 성장하여 일생동안 직접 간접으로 기독교와 관련된 생활을 하면서도, 사위지지 않았다. 뒷날 대통령

43) *ibid.*, p. 96.

이 된 뒤에 타락한 사찰의 정화에 크게 관심을 기울인 것도 어린 시절에 불교로부터 받은 영향이 그만큼 컸기 때문이었을 것이다. 이승만은 심지어 자기는 교회에 나가지만 "교회에 가면 어쩐지 남의 집에 간 것 같고, 절간에 들르면 제집에 들어서는 것 같다"라고까지 토로한 적이 있었다.[44]

승룡은 한문교육도 어머니에게서 먼저 받았다. 처음에는 다른 아이들과 마찬가지로 《천자문(千字文)》을 외우는 것이었는데, 김씨 부인은 어린 아들에게 매질을 해가면서 글을 가르쳤다. 승룡은 총명했다. 그는 여섯 살 때에 《천자문》을 떼었다. 그것이 무척이나 대견스러웠던 이경선 내외는 동네사람들을 불러모아 잔치를 벌였다. 《천자문》을 떼자 《동몽선습(童蒙先習)》을 익혔다.

김씨 부인은 아들에게 시도 가르쳤다. 이승만은 뒷날 어떤 감회를 느낄 때마다 그 자리에서 한시(漢詩)를 짓곤 했는데, 이는 어릴 때에 어머니로부터 받은 작시의 교육이 원천이 되었다. 이승만은 자서전 초록에서 다음과 같이 술회했다.

> 나의 첫 시상(詩想)도 어머니가 가르쳐 주셨다. 내가 어릴 때에 지은 아동시 한 구절이 나의 마음속에 얼마나 깊이 새겨졌던지, 그 뒤에 나는 오랫동안 그런 시를 지으려고 애를 쓰곤 했다.
>
> 風無手而搖木　바람은 손이 없어도 뭇 나무를 흔들고
> 月無足而行空.　달은 발이 없어도 하늘을 간다.[45]

이승만은 어른이 되어서도 이 시를 기억했다. 그는 자서전 초록에서 이 시를 영어로 다음과 같이 적었다.

---

44) 權五琦, "李青潭 인터뷰", 《新東亞》 1967년 2월호.

45) "Autobiography of Dr. Syngman Rhee", p. 4 ; "청년이승만자서전", 이정식 지음, 권기봉 옮김, 앞의 책, p. 253 ; 李仁秀, "雩南 李承晩", 韓國史學會 編, 《韓國現代人物論(I)》, 乙酉文化社, 1987, p. 7.

> The wind has no hands but it shakes all the trees.
> The moon has no feet but travels across the sky.

김씨 부인은 승룡의 교육에 온 정성을 다 쏟았다. 그녀는 승룡이 글씨를 쓰는 데 행여 지장이 있을까 하여 무거운 물건을 들지 못 하게 하고, 돌팔매질도 못하게 했다.[46] 승룡은 열심히 글씨를 썼다. 이경선은 곧잘 동네사람들을 불러서 아들의 글씨 쓰는 모습을 보여 주었다. 여러 사람들이 둘러서서 "야, 그 도령 잘 쓴다" 하고 탄성을 올릴 때면 승룡은 여간 기쁘고 자랑스럽지 않았다.[47]

김씨 부인의 정성스러운 교육에 의한 빠른 학습의 성취는, '양녕대군 후예의 6대 녹자'임을 상조하는 이경선의 훈계와 함께, 승룡으로 하여금 상대적 우월감과 자신의 존재에 대한 특별한 긍지를 느끼게 했으며, 그것이 일생을 두고 그를 남다른 자신감과 사명감에 찬 인간형으로 발전시켰다.

이승만의 오랜 지지자였고 그가 가장 신뢰하는 정치인의 한사람이었던 허정(許政)은 이승만의 왕손의식과 관련하여 다음과 같이 적었다.

> 우남(雩南)은 미국에서 교육을 받고 독립운동을 하는 긴 세월을 미국에서 지내며 민주주의를 체험했음에도 불구하고 머릿속에는 이씨왕가(李氏王家)의 자손, 양녕대군의 후손이라는 의식이 깊이 뿌리박혀 있었다 … 그런데 이러한 성격과 태도는 이미 어린 시절에 형성된 것이었다. 나는 사람이 어려서 자라난 환경에 얼마나 많은 영향을 받는가를 우남의 경우에서 생생하게 보았다.
>
> 왕손이 배운 민주주의는 어린 시절에 형성된 성격 때문에 처음부터 모순을 내포하고 있었다. 머리로는 민주주의를 생각하면서도

46) Syngman Rhee, *op. cit.*, p. 98 ; Syngman Rhee, "Notes on Calligraphy", December 16, 1939, p. 2.

47) Syngman Rhee, "Notes on Calligraphy", pp. 1~2.

> 가슴으로는 왕손을 느끼는 우남은 봉건체제로부터 민주주의로 넘어오는 과도기의 모순을 한몸에 집약하고 있었다고 해도 지나친 말이 아닐 것이다.[48]

허정의 이러한 기술은 어릴 때에 주입된 이승만의 왕손의식이 일생 동안 작용하고 있었음을 보여 준다.

승룡은 여섯 살 때에 천연두를 앓고, 병발증으로 몇 달 동안 실명상태에 빠졌다. 그것은 그의 생애 최초의 큰 시련이었다. 이때의 일을 그의 전기들은 매우 극적으로 서술하고 있는데, 그것은 이승만이 그만큼 자세히 기억하고 있었기 때문이었을 것이다.

두창, 손님, 마마, 홍역 등 많은 이름으로 불리는 천연두는 무서운 전염병이었다. 조선조의 전 시대에 걸쳐서 계속 유행했고 전염 규모도 엄청나서 사람들의 공포의 대상이었다. 그리하여 숙종(肅宗), 영조(英祖) 때에는 내의원에 두과(痘科)의 전문의를 두기도 했다. 천연두의 예방접종은 정조(正祖) 때에 정약용(丁若鏞)이 처음으로 소개했으나 불행하게도 서학(西學) 배척의 분위기에 밀려서 실시되지 못했고, 지석영(池錫永)에 의하여 본격적인 종두(種痘)사업이 실시된 것은 1879년에 이르러서였다.[49] 그러나 그 종두사업도 충분한 것은 아니었다. 승룡도 물론 예방접종을 받지 못했다.

일찍이 천연두로 두 아들을 잃었던 이경선 내외가 승룡이 천연두를 앓고 게다가 눈까지 멀게 되자 얼마나 당황했을지는 상상하기에 어렵지 않다. 승룡은 빨갛게 단 쇠붙이가 두 눈을 찌르는 것같이 아팠다. 집에서 일하는 늙은 부부가 두꺼운 포대기로 햇빛을 가리고, 승룡을 업고

48) 許政, 《내일을 위한 證言》, 샘터, 1979, pp. 233~234.
49) 金斗鍾, 《韓國醫學史》, 探求堂, 1966, p. 476.

달래었다. 이경선 내외는 매일 치성을 드리고 약을 구하러 의원들과 친지들을 찾아 다녔다. 100가지도 더 되는 약을 써보았을 것이라고 한다. 마지막으로 이경선은 혜민서〔惠民署: 조선시대에 의약과 백성의 치료를 담당했던 관청〕의 낭관(郎官)을 지낸 친척 이호선(李浩善)이 권하는 대로 아들을 외국인 의사에게 데려가 보이기로 결심했다. 그러나 그것은 여간 용기가 필요한 일이 아니었다. 승룡이 눈을 동여맨 채 조그마한 가마를 타고 집을 나가던 날 김씨 부인은 아들을 땅에 묻으러 보내기나 하는 것처럼 목을 놓고 울었다.

이경선이 찾아간 곳은 진고개에 있는 일본인 병원이었다.[50] 의사는 진찰을 마치고 물약 한 병을 주면서 하루에 세 번씩 승룡의 눈에 넣어 주라고 말하고, 사흘 뒤에 효과를 잘 살펴보라고 했다. 사흘째 되는 날은 공교롭게도 승룡이 일곱 살 되는 생일이었다. 그리고 의사의 말대로 이날 승룡은 시력을 되찾았다. 그토록 심하게 앓던 눈병이 어떻게 이처럼 간단히 나을 수 있었는지 적이 의아스러운 일이다. 이경선은 감사의 표시로 달걀 한 꾸러미를 들고 아들을 데리고 의사를 찾아갔다. 그러나 의사는 "댁의 아들이 나보다 더 달걀을 먹어야 합니다" 라면서 사양했다. 이것이 승룡이 외국사람을 만난 첫 경험이었다.[51] 이승만은 대통령 재임 때에 이호선의 후손을 찾았고, 1957년 6월15일에 경무대로 찾아온 이호선의 손자며느리에게 어려서 눈병을 앓던 이야기를 했다고 한다.[52] 올리버는 승룡이 천연두를 앓은 것이 아홉 살 때였고, 찾아간 의사는 초대 신교사인 알렌(Horace N. Allen, 安連)이었다고 적고 있으나,[53] 이

50) 徐廷柱, 앞의 책, pp. 47~48 ; 吳在景, 《隨想二十二年》, 汎署出版社, 1973, p. 95.

51) Oliver, *op. cit.*, p. 12 ; 徐廷柱, 앞의 책, p. 47.

52) 曺惠子, "人間李承晩의 새 傳記 ②", 《女性中央》 1983년 2월호.

53) Oliver, *op. cit.*, p. 43 ; 올리버, "내가 아는 李承晩博士", 《新東亞》 1979년 9월호.

는 사실이 아니다. 왜냐하면 알렌이 고종의 허락을 얻어서 제동(薺洞)에 광혜원(廣惠院)을 개설한 것은 갑신정변(甲申政變)이 나던 이듬해인 1885년의 일이고, 이때에 승룡은 열 살이 되어 있었기 때문이다.

4. 《수호지》의 영웅 같은 아버지

김구도 아버지를 닮아서 건장한 체구와 강한 의협심과 용맹을 타고 났고, 그것이 이승만의 경우보다도 훨씬 험난한 또 다른 풍운의 생애를 성공적으로 살아갈 수 있게 한 바탕이 되었다. 김구 자신도 《백범일지》 상권을 마무리하면서 "내 일생에서 제일 행복이라 할 것은 기질이 튼튼한 것이다. 거의 5년의 감옥 고역을 하루도 병으로 쉰 적이 없고, 인천감옥에서 학질에 걸려 반나절 동안 역을 쉰 적이 있을 뿐이다"[54] 라고 그 점을 특별히 강조하고 있다. 김구는 키가 170센티미터가량〔五尺五寸〕이었고, 혈액형은 AB형이었다.[55]

김구의 아명은 창암(昌巖)이었다. 창암도 서너 살 때에 천연두를 앓았는데, 《백범일지》에 그것과 관련한 특별한 내용이 없는 것으로 보아서 심하게 앓지는 않았던 것 같다. 다만 어머니 곽씨 부인이 보통 종기를 치료할 때처럼 대나무 침으로 얼굴에 솟은 돌기에 고름이 맺힌 것을 따고 고름을 짜냈기 때문에 얼굴에 자국이 많이 생겼다.[56]

창암은 이승만과는 대조적으로 어머니보다도 아버지로부터 더 많은 영향을 받고 자랐다. 김순영은 김구 자신의 말로는 "학식은 이름 석 자를 쓸 줄 아는 정도"였다고 하나, 그보다는 유식했던 것 같으며, 허우대

---

54) 《백범일지》, pp. 290~291.

55) 《백범일지》, p. 252 ; 백범기념관 소장 김구의 마지막 입었던 옷 감정서.

56) 《백범일지》, p. 24.

가 좋고 성격이 호방했다. 술이 한량이 없었는데, 취기가 오르면 이웃 강씨, 이씨네 사람들을 만나는 대로 두들겨 패서 1년에도 여러 차례 해주 관아에 구금되어 문중에 소동을 일으키곤 했다. 사람을 구타하여 상해를 입히면 맞은 사람을 떠메어다가 때린 사람 집에 뉘여 놓고 죽는지 사는지를 지켜보는 것이 그 무렵의 지방 관습이었다. 그 때문에 한 달에도 몇 번씩 거의 죽게 된 사람이나 온몸이 피투성이가 된 사람이 김순영의 집 사랑방에 누워 있기가 일쑤였다. 김순영이 사람을 잘 팬 것은 술기운 때문만은 아니었다. 그것은 불평불만이 남달리 컸고 의협심이 강했기 때문이었다.

김구는 자기 아버지가 "마치《수호지(水滸誌)》에 나오는 영웅처럼 강자가 약자를 능멸하는 것을 보면 친불친(親不親)을 불문하고 참지 못하는 불같은 성격이었다"라고 적고 있다.[57] 그래서 김순영에 대하여 인근 상민들은 두려워서 공경하고 양반들은 슬슬 피했다.

김순영 형제의 음주벽에 관한 다음과 같은 에피소드는 어린 창암에게 준 가정환경의 영향이 어떠했는지를 짐작하게 한다. 창암의 넷째 삼촌 김준영(金俊永)도 김순영과 마찬가지로 술이 과했고, 취하면 곧잘 소동을 일으키는 것도 비슷했다. 그러나 그는 김순영과 반대로 양반에게는 감히 덤비지 못하고 문중 친척들에게만 위아래 없이 욕을 하면서 싸움을 걸었다.

창암이 아홉 살 때에 큰아버지 김백영(金伯永)의 장례식이 있었는데,[58] 김준영의 행패로 장례식이 난장판이 되고 말았다. 김준영이 술에 취하여 상여꾼을 모조리 두들겨 패버려서 낭패하자, 인근 양반들이 큰 생색을 내느라고 노복을 한 사람씩 보내어 다시 상여를 메고 가게 했다. 그런데 김준영은 그들까지 때려서 모두 쫓아버리고 말았다. 마침내

57) 《백범일지》, p. 27.

58) 《백범일지》에는 이때가 할아버지 장례식 때였다고 기술했으나 이는 착오이다.

김준영을 결박하여 집에 가두어 놓고 집안사람들끼리 운구하여 장례를 치르고 나서 가족회의를 열었다. 창암의 종증조부 주관으로 열린 가족회의는 김준영을 앉은뱅이로 만들기로 하고, 그의 두 발뒤꿈치를 베어 버렸다. 다행히 힘줄이 상하지는 않아서 병신은 되지 않았다. 아무리 홧김에 내린 결정이라고 하더라도 이러한 가족회의의 결정은 과격한 처사가 아닐 수 없다. 그런데 뒷날 김구가 《백범일지》를 집필할 때에 이 사실을 두고 "지금 생각해 보면 이것이 상놈의 본색이요 소위라 하겠다"라고 술회하고 있는 것은, 비록 조락한 시기의 임시정부(臨時政府)이기는 했으나 그 수반인 국무령(國務領)까지 역임한 뒤인 이때까지도, 상놈 콤플렉스를 불식하지 못하고 있었음을 보여 준다. 또한 그러면서도 이처럼 자랑스러울 수 없는 이야기를 자세히 적고 있는 데서 우리는 김구의 솔직한 성품을 실감할 수 있다.

준영 삼촌이 종증조부의 사랑에 누워서 범같이 울부짖는 바람에 어린 창암은 무서워서 근처에도 가지 못했다. 이때에 곽씨 부인은 아들을 보고 말했다.

"너희 집의 허다한 풍파가 모두 술 때문에 생기는데, 두고 보아서 네가 술을 먹는다면 나는 단연코 자살을 하여서도 네 꼴을 보지 않겠다."

김구는 이때의 일을 회상하면서 "나는 이 말씀을 마음 깊이 새겼다"라고 적었다.[59]

해마다 세밑이 되면 김순영은 닭이며 달걀이며 담배 같은 것을 준비하여 영리청(營吏廳)과 사령청(使令廳) 사람들에게 선물을 보냈다. 그러면 그 답례로 책력이나 해주먹 같은 것이 왔다. 이처럼 미리 손을 써 두는 것을 계방(稧房)이라고 했다. 이렇게 계방을 해두면 소송을 하게 되는 경우에는 말할 나위도 없고 만일에 영문(營門)이나 본아(本衙)에 잡혀가서 감옥이나 영청에 갇히더라도 실제로는 사령이나 영리들과 같

59) 《백범일지》, p. 29.

이 먹고 자는 것과 마찬가지이고, 태장이나 곤장을 맞게 되더라도 때리는 시늉만 하는 것이었다. 그런 뒤에 감옥에서 나와서는 반대 소송을 제기할 수도 있었다. 그렇게 하여 양반토호들을 구속시키고 나면, 그들은 재산을 있는 대로 써서 감사(監司)나 판관(判官)에게 뇌물을 주고 모면하더라도, 사령이나 영속(營屬)들에게 별별 고통을 당하게 마련이었다. 실제로 그러한 수단으로 해서지방에서 1년 동안에 부호 여남은명이 낭패를 당하기도 했다.[60]

이러한 김순영이 도존위(都尊位)에 천거된 것은 인근 양반들의 회유책이었다. 그러나 김순영은 도존위가 된 뒤에도 양반들에게 고분고분한 다른 존위들과는 반대로 양반들로부터는 엄격하게 세금을 거두고 빈천한 사람들로부터는 자기가 물망정 가혹하게 거두지 않았다. 그렇기 때문에 양반들은 김순영이라고 하면 부녀자나 아이들까지도 손가락질을 하며 미워했다.

김순영이 양반들의 사랑에 들를라치면 그 주인이 다른 양반들과 같이 있을 때에는 "허, 김존위 왔는가?" 하고 말을 낮추었다가도, 혼자 있을 때에는 이따금 "이랬소", "저랬소" 하고 머드레 공대를 하곤 했다. 김순영은 결국 3년이 못 가서 공금을 축내었다는 구실로 면직되고 말았다.

이러한 아버지의 외아들 창암은 말 없는 아이로 고독하게 자랐다. 김구의 다음과 같은 어릴 때의 몇 가지 에피소드는 그의 타고난 성품과 성장기의 생활환경을 잘 말해 준다. 첫째 네 살 때의 일이었다. 곽씨 부인이 화로에 꽂아두고 쓰는 부서리〔작은 부삽〕를 가지고 놀다가 그만 그것이 손등에 쩍 달라붙었다. 그런데 아이는 울지도 않고 앉아서 "어, 부서리가 손등에 붙었다" 하고 말했다.[61]

김구 자신은 《백범일지》에서 어릴 때의 이야기를 다음과 같이 회상

60) 《백범일지》, p. 28.

61) 정정화, 《녹두꽃》, 未完, 1987, p. 93.

하고 있다. 김순영은 창암이 다섯 살 때에 몇몇 일가와 함께 강령(康翎)의 삼거리로 이사하여 이태 동안 그곳에서 살았다. 일족이 어떻게 하여 강령으로 이사하게 되었는지는 분명하지 않으나, 경제적으로 궁핍하고 또 이웃 토반들을 피하여 새로운 환경을 찾아 나섰던 것으로 짐작된다. 그곳은 앞은 바다요 뒤는 산이었다. 김순영의 집은 밤에 호랑이가 사람을 물고 집 앞을 지나갈 만큼 외딴 산 어귀에 있었다. 그리하여 김순영 내외가 농사일이나 해산물을 채취하러 나가고 나면 창암은 가까운 신풍 이생원 집에 가서 그 집 아이들과 놀다오는 것이 일과였다. 하루는 그 집 아이들이 "해줏놈 때려 주자" 하고 공모하여 창암은 몰매를 맞았다. 창암은 곧 집으로 돌아와서 부엌칼을 가지고 아이들을 찔러 죽일 생각으로 그 집으로 달려갔다. 사랑 앞문으로 들어가면 아이들이 눈치챌까 보아 뒤로 돌아가서 칼로 울타리를 뜯고 안으로 들어갔다. 마침 안마당에 있던 열일여덟 살 되는 그 집 처녀가 보고 놀라서 큰 소리로 저의 오라비에게 일렀다. 결국 창암은 다시 아이들에게 실컷 얻어맞고 칼만 빼앗기고 돌아왔다.

또 하루는 창암이 혼자 집에 있으면서 몹시 심심해하고 있을 때에 엿장수가 "헌 유기나 부러진 숟갈로 엿들 사시오" 하고 외치며 지나갔다. 소년은 엿이 먹고 싶었으나 엿장수가 아이들의 자지를 잘라간다는 말을 어른들에게서 들은 적이 있었기 때문에 방문을 닫아걸고 엿장수를 불렀다. 부러진 숟갈이라야 엿을 주는 줄 안 소년은 아버지의 멀쩡한 숟갈을 밟아 분질러 반은 두고 반만 문구멍으로 내밀었다. 엿장수는 엿을 한 주먹 뭉쳐서 들이밀어 주었다. 엿을 한참 맛있게 먹고 있을 때에 김순영이 돌아왔다. 사실대로 말하자 김순영은 "다시 그런 짓을 하면 혼을 내겠다"라고 꾸짖고 매질은 하지 않았다.

그 뒤 어느 날이었다. 김순영이 엽전 스무냥을 방 아랫목 이부자리 속에 넣어 두고 나가는 것을 보고 창암이 그 돈을 모두 꺼내어 온몸에 감고 떡을 사먹으러 나섰다가 길에서 삼종조부를 만났다. 삼종조부는 돈을 빼앗으며 "네 아비가 보면 큰 매 맞는다. 어서 집으로 들어가거라" 하고 창암을 집으로 돌려보냈다. 얼마 뒤에 집에 돌아온 김순영은 말 한마디 없이 다짜고짜로 빨랫줄로 어린 아들을 동여서 들보에 달아매고 사정없이 매질을 했다. 그때에 마침 창암을 끔찍이 귀여워하는 재종조부 장련(長連) 할아버지가 지나가다가 창암의 비명소리를 듣고 달려 들어왔다. 장련 할아버지는 설명을 다 듣지도 않고 "어린것을 그토록 무지하게 때리느냐?"고 꾸짖으며, 창암을 때리던 매를 빼앗아 그것으로 김순영을 때렸다. 장련 할아버지는 김순영과 동갑이었으나 친족의 권위로 김순영을 질책한 것이었다. 어린 창암은 장련 할아버지가 고마웠고 자기 아버지가 매맞는 것이 시원하고 고소했다. 장련 할아버지는 창암을 업고 들로 나가서 수박과 참외를 사 먹이고 나서 자기 집으로 데려갔다. 창암은 그 집에서 여러 날 자고 난 뒤에야 집으로 돌아왔다.[62]

한 번은 장맛비로 집 근처에 샘이 솟아나서 여러 갈래의 작은 시내를 이루었다. 창암은 집에서 빨강, 파랑 물감을 통째로 꺼내어다가 한 시내에는 빨강이를, 다른 시내에는 파랑이를 풀어서 붉은 시내와 푸른 시내가 한데 어우러지는 모양을 보며 좋아하다가 어머니로부터 호되게 매를 맞았다.[63] 성깔 찬 창암은 분한 생각에 한번 울기 시작하면 아침부터 저물도록 울음을 그치지 않았다. 이때도 그렇게 울었다.

독자로 태어난 창암이 김씨 일가만 모여 사는 텃골 집성취락의 씨족주의 분위기 속에서 김순영 내외뿐만 아니라 집안 어른들로부터 특별한 귀여움을 받고 자랐던 것은 《백범일지》에 보이는 '종증조부', '삼종조부', '재종조부' 등의 여러 씨족 호칭으로도 넉넉히 짐작할 수 있다. 이러한 분위기는 그의 성장기 인격형성에 큰 영향을 끼쳤을 것이다. 사촌들이 있기는 했으나 어려서부터 집안 농사일만 거드는 사촌들과는 잘

62) 《백범일지》, p. 26.
63) 《백범일지》, p. 27.

어울리지 않았다. 김순영은 궁핍하면서도 어떻게 해서든지 외아들을 농사꾼으로 만들고 싶지는 않았던 것이다. 뒷날 치하포(鴟河浦) 사건으로 구속되어 재판을 받을 때에 김구는 자신이 '7대 독자'라고 진술하고 있고, 김순영과 곽씨 부인이 각각 법부대신에게 올린 탄원서에도 아들이 '7대 독자'라고 말하고 있는 것도 흥미로운 일이다.

김구의 과묵한 성품과 대담성과 강한 저항정신은 선천적인 강인한 체력과 함께 성장기의 이러한 생활환경에서 형성된 것이라고 할 수 있다. 그리고 그의 과묵한 성품은 뒷날 사회활동 과정에서 더러는 오해를 사는 요인이 되기도 했으나, 다른 한편으로 그것은 복잡한 상황 속에서 지도자로 성장하는 데 오히려 강점이 되었다.

곽씨 부인은, 김구의 표현에 따르면, "비록 하향 농촌에서 생장하셨으나 무슨 일에나 잘 감당해 내시고 더욱 바느질이 능하신"64) 여성이었다. 곽씨 부인은 김구가 어려서 서당에 다닐 때에 김품과 길쌈품을 팔아서 아들의 지필묵(紙筆墨) 값을 벌기 시작하여, 먼 이국땅 중경(重慶)에서 "내 원통한 생각을 어찌하면 좋으냐!" 라면서 숨을 거두기까지, 고난의 팔십 평생을 오로지 아들을 위해 바치는 것은 뒤에서 보는 바와 같다. 그러나 김구는 그런 어머니보다 아버지 김순영으로부터 훨씬 큰 영향을 받고 자랐고, 장성해서도 한참 동안 모든 중요한 결정은 아버지의 의견에 따랐다.

김순영은 창암이 열두서너 살 때에 어떤 술집에서 김치경(金致景)이라는 함경도 사람 함지박 장수를 만나서 취중에 말이 오가다가 그에게 열아홉 살 난 딸이 있다는 말을 듣고 농담같이 며느리로 달라고 청혼을 했고 김치경도 승낙했다. 그리하여 김순영은 창암의 사주까지 보내고,

---

64) 《백범일지》, p. 105.

여자아이를 가끔 집에 데려오기도 했다. 이 무렵 창암은 서당에 다니고 있었는데, 동네 아이들이 그 일을 알고 놀려대곤 했다.

"너는 함지박 장수 사위다. 너의 집에 데려온 처녀가 곱더냐?"

이런 놀림을 받을 때면 창암은 몹시 불쾌했다. 하루는 추운 겨울날 창암이 얼음판에서 팽이를 치며 놀고 있는데 그 여자아이가 곁에 와서 구경하다가 저한테도 팽이를 한개 깎아 달라고 했다. 그 말에 창암은 화가 머리끝까지 치밀어서 어머니를 졸라 여자아이를 돌려보내 버렸다. 그러나 딱히 약혼을 취소한 것은 아니었다. 김구는 이 일이 자기가 너더댓 살 때의 일이라고 적고 있으나,[65] 열두 살 때부터 서당에 다니고 있었으므로 그것은 착오이다. 창암이 어머니를 졸라서 그 여자아이를 돌려보낸 것은 그 여자아이가 굳이 싫어서 그랬다기보다는 함지박 장수의 사위라는 것이 더 창피했기 때문이었는지 모른다. 이 무렵 창암은 '상놈' 신분을 벗어나는 유일한 길은 과거(科擧)에 급제하는 것이라는 것을 깨닫고 아버지를 졸라서 눈물겨운 서당 공부를 시작하고 있었다. 그만큼 김구는 어릴 때부터 신분상승의 강한 욕구를 가지고 성장했다. 그리고 그것은 몰락한 양반의 궁핍한 처지에서 입신출세를 위하여 여섯 살 때부터 과거를 목표로 서당공부를 시작한 이승만의 경우와 절박성에서 크게 다를 것이 없었다. 그런데 김순영의 이 경박한 처사 때문에 김구가 평생의 스승인 유학자 고능선(高能善)의 손자사위가 되는 연분이 깨지고 마는 것은 뒤에서 보는 바와 같다.

65) 《백범일지》, p. 89.

제2장

과거에 낙방하고

1. 서당 도강(都講)에서 번번이 장원

이승만과 김구는 나이가 들면서 당시의 양반집 아이들이나 웬만한 상민의 아이들과 마찬가지로 서당공부를 시작했다. 목표는 물론 과거(科擧)였다. 과거는 유교를 국가 이데올로기로 삼은 나라에서 유교경전의 시험을 통하여 관리를 선발하는 제도였다. 후주(後周)의 귀화인 쌍기(雙冀)의 건의에 따라 고려 광종(光宗) 9년(958)에 처음 실시된 이후로 과거는 우리나라의 정치, 사회, 문화의 발달에 크나큰 영향을 끼쳤다. 특히 문관(文官)이 무관(武官)이나 서리(胥吏)를 누르고 국가권력을 장악하게 했던 문치주의(文治主義)는 근대국가의 기본 원리의 하나로 꼽히는 이른바 문민우위(文民優位)의 원칙을 봉건적 왕조시대에 일찌감치 정착시켰다는 점에서 세계의 역사에서도 특수한 경우라고 할 만하다. 조선시대에는 오직 과거에 급제하는 것만이 입신출세의 길이었고, 과거에 합격하려면 유교의 경전과 교양을 열심히 익혀야 했다. 그러한 전통이 한민족의 특성인 높은 교육열의 원천이 된 것은 흔히 지적되는 대로이다.

이승만은 일곱 살 되던 해부터 시작하여 열아홉 살 되던 1894년에 갑오개혁(甲午改革)으로 과거제도가 폐지될 때까지 서당공부를 계속했다. 그리고 열세 살 때부터 계속해서 과거를 보았다. 그런데 이승만은 이 시절의 일에 대하여 자서전 초록에서나 다른 글로 적어 놓은 것이 거의 없다. 자서전 초록에는 앞으로 쓸 요량으로 적어 놓은 몇 가지 사항 가운데 "학교〔서당〕생활. 과거를 위한 교육. 열권의 시전(詩傳)과 두권의 서전(書傳)을 외웠던 일"을 든 다음, "유가(儒家)에서 태어난 나는 중국고전과 역사, 문학, 종교 등에 관한 책들을 습득하여 과거시험을 보는 것을 나의 의무로 여겼고…"라고 적어 놓았을 뿐이다.[1] 올리버의 전기도 이 중요한 시기에 대해, 이 무렵의 한국에는 학교가 없었고 일반 가정에서는 가정교사〔훈장〕를 고빙하여 자기 아이들과 친척이나 친구 아이들을 가르쳤다면서, 이승만은 양녕대군의 봉사손(奉祀孫) 이근수(李根秀) 판서의 아들 병주(丙胄)와 신응우(申応雨), 신긍우(申肯雨), 신흥우(申興雨) 형제 등과 함께 유교의 경전을 공부했고 열여덟 살이 되기 전에 사서삼경(四書三經)의 중요한 부분을 외웠다고 아주 간략하게 언급했다.[2] 서정주(徐廷柱)의 전기에는 이 시절의 이야기가 자세하게 묘사되어 있으나, 이 전기는 저자의 상상력에 의하여 과장해서 서술된 부분이 많다. 실제로 서정주가 쓴 전기는 출판되자마자 판매금지되었는데, 프란체스카는 이승만의 영문전기를 준비하고 있는 올리버에게 보낸 편지에서 이 책은 이승만의 어릴 때에 관한 내용이 우스꽝스러울 만큼 뒤죽박죽으로 서술되어 있다고 비판했다.[3]

---

1) "Autobiography of Dr. Syngman Rhee", George A. Fitch Papers, Yenching Institute, Harvard University, p. 5 ; "청년이승만자서전", 이정식 지음, 권기붕 옮김, 《초대 대통령 이승만의 청년시절》, 동아일보사, 2002, p. 253, p. 270.

2) Robert T. Oliver, *Syngman Rhee — The Man Behind the Myth*, Dodd Mead and Company, 1960, pp. 13~14.

3) Mrs. Syngman Rhee (Francesca) to Robert T. Oliver, Apr. 3, 1950, 이정식 지음, 권기붕 옮김, 앞의 책, p. 32 주17).

이승만은 일곱 살 때에 처음으로 낙동(駱洞)에 있는 퇴직대신 이건하(李建夏)의 서당에 다녔다. 이 서당은 이건하가 홀로 된 형수의 외아들 범교(範喬)를 가르치기 위하여 연 서당으로서, 낙동과 도동(桃洞) 등 이웃 동네의 양반집 아이들 이삼십명을 모아 가르치고 있었다. 그런데 그곳은 어린 승룡이 다니기에 너무 멀었으므로 이경선 내외는 집을 염동에서 서당 근처인 낙동으로 옮겼다고 한다.[4] 승룡은 총명할 뿐만 아니라 훈장이 귀찮아할 정도로 파고드는 성미가 있어서 대문〔大文: 고전의 본문〕과 전주(箋註) 말고도 다른 아이들이 모르는 여러 가지를 빠르게 깨우쳤다.

서당에는 서도(書徒)라는 것이 있었다. 그것은 아이들의 학업의욕을 북돋우기 위하여 치르는 종합 경시였다. 한 서도기(書徒期)가 새로 시작되면 훈장은 아이들을 좌청룡(左靑龍)과 우백호(右白虎)의 두 패로 갈라서 그들의 근면(勤勉), 강독(講讀), 필서(筆書) 등의 성적을 낱낱이 기록해 두고, 마지막 날에는 도강(都講)을 받았다. 도강이란 그동안 배운 글 전부를 한꺼번에 외우고 또 해석하게 하는 것으로서, 이 도강에 점수가 가장 많았다. 그런데 승룡은 도강에서 번번이 장원을 하여 자기편이 이기게 했다. 그래서 공부를 못하는 범교와 함께 별명을 얻었는데, 범교는 '범보(凡甫)'요 승룡은 '용보(龍甫)'였다.

어느 날 이경선은 서당의 초대를 받아서 아들의 공부하는 모습을 보러갔다가 승룡이 《통감(通鑑)》 셋째 권을 도강하여 장원하는 것을 보았다. 그는 훈장에게 아들이 건성으로 외우는 것이 아니냐고 물었다. 훈장은 대답했다.

"저 아이는 양태부(梁太傅) 가의(賈誼)가 상소한 것뿐만 아니라 가의의 집안 내력까지 다 알고 있습니다. 궁금하시면 물어보시지요."[5]

---

4) 徐廷柱, 《李承晩博士傳》, 三八社, 1949, p. 55.

5) 위의 책, p. 58.

《통감》이란 원래 사마광(司馬光)의 《자치통감(資治通鑑)》을 일컫는 말이었으나, 조선시대에 서당에서 《천자문》과 《동몽선습(童蒙先習)》을 뗀 다음에 교재로 가르쳤던 《통감》은 294권이나 되는 《자치통감》을 50권으로 요약한 강지(江贄)의 《통감절요(通鑑節要)》를 말하는 것이었다. 가의는 한(漢)나라 태종(太宗) 때의 사람으로서, 20여세에 박사(博士)로 천거되어 국기를 튼튼히 하는 제반 정책을 폈는데, 양(梁)의 태부로 있으면서 태종에게 국정개혁을 강력히 촉구한 장문의 상소문은 특히 유명하다.[6] 이승만이 이때의 기억을 서정주에게 자세히 구술하고 있는 것으로 미루어 보아, 그가 뒤에 일련의 개혁운동을 전개할 때에도 가의의 상소문이 머릿속에 있었을 것으로 여겨진다. 그런데 서정주는 이경선이 승룡이 장원을 하는 것을 목격한 것이 《통감》 셋째 권을 도강할 때였다고 적고 있으나, 가의에 관한 내용은 《통감절요》의 일곱째 권에 적혀 있다.

내로라하는 양반집 아이들 가운데에서 매번 도강에 장원을 할 만큼 뛰어났었다는 사실은 어린 승룡으로 하여금 집에서 부모들로부터 글을 배우고 글씨를 쓰면서 느꼈던 것보다 더욱 확고한 우월감과 자부심을 느끼게 했을 것이다.

승룡이 서당공부를 시작한 지 이태째 되는 1882년 6월에 임오군란(壬午軍亂)이 일어났다. 승룡은 서당에서 글을 읽고 앉았다가 발이 저려서 잠깐 일어나 벽에 기대어 섰는데, 꽝하고 하늘이 무너지는 듯한 소리가 나면서 온 서당이 크게 울리는 사품에 방바닥에 쓰러졌다. 아이들은 모

---

6) 趙洙翼 譯解, 《新譯 通鑑》, 弘新文化社, 1989, pp. 204~216. 賈誼에 관해서는 蕭公權 著, 崔明-孫文鎬 譯, 《中國政治思想史》, 서울대학교 출판부, 1998, pp. 507~516 및 金翰奎, “賈誼의 政治思想 — 大韓帝國秩序確立의 思想史的一過程”, 《歷史學報》 제 63집, 歷史學會, 1974년 9월 참조.

두 놀라서 눈이 휘둥그레졌다. 그러나 훈장은 “아, 어디 마른벼락이 내리쳤나보다” 라면서 태연했다. 그러나 그것은 마른벼락이 아니라, 난을 일으킨 군인들이 동대문 밖 화약고에 불을 질러서 그것이 폭발한 것이었다.

군란이 터지자 서당은 찾아오는 어른들로 붐벼서 아이들은 공부를 할 수 없었다. 승룡은 몇몇 아이들과 같이 서당에서 나와서 사람들이 많이 모인 곳을 쫓아다녔다. 수하동(水下洞) 어느 민씨 집에는 군인들이 몰려가서 집안 살림살이를 모조리 때려부수고 있었는데, 곳간 문을 열고 독을 깨뜨리자 그 속에서 돈이 쏟아져 나와서 마당에 산더미를 이루며 굴렀다. 구경하던 사람들이 그것을 주우려 하자 병정들이 고함을 쳐서 그들을 물리쳤다.[7]

임오군란은 밀린 급료분쟁을 계기로 하여 일어난 하급 구식 군인들의 봉기였으나, 그 결과는 동북아시아 정세와 조선왕조의 운명에 엄청난 영향을 끼쳤다. 임오군란을 진압하는 과정에서 조선에 출병한 청국(淸國)은 이 봉기를 이용해 재집권한 흥선대원군(興宣大院君)을 천진(天津)으로 납치하여 보정(保定)에 유폐시키고, 군대를 도성 안에 주둔시킨 다음, 본격적으로 조선의 내정에 간섭했다. 대원군의 납치와 청군의 온갖 행패는 민중의 반청의식(反淸意識)을 확산시켰다. 한편으로 일본은 조선 조정을 협박하다시피 하여 제물포조약(濟物浦條約)과 조-일수호조규속약(朝日修好條規續約)을 체결하여 자국의 이익을 챙겼다. 조-일수호조규속약 제 1항은 인천, 부산, 원산의 부두를 기점으로 100리까지 일본인의 행보거리를 확장함으로써 일본상인의 서울 침투를 가능하게 만들었다. 또한 도성 안에 외국 군대가 주둔하여 국내 정치세력과 결탁함으로써 2년 뒤에는 갑신정변이라는 유혈 쿠데타가 일어날 수 있는 빌미를 제공했다.[8]

---

7) 徐廷柱, 앞의 책, p. 62.

갑신정변은 김옥균(金玉均), 박영효(朴泳孝) 등 양반출신의 젊은 관료층을 중심으로 한 개화파세력이 1884년 10월17일에 무력으로 국가권력을 장악하고 근대적 개혁을 시도한 사건이다. 이들은 청-프랑스전쟁이 진행되는 상황에서 청국과 일본의 외교적 대립관계를 이용하여 그동안 광주(廣州)와 북청(北靑)에서 양성해 두었던 친군영(親軍營) 군대 등 1,050명의 조선군과 일본공사관 호위병 150명을 동원하여 권력을 장악했다. 이들 개화파의 권력구상은 14개조의 정강에 잘 나타나 있는데, 그 핵심은 일본의 명치유신(明治維新)을 모방한 대대적 개혁이었다. 정강으로는 문벌폐지와 인민평등권의 보장, 조세제도의 개혁, 근대적 경찰제도의 확립과 군대의 창설 등을 표방했다. 그러나 토지개혁 없는 지조법(地租法) 개혁조항은 그 한계를 드러내는 것이었다. 이때의 개화파의 쿠데타는 청국 군대의 무력 진압으로 '3일 천하'로 끝나고 말았다. 당시 서울에는 1,500명의 청국군이 주둔하고 있었다.[9]

갑신정변이 터지자 승룡의 식구들은 뜻밖에도 잠시나마 고대광실에서 살게 되었다. 그 집은 바로 승룡이 다니는 서당을 연 이건하의 집이었다. 정변 통에 이건하 일족이 충청도 아산(牙山)으로 피난 가게 되어서 그 빈 집을 승룡의 식구들이 지켜주기로 한 것이었다. 그런데 승룡은 이때에 "범교네는 왜 피난을 가야 하고 우리집은 왜 피난을 가지 않아도 되느냐"라는 의문이 생기면서 범교네와 자기네는 처지가 다르다는 사실을 어렴풋이 깨달았다고 한다.[10]

서당은 문을 닫고 있었다. 승룡은 아침밥을 먹고 나서는 어머니 몰래 집을 나와서 소란한 난리 속의 길거리를 혼자서 구경하고 다녔다. 진고

---

8) 김용구, 《임오군란과 갑신정변 — 사대질서의 변형과 한국외교사》, 도서출판 원, 2004 참조.

9) 愼鏞廈, 《初期開化思想과 甲申政變硏究》, 지식산업사, 2000, 韓國政治外交史學會, 《甲申政變硏究》, 平民社, 1985, 김용구, 앞의 책 참조.

10) 徐廷柱, 앞의 책, pp. 67~68.

개 뒤 녹천정(綠川亭) 쪽에서는 일본사람의 집은 모두 불타고 있었다. 청국 병정들이 길거리에 몰려다니고, 군중은 군중끼리 몰려가서 일본사람 집에서 된장통이며 비누통 같은 것을 들어내고 있었다. 청국 병정들은 그것들을 낱낱이 청룡도로 쳐부수어 보고야 놓아 보냈다. 사람들은 구석구석에 모여서 수군거렸다. 개화당의 혐의만 받아도 죽인다느니, 말만 더듬어도 창으로 찔러 죽인다느니, 왜놈이 통나무단을 안고 숨어 있다가 맞아 죽어서 통나무 귀신이 되었다느니 하는 별의별 소리가 나돌았다. 어떤 사람은 자기 눈으로 왜년 죽이는 것을 보고 왔다면서 손짓 몸짓으로 시늉을 하기도 했다.

승룡은 한낮이 훨씬 기운 뒤에야 집에 돌아왔다. 어머니가 어디를 갔다 왔느냐고 물어도 대답이 없었다. 밖에 나가서는 안 된다고 하지 않았느냐고 나무라도 들은 척도 하지 않았다. 밥상을 차려 주어도 먹지 않고 방 아랫목에 드러누워서 꼼짝도 하지 않았다. 드디어 밤이 되어 저녁을 드는 둥 마는 둥 하고 자리를 펴고 불을 껐을 때에야 승룡은 비로소 입을 열어, "일본은 뭐고 청국은 뭐야?" 하고 물었다. 승룡은 어머니의 설명을 건성으로 들으면서 오랫동안 이리저리 뒤척거렸다.[11]

이승만은 그의 자서전 초록에서는 이때의 일과 관련하여 그저 "나는 중국사람들이 한국에 들어오는 것을 보았고, 또 일본사람들이 오는 것을 보았다. 그리고 내란을 보았고 전쟁을 보았다. 나는 여러 차례의 전투를 구경했다"라고 간단히 메모만 해 놓았다.[12] 열 살의 조숙한 소년에게 외국인들과도 관련된 정변의 모습은 단순한 호기심의 대상만은 아니었을 것이다. 이때에 느꼈다고 하는 일본과 청국에 대한 관심은 일생을 두고 그의 머리를 떠나지 않는 문제의식의 변수가 되었다. 범교네와 자기네는 처지가 다르다는 것을 어렴풋이 깨달은 것도 중요한 각성이었

11) 위의 책, p. 72.

12) "Autobiography of Dr. Syngman Rhee", p. 5 ; "청년이승만자서전", 이정식 지음, 권기붕 옮김, 앞의 책, p. 253.

양녕대군의 봉사손 이근수. 이승만은 이근수의 도동서당에 다녔다.

다. 그리고 이때의 갑신정변의 주동자의 한 사람인 서재필(徐載弼)이 뒷날 이승만의 스승이 되어 그를 개혁운동에 앞장서게 만드는 것은 어쩌면 운명적인 일이었는지 모른다.

갑신정변이 끝나고 아산으로 피난 갔던 이건하의 가족이 돌아오자 승룡네 가족은 남산 서남쪽 언덕의 도동으로 이사했다. 그곳은 지덕사가 있는 곳으로서, 먼 친척들이 근방에 몰려 살고 있었다. 이경선은 아들을 근처에 있는 이근수 판서의 집 서당에 보냈다. 이 서당은 이근수가 아들을 가르치기 위하여 연 사숙(私塾)이었다. 이근수는 승룡에게는 항렬로 치면 조카뻘에 해당하는 사람이었으나, 중추원 1등의관, 궁내부 특진관, 장례원경(掌禮院卿), 시종원경(侍從院卿) 등의 현직(顯職)을 지낸 양녕대군파의 대표적 인물이었다.[13] 승룡은 이 서당에서 과거제도가 폐지될 때까지 전통적인 한학교육을 받으며 과거공부에 열중했다.

이 시기가 이승만의 성장기에서 가장 중요한 시기였다. 이승만이 자신의 아호를 우남(雩南)이라고 지은 것도 이 우수재〔雩守峴〕남쪽 도동 시절을 기려서 지은 것이었다. 이승만은 1956년에 이근수와 그 부인 안동 권씨의 합장묘에 자신이 비문을 짓고 또 그 비문을 손수 써서 묘비를

13) 安龍植 編,《大韓帝國官僚史硏究(I), (II), (III) —1896. 8. 1~1907. 7》, 延世大學校 社會科學硏究所, 1994~1995, 각권의 "李根秀" 항 참조.

이승만이 공부하던 도동서당. 1957년에 이곳을 찾은 이승만은 '연소정(鷰巢亭)'이라는 휘호를 남겼다.

세우게 했는데, 그 비문은 이승만이 자신의 서당시절에 대하여 직접 적은 유일한 글이다. 한문으로 된 비문의 내용은 다음과 같다.

> 내가 어렸을 적에 우리 집은 남대문 밖 도저동(桃渚洞)의 관왕묘 동쪽 담 곁에 있었다. 여러 해 동안 이 지역에 있는 지덕사 앞의 고가사숙(古家私塾)에서 수학하였다. 지덕사는 양녕대군의 묘호이다. 대대로 전해져 내려온 고택(古宅)이 그 앞에 있었고, 공은 근수 판서공이 그 집에 살았다. 판서공은 아들 병주(丙胄) 군의 학업을 위하여 수원에 사는 일가 어른 가인(可人) 이승설(李承卨) 선생을 교수로 모셔왔고, 북향한 긴 행랑을 강당으로 사용하였다. 봄 여름에는 당(唐), 송(宋)의 시문(詩文)을 읽고 시와 부(賦)의 과문(科文)을 지었고, 가을 겨울에는 경(經)과 사(史)와 고문(古文) 등을 일과로 삼았다. 당시에 함께 배우는 사람은 늘 예닐곱명이 있어서 날마다 머리를 맞대고 어깨를 나란히 하며 한떼의 물고기와 같았다.

경기도 안성군 삼죽면 진촌리 산 109번지에 있는 이근수 내외 합장묘의 묘비(밑의 사진은 탁본).

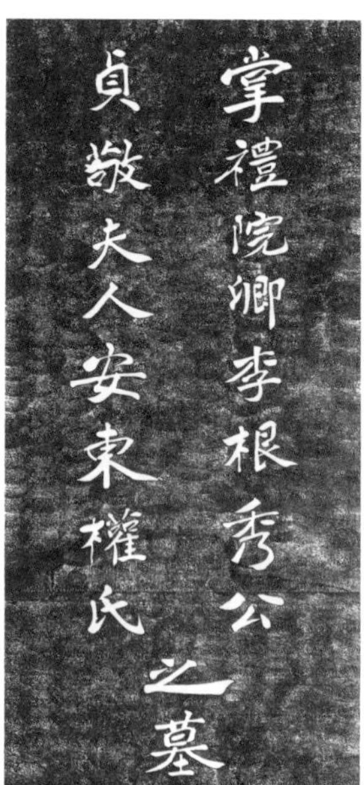

이때에 나의 아버지는 사방을 유람하였고, 우리 모자는 여종과 함께 세 식구가 한 방에 거처하면서, 가난한 처지에서도 편안하게 학업을 즐겼다. 부모님은 내가 학업에 전력하도록 늘 대군(大君)의 종가(宗家)에 가 있게 하여 판서공의 사랑을 많이 받았다. 정경부인(貞敬夫人) 권씨가 특히 애호(愛好)와 무육(撫育)을 더하여 때로는 자기 먹을 것을 나에게 먹게 하며 친아들과 같이 돌보아 주셨다. 정경부인의 은덕은 참으로 잊을 수 없다. 타고난 성품이 겸손하고 온화하고 정숙하며, 행동거지가 예법에 어긋남이 없고 말소리가 문 밖에서 들리지 않아 사람들이 다 감복하였다. 게다가 우리 어머니와는 정의가 동기간이나 다름없었다.

그 뒤로 나는 해외에 있을 때에도 이따금 그때의 일에 생각이 미치면 뜨거운 눈물이 옷깃을 적시곤 하였다. 나는 갑오년 청-일전쟁 이후부터 시(詩)와 서(書)의 옛 학업을 버리고 영어와 신학문에 전심하여 비로소 세계대세에 눈을 뜨게 되었다. 뒤에 감옥살이의 화를 입었고, 이어 미주(美洲)를 떠돌며 갖은 고초를 다 겪다가 마침내 을유년(乙酉年)에 광복이 되어 미주로부터 귀국하였다. 먼저 도저동 옛집을 찾으니 상전벽해(桑田碧海)로 변천되어 세월도 바뀌고 사람도 떠나고 사묘(祠廟)와 고택도 어디로 가버렸다. 여러 동창 친구들 중에서 오직 병주와 덕재(德載)와 나 세 사람만이 남아 지난 일을 추억함에 감고(感古)의 회포를 금할 길 없다. 그래서 시 한 수를 읊었다.

桃園故舊散如煙　복사골 옛 벗들 연기처럼 흩어졌네
奔走風塵五十年.　분주했던 풍진 50년
白髮歸來桑海變　백발로 돌아오니 상전벽해 되었구나
東風揮淚古祠前.　옛 사당 앞에서 동풍에 눈물짓는다.

아! 부모님 선영은 북녘에 있어서 아직도 성묘드릴 길이 없다. 다만 정경부인 묘소가 근교에 있기에 한 조각 돌로써 옛일을 추억하고 은혜를 느끼는 뜻을 표하고자 병주군과 상의하여 몇 줄 적어 비를 세워 기념하는 바이다.

병신년(丙申年) 종말(宗末) 승만 삼가 지음[14]

'종말'이란 일가의 제일 말단이란 뜻이다. 이 글은 어려서 입은 은혜와 정의를 기념하고 싶은 뜻에서 지은 비문이다. 그러나 일반적으로 비문에는 일정한 격식이 있고 내용은 고인의 행적을 칭송하는 것인데 비추어, 이승만의 이 비문은 너무나 파격이다. 정경부인 권씨와 자기 어머니 김씨 부인의 정의가 동기간이나 다름없었다는 말은 김씨 부인이 판서집 일을 거들어 주기 위해 그 집에 자주 드나들면서 권씨 부인과 자별하게 지냈음을 뜻하는 말일 것이다.

또한 일찍이 《독립정신》을 한글로 저술하고, 대통령이 되어서도 한글에 대하여 각별한 애착을 가지고 한글전용을 법제화하고 맞춤법 간소화에 대해서 자기 주장을 구체적으로 개신하기까지 했던 한글전용자 이승만이 왜 비문은 굳이 한문으로 시었는지 알 수 없다. 평소에 한시를 즐겨 짓고 글자 한 자 한 자에 세심한 신경을 썼던 그였으므로,[15] 이 비

14) 경기도 안성군 삼죽면 진촌리 산 109번지에 있는 이근수 묘소의 묘비문.

문을 작성하는 데에도 많은 정성을 기울였을 것이다. 그리고 대통령이 되고 나서 서당에서 같이 공부했던 이근수 판서의 아들 병주를 초대 구황실재산 관리위원장으로 임명한 것은 많은 것을 시사한다.

훈장 이승설은 육순이 넘은 노인이었다. 그는 늙도록 한번도 벼슬길에 올라보지는 못했으나, 학식이 풍부하고 성품도 너그러워서 훈장으로서는 적격이었다. 흥선대원군도 이승설을 초빙하여 뒤에 고종이 된 둘째아들 재황(載晃)을 가르쳤다는 이야기도 있다.[16] 승룡은 이근수 판서의 아들 왈수〔曰壽: 병주의 아명〕와 또 그 친척 되는 아이 을룡(乙龍) 등과 함께 이근수 내외의 비문 내용과 같은 서당공부를 했다.

서당공부는 과거준비가 주된 목적임은 말할 나위도 없다. 그러나 승룡은 서당의 글공부 말고도 색다른 관심과 재능을 나타냈다. 그는 다른 아이들과는 달리 혼자서 틈틈이 그림을 그렸다. 글을 읽다가 쉬는 시간에도 다른 아이들과 함께 밖에 나가서 놀지 않고 구부리고 앉아서 열심히 그림을 그렸다. 나비며 꽃이며 또 더러는 훈장의 얼굴 같은 것도 그렸다. 그가 가장 많이 그리는 것은 나비였다. 그것도 나는 나비, 앉은 나비, 호랑나비, 흰나비 등 모양과 종류가 가지가지였다. 훈장은 그림 그리는 것을 그만두라고 몇 차례 일렀으나 승룡은 듣지 않았다. 이경선이 서당에 들렀다가 훈장에게서 아들의 이 괴벽을 듣고 꾸짖었으나 승룡은 막무가내였다. 훈장은 여가의 심심풀이로 반드시 나쁘지만은 않을 것 같아 나중에는 내버려두었다.

이처럼 승룡은 어려서부터 고집이 세었다. 어느 날 밤 글공부가 끝난 뒤에 승룡은 낮에 그리다 둔 그림을 계속 그리고 있었다. 주인집에서 내어온 무를 숟갈로 바닥이 나도록 긁어먹고 있던 훈장은 그 껍데기를 내밀며 "옜다, 이거 승룡이 먹어라" 하고 주어 보았다. 승룡은 덤덤한

---

15) 尹錫五 증언.

16) 曺惠子, "人間李承晩의 새 傳記 ③", 《女性中央》 1983년 3월호.

표정으로 일어서서 그것을 받아 가지고는 자리에 앉아 한 손에 쥔 채 그리던 그림을 다시 계속했다. 그토록 열중해 있었던 것이다.

그러나 승룡은 어느 날 그렇게 몰입했던 그림 그리기를 갑자기 그만두었다. 이유는 간단했다. 아이들이 자기를 "이 나비! 이 나비!" 하고 불렀기 때문이다. 그동안 승룡은 이 집 청지기 최응원(崔應源)에게서 그림을 배웠는데, 그 최응원의 별명이 '최 나비'였다.[17] 청지기와 같은 별명으로 불리는 것이 싫어서 좋아하던 그림 그리기를 그만 둔 것이 사실이라면, 그것은 몰락한 양반집 도령 승룡에게도 그만큼 신분에 대한 차별의식이 없지 않았음을 말해 준다. 서정주는 승룡이 서당시절에 '남나비'로 통칭되던 나비 화가 남계우(南啓宇)에게서 나비 그림을 배웠다고 말하고 있으나,[18] 여러 가지 정황으로 미루어 보아 이는 사실이 아닐 것이다. 이승만은 평소에 오원(吾園) 장승업(張承業)의 그림을 좋아했다고 한다.[19]

열두 살 나던 해 봄까지 승룡은《통감》열다섯 권을 완전히 익혔다. 이어《논어(論語)》로부터 시작하여《맹자(孟子)》,《대학(大學)》,《중용(中庸)》의 사서를 배우는 한편 글씨 공부도 열심히 했다.[20] 승룡이 하루빨리 과거에 급제하여 관료직에 등용되는 것만이 선조에 대한 도리이자 생계의 궁상을 해결하는 길이었으므로 이경선 내외는 아들의 과거공부를 독려했다.

그러나 재주 있고 호기심 많고 한번 집착하면 반낮을 가리지 않는 성품의 소년 승룡에게는 공부만이 모두가 아니었다. 물론 학과에도 게으르지 않았고, 글씨와 시 짓기는 언제나 서당 아이들 가운데에서 가장 뛰어났다. 독특한 필체의 이승만의 글씨는 대단한 명필로 꼽히는데, 그

---

17) 徐廷柱, 앞의 책, p. 76.

18) 徐廷柱 증언, "人間李承晩百年(4)",《한국일보》1975년 3월14일자.

19) 曺惠子, "人間李承晩의 새 傳記 ④",《女性中央》1983년 4월호.

20) 徐廷柱, 앞의 책, p. 78.

는 평소에 추사(秋史) 김정희(金正喜)의 글씨를 특히 좋아했다고 한다.[21] 뒷날 이승만은 미국에 있을 때에도 붓글씨 연습을 부지런히 하여, 신문지나 못 쓰는 편지 겉봉에까지 붓글씨 연습을 한 것이 지금도 이화장에 보존되어 있다.

같이 공부하던 신긍우 형제들이 《삼국지(三國志)》를 읽어보라고 주자 승룡은 보름 동안 학과시간 말고는 그 책을 읽는 데 몰두했다. 그는 이어서 《수호지(水滸誌)》, 《전등신화(剪燈新話)》 등의 소설책을 닥치는 대로 읽었다. 어떤 책은 부모와 훈장의 눈을 피해 청지기 방에 가서 몰래 읽기도 했다. 청지기 방에 가서 읽은 책은 《서상기(西廂記)》였다. 《서상기》는 원(元)나라 왕실보(王實甫)가 쓴 희곡으로서, 나그네 선비 장군서(張君瑞)와 재상의 유아(遺兒) 최앵앵(崔鶯鶯)의 사랑 이야기를 그린 걸작이다. 《춘향전》도 이 《서상기》의 전고(典故)를 많이 인용하고 있는데, 선조 이후의 문인 가운데에서 부모 몰래 《서상기》를 읽지 않은 사람이 없었다고 일컬어질 만큼 널리 읽혔다.

《서상기》를 다 읽고 나자 승룡은 그림 선생이기도 한 청지기 최응원으로부터 소리를 배웠다. 《서상기》의 마지막 책장을 덮고 난 승룡은 옆에서 영남조(嶺南調)의 가사(歌詞)를 읊조리고 있는 청지기의 노랫소리에 한참 동안 귀를 기울이고 있다가 "융마(戎馬)는 관산북(關山北)이오…" 하는 두율(杜律)의 1절에 이르자 "나 그것 좀 가르쳐 줘" 하고 졸랐다고 한다. 그리하여 소년은 바로 종이를 가져다가 그 가사를 청지기가 부르는 대로 받아 적기 시작하여 며칠 뒤에는 그것에 표지를 두텁게 해가지고 날마다 밤만 되면 청지기 방에 와서 어린 목청을 뽑고 있었다는 것이다.[22]

봄에 풀꽃이 자랄 때쯤이면 승룡은 또 그 풀꽃들을 뿌리째 옮겨다가

---

21) 李仁秀 증언.
22) 徐廷柱, 앞의 책, p. 80.

서당 앞 마당가에 심어두고 그것을 가꾸는 데 정성을 쏟았다. 꽃이 피고 거기에 나비와 벌이 날아와 앉을 무렵까지는 날마다 흙을 파다가 풀꽃뿌리를 북돋우고 물을 주었다. 할 일이 없는 때에는 그냥 그 앞에 가서 꽃 잎사귀를 손가락 끝으로 스치며 왔다갔다 하기도 하고 쪼그리고 앉아서 골똘히 들여다보기도 했다. 그리하여 훈장으로부터 "꽃귀신한테 들린 녀석 같으니라구!" 라는 핀잔을 듣기도 했다.[23]

훈장 이승설은 승룡을 무척 귀여워했고, 승룡도 훈장에게 짓궂은 장난을 할 만큼 스스럼이 없었다. 같은 '승(承)'자 항렬이었기 때문에 훈장은 승룡에게 각별한 친근감을 느꼈는지 모른다. 훈장은 바둑을 좋아하여 손님만 오면 사랑방에서 바둑을 두었는데, 그럴 때면 승룡은 어깨너머로 바둑을 구경했다. 어느 날 승룡은 바둑에 열중해 있는 훈장의 바둑통을 치우고 그 자리에 타구를 갖다 놓았다. 훈장은 그런 줄도 모르고 바둑알을 집으려고 손을 뻗쳤다가 낭패를 보았다고 한다.[24] 대통령 재임 때의 이승만의 바둑실력은 7급 정도였다고 조남철(趙南哲) 8단은 평가했다.[25] 이승만은 재미시절에 바둑을 더러 두기는 했으나 특별히 배웠을 만한 기회는 없었다. 만일 서당에서 배운 것만으로 7급 정도의 바둑실력을 갖게 되었다면 그것은 승룡의 호기심과 재주와 열성의 또 하나의 증거가 될 만하다.

23) 위의 책, p. 82.

24) 李根秀 종손 李鍠(이굉) 증언, "人間李承晩百年(6)", 《한국일보》 1975년 3월16일자.

25) 趙南哲 증언, "人間李承晩百年 (6)", 《한국일보》 1975년 3월16일자.

2. 아버지 졸라 집에 서당 차려

김구의 서당공부는 이승만의 경우보다 훨씬 눈물겨운 동기에서 시작되었다. 창암은 열두 살이 될 때까지 모두가 농군인 김씨 집성취락에서 자라면서도 다른 집 아이들과는 달리 농사일은 거들지 않았다. 그것은 매우 특이한 일이다. 이 무렵 김순영은 도존위 일도 하면서 그럭저럭 생활을 꾸려가고 있었던 모양이다. 그때까지 창암은 국문을 익혀 이야기책 정도는 읽을 줄 알았고, 한문도 이 사람 저 사람에게서 《천자문》을 배웠다. 창암이 열두 살이 되어 글공부를 하겠다고 결심한 것은 어느 날 집안 어른들이 하는 말을 듣고 큰 충격을 받았기 때문이었다. 몇 해 전에 집안에 새로 혼사를 치른 집이 있었는데, 그 집 할아버지가 새 사돈을 보려고 서울 갔던 길에 사다 둔 말총갓〔馬尾冠, 騘冠〕을 밤중에 쓰고 나갔다가 이웃 동네 양반들에게 들켜서 갓을 산산이 찢겼고, 그때 이후로 김씨네는 다시는 갓을 쓰지 못하게 되었다는 것이었다.

창암은 정색을 하고 어른들에게 물었다.

"그 사람들은 어찌하여 양반이 되었고, 우리 집안은 어찌하여 상놈이 되었습니까?"

"침산(砧山) 강씨의 선조는 우리만 못하지만 문중에 진사(進士)가 세 사람이나 생존해 있지 않느냐. 별담(鼈潭) 이진사 집도 그렇다."

창암은 다시 물었다.

"진사는 어찌하여 되는가요?"

"진사 급제는 학문을 공부해서 큰 선비가 되면 과거를 보아서 되는 것이니라."

이 말을 들은 창암은 글공부를 하겠다고 결심하고 아버지에게 서당에 보내달라고 졸랐다. 김순영은 아들이 기특하고 애처로웠으나 언뜻 결심하지 못했다. 텃골에는 서당이 없었기 때문이다. 그는 이렇게 말했다.

"동네에 서당이 없고, 다른 동네 양반 서당에서는 상놈을 잘 받지도 않거니와 받아 주더라도 양반집 아이들이 멸시할 터이니, 그 꼴은 못 보겠다.”

그러나 늦게 외아들을 보아 자식 사랑이 각별했던 김순영은 마침내 집안 아이들과 인근 친구의 아이들 몇 명을 모아 자기 집에 서당을 열었다. 수강료로는 가을에 쌀과 보리를 거두어 주기로 하고 이웃 청수리(淸水里)의 이(李)생원을 훈장으로 모셔왔다. 이생원은 신분은 양반이었으나 글이 짧아서 양반들 서당에서는 고빙(雇聘)하는 사람이 없었기 때문에, 결국 상임과 같은 아이들의 훈장이 된 것이었다. 훈장을 맞이하던 날의 가슴 설레던 감회를 김구는 다음과 같이 회상하고 있다.

> 나는 그 선생님 오신다는 날, 너무 좋아서 못 견딜 지경이다. 미리를 빗고 새옷을 입고 영접을 나갔다. 저쪽으로부터 나이가 오십여 세나 되었음직한 키 큰 노인 한 분이 오신다. 아버님이 먼저 인사를 하고 나서 “창암아, 선생님께 절하여라” 하시는 말씀대로 절을 공손히 하고 나서 그 선생을 보매 마치 신인(神人)이라 할지 상제〔上帝: 하나님〕라 할지 어찌나 거룩해 보이는지 감상을 다 말할 수 없더라.[26]

이렇게 하여 가난한 김순영의 집 사랑이 서당이 되었다. 훈장의 식사도 김순영의 집에서 대접했다.

개학하던 첫날 창암은 “마상봉한식(馬上逢寒食)” 다섯 글자를 배웠다. 소년은 뜻을 알든 모르든 관계없이 너무나 기뻐서 밤에 어머니의 밀 매갈이를 도우면서 외우고 또 외웠다. 그는 새벽 일찍 일어나서 누구보다도 먼저 훈장 방에 가서 글을 배우고 도시락 망태기를 메고 멀리서 오는 아이들에게 그 배운 것을 가르쳐 주었다. “마상봉한식”이란 당(唐)나라의 시인 송지문(宋之問)의 “도중봉한식”〔途中逢寒食: 길에서 한

26) 金九 著,《金九自叙伝 白凡逸志》(親筆影印本), 集文堂, 1994, p.10; 도진순 주해,《김구자서전 백범일지》, 돌베개, 1997, pp.30~31.

식을 맞음〕이라는 유명한 시의 첫 구절인데, 이 시는 조선시대 서당에서 당시(唐詩)를 가르칠 때에 맨 먼저 가르치던 것이다.

김순영의 집에서 석 달을 지낸 뒤에 서당은 인근 산동(山洞)의 신(申)존위의 사랑으로 옮겨갔다. 김순영은 가난한 형편에 너무나 부담이 되어서 신존위에게 서당을 넘겼던 것으로 추측된다. 창암은 도시락 망태기를 메고 산고개를 넘어서 서당에 다녀야 했으나, 오명가명 창암의 입에서는 글소리가 끊이지 않았다. 그리하여 창암보다 학습 정도가 앞선 아이들도 없지는 않았으나, 배운 것을 외우는 데에는 언제나 창암이 가장 뛰어났다. 그만큼 소년은 열심이었다.

그러나 반년이 지나지 않아서 창암의 서당공부는 중단되었다. 신 존위와 훈장 사이에 반목이 생겨서 끝내 훈장을 돌려보내게 되었기 때문이었다. 표면적인 이유는 훈장이 밥을 너무 많이 먹는다는 것이었으나, 사실은 신존위가 아둔한 자기 아들보다 창암의 실력이 훨씬 앞서는 것을 시기한 데서 비롯된 것이었다. 한두 달 전의 일이었다. 매달 보는 도강을 앞두고 훈장은 창암에게 구차한 부탁을 한 적이 있었다. 창암이 늘 장원을 했으니까 이번에는 글을 일부러 못 외우는 것처럼 하고 훈장이 물어도 모른다고 대답하라는 것이었다. 창암은 훈장이 시키는 대로 했다. 그러자 신존위의 아들이 장원을 했다고 하여 닭을 잡고 술상을 차려 내어오기까지 했다. 그랬는데도 결국은 신존위는 그 훈장을 해고하고 만 것이었다. 이 일을 회상하면서 김구가 "이것은 참으로 소위 상놈의 짓이다"[27]라고 적고 있는 것도 그의 상놈 콤플렉스를 보여 주는 한 보기이다.

훈장은 어느 날 아침 일찍 창암이 아침도 먹기 전에 그의 집에 와서 작별인사를 했다. 창암은 정신이 아찔하여 훈장의 품에 매달리면서 큰 소리로 울었다. 훈장도 눈물이 비오듯했다. 훈장과 작별하고 나서도 창

27) 《백범일지》, p. 31.

암은 밥도 먹지 않고 울기만 했다. 이러한 아들의 모습이 혈기 넘치는 김순영의 가슴을 얼마나 쓰라리게 했을 것인지는 짐작하기에 어렵지 않다. 얼마 뒤에 김순영은 이생원과 같은 돌림 선생을 모셔다가 아들의 공부를 계속시켰다. 그러던 어느 날 김순영은 갑자기 중풍으로 쓰러져서 몸을 전혀 쓸 수 없게 되었다. 그리하여 창암의 공부는 다시 중단되고 말았다.

워낙 가난한 살림살이였으므로 의원과 약을 대느라고 가산은 이내 바닥이 났다. 김순영은 너더댓 달 뒤에 반신불수로 다소 호전되었다. 입이 비뚤어져서 발음이 분명하지 못하고 한쪽 팔과 다리는 여전히 쓰지 못했으나, 반쪽이라도 쓸 수 있게 된 것이 다행이었다. 돈이 없어서 고명한 의원을 불러오지 못하자 마침내 김순영 내외는 비장한 결심을 했다. 무전여행으로 문전걸식을 하면서 고명한 의원을 찾아가서 치료를 받아 보겠다는 것이었다. 그리하여 집과 솥까지 다 팔아 버리고 창암을 큰집에 맡기고 길을 떠났다.

창암은 사촌들과 같이 송아지 고삐를 끌고 산허리와 밭두렁에서 나날을 보내게 되었다. 사촌들은 농사일을 하고 자라면서 서당에 다닐 생각은 하지 않았던 것 같다. 그런 점에서 어떻게 해서든지 아들을 공부시키려고 애쓴 김순영의 자식생각은 특기할 만하다. 뒷날 김구는 "나는 시골에서 나고 자랐으나 농군들의 '김매는 소리'나 '목동 갈까보다 소리' 한 마디 불러 본 적이 없었고, 기껏 한다고 해야 시나 풍월(風月)을 읊은 것밖에 없었다"라고 술회하고 있는데,[28] 이는 그가 어릴 때에 농사일을 전혀 하지 않고 자랐음을 말해 준다.

어린 창암은 공부를 못 하게 되어 서러운 데다가 아버지와 어머니가 보고 싶어서 견딜 수 없었다. 마침내 그는 부모를 찾아 나섰다. 그리하여 세 식구가 신천(信川)으로, 안악(安岳)으로, 장련(長連)으로 같이

28) 《백범일지》, pp. 117~118.

떠돌아 다녔다. 장련에 머물 때에 창암의 할아버지 대상이 다가왔다. 김순영 내외는 창암을 장련 재종조의 누이 되는 친척집에 맡겨 두고 텃골로 돌아갔다. 그 친척집도 물론 농사를 지었다. 창암은 그 집주인이 구월산에 나무를 하러 갈 때면 같이 가야 했다. 어린 창암이 나뭇짐을 지고 다니면 마치 나뭇짐이 걸어가는 것 같았다고 한다. 나무하러 다니는 일은 창암에게 무척 고통스러운 일이었다. 그러나 그러한 육체적 고통보다 더한 고통은 그 동네 큰 서당에서 밤낮으로 책 읽는 소리를 듣는 것이었다. 창암은 말할 수 없이 슬펐다. 김순영 내외가 장련으로 다시 오자 창암은 텃골로 돌아가서 공부를 하겠다고 졸랐다. 김순영의 병세는 호전되어 한쪽 팔과 다리도 조금 자유스러워지고 기력도 회복되어 갔다. 그리하여 김순영은 공부를 계속하고 싶어하는 아들의 열성에 못 이겨 다시 텃골로 돌아왔다.

김순영의 식구들은 텃골로 돌아오기는 했으나 의식주를 마련하기가 어려웠다. 친척들이 조금씩 추렴하여 겨우 거처할 곳을 마련해 주었다. 그리고 창암도 다시 서당에 다니게 되었다. 그러나 그 서당공부는 여간 고생스러운 것이 아니었다. 책은 빌려서 읽었고, 먹과 붓 값은 곽씨 부인이 김품과 길쌈품을 팔아서 마련해 주었다. 그런데 이미 열다섯 살이 된 창암의 안목으로 볼 때에 만나는 훈장들이 모두 고루해서 마음에 차지 않았다. 그들은 거의가 양반집 아이는 가르치지도 못하고 상민 아이들을 상대로 《천자문》 정도를 가르치는 사람들이었다. 창암은 어느 훈장은 벼 열 섬짜리, 어느 훈장은 다섯 섬짜리 하고 수강료의 다소로 훈장들의 학력을 평가하게 되었다. 뿐만 아니라 훈장들의 마음씀이나 일처리가 남의 스승이 될 자격이 없어 보였다. 창암의 서당공부가 뜻대로 진척되지 않자 김순영은 아들에게 말했다.

“밥 빌어먹기는 장타령이 제일이라고, 너도 큰 글 하려고 애쓰지 말고 시행문〔時行文: 실용문서 짓기〕에나 주력하려무나."

그것은 김순영다운 권고였다. 창암은 아버지의 권고에 따랐다. 그리하여 토지문권(土地文券), 정소장(呈訴狀), 제축문(祭祝文), 혼서문(婚書文), 서한문(書翰文) 등을 틈틈이 연습하여 무식한 김씨 문중에서는 상당한 평판을 얻게 되었다. 문중사람들은 창암이 앞으로 존위 하나는 할 자격이 있다고들 촉망했다. 창암은 자신의 한문실력이 겨우 몇 글자 엮어 쓸 정도에 지나지 않는다는 것을 알고 있었으나, 뜻은 존위 정도에 있지 않았다. 《통감》이나 《사략(史略)》을 공부하다가 "왕후장상(王侯將相)의 씨앗이 어찌 따로 있으리오"라는 진승(陳勝)의 말이라든가, 칼을 뽑아 뱀을 베었다는 유방(劉邦)의 행동, 빨래하는 부인에게 밥을 얻어먹었다는 한신(韓信)의 행적 등을 읽을 때에는 창암은 자신도 모르게 두 어깨가 들썩거려졌다고 한다.[29] 진승의 이 말은 진(陳)나라 사람 진승이 오광(吳廣)과 함께 군사를 일으켰을 때에 무리를 선동하면서 했던 유명한 말인데,[30] 고려시대에 최충헌(崔忠獻)의 노비로서 봉기한 만적(萬積)도 이 문구를 인용했을 정도로 중국이나 우리나라에서 반란을 일으킬 때에 곧잘 인용되던 말이다.

창암은 어떻게 해서든지 공부를 계속하고 싶었다. 이러한 아들을 보고 김순영은 이름 있는 훈장을 찾아가서 배우게 하지 못하는 것이 괴로웠다. 그는 백방으로 마땅한 훈장을 찾아보았다. 마침 텃골에서 동북으로 10리 되는 학명동(鶴鳴洞)에 정문재(鄭文哉)라는 사람이 있었다. 그는 창암의 큰어머니와 재종남매 간이었는데, 상민이면서도 지방에서 꽤 알려진 선비였다. 그 정씨 집에는 여기저기에서 선비들이 모여들어 시와 부(賦)를 짓고, 한쪽에는 서당을 열어서 아이들을 가르쳤다. 김순영의 간곡한 부탁으로 창암은 그 서당에 수강료 없이 배우는 면비학동(免

---

29) 《백범일지》, pp. 33~34.

30) 趙洙翼 譯解, 앞의 책, pp. 90~91.

費學童)으로 다닐 수 있게 되었다. 창암의 기쁨은 말할 수 없었다. 매일 도시락 망태기를 메고 험한 고개와 깊은 계곡을 쏜살같이 넘나들어 서당에서 기숙하는 아이들이 일어나기도 전에 도착한 적이 한두번이 아니었다. 과문을 짓기 위한 공부의 초보인 대고풍(大古風) 십팔구(十八句)를 익히고, 한당시(漢唐詩)와 《대학》, 《통감》을 배웠다. 글씨 연습은 종이를 살 돈이 없었으므로 분판〔紛板: 분을 기름에 개어서 바른 널조각판〕에다 했다. 뒷날 김구도 이승만과 마찬가지로 글씨를 많이 썼는데, 떨리는 듯하면서도 기운찬 그의 독특한 필체는, 의기(義氣)나 우국(憂國)의 내용과 함께 명필로 평가된다. 창암의 서당공부는 이처럼 궁색하고 불안정했다. 그러나 그러한 환경에 좌절하지 않고 계속된 어린 시절의 형설의 향학열은 김구로 하여금 일생을 통하여 교육에 특별한 열의를 갖게 하는 원동력이 되었다.

3. 13세에 나이 올려 과거에 응시

승룡은 열세 살 되던 해에 과거에 응시했다.[31] 이때에 승룡이라는 아명을 버리고 승만(承晩)으로 이름을 고치고 우남(雩南)이라는 아호도 지었다. 과거는 열다섯 살부터 볼 자격이 있었으나, 고종 24년(1887)의 과거는 왕세자빈의 관례〔冠禮: 성인식〕에 따른 경과(慶科) 정시(庭試)였으므로, 왕세자와 동갑인 열네 살까지 응시할 수 있었다. 그런데 승룡은 아버지가 시키는 대로 나이를 한 살 올려서 응시한 것이었다. 이경선은 그만큼 아들이 입신출세하기를 초조하게 기다렸고, 또 아들의 실력을 어지간히 믿었던 것이다.

이승만은 유생의 의관을 갖추고 과거장인 경무대(景武臺)로 갔다. 경

31) 徐廷柱, 앞의 책, p. 83.

무대는 경복궁의 북문인 신무문(神武門) 밖의 후원에 해당하는 지대였다. 과거장에는 청유의 뜻을 품은 젊은 유생들뿐만 아니라 늙은 선비들까지 구름처럼 모여들었다. 이때의 정시에 응시한 사람이 무려 15만 8,578명이나 되었다는 사실[32]은 왕조 말기의 정치적 불안정에도 불구하고 과거가 얼마나 젊은 선비들의 선망의 대상이었는지를 말해 준다. 서정주는 이때의 과거장의 모습을 자세하게 묘사하고 있는데, 이는 처음으로 치르는 과거의 인상이 이승만에게 그만큼 뚜렷이 남아 있었음을 말해 주는 것일 것이다.

응시자들은 2, 30명씩 그들이 나온 지방이나 서당 또는 문벌의 이름을 적어서 상내 끝에 매단 사각형의 유지 등 밑이나 유지 우산 밑에 모여서 궁궐 문이 열리기를 기다렸다. 이러한 한 무리를 접(接)이라고 했다. 접마다 응시자뿐만 아니라 책과 지필묵(紙筆墨)을 들고 따라온 하인들까지 섞여서 큰 혼잡을 이루었다. 또 구석구석에는 장국밥과 설렁탕 장수들이 차일을 치고 있었다. 원래 과거장에는 응시자 이외의 사람의 접근을 엄금하고, 만일에 함부로 들어오는 사람이 있으면 붙잡아 수군(水軍)으로 삼았다. 그러던 것이 임진왜란 이후로 시험장의 단속이 소홀해지자 권세 있는 양반집 자제들은 서책을 든 사람이나 시험지를 베끼는 사람 등의 수종인을 데리고 들어가기가 예사였다. 그리하여 조선후기의 각종 과거장에서는 이들 수종인들 때문에 큰 혼잡을 이루어 밟혀서 크게 다치는 등의 사고가 잇따랐다.

드디어 신무문이 열리자 유생들은 앞을 다투어 궁 안으로 몰려들어가서 현제판(懸題板)에 내건 글제를 베껴 가지고 나와서는 정성을 다하여 답안지를 작성했다. 머리가 허연 시골 노인들이 진땀을 흘리고 있는 광경은 옆에서 보기에도 민망스러울 지경이었다.

불쌍하기는 이승만 자신도 마찬가지였다. 그는 낙방했다. 애당초 급

32) 《日省錄》高宗 24년 3월15일조.

제를 기대한 것이 무리였다. 이날의 정시에서 급제한 사람은 남광희(南光熙) 등 다섯 사람밖에 되지 않았다.[33] 이승만이 과거를 볼 무렵에 와서는 과거제도는 타락할 대로 타락해 있었다. 과거장에 산더미처럼 쌓인 답안지는 제대로 채점도 되지 않았다. 15만 8,000여명의 응시자들의 답안지를 그날로 채점해서 다섯 사람을 급제시켰다는 것은 과거제도가 얼마나 형식적인 것이 되어 있었는지를 말해 준다. 급제자가 미리 정해져 있기도 하고 시험관들에게 바치는 금품에 따라 급제가 결정되기도 하는 형편이었다.

이 무렵의 과거제도의 가장 큰 폐단은 이른바 차술(借述)이었다. 차술이란 과거장에서 다른 사람의 제술(製述)을 빌리는 것을 말한다. 차술은 다른 사람을 위해 답안지를 제술해 주는 대술(代述)과 함께 원래는 가장 엄격하게 금해서 이를 어기는 자는 장(杖) 100에 도〔徒: 징역〕 3년의 형에 처하도록 되어 있었다. 그러나 조선조 후기에 이르러 단속이 허술해지자 권세 있는 양반집 자제들이 글 잘하는 사람 네댓명을 과거장에 데리고 들어가서 각각 제술하게 한 다음 잘된 것을 골라서 제출하기도 하고, 글 잘하는 사람이 과거장 밖에서 제술하여 과거장의 서리(胥吏)나 군졸의 손을 빌어 응시자에게 전달하기도 했다. 심지어 응시자가 과거장을 빠져나와서 집에 가서 제술해 오는 경우도 있게 되었다.[34]

그런데 이승만도 자신은 낙방했으면서 몇몇 권세 있는 양반집 자제들의 일차유생(日次儒生) 시험 때에 대술을 해주어 그들이 진사가 되기도 했다고 한다.[35] 자존심 강한 이승만이 자기는 낙방하면서 다른 사람을 위해 대술한 것이 사실이라면, 거기에는 어떤 구차스러운 사정이 있었을 것이다. 그리고 이러한 위법행위를 거리낌 없이 자행할 수 있었다는

---

33) 위와 같음.

34) 李成茂, 《改正增補 韓國의 科擧制度》, 集文堂, 1994, pp. 222~227.

35) 徐廷柱, 앞의 책, p. 87.

것은 이 무렵의 과거장에서는 그만큼 차술과 대술이 예삿일이 되고 있었음을 말해 준다. 뒤에서 보듯이, 김구도 과거장에서 차술을 하고 있다. 과거제도가 이처럼 타락하여 실력만으로는 급제의 희망이 없었음에도 불구하고 이승만은 과거시험이 있을 때마다 응시했다고 한다. 아마도 이경선 내외의 간절한 기대와 자신의 실력에 대한 자신감이 이승만으로 하여금 계속해서 응시하게 했을 것이다.

1948년 5월에 제헌국회 의장이 된 이승만이 상도동의 지덕사를 찾아가는 길에 노량진을 지날 때에 동행한 이유선(李維善)에게 "노량진에 사육신묘가 있었는데 잘 보존되고 있는지 모르겠구먼" 하고 물었다. 그렇다고 하자 그는 다음과 같이 말했다고 한다.

"나는 과거보러 다닐 적에 급제하면 성삼문(成三問) 같은 충신이 되는 것이 소원이었지. 줄곧 과거장에 쫓아다니며 애썼는데, 늘 낙방만 했어. 그 당시 시험관뿐만 아니라 조정관헌의 부패와 매관매직질이 대단했었거든… 그때 나라실정은 망할 수밖에 없었네. 이제 우리가 나라일을 보게 되었으니 나라 위해서 죽을 각오를 합세다."

그리고 1955년에는 사육신의 묘비를 세우게 했다.[36]

조선조의 과거는 식년시(式年試)와 각종 별시(別試)로 구분되어 있었다. 식년(式年)이란 자(子), 묘(卯), 오(午), 유(酉)의 해를 말하는 것으로서 3년마다 한 번씩 돌아오게 되어 있는데, 식년시에서는 33명씩 급제시켰나. 그리고 각종 별시는 거의 해마다 시행되었다.[37] 이승만이 처음 응시한 1887년부터 과거제도가 폐지되는 1894년까지 25회에 이르는 각종 과거시험이 시행되었다. 이 가운데에서 2차 시험에 해당하는 전시(殿試)나 권력층의 자제들을 대상으로 시행하는 알성시(謁聖試)와

36) 李維善 증언, 曺惠子, "人間李承晩의 새 傳記 ③", 《女性中央》 1982년 3월호.

37) 李成茂, 앞의 책, pp. 113~141 및 歷史學會 編, 《科擧 ― 歷史學大會 主題討論》, 一潮閣, 1981 참조.

일차유생 응제시(應製試) 등을 제외하고 이승만이 응시할 수 있었던 과거시험은 열한번쯤 시행되었다.[38]

과거의 일정은 길게 마련이었다. 밤까지 계속되어 엿장수와 장국밥 장수들이 판을 거둘 무렵이면 흔히 사대문이 굳게 잠긴 뒤였다. 그렇게 되면 사대문 밖에 사는 응시자들은 모두 성벽을 넘어서 집으로 돌아가야 했다. 과거장에서 주는 표를 보이면 성벽을 넘는 것이 허용되기는 했으나 캄캄한 밤에 굽 높은 나막신을 신고 경복궁 뒤에서부터 남대문까지 걸어와서 다시 성벽을 타고 넘어 도동골까지 돌아가기란 낙방한 이승만으로서는 여간 서글프고 고통스러운 일이 아니었을 것이다.

4. 좁쌀 지고 과거 보러 해주로

김구는 열일곱 살에 처음이자 마지막으로 과거를 보았다. 정문재에게서 글을 익힌 지 2년째 되는 때였다. 그것은 이승만이 과거를 처음 본 것보다 5년 뒤의 일이었다. 임진년(壬辰年: 1892) 경과(慶科)를 해주에서 실시한다는 공포가 있자, 정문재는 그 사실을 김순영에게 알려 주면서 말했다.

"이번 과거에 창암이를 데리고 갔으면 좋겠는데, 글씨를 분판에 쓰는 것 같이만 쓰면 제 답안지는 쓸 만하지만 종이에 연습하지 않으면 처음이라서 잘 못 쓸 것이네. 장지(狀紙)에 좀 쓰게 해봤으면 좋겠는데, 노형은 빈한한 터라 장지를 마련할 도리가 없겠지?"

장지란 과거 답안지로 쓰이던 두꺼운 한지를 말한다. 과거 답안지는 과거장에서 한번 쓴 글자를 긁어내면서 수정할 수 있도록 특별히 두껍

---

38) 《한국민족문화대백과사전(26)》 "연표·편람", 한국정신문화연구원, 1991, pp. 358~364.

고 질이 좋은 종이를 썼다. 그런데 이때에 창암이 과거를 볼 수 있을 만큼 실력을 쌓았다고 정문재가 판단한 것은 아니었다. 그것은 김순영과의 다음과 같은 대화로도 알 수 있다.

"종이는 내가 주선해 보겠지만 글씨만 쓰면 되겠나?"

김순영의 이러한 말에 정문재는 다음과 같이 대답했다.

"글은 내가 지어 줌세."[39]

이처럼 김구의 과거응시는 아예 차술을 전제로 한 것이었다. 정문재의 말에 김순영은 크게 기뻐하여 천신만고로 장지 다섯 장을 샀다. 창암은 기쁘고 감사하여 필사(筆師)의 가르침대로 정성을 다해서 흰 종이가 꺼먼 종이가 되도록 글씨를 연습했다.

과거날이 다가왔다. 과거비용을 마련할 수 없는 김창암 부자는 좁쌀을 등에 지고 정문재를 따라서 해주로 갔다. 김순영이 이전부터 알고 있던 계방(稧房) 집에 묵으면서 과거날을 기다렸다.

과거장의 풍경은 서울 경무대의 풍경과 크게 다를 것이 없었다. 규모와 행색이 다를 뿐이었다. 선화당(宣化堂) 옆 관풍각(觀風閣) 주변 사방에는 새끼줄을 둘러치고, 응시자들로 하여금 열을 지어 과거장으로 들어가게 했다. 도포를 입고 검은 베로 만든 유건(儒巾)을 쓴 선비들이 흰 베에 '산동접(山洞接)'이니 '석담접(石潭接)'이니 하는 접이름을 써서 장대 끝에 매달고 큰 종이양산을 들고 자기네 접자리를 먼저 잡으려고 힘이 센 사람을 앞세워 밀치며 들어가느라고 크게 혼잡했다. 응시자 말고도 이런저런 일을 맡은 수종인이 따라 들어가기는 지방의 과거장도 마찬가지였다. 창암은 과거장으로 들어가면서 늙은 유생들이 이른바 걸과(乞科)를 하는 모습을 보았다. 관풍각을 향하여 새끼줄 그물 밑으로 머리를 들이밀고 "소생의 이름은 아무개이옵는데, 먼 시골에 살면서 과거 때마다 참여하여 금년에 일흔 몇 살이올시다. 이 다음은 다시 과거

39) 《백범일지》, p. 35.

에 참여하지 못하겠습니다. 초시(初試)라도 한 번 급제하면 죽어도 한이 없겠나이다" 하며 호소하는 것이었다. 어떤 사람은 큰 소리로 외치고, 또 어떤 사람은 목을 놓고 울었다. 창암은 그것이 비굴해 보이기도 하고 가엾게 여겨지기도 했다.

창암이 자기네 접이 있는 곳으로 와 보니까 선생과 접장들이 자리를 잡고 앉아서 글 짓는 사람은 짓기만 하고 글씨 쓰는 사람은 쓰기만 하고 있었다. 이렇듯 지방의 과거장에서도 차술과 대술이 공공연히 자행되고 있었던 것이다. 그렇기는 하나, 창암이 처음부터 차술을 전제로 하고 과거에 응시하면서 아무런 거리낌이 없었다는 사실은 적이 의아스러운 일이 아닐 수 없다.

창암은 선생에게 말했다.

"이번에는 제가 아니라 제 아버님 명의로 답안지를 작성해 주시면 좋겠습니다. 저는 앞으로도 기회가 많지 않겠습니까."

창암은 자기보다도 아버지가 과거에 급제하여 양반이 되는 것이 더 소원이었다. 정문재는 창암의 요청을 쾌히 받아들였다. 창암의 효성은 옆에 있는 다른 사람에게도 갸륵하게 느껴졌던 모양이다. 이들의 대화를 듣고 있던 어떤 접장이 말했다.

"가상한 일이다. 네가 글씨가 나만 못할 터이니 네 아버지 답안지는 내가 써 주마. 너는 공부를 더해서 후일 네 과거는 네가 짓고 쓰도록 하여라."

그러면서 답안지를 대신 써 주었다.

이처럼 법에 저촉되는 일인데도 그것이 효도를 위한 것이기 때문에 미덕으로 간주될 수 있었던 것은 조선시대의 비뚤어진 가족주의 가치관의 극치를 보여 주는 것이다. 창암은 정문재가 짓고 어떤 접장이 써준 김순영 명의의 답안지를 새끼줄 그물 사이로 시관(試官) 앞을 향해 쏘아 들여보냈다. 그리고 나서 과거장의 광경을 보면서 과거에 관한 이런 저런 말을 들었다. 통인〔通引: 수령의 잡심부름을 하는 사람〕 놈들이 시관에게는 보이지도 않고 과거답안지를 한 아름 훔쳐갔다고도 했다. 또 과거장에서 글을 짓고 쓸 때에는 남에게 보이지 말아야 하는데, 그 이유는 글을 지을 줄 모르는 사람이 다른 사람의 글을 보고 가서 자기의 글로 제출하기 때문이라는 말도 들었다. 뿐만 아니라 돈만 있으면 과거도, 벼슬도 할 수 있다는 괴이한 말도 들었다. 글을 모르는 부자들이 거유(巨儒)의 글을 몇백냥, 몇천냥씩 주고 사서 급제도 하고 진사도 된다는 것이었다. 이런 말을 들으면서 창암은 과거에 대한 의문이 생기기 시작했다. 위의 몇 가지 이야기만 들어보아도 과거가 무슨 필요가 있으며 무슨 가치가 있겠는가 하고 여겨졌던 것이다.

과거의 결과는 물론 낙방이었다. 이때의 심정이 다음과 같았다고 김구는 술회했다.

> 내가 심혈을 다하여 장래를 개척하기 위해 공부하는 것인데, 선비의 유일한 진로인 과거장의 꼬락서니가 이 모양인즉, 나랏일이 이 지경이면 내가 시를 짓고 부(賦)를 지어 과문육체〔科文六體: 文科試의 고시과목의 문체. 詩, 賦, 表, 策, 疑, 義〕에 능통한다 하여도 아무 선생, 아무 접장 모양으로 과거장의 대서업자에 불과할 것이니, 나도 이제 다른 길을 연구하리라 결심하였다.[40]

과거에 급제하는 것만이 양반이 되는 유일한 길이었기 때문에 창암은 열심히 서당공부를 했었다. 그러나 창암이 해주 과거장에서 깨달은 것은 그가 지금까지 그토록 열성을 다하여 추구해 온 신분상승의 꿈은 부패한 과거제도를 통해서는 결코 이룰 수 없다는 분명한 사실이었다. 창암은 크나큰 좌절감을 느꼈다.

40) 《백범일지》, pp. 37~38.

5. 열여섯 살에 동네 동갑내기와 혼인

이승만은 열여섯 살 때에 같은 동네에 사는 동갑의 음성(陰城) 박씨(朴氏)와 혼인했다. 박씨 부인과의 혼인에 대해서는 재미있는 에피소드가 있다. 아들에게 모든 것을 걸고 있는 이경선은 아들의 점을 쳐보았는데, 나타난 점괘가 "봉사한테 장가들어야 출세한다"는 것이었다고 한다. 이 점괘 때문에 걱정하던 이경선의 눈에 띈 것이 외가에 의지하여 지내는 한동네의 박씨 처녀였다. 처녀는 아버지 박백계(朴白契)와 어머니 이씨 사이의 장녀로 경기도 시흥군 오봉산(五峰山) 기슭의 고천마을에서 태어났는데, 두 돌도 되기 전에 아버지를 여의었다. 젊은 과부를 업어간다는 말에 겁이 난 이씨 부인은 딸을 데리고 서울의 친정으로 돌아와 버렸다. 그 친정집이 바로 도동의 관왕묘(關王廟) 곁에 있었던 것이다. 처녀는 오른쪽 눈언저리에 푸르스름한 반점이 있었으므로, 이경선은 그것으로 '봉사'라는 점괘를 때우려 했다. 이 혼담을 듣고 이승만이 매우 놀란 것은 당연했다. 처녀가 정말로 봉사인지 아닌지 궁금했던 그는 처녀 집 부근에 숨어서 확인하기로 했다. 그것을 눈치챈 처녀는 한동안 문 밖에 얼씬도 하지 않았다. 골탕을 먹이자는 생각이었다. 이승만은 잠복을 계속했다. 사흘이 지나자 처녀는 "안됐다"는 생각과 함께 한편으로는 "볼 테면 보라지" 하는 생각이 들어서 물동이를 이고 우물께로 나갔고, 이승만은 처녀가 봉사가 아님을 확인하고 돌아왔다는 것이다.[41] 박씨 부인은 활달하고 오달진 성품이었다. 이들 부부 사이는 이승만의 첫번째 도미 때까지는 좋았던 것 같다. 박씨 부인은 뒷날 "우리 내외는 결혼한 뒤에 한 번도 말다툼한 적이 없었다"라고 양자 은수(恩秀)에게 말했다고 한다.[42]

---

41) 李恩秀 증언. "人間李承晚百年(7)", 《한국일보》 1975년 3월17일자.

42) 위와 같음.

이승만이 1904년에 미국으로 떠나기에 앞서 찍은 가족사진. 왼쪽부터 이승만의 큰누이(禹泰命 부인), 이경선, 아들 태산(봉수), 태산의 뒤에 서 있는 소년은 큰누이의 아들 우종구(禹鍾九), 이승만, 아내 박씨 부인.

이승만 자신은 박씨 부인과의 결혼에 대해 자서전 초록에 "나는 어린 시절에 그 당시의 습관대로 어른들의 중매로 장가를 들었다"라고 한마디만 적어놓았을 뿐이다.43)

이승만은 혼인한 뒤에도 서당공부에 열중했다. 이승만이 혼인하던 해에 훈장 이승설이 돌아가고, 뒤를 이어 마을의 늙은 선비 석초(石樵) 김생원이 훈장이 되었다. 김생원은 특히 시를 즐기고 술을 좋아했다. 훈장은 이경선과 남달리 뜻이 맞아서 거의 날마다 같이 앉아서 시를 읊고 술잔을 기울였다. 이 훈장 밑에서 이승만은 신응우 삼형제와 주인

43) "Autobiography of Dr. Syngman Rhee", p. 5 ; "청년이승만자서전", 이정식 지음, 권기봉 옮김, 앞의 책, p. 254.

아들 이병주 등과 더불어 해마다 하지에서 7월까지는 오로지 시만 공부하여 이 방면의 많은 것을 깨우쳤다. 뿐만 아니라 꽃필 무렵이나 녹음철에는 이승만은 훈장과 훈장 친구들을 모시고 경치 좋은 곳을 찾아다니면서 자신의 회포를 시로 읊기도 했다. 이승만의 시작(詩作) 재능은 이 시기에 집중적으로 연마되었던 것 같다. 이때에 지은 시 가운데에서 다음과 같은 시구는 이승만이 광복 뒤에 귀국해서까지 기억했다.44)

萬樹桃花屋數隣　일만 나무 복사꽃 서너 가호 이웃집
好酒登宴紅作友　술 즐겨 베푼 잔치 붉어진 얼굴
名亭隔樹綠爲隣.　멋진 정자 푸른 녹음 이웃을 하리.

여름밤이면 갓 상투를 튼 홍안의 유생들은 서당 마당에 싱싱한 풀내 나는 모깃불을 피워 놓고 당시(唐詩)를 암송했다. 그들은 마루에 걸터앉기도 하고 마당에 서기도 하여 좋아하는 당시를 목청을 돋우어 읊었다. 한 사람이 모깃불 무더기를 돌면서 "아미산월가(娥媚山月歌)라" 하고 나직이 시 제목을 대면 모두가 그 뒤를 따라 돌면서 "아미산월이 반륜추(半輪秋) 하니, 영입평강강수류(影入平羌江水流)를…" 하고 소리를 맞추어 읊어 넘겼다. 몇 사람이 한 줄을 외우면 나머지 몇 사람이 그 다음 줄을 차례로 받아넘기기도 했다. "아미산월가"란 이백(李白)이 스물다섯 살에 고향인 촉(蜀)을 떠나면서 지은 유명한 칠언절구(七言絶句)로서, 조선시대에 서당에서 가장 널리 암송되던 당시의 하나였다.

娥媚山月半輪秋　아미산에 걸린 반쪽 가을 달
影入平羌江水流.　평강강 강물에 그림자 비쳐 흐른다.
夜發淸溪向三峽　밤에 청계를 떠나 삼협으로 가며
思君不見下渝州.　그대를 생각하나 못 보고 유주로 내려간다.

---

44) 徐廷柱, 앞의 책, pp. 92~93.

이승만이 서당에 다니던 열여덟 살 때에 이경선을 모시고 서당친구 김홍서(왼쪽)와 함께.

이 시는 스물여덟자밖에 되지 않으면서 지명이 다섯 개나 나오는 것으로도 유명하다. 아미산은 중국 사천성(四川省)에 있는 높이 3,035미터의 절경지로서, 산허리에는 많은 사찰이 자리잡고 있다. 유주는 지금의 중경(重慶)이다.[45] 조선조의 유생들은 이러한 중국의 오지 지명들을 바로 가까이 있는 것처럼, 또는 마음속의 이상향처럼 친근하게 느끼면서 그들의 낭만을 불태웠다. 여름밤의 당시 암송은 젊은 유생들의 낭만뿐만이 아니었다. 싱그러운 풀잎마다 달빛이 쏟아져 내리는 밤이면 마을 아낙네들까지 이 당음(唐音) 소리를 들으려고 서당 담 밖으로 모여들었다고 한다. 이승만은 그 가운데에서도 목소리가 가장 크고 아름다웠다고 한다. 그가 먼저 시 제목을 이끌어 내거나 혼자서 읊어 넘길 때에는 서당 담에 붙어 있던 아낙네들은 서로 옆구리를 찌르며 소곤거렸다는 것이다.[46] 어쩌다가 친구들이 술자리를 벌일 때에는 이승만도 함께 어울려 술을 마셨다. 그러나 그는 뒷날 기독교인이 된 뒤부터는 술을 전혀 입에 대지 않았다.[47]

45) 周勛初 主編, 《唐詩大辭典》, 南京鳳凰出版社, 2003, pp.745~746; 郁賢皓 主編, 《李白大辭典》, 廣書教育出版社, 1995, pp.454~455.

46) 徐廷柱, 앞의 책, p.95.

47) 리 푸란세스카 지음, 조혜자 옮김, 《대통령의 건강》, 1988, 촛불, p.38.

이승만은 열아홉 살 되던 1893년까지 계속해서 과거를 보았다. 그동안 《시전》, 《서전》, 《주역》 등의 경서도 거의 완전하게 익혔다. 특히 1893년과 1894년에 걸친 겨울에는 《시전》 열 권을 반복해서 읽었다.[48] 그리하여 이 무렵 그의 유학경전이나 시문(詩文) 공부는 상당한 수준에 도달해 있었다. 그리고 그것이 그의 가치관이나 행동준거에 적지 않은 영향을 끼쳤던 것은 다음과 같은 에피소드로도 짐작할 수 있다.

6·25 전쟁이 나서 대전으로 피란했을 때의 일이다. 국회 의장단인 신익희(申翼熙), 장택상(張澤相), 조봉암(曺奉岩) 세 사람이 이승만을 찾아가서 국민들이 고난을 당하고, 특히 서울을 사수하겠다고 한 약속을 어겼으므로, 대통령으로서 국민에게 사과성명을 발표하는 것이 어떻겠느냐고 건의했다. 그러자 이승만은 대뜸 다음과 같은 한마디로 거절했다.

"내가 당(唐) 현종(玄宗)이란 말인가?"

당나라 현종이 자기의 잘못으로 백성을 전란 속에 이끌어 넣고 막대한 피해를 입히게 되자 죄기조(罪己詔)를 내려 스스로 사과했던 고사(故事)를 두고 한 말이었다. 이때에 그것을 가장 강력히 진언한 사람은 조봉암이었다. 이승만은 상기된 얼굴로 두 팔을 벌려 보이며 "'과인이 덕이 없어…' 하고 말인가?" 라면서 흥분했다.[49]

이 에피소드는 이승만의 중국 고전에 대한 지식과 함께 그의 군왕의식(君王意識)을 드러내 보이는 것이기도 하다.

감수성이 예민한 청년시대의 오랜 기간에 걸쳐 되풀이하여 학습한 중국 고전과 유교 경전의 교의는 이승만의 가치관과 정치사상의 본질적인 요소의 한 부분이 되었다. 유교의 정치이상은 왕도정치(王道政治)인데, 그것이 기독교에 입교한 뒤의 이승만의 사회구원 신앙과 소명의식과 절

48) "배재학교 창립 70주년 기념식에 참석하여", 1955년 6월8일, 《大統領李承晩博士談話集(제 2 집)》, 公報室, 1956, p. 257.

49) 尹錫五 증언.

묘한 융화를 이루면서 그가 대중강요자형의 지도자[50]로 성장하는 요인이 되었다. 이승만의 유교에 대한 인식은 대통령 재임 때의 다음과 같은 담화에 잘 표명되어 있다. 그는 유교를 '우리나라 종교'라고 지칭하면서 다음과 같이 말했다.

> 내가 유시부터 동양 역사와 문학과 시서〔詩書: 시경과 서경〕를 공부해서 공자의 치천하(治天下)하는 대경대법(大經大法)을 공부하며 공자의 교화를 본받아 오다가 세운(世運)이 변천되어서 유교에서 벗어나서 현대 세계 대세에 주의하여 왔으나, 유교의 대지를 보면 그 근본이 다 예수의 도의와 모순되는 것이 별로 없어서, 공자님이 자기가 신(神)이라거나 천신(天神)이라거나 해서 자기를 신명으로 섬기라는 것은 유교 경사〔經史: 경서와 사기〕에 도무지 없고, 시전(詩傳) 서전(書傳)을 다 보면 상제(上帝)가 죄짓는 임금은 다 폐지하고 문화(文王) 같은 성군에게는 명을 내려서 천하를 복주게 만든다는 이런 것이 예수교 대지와 부합되는 것이 많은 것이며…

이승만은 유교와 예수교가 모순이 없다는 사실을 다음과 같이 설명했다.

> 예수교는 하나님을 섬겨서 옳은 일을 행하며 인생을 사랑해서 덕화(德化)를 함양시킴으로써 인간의 천국을 이루어가지고 사람들이 육신으로도 복을 받거니와 영혼이 영생의 길을 찾게 만든 도이요, 유교는 이 세상에서 옳은 일과 지선을 행함으로써 세상에서 복리를 모든 백성과 동일히 받자는 것이므로, 그 신령에 대한 노선에는 나

---

50) 콘웨이(William M. Conway)는 정치지도자의 유형으로 ① 대중대표자(*crowd-representative*), ② 대중강요자(*crowd-compeller*), ③ 대중표출자(*crowd-exponent*)의 세가지를 들었다. 콘웨이는 대중강요자란 강렬한 개성으로 대중에게 최면적 권력을 행사하여 자기를 믿게 만드는 지도자로서, 정치적 선동가가 이에 속한다고 했다(Conway, *The Crowd in Peace and War*, 1915, chap. 6, 7, 8).

> 른 조건이 투철히 있으나, 세상에서 복리를 누리는 도리에는 부자유친(父子有親), 군신유의(君臣有義), 장유유서(長幼有序), 부부유별(夫婦有別), 붕우유신(朋友有信)의 오륜(五倫)으로 인생이 금수와 같지 않은 그 대지로 예의지국에 이르는 것에 들어서는 오히려 유교가 더 세밀하고 또 이 도리에 벗어나고는 소위 문명정도에는 나가기가 충분할 정도에 이를 수 없을 것이다. …[51]

물론 이 담화가 나온 배경에는 초대대통령 중임제한 철폐 개헌을 앞두고 유림들의 지지를 얻기 위한 배려도 있기는 했다.

6. 아버지 권유 따라 관상 공부

과거에 낙방하고 큰 좌절감을 안고 집으로 돌아온 창암은 앞으로의 진로문제에 대해 아버지와 상의했다.

"제가 어떻게든지 공부를 해가지고 입신양명하여 강가, 이가에게 당한 압제를 면할까 하였더니, 그 유일한 방법이라는 과거장의 폐해가 이와 같은즉, 제가 비록 거유(巨儒)가 되어 학력으로는 강씨, 이씨를 제압한다 하더라도 그들에게는 공방〔孔方: 엽전의 다른 이름. 엽전에 뚫린 구멍이 네모진 데서 나온 말〕의 마력이 있는데 어찌하겠습니까. 또한 거유가 되도록 공부하려면 다소의 금전이라도 있어야 되겠는데, 집안이 이토록 가난하니 앞으로 서당공부를 그만두겠습니다."

이렇게 말하는 아들의 말에 김순영도 수긍했다. 그는 아들에게 권했다.

"너 그러면 풍수공부나 관상공부를 해 보아라. 풍수에 능해 명당에

---

51) "유교의 교훈을 지켜 예의지국 백성이 되자", 1954년 10월1일, 《大統領李承晩博士談話集(제 2 집)》, 1956, 公報室, pp. 244~246.

조상을 모시면 자손이 복록을 누리게 되고, 관상을 잘 보면 선한 사람과 군자를 만날 것이다."

창암은 아버지의 이러한 말이 "이치에 맞는 말이라" 생각되었다고 한다. 그래서 그는 "그것을 공부해 보겠습니다. 서적을 얻어 주십시오" 하고 아버지에게 부탁했다.[52] 이렇듯 창암이 이때에도 아버지의 권고를 "매우 이치에 맞는 말"이라면서 그대로 따르는 것은, 그가 아버지 김순영의 영향을 크게 받고 성장했음을 말해 주는 또 하나의 보기이다.

김순영은 아들에게 우선 《마의상서(麻衣相書)》 한 권을 빌려다 주었다고 한다. 김구가 《마의상서》라고 기억한 책은 정확하게는 《마의상법(麻衣相法)》이었을 것이다. 그 책은 《달마상법(達摩相法)》과 함께 관상학의 쌍벽을 이루는 경전으로 꼽힌다. 《달마상법》은 불교계(佛敎系), 《마의상법》은 도가계(道家系)의 관상학 경전이다.[53] 그런데 이러한 관상학 책이 그 당시 해주 텃골과 같은 지방에서 쉽게 구할 수 있을 정도로 보급되어 있었다는 것은 주목할 만한 일이다. 관상공부를 하던 때의 일을 김구는 다음과 같이 매우 인상적으로 적고 있다.

> 나는 독방에서 상서(相書)를 공부하였다. 상서를 공부하는 방법은 먼저 거울을 마주하고 자신의 상을 보면서 부위와 명사〔名辭: 개념이라는 뜻〕를 익힌 다음에 다른 사람의 상에 이르는 것이 첩경이다. 그러고 보니까 다른 사람의 상보다 내 상을 잘 볼 필요가 있다고 생각되어 두문불출하고 석 달 동안이나 내 상을 관상학에 따라 관찰하였다. 그런데 어느 한 군데도 귀격(貴格)이나 부격(富格) 같은 좋은 상은 없고, 얼굴과 온몸에 천격(賤格)과 빈격(貧格)과 흉격(凶格)밖에 없다. 앞서 과거장에서 얻은 비관에서 벗어나기 위하여 상서를 공부하였는데, 오히려 그보다 더한 비관에 빠지게 되었

52) 《백범일지》, pp. 37~38.

53) 曺誠佑 譯, 《麻衣相法》, 明文堂, 1996, p. 4.

> 다. 짐승과 같이 살기 위해서나 살까, 세상에 살고 싶은 마음이 없어졌다. 그런데 상서 중에 이런 구절이 있다.
>
> "상 좋은 것이 몸 좋은 것만 못하고, 몸 좋은 것이 마음 좋은 것만 못하다(相好不如身好 身好不如心好)."
>
> 이것을 보고 나는 상 좋은 사람보다 마음 좋은 사람이 되어야겠다는 결심이 생겼다. 이제부터는 외적 수양은 어찌되든지 내적 수양에 힘써야만 사람구실을 하겠다고 마음먹으니까, 종전에 공부를 잘하여 과거를 하고 벼슬을 하여 천한 신분에서 벗어나 보겠다던 생각은 순전히 허영(虛榮)이요 망상(妄想)이요 마음 좋은 사람이 취할 바가 아니라고 생각되었다. 그러나 마음 좋지 못한 사람이 마음 좋은 사람이 되는 방법이 있는가 자문해 보니까 역시 막연하였다.[54]

그래서 창암은 그만 상서를 덮어버렸다는 것이다. 세상의 많은 자서전 중에서 이토록 처절한 고백은 그다지 흔하지 않다. 이런 서술에서 우리는 인격 형성기의 김구의 큰 고뇌를 느낄 수 있다.

그런데 이상한 것은 김구가 그토록 감명받았다고 인용한 "상 좋은 것이 몸 좋은 것만 못하고…"라는 구절이 《마의상법》에 없다는 사실이다. 《마의상법》에는 비슷한 내용으로 다음과 같은 구절이 보인다.

> 인생의 부귀빈천(富貴貧賤)은 대개 상모(相貌)와 기색(氣色)에 의하여 결정되는 것이다. 그러나 선행(善行)을 하면 길상(吉祥)이 이르고 악행(惡行)을 하면 재앙(災殃)이 이르는 것이니, 형모(形貌)의 좋고 나쁜 것을 살피기에 앞서 마음 바탕을 먼저 살핀 뒤에 상모로써 길흉(吉凶)을 논해야 한다.[55]

이런 구절을 창암이 《백범일지》에 있는 것과 같은 말로 기억하고 마

---

54) 《백범일지》, pp. 38~39.

55) 曺誠佑 譯, 앞의 책, p. 198.

음 좋은 사람이 되기로 결심했다는 것은 매우 흥미로운 일이다. 어쩌면 이 시기에 황해도 일대에서 읽히던 관상서에 《마의상서》라는 것이 있었고, 거기에는 김구가 기억하는 것과 같은 구절이 있었는지 모른다.

관상공부를 포기한 창암은 다음으로 지가서〔地家書: 풍수설에 근거를 두고 묏자리나 집터의 좋고 나쁨을 판별하는 地術에 관한 책〕를 읽었으나 흥미를 느끼지 못했다. 당시에 풍수지리에 관한 책은 중국 동진(東晉)의 곽박(郭璞)이 쓴 《장서(葬書)》를 비롯하여 여러 가지가 있었는데, 창암이 이때에 본 지가서가 어떤 것이었는지는 알 수 없다. 자신의 관상에 크게 실망하고 관상공부를 포기한 창암이 아버지의 권유대로 다시 풍수공부를 해보려고 마음먹은 것도 그의 효성을 짐작하게 한다.

그는 이어 《손무자(孫武子)》, 《오기자(吳起子)》, 《삼략(三略)》, 《육도(六韜)》 등의 병서를 읽었다. 어떤 동기에서 이런 병서를 읽었고, 또 어떻게 구해서 읽었는지에 대해서는 《백범일지》에도 언급이 없다. 그리고 김구는 이 무렵에 자기 집에 《동국명현록(東國明賢錄)》이라는 책이 있었다고 했는데,[56] 이는 김순영이 웬만큼 책을 읽는 사람이었음을 말해 준다. 창암의 학식 수준으로 이들 병서의 내용을 다 이해하기는 물론 어려웠을 것이다. 그런데도 창암은 《손무자》나 《삼략》을 외울 정도로 열심히 읽었다. 병서 가운데에서 관심 있게 보았던 대목은 다음과 같은 것이었다고 뒷날 김구는 회상했다.

> 태산이 앞에서 무너져도 마음이 흔들리지 않는다
> (泰山覆於前 心不妄動).
> 사병들과 더불어 고락을 함께 한다(與士卒 同甘苦).
> 나아가고 물러섬을 호랑이처럼 한다(進退如虎).
> 적을 알고 나를 알면 백 번 싸워서 지지 않는다
> (知彼知己 百戰不敗).[57]

56) 《백범일지》, p. 146.

이처럼 창암은 어려운 병서를 1년 동안 읽으면서 한편으로는 일가 아이들을 모아서 글을 가르쳤다. 스스로 실의에 빠져 있으면서도 일가 아이들에게 글을 가르친 것은 김씨 집성취락에서는 그만큼 창암이 촉망받고 있었기 때문이었을 것이다. 그런데 창암이 내용을 충분히 파악하지 못하면서도 병서를 탐독했다는 사실은 매우 흥미로운 일이다. 그가 관심 있게 보았던 대목이라고 인용한 위의 구절들이 병서의 정수라고는 할 수 없으며, 인용도 부정확한 데가 있다. 그러나 그것은 이 병서들이 창암에게 어떤 영향을 끼쳤는가를 짐작하는 데 매우 요긴하다. 병서를 탐독한 경험은 뒷날 그를 동학농민군(東學農民軍)의 선봉장이 되게 했을 뿐만 아니라 독립운동 과정에서 그가 외교활동에 주력하는 임시정부를 떠나지 않으면서도 무장투쟁이나 테러리즘의 효과에 큰 비중을 두는 가치관의 기초가 되기도 했다.

이승만은 일곱 살 때부터 열아홉 살 때까지 12년 동안, 그리고 김구는 열두 살 때부터 열일곱 살 때까지 5년 동안 과거준비를 위한 공부를 했다. 감수성이 예민한 인격형성기에 이들이 깨우친 중국 고전에 대한 지식은, 비록 수준은 달랐으나, 일생을 두고 큰 정신적 자산이 되었다. 그러나 과거제도가 그 본래의 기능을 상실한 상황에서 이승만과 김구가 과거에 급제하기를 기대했던 것 자체가 사실은 무모한 일이었다. 과거에 실패한 두 사람은 큰 좌절감에 빠졌다. 그러나 그 좌절감은 부패한 왕조사회에 대한 혐오와 저항의식으로 변하여 두 사람으로 하여금 사회변혁을 위한 운동에 앞장서게 했다.

57) 《백범일지》, pp. 39~40.

제3장

'애기접주'의 해주성 공략

1. 연비 천여명 둔 '애기접주'

이승만과 김창암이 과거장에서 목격한 부패한 현실은 무너져 가는 조선왕조 사회의 상징적인 풍경이었다. 조정의 부패와 무능에 더하여 급증하는 외국상품의 유입과 미곡의 유출, 그리고 계속된 흉년과 질병 등으로 말미암아 민중의 고통은 날로 심각해져 갔다. 민중의 불만은 들판의 불길처럼 번지는 민란(民亂)과 화적(火賊)의 횡행으로 나타났다. 1876년의 개항부터 1894년의 동학농민봉기에 이르기까지 전국 각지에서 일어난 농민들의 봉기는 100여건에 이르렀는데, 극심한 가뭄이 들었던 1893년 한 해에만 65건이나 되었다.[1)]

황해도에서도 사정은 마찬가지였다. 1880년에는 장연(長淵)에서, 1885년에는 토산(兎山)에서, 그리고 1893년에는 8월에 재령(載寧)에서, 11월에 황주(黃州)에서 농민들의 봉기가 있었다. 특히 황주에서는 1차 봉기 때의 요구사항이 관철되지 않자 이듬해 1월에 다시 봉기했는데, 그것은 사망자 21명과 부상자 70여명의 희생자를 낸 대규모 민란이었다.[2)]

1) 백승철, "개항 이후(1876~1893) 농민항쟁의 전개와 지향", 《1894년 농민전쟁연구(2)》, 역사비평사, 1992, p. 316.

2) 《日省錄》高宗 31년 1월 21일조; "黃海道黃州民擾의 件", 《駐韓日本公使

사회적 불안은 민중의 심리적 불안을 부채질했다. 정신적 지주를 잃은 민중은 현실의 고통을 극복하기 위한 수단으로 유토피아적인 민간신앙에 빠져들었다. 《정감록(鄭鑑錄)》의 예언이 새로이 부활하고, 이러저러한 유언(流言)이 널리 퍼져 나갔다. 실의의 나날을 보내던 창암도 《정감록》의 예언과 관련된 괴이한 소문을 들었다.

"어디서는 이인(異人)이 나타나서 바다에 떠다니는 화륜선(火輪船: 기선)을 못 가게 딱 붙잡아 놓고는 세금을 내어야 놓아 보낸다."

"머지 아니하여 정도령(鄭都令)이 계룡산(鷄龍山)에 도읍을 정하고 이조(李朝) 국가는 없어질 것이니 밭은목에 가서 살아야 다음 세상에서 양반이 된다고 아무개는 계룡산으로 이사했다."[3]

종말론적 세계관을 반영한 《정감록》의 주장은 당시의 정치현실과 사회상을 반영한 것이었다. "가난한 사람은 살고 부자는 죽는다"는 《정감록》의 운명관은 민중에게 호소력이 있었다. 또한 그것은 지배층에 대한 민중의 노골적인 적개심을 선동하는 것이기도 했다. 고통 속에서 신음하던 민중은 적극적인 자기 노력에 의해서가 아니라 이처럼 초인적인 힘에 의하여 현실이 타개되기를 바랐던 것이다.[4]

이 무렵 창암은 동학(東學)에 대한 신비한 소문을 들었다. 텃골에서 남쪽으로 20리 떨어진 포동(浦洞)의 오응선(吳膺善)과 그 이웃 동네의 최유현(崔琉鉉)이 충청도의 최도명(崔道明)이라는 동학선생에게 입도하여 공부하고 있는데, 그들은 방에 드나들 때에 문을 여닫지도 않고, 문득 있다가 문득 없어지며, 공중으로 걸어다니고, 그 선생 최도명은 하룻밤 사이에 충청도에서 황해도를 왔다 간다는 등의 소문이었다.[5] 최도명이란 천도교의 2세 교주 최시형(崔時亨)을 가리키는 말이었을 것

館記錄(3)》, 國史編纂委員會, 1988, p. 7, p. 401.

3) 도진순 주해, 《김구자서전 백범일지》, 돌베개, 1997, p. 40.

4) 김영작, 《한말 내셔널리즘 연구 — 사상과 현실》, 청계연구소, 1989, p. 203.

5) 《백범일지》, p. 40.

이다. 이러한 소문은 앞날의 진로를 놓고 정신적으로 방황하고 있던 창암을 현혹시켰다. 그는 소문의 주인공을 만나서 사실을 확인해 보고 싶은 강한 충동을 느꼈다.

1893년 정초에 창암은 오응선의 집을 찾았다. 고기를 먹지 않고 목욕을 하고 새 옷으로 갈아입고 가야 만나 준다는 말을 듣고, 창암은 정성을 들여서 그대로 실천했다. 목욕하고 머리를 땋아 푸른 도포(道袍)에 녹대(綠帶)를 매고 집을 나섰다. 오응선의 집 문 앞에 이르자 방에서 무슨 글읽는 것 같은 소리가 들렸다. 그러나 그것은 시나 경전을 읽는 소리와는 달랐고, 마치 노래를 합창하는 것 같기도 했으나, 그 뜻을 알 수 없었다. 동학교도들이 동학경전을 암송하는 것을 처음 듣는 창암이 그것을 알아들을 수 없는 것은 당연했다.

창암은 겸손하게 주인을 찾았다. 젊은 청년 한 사람이 나와서 창암을 맞았다. 그는 상투를 틀고 통천관(通天冠)을 쓰고 있었다. 통천관은 원래 임금이 조칙을 내릴 때나 정사를 볼 때에 쓰던 관이었으나, 조선조 후기에는 양반들도 썼다. 창암은 오응선도 양반이라는 것을 알고 갔었다. 창암이 공손히 절을 하자 오응선 역시 공손히 맞절을 하고 나서 물었다.

"도령은 어디서 오셨소?"

난생 처음으로 양반으로부터 존대를 받은 창암은 너무나 황송하여 신분을 밝혔다.

"저는 어른이 되었더라도 당신께 공대를 받지 못할 상놈입니다. 하물며 아직 아이인데 어찌 공대를 하십니까?"

그러자 오응선은 도리어 감동하는 빛을 보이면서 예의를 갖추어 말했다.

"천만의 말씀이오. 나는 다른 사람과 달리 동학도인(東學道人)이기 때문에 선생의 교훈을 받아 빈부귀천에 차별 대우를 하지 않습니다. 조금도 미안해하지 마시고 찾아오신 뜻이나 말씀하시오."

동학을 창건한 수운 최제우.

김구는 이때의 감회를 "이 말만 들어도 별천지에 온 듯한 느낌이었다"[6] 라고 회고했는데, 이는 그가 얼마나 상놈 된 한이 뼈 속까지 사무쳐 있었던가를 말해 준다.

"제가 오기는 선생께서 동학을 하신다는 말을 듣고 도리(道理)를 알고 싶어 왔습니다. 저 같은 아이에게도 말씀해 주실 수 있습니까?"

"그처럼 알고 싶어 오셨다는데, 내가 아는 데까지 말씀드리겠습니다."

"동학이란 어떤 종지(宗旨)이며 어느 선생이 천명하셨습니까?"

"동학은 용담(龍潭) 최수운(崔水雲) 선생이 천명하셨습니다. 선생은 이미 순교하셨고, 지금은 그 조카 최해월(崔海月) 선생이 대도주(大道主)가 되어 포교 중입니다. 동학의 종지로 말하면, 말세의 간사한 인간들로 하여금 개과천선하여 새 백성이 되게 하여 가지고 장차 참주인을 모시고 계룡산에 신국가를 건설하는 것입니다."[7]

동학은 1860년에 수운 최제우(崔濟愚)가 유교, 불교, 도교의 원리와 함께 농민들 사이에서 널리 신앙되고 있던 풍수지리설, 귀신 신앙, 정감록 사상, 치병술(治病術) 등 온갖 민간신앙과 샤머니즘을 융합하여 창립한 종교사상이다.[8] 최제우는 "사람은 누구나 마음속에 하늘님을 모시고 있다"는 '시천주(侍天主)'의 원리를 정립했다. 2세 교주 최시형

6) 《백범일지》, p. 41.
7) 《백범일지》, p. 42.
8) 愼鏞廈, 《東學과 甲午農民戰爭研究》, 一潮閣, 1996, p. 15.

은 "사람은 곧 하늘님이다〔人是天〕", "사람 섬기기를 하늘님같이 하라〔事人如天〕" 라고 주창했다. 그는 "베 짜는 며느리가 하늘님이며, 어린 이를 때리는 것은 하늘님을 때리는 것이다"라고 하여 한층 확대된 평등 사상을 주창했다. 그는 동학에 입도하면 그날로 신분의 차별 없이 맞절을 하게 하고 서로 '접장(接長)'이라는 호칭을 사용하게 했다.[9] 이처럼 동학의 평등사상은 최제우의 '시천주'에서 출발하여 최시형의 '사인여천' 단계를 거쳐서 뒤에 3세 교주 손병희(孫秉熙)의 "사람이 곧 하늘"이라는 '인내천(人乃天)'을 통하여 완성되었다. 이와같이 동학은 사람을 하느님과 동격에 놓고 인간의 존엄성을 강조한 평등사상과 함께 민중에게 친숙한 부적과 주문 등 주술적 포교수단 때문에 기독교보다 더 빠르게 농민들에게 파고들었다.[10]

민중은 동학에 들어가면 굶주림과 온갖 질병으로부터 벗어날 수 있다고 믿었다. 이러한 믿음은 삼정〔三政: 18, 19세기에 정부 재정의 주종이었던 田政, 軍政, 還穀〕의 문란과 빈번한 질병에 시달리던 민중에게는 가장 절실한 생존의 희망이었다. 동학은 병을 고치는 방법으로 주문을 외우는 것 말고도 하늘에 제사를 지내기도 하고 부적을 씹어 삼키거나 그것을 불에 태워서 그 재를 물에 타서 먹는 등의 방법을 사용했다. 이러한 민중의 치병(治病)에 대한 믿음은 제 1차 농민봉기를 지휘한 전봉준(全琫準)의 진술에서도 잘 드러나 있다. 그는 동학에 입도하여 하늘을 공경하고 마음을 지키면 괴질에 걸리지 않는다고 진술했다.[11] 또한 치병과 함께 면화〔免禍: 재앙을 면하는 것〕도 민중이 동학에 입도하는 중요한 동기였다. 부적을 태워 마시면 액운을 막을 수 있다고 최제우는 말했다.[12]

---

9) 이윤갑, "1894년의 경상도지역의 동학농민전쟁", 《동학농민혁명의 지역적 전개와 사회변동》, 새길, 1995, pp. 154~155.

10) 愼鏞廈, 앞의 책, pp. 28~32.

11) "全琫準供招", 《東學亂記錄(下)》, 國史編纂委員會, 1959, p. 537.

이러한 동학이 경상도 일대를 풍미하게 되자 조정에서도 이를 주목하게 되었다. 특히 동학의 주문(呪文)이나 그 밖의 문장에 '천주(天主)', '상제(上帝)' 등의 말이 있고, 이것이 천주교와 혼동되는 원인이 되기도 하여, 최제우는 1864년 3월에 대구부(大邱府) 남문 밖에서 '혹세무민(惑世誣民)', '사도난정(邪道亂正)'이라는 죄명으로 효수(梟首)형에 처해졌다.

오응선이 창암에게 동학의 교의를 얼마나 구체적으로 설명해 주었는지는 알 수 없다. 창암은 오응선과의 면담에서 큰 감명을 받았다. 신분차별에 따른 처절한 좌절감에 빠져 있던 창암은 무엇보다도 동학의 평등사상에 마음이 끌렸다. 그는 동학에 입도만 하면 차별 대우를 철폐한다는 말이나 이씨 왕조의 운세가 다했으므로 장차 새 국가를 건설한다는 말에서 지난 해에 과거장에서 겪었던 쓰라린 기억이 되살아났다. 김구는 이때의 감회를 "내 상(相)이 나쁜 것을 깨닫고 마음 좋은 사람이 되기를 맹세한 나에게는 하늘님을 몸에 모시고 하늘 도를 행한다는 말이 가장 마음에 와 닿았다"라고 회고했다.[13]

창암은 동학에 입도할 마음이 불같이 일어났다. 그는 오응선에게 입도 절차를 물었다. 오응선은 쌀 한 말과 백지 세 묶음, 누런 초 한 쌍을 가져오면 입도식을 거행해 주겠다고 말했다. 창암은 오응선의 집에서 《동경대전(東經大全)》, 《용담유사(龍潭遺詞)》, 《궁을가(弓乙歌)》 등의 동학 경전을 훑어본 뒤에 집으로 돌아왔다.

흥분된 심정으로 집으로 돌아온 창암은 아버지에게 오응선을 만난 일을 자세히 보고했다. 김순영은 창암의 동학 입도를 흔쾌히 승낙하고 필요한 예물을 준비해 주었다. 이 무렵 김순영이 동학에 대하여 얼마나 알고 있었는지는 알 수 없으나, 괄괄한 성품인 그가 아들의 뜻을 존중

12) "崔福述二招", "徐憲淳狀啓", 李熙根, "1894년 농민전쟁기 농민의 東學에 대한 인식", 《한국근현대사연구》 제5집, 한울, 1996, p. 27에서 재인용.

13) 《백범일지》, p. 42.

하는 모습을 여기에서도 볼 수 있다.

창암은 아버지와 함께 준비한 예물을 가지고 가서 곧장 동학에 입도했다. 그는 동학의 교의를 열심히 배우는 한편 포교에도 열성을 기울였다. 김순영도 아들을 따라서 동학에 입도했다. 동학은 불만에 가득 찬 창암의 젊은 열정을 빠르게 흡수해 갔다. 창암이 지난날의 자신을 벗어던지고 새로운 세계로 뛰어들었다는 것을 상징적으로 보여 주는 것은 이름을 바꾼 것이었다. 그는 동학에 입도하자마자 아명인 창암을 버리고 창수(昌洙)로 개명했다.

김창수가 동학에 입도할 무렵 동학교단은 확대된 교세를 바탕으로 하여 교조 최제우의 신원〔伸寃: 억울하게 뒤집어 쓴 죄를 씻음〕운동을 전개하고 있었다. 동학교도들은 1892년 10월에는 공주(公州)에서, 11월에는 전라도 삼례(參禮)에서 집회를 열고 최제우의 신원과 정부의 동학교도 탄압 중지를 요구했다. 이어서 이듬해 2월에는 손병희 등 40여명의 교도들이 서울로 올라와서 고종에게 직접 교조 신원과 동학 포교의 공인을 호소하는 복합상소(伏閤上疏)를 올렸다. 동학교도들은 세자의 탄신일을 기념하여 2월8일에 열리는 경과(慶科)를 이용하여, 과거보러 가는 선비로 가장하고 서울로 올라왔다.[14] 사흘 동안 광화문 앞에서 무릎을 꿇고 곡(哭)을 하면서 상소를 올린 이들은 "소원대로 시행하겠으니 모두 집으로 돌아가서 안심하고 생업에 종사하라"는 고종의 비답을 받고 해산했다.[15]

동학교도들의 복합상소 직후에 '척양척왜(斥洋斥倭)'를 주장하는 방문이 서울의 각국 공사관과 교회당에 나붙어 사람들을 더욱 놀라게 했

14) 《天道敎會史草稿》, 《東學思想資料集(1)》, 亞細亞文化社, 1979, p. 449.
15) 위의 책, p. 452.

다. 2월17일 밤에 미국인 선교사 기포드(Daniel L. Gifford, 奇普)가 운영하는 학당의 문에 방문이 붙은 것을 시작으로 18일에는 미국인 선교사 존스(George H. Jones, 趙元時)의 집에,[16] 20일에는 프랑스 공사관에,[17] 3월2일에는 일본공사관 벽에[18] 방문이 붙었다. 특히 존스의 집과 프랑스 공사관에 붙은 방문에는 3월7일까지 철수하지 않으면 성토하겠다는 내용이 들어 있었다. 일본 공사관에 붙은 방문은 "하늘이 이미 너희를 미워하고 우리의 스승이 이미 너희를 경계하라 하였으니 죽느냐 사느냐는 너희에게 달려 있다. 뒤늦게 후회하지 말고 다시 말하노니 급히 너희 나라로 돌아가라"는 더욱 위협적인 내용이었다. 위험을 느낀 일본 변리공사 오이시 마사미(大石正己)는 2월24일에 본국에 군함 파견을 요청했고, 일본 정부는 군함 1척을 인천으로 파견했다. 그러자 청국, 영국, 미국도 차례로 인천으로 군함을 파견했다. 일본인이 느꼈던 위기감이 얼마나 절박했는가는 일본 영사 스기무라 후카시(杉村濬)가 2월27일에 서울 거류민들에게 유사시의 행동요령을 시달하는 유시를 통보하고 있는 것으로도 짐작할 수 있다. 일본 공사관은 자국 상인들의 영업에 지장을 초래할 것을 염려하여 조선 정부에 강력히 항의하고 엄중한 수사를 요구했다.

복합상소를 한 동학교도들이 해산하자 조정에서는 최제우의 신원을 해주기는커녕 교도들이 상경하는 것을 막지 못했다고 하여 전라도 관찰사 이경직(李耕稙)을 파면하고, 지방관들에게 교도들을 엄중히 단속하라고 지시했다. 그리하여 동학교도들에 대한 탄압은 오히려 더 심해졌

16) "奇包學堂門前耶蘇敎排斥榜文貼付에 관한 件", 1893년 2월18일조 및 "美人趙元時家屋에 貼付된 牧師退去榜文의 犯人逮捕要求", 1893년 2월19일조, 《舊韓國外交文書(十) 美案(1)》, 高麗大學校 亞細亞問題硏究所, 1967, pp. 718~719.

17) 金允植, 《續陰晴史(上)》, 高宗 30년 2월24일조, 國史編纂委員會, 1960, p. 257.

18) "東學徒의 嚴戢要請", 《舊韓國外交文書(二) 日案(2)》, 1967, p. 385.

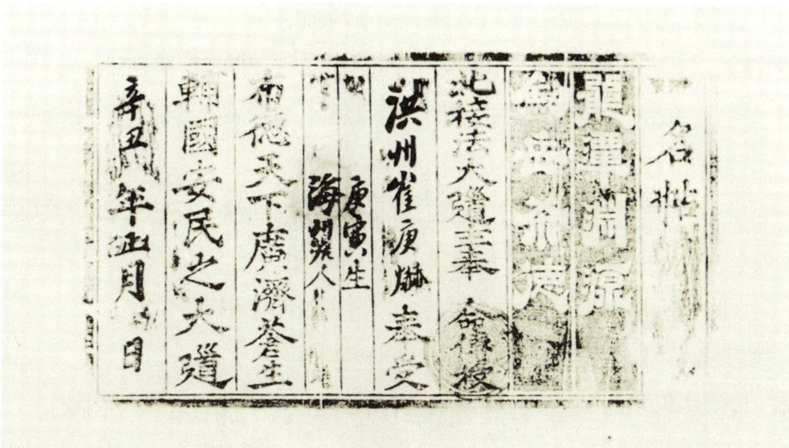

천도교도들의 신분증. '연원'과 '연비'의 이름이 함께 적혀있다.

다. 목숨을 건 복합상소가 물거품이 되고 탄압이 더욱 심해지자 동학교도들은 한 달 뒤인 3월11일부터 20여 일 동안 충청도 보은(報恩)의 장내리(帳內里)에서 2만 7,000명이 참가한 대규모의 시위 집회를 열었다. 그것이 유명한 보은취회(報恩聚會)였다. 그리고 이 집회에서 내건 구호는 '교조신원'이 아니라 뜻밖에도 '보국안민(輔國安民)'과 '척왜양창의(斥倭洋倡義)'였다. 최시형을 비롯하여 보은취회를 주도한 동학지도자들은 이 구호야말로 동학교단이 지배층으로부터 인정받고 일반민중으로부터도 지지받을 수 있는 최선의 선택이라고 인식했던 것이다.[19]

이러한 교단의 움직임이 황해도지방 동학교도들에게 어떤 영향을 끼쳤는지는 밝혀진 것이 없다. 황해도에서는 양반들이 동학에 가입하는 경우가 전혀 없지는 않았으나 매우 드물었다. 반면에 억울하고 고통받는 상민들 가운데에서 동학에 입도하는 사람들이 날로 늘어났다. 심창수도 상민들을 많이 입도시켰다. 그리하여 불과 몇 달 만에 심창수는

19) 朴孟洙, "1893年 東學教団의 報恩聚會와 崔時亨의 역할", 《淸溪史學》 13, 精神文化硏究院, 1997, p.388.

연비(連臂)가 수백명이나 되었다.[20] 동학에서는 도를 전한 사람을 연원(淵源)이라고 하고 도를 전해 받은 사람을 연비라고 했는데, 연원과 연비의 관계로 맺어져 있는 동학 조직제도를 연원제(淵源制) 또는 연비제(連臂制)라고 불렀다.[21]

김창수의 명성이 점차 알려지자 터무니없는 소문이 사방으로 퍼졌다. 호기심에 찬 사람들은 김창수를 찾아와서 물었다.

"그대가 동학을 해보니까 무슨 조화(造化)가 생기던가?"

그럴 때마다 김창수는 솔직하게 대답했다.

"나쁜 일을 하지 않고 선한 일을 하게 되는 것이 동학의 조화입니다."

그러나 김창수의 답변은 그들의 호기심을 충족시키지 못했다. 특별한 조화를 기대하고 찾아온 사람들은 김창수의 이러한 말을 곧이듣지 않았다. 그들은 김창수가 자기네에게 조화를 보여 주지 않는 것으로 생각했다. 오히려 그들은 "창수가 한 길 이상 공중에서 걸어가는 것을 보았다"는 등의 말로 더 근거없는 소문을 퍼뜨렸다. 김창수의 신통력에 대한 소문은 황해도는 물론이고 멀리 평안도에까지 빠르게 퍼져 나갔다. 그리하여 그의 연비 수는 급속히 증가하여 1,000여명을 헤아리게 되었다.[22] 이러한 사실은 동학의 전파가 얼마나 민중의 조화(造化)나 이적(異蹟)에 대한 기대심리에 바탕을 두고 있었던가를 보여 주는 것이다. 김창수는 황해도와 평안도의 동학교도 가운데에서 나이 어린 사람으로서 가장 많은 연비를 가졌다고 하여 '애기접주'라는 별명을 얻었다.[23] 그러나 그때까지 김창수가 동학교단으로부터 정식으로 접주(接主)의

20) 《백범일지》, p. 43.

21) 朴孟洙, 《崔時亨硏究》, 韓國精神文化硏究院 博士學位論文, 1995, pp. 153~154.

22) "建陽元年 6月27日, 海州 白雲面居 金昌洙 年二十一 供案", 白凡金九先生全集編纂委員會 編《白凡金九全集(3)》, 대한매일신보사, 1999, p. 218.

23) 《백범일지》, p. 43.

첩지를 받은 것은 아니었다.

2. 보은 가서 접주 첩지 받아

김창수가 동학 포교에 열성을 다하고 있는 동안 해가 바뀌어 1894년(甲午年) 새해가 밝았다. 1894년은 이 나라 역사에 일찍이 찾아볼 수 없는 큰 지각변동이 일어난 해였다. 먼저 1월10일 이른 새벽에 전라도 고부(古阜)지방에서 농민들이 봉기했다. 고부군수 조병갑(趙秉甲)의 탐학에 견디다 못한 고부 농민들은 전봉준의 지휘 아래 봉기를 감행했다. 고부 농민봉기는 이전의 민란에서는 생각할 수도 없었던 '군수 처단, 전라감영 점령, 서울 진격'이라는 구호를 내걸어 한 읍의 차원을 뛰어넘어서 왕조사회 전체를 부정하는 차원으로 문제를 확대시켰다. 놀란 조정에서는 농민 봉기의 수습을 위하여 이용태(李容泰)를 안핵사(按覈使)로 파견했으나, 이용태의 지나친 횡포는 도리어 농민들의 가슴에 새로운 불을 지폈다. 그리하여 3월20일에는 전봉준을 대장으로 하고 손화중(孫和中)과 김개남(金開南)을 총관령(總管領)으로 한 전라도 농민군이 무장(茂長)에서 전면적인 봉기를 감행했다. 마침내 동학농민봉기의 막이 오른 것이었다. 이때에 내건 농민군의 슬로건은 '보국안민'과 '제폭구민(除暴救民)'이었다.

농민군은 전라도 일대를 휩쓸고, 4월27일에는 전주성을 점령했다. 그런데 이때의 봉기는 전라도지방 밖으로 확대되지 못했고, 북접(北接)의 중앙교단은 봉기에 호응하지 않았다. 이러한 상황 속에서 조정은 농민군을 진압하기 위하여 청국에 군대지원을 요청했고, 이 요청에 따라 청국이 군대를 파견하자 일본도 군대를 파견했다. 일본의 군대 파견은 갑신정변 뒤에 청국과 맺은 천진조약(天津條約)에 근거한 것이었으나, 청국과의 전쟁을 오랫동안 준비해 온 일본으로서는 절호의 기회가 온 것이었다.

전봉준은 탐관오리의 처벌, 삼정의 개혁과 부당한 세금징수의 철폐, 외국 상인의 불법활동 금지 등을 내용으로 하는 27개조의 폐정개혁안을 양호초토사(兩湖招討使) 홍계훈(洪啓薰)에게 제시했다. 홍계훈이 농민군의 신변보장과 폐정개혁안을 임금에게 올리는 조건으로 개혁안을 받아들이자 농민군은 5월8일에 전주화약(全州和約)을 맺고 전주성에서 철수했다. 농민군은 이때부터 약 4개월 동안 나주를 제외한 전라도의 모든 군현(郡縣)에 집강소(執綱所)를 설치하고 폐정개혁을 추진했다.[24)]

이처럼 삼남지방에서 농민군이 크게 기세를 떨치고 있을 때에 김창수를 포함한 황해도지방 동학교도들이 어떻게 반응하고 활동했는지는 《백범일지》나 그 밖의 자료에도 분명하지 않다. 1894년 가을에 이르러 최유현과 오응선은 교주 최시형으로부터 황해도지역 동학교도들의 명단을 보고하라는 통첩을 받았다. 그들은 곧 최시형이 있는 보은을 방문할 대표 열다섯명을 선정했다. 김창수도 대표단에 포함되었다. 어린 김창수가 대표의 한 사람으로 선정된 것은 그만큼 포교를 열심히 하여 많은 연비를 두고 있었기 때문이었을 것이다. 김창수는 길게 땋은 총각머리가 여행에 불편할 것이기 때문에 머리를 자르고 갓을 썼다. 노자는 연비들이 마련해 주었다. 교단 간부들에게 줄 선물로는 해주 특산물인 향먹을 준비했다.[25)]

김창수 일행은 해로와 육로를 통해 보은의 장내리에 도착했다. 동학의 성지인 장내리는 충청도, 경상도, 전라도지방과 연결되는 교통의 요지로서 삼남지방 교도들이 집결하기에 편리한 지점이었다. 동학교단의

24) 韓沽劤, 《全訂版 東學과 農民蜂起》, 一潮閣, 1983, 愼鏞廈, 앞의 책, 한국역사연구회, 《1894년 농민전쟁연구 — 농민전쟁의 전개과정(4)》, 역사비평사, 1995, 裵亢燮, "東學農民戰爭研究", 高麗大學校 博士學位論文, 1996 참조.

25) 《백범일지》, pp. 43~44.

중앙본부 격인 육임소(六任所)가 1884년에 이곳에 설치된 이래로 최시형이 계속 머물고 있었고, 주위 100리 안에는 최시형이 개척한 많은 비밀포교지들이 산재해 있었다.[26] 《시천교역사(侍天教歷史)》는 황해도 대표들을 맞이한 최시형이 "북쪽 교인은 어찌 이리 늦게 나타났느냐" 하고 크게 반기면서, 그 자리에서 최유현을 해서수접주(海西首接主)로 임명했다고 적고 있다.[27] 최시형이 일행에게 했다는 "어찌 이리 늦게 나타났느냐" 라는 말은 전년에 있었던 보은취회에 황해도 교도들이 참가하지 않았던 사실을 지적한 말이었을 것이다.

동학 제 2대 교주 최시형.

김창수 일행이 보은을 방문했을 때의 상황은 《백범일지》에 더 자세하다. 마을 안에 들어서자 사방에서 주문 외우는 소리가 들렸다. 마을 한쪽으로는 사람들이 무리를 지어 나가고, 다른 한쪽으로는 무리지어 들어와서 집집마다 사람으로 가득했다. 김창수 일행은 안내인에게 열다섯명의 명단을 주어 최시형에게 제출하게 했다. 얼마쯤 시간이 지나고 나서 일행을 부른다는 연락이 왔다. 일행은 안내인을 따라 최시형이 거처하는 곳으로 들어갔다. 김창수는 호기심에 가득 찬 눈으로 최시형을

26) 朴孟洙, 앞의 논문, pp. 199~200.
27) 《侍天教歷史(下)》, 《東學思想資料集(3)》, 亞細亞文化社, 1979, p. 623.

바라보았다. 《백범일지》는 이때의 일과 관련하여 “다른 사람들도 같은 생각이었겠지만, 내가 천리를 멀다 않고 보은에 간 것은 선생이 무슨 조화 주머니나 주지 않나 하는 기대와 선생의 도골도풍(道骨道風)은 어떠한가 살펴보려는 생각이 간절했기 때문이다”라고 솔직하게 적었다.[28] 그것은 1,000여명의 연비를 두고 ‘애기접주’라는 별명을 듣고 있던 이때까지도 실은 김창수의 동학 교의에 대한 이해나 믿음이 투철하지 못했음을 말해 준다.

김창수는 최시형의 풍모를 유심히 관찰했다. 나이는 예순 가까이 되어 보이고, 길게 늘어뜨린 수염은 보기 좋을 만큼 약간 검은 가닥이 있었다. 그는 얼굴은 맑고 야위었으며, 머리에 큰 검은 갓을 쓰고 저고리만 입고 앉아서 일을 보았다. 방문 앞에 놓인 무쇠 화로의 약탕관에서 나는 약 달이는 냄새가 방 안에 가득했다. 그 약은 최시형이 먹는 독삼탕〔獨蔘湯: 맹물에 인삼만 넣고 달인 약〕이라고 했다.

김창수 일행은 일제히 교주에게 절을 올렸다. 그러자 최시형도 윗몸을 구부려 손을 땅에 짚고 맞절을 했다. 그러고는 “멀리서 수고시리 왔소이다” 하고 인사를 했다. 일행의 대표는 열다섯명이 각각 만든 교도들의 명부를 최시형에게 올렸다. 최시형은 명부를 문서 책임자에게 맡기면서 처리하라고 지시했다. 최시형의 방 안팎에는 많은 제자들이 호위하고 있었다. 뒷날 동학 3세 교주가 되는 손병희와 김연국(金演局) 두 사위와 유명한 박인호(朴寅浩) 등 많은 제자들이 있었다. 김연국은 나이가 마흔 가까운 순박한 농군 같았고, 손병희는 젊은 청년으로서 지식이 있어 보였다. 그리고 ‘천을천수(天乙天水)’라는 부적을 쓴 것으로 보아 손병희는 글씨 재주도 있어 보였다.[29]

---

28) 《백범일지》, pp. 44~45.

29) 《백범일지》, pp. 45~46.

김창수 일행이 장내리에 머물고 있는 동안에 중대한 소식이 날아들었다. 남도지방의 각 관청에서 동학당을 체포하여 학대하고 있는 반면에, 전봉준을 중심으로 한 남접(南接)의 동학농민군이 전면적인 재봉기를 감행했다는 것이었다. 추수를 막 끝낸 9월 중순이었다.

청국에 대하여 조선정부의 철병요구를 거부하고 조선의 '내정개혁'을 내세워 조선내정에 공동으로 개입할 것을 제의했던 일본은 청국이 그 제의를 거부하자, 민씨척족(閔氏戚族) 정권을 타도하고 청-일전쟁을 일으키기로 한 계책을 실행에 옮겼다. 일본군은 마침내 7월23일 밤에 경복궁(景福宮)을 점령했다. 그리고 7월25일에는 아산만 앞바다에서 청국군함을 불의에 포격했다. 청-일전쟁의 발발이었다. 일본군이 예상 밖으로 청국군을 쉽게 격파하고, 일본의 압력으로 김홍집(金弘集)을 영의정으로 하는 친일개화파 내각이 발족하자 농민군은 '척양척왜'의 기치를 내걸고 다시 봉기를 감행한 것이었다. 첫 번째 봉기 때의 목표가 반봉건이었던 것에 비해 재봉기 때의 목표는 이처럼 반외세였다.

동학농민군의 재봉기에 직면하여 토벌군은 봉기 참여여부를 가리지 않고 동학교도를 마구잡이로 살해했다. 공주로 내려가는 경군(京軍)과 일본군은 충청도 곳곳에서 동학교도를 수색해서 살해했다. 각 군현마다 엄청난 희생자가 속출했다. 게다가 동학농민군에게 피해를 입은 지방 유생들은 민보군(民保軍)이라는 자체 토벌군을 조직하여 동학교도들에 대한 보복성 살육을 자행했다.

계속되는 동학교도의 피해로 말미암아 최시형을 비롯한 동학지도부는 큰 위기에 직면했다. 특히 토벌군의 남진 방향에 위치한 경기도의 용인(龍仁), 안성(安城), 장호원(長湖院) 등지와 충청도의 진천(鎭川), 괴산(槐山), 음성(陰城) 등지의 교도들은 토벌군에 쫓겨 남하하지 않을 수 없었다. 토벌군에 밀리기 시작한 손병희, 손천민(孫天民) 등은 보은으로 집결하여 최시형에게 봉기할 것을 강력히 건의했다. 최시형은 동학교도의 학살 소식을 듣고 진노했다. 그는 손병희 등의 건의를 받아들여

북접 산하의 전국 접주를 충청도로 소집했다. 최시형은 순 경상도 말투로 단호하게 선언했다.

"호랑이가 물러 들어오면 가만히 앉아서 죽을까! 참나무 몽둥이라도 들고 나가서 싸우자!"[30]

그의 이 말은 곧 동원령이었다. 결국 최시형은 9월18일에 북접 산하 모든 지도자들의 봉기를 촉구하는 기포령을 내렸다.[31] 그것은 남접의 재봉기에 대한 호응이었다. 각지에서 와서 대기하던 대접주들이 각자의 근거지로 가기 위해 썰물처럼 밀려 나가기 시작했다. 김창수 일행 열다섯명도 각각 '해월인(海月印)'이 찍힌 접주 첩지를 받고 곧 보은을 출발했다. 갈 때에는 육로와 해로를 이용했으나 올 때에는 육로를 택했다. 돌아오는 길에 김창수 일행은 여러 곳에서 긴장된 분위기를 목격했다. 길을 가는 도중 곳곳에서 흰옷을 입고 칼을 찬 동학농민군을 만났다.

충청북도 진천군 광혜원 장터를 지날 때에 본 모습이 인상적이었다고 《백범일지》는 적고 있다. 이곳에는 동학접주 신재련(辛在蓮)이 이끄는 1만명의 농민군이 집결하여 대단한 기세를 과시하고 있었는데,[32] 평소에 동학교도를 학대하던 양반들이 잡혀와서 길가에서 짚신을 삼고 있는 모습이 "가관이었다"는 것이다. 동학군은 진영을 설치하고 행인들을 검문하고 있었다. 김창수 일행은 증거를 보여 주고 무사히 통과했다. 동학군 진영 부근의 촌락에서는 많은 사람들이 밥을 지어 도소(都所)로 날랐다. 논에서 벼를 베던 농부들은 동학농민군이 몰려와서 집결하는 것을 보고는 놀라서 낫을 버리고 도망치기도 했다. 김창수 일행이 서울을 지날 때에는 경군이 삼남지방을 향하여 행군하고 있었다.[33]

---

30) 《백범일지》, p. 46.

31) 李敦化, 《天道教創建史》, 大東印刷所, 1933, p. 65.

32) 신영우, "충청도지역 동학농민전쟁의 전개과정", 《동학농민혁명의 지역적 전개와 사회변동》, p. 124.

33) 《백범일지》, pp. 46~47.

3. 해주성 공략의 선봉장

황해도의 동학농민군은 김창수 일행이 해주로 돌아오기 전부터 이미 활동하고 있었다. 9월부터 조금씩 움직이기 시작하던 농민군은 10월 들어서 본격적인 활동을 전개했다.[34] 농민군이 처음으로 해주성(海州城)을 공략한 것은 10월6일쯤이었다. 이 공격을 주도한 것은 최시형의 북접과 직접적인 연관이 없는 임종현(林宗鉉)을 중심으로 한 동학세력이었다.[35] 이들은 먼저 강령(康翎) 관아를 습격하여 무기를 탈취한 다음 바로 해주성을 공략했다. 이들 농민군은 거의 한 달 동안 해주성을 점령하고 있으면서 황해도 각 지역의 지방관을 임명하기까지 했다. 관군이 압수한 농민군의 '도록(都錄)'에 보면, 임종현은 스스로 황해감사를 자임하고, 성재식(成載植)을 강령 현감, 이용선(李龍善)을 안악 군수, 최득수(崔得秀)를 해주 판관으로 임명했다. 그밖에도 이 '도록'에는 중군, 병졸 등의 이름까지 적혀 있었다.[36] 산포수 800명이 동학군에 가담하여 해주성의 군기를 탈취하고 성문을 지켰고, 감사는 통인 집에 숨어서 조정에 보고도 못 했다.[37]

김창수 일행이 언제 해주로 돌아왔는지는 분명하지 않다. 《백범일지》는 9월에 돌아왔다고 적고 있는데,[38] 임종현을 중심으로 한 동학농민군이 10월초부터 한 달 동안이나 해주성을 점령하고 있었던 사실에 대해서는 이상하게도 아무런 언급이 없다.

해주에 도착한 김창수 일행은 즉시 황해도지역 동학군 봉기문제를 논

---

34) 韓㳓劤, "동학농민군의 봉기와 전투—강원-황해도의 경우", 《韓國史論》 4, 서울大學校 國史學科, 1978 참조.

35) 鄭顯奭, "甲午海營匪擾顚末", 《東學亂記錄(下)》, pp. 729~730.

36) 위의 책, p. 736.

37) 韓㳓劤, 앞의 책, p. 179.

38) 《백범일지》, p. 47.

의했다고 한다. 황해도에서도 양반과 관리들의 동학교도에 대한 탄압은 혹심했다. 그런데다가 삼남지방의 동학농민군으로부터 호응하여 봉기하라는 연락이 잇따라 도착했다. 그리하여 접주 열다섯명은 거사하기로 결정했다.[39]

황해도의 동학농민군도 다른 지방의 경우와 마찬가지로 순수한 동학교도만으로 구성되지는 않았다. 동학농민군에는 생활의 기반을 잃은 여러 종류의 사람들이 참가했다. 황해도 농민군에는 당오전(當五錢) 때문에 피해를 입은 농민들과 일자리를 잃은 사금(沙金) 채집 광부들이 많은 것이 특색이었다. 원래 당오전은 명목가치가 상평통보(常平通寶)의 다섯배로 정해져 있었으나 실제로는 두세배밖에 되지 않는 조악한 화폐였고, 그나마 민간에서 불법으로 당오전을 위조하여 유통시키고 있어서 물가가 폭등했다. 특히 황해도지역에서는 사주(私鑄)가 많이 행해지고 있었다. 그리하여 문화(文化)에서는 사주에 관계하던 사람이 동학에 입도하기도 했다.[40] 또한 1893년의 사금 채집 금지령에 따라 먹고 살길을 잃은 사람들이 무리를 지어 스스로 동학군으로 자처하기도 했다. 그리하여 이들 사금 채집 광부가 농민군의 절반에 이를 정도였다.[41]

10월까지 산발적으로 움직이던 황해도 동학농민군은 11월에 들어서 숫자가 급증하여 도내 13개 읍이 농민군의 습격을 받았다.[42] 천도교단 역사서에는 임종현, 오응선, 최유현 등의 지휘로 총 20명의 접주들이 9개 지역에서 대거 봉기했다고 기록되어 있는데,[43] 그것은 남부와 서부지방을 중심으로 황해도의 3분의 2에 해당하는 지역에서 봉기했음을 뜻한다. 봉기의 중심지는 5개 접이 봉기한 해주였다.[44] 최유현 휘하의 동

---

39) 위와 같음.

40) 《司法稟報》 1895년 1월30일조.

41) 鈴木彰, "黃海道東學黨征討略記", 《白凡金九全集(3)》, pp. 91~92.

42) 金允植, 《續陰晴史(上)》 高宗 31년 11월9일조, p. 347.

43) 李敦化, 앞의 책, pp. 68~69.

학농민군은 총집결 장소를 포동 부근의 죽천(竹川) 장터로 정하고 각지에 통문을 보냈다. 김창수는 팔봉산 아래 산다고 해서 자신의 접 이름을 '팔봉(八峯)'이라고 지었다. 푸른 비단에 "팔봉도소(八峯都所)" 넉 자를 큼직하게 써서 걸고, "척양척왜"의 기치를 높이 내걸었다.

이처럼 김창수가 봉기를 준비하느라고 동분서주한 때에 집에서 생뚱맞은 일이 벌어졌다. 어느 날 집에 들어가니까 김순영 내외는 술과 떡을 장만하고 아들의 혼인준비를 하고 있었다. 청-일전쟁이 일어나자 나이 찬 아들딸을 둔 집에서는 자식을 혼인시키는 것을 중요한 의무로 알고 혼사를 서둘렀는데, 김순영 내외도 이러한 움직임에 휩쓸린 것이었다. 이때에 김창수는 열아홉 살이었다. 그리고 상대는 어릴 때에 집에 데려오기도 했던 문제의 함지박 장수 김치경(金致景)의 딸이었다. 김창수는 한사코 장가를 들지 않겠다고 말했다. 아들의 단호한 태도에 김순영 내외도 단념하고 김치경에게 아들이 혼인을 절대로 원하지 않는다면서 그의 딸도 다른 집으로 출가시키라고 말했다. 김치경도 무방하게 생각했고, 따라서 김순영과 김치경이 취중에 했던 혼약은 없었던 일이 되었다.[45)]

최유현 휘하의 동학교도 간부들은 회의를 개최했다. 우선 동학 연비 중에서 무기 가진 사람을 모집하여 군대를 편성하기로 했다. 김창수는 산골 출신인데다가 상민이었으므로 그의 상민 연비 가운데에는 산포수가 많았다. 이들 산포수들은 자신들의 총기를 가지고 있었다. 그밖에 인근 부잣집에서 약간의 호신용 무기를 거두어 오기도 하여 부대 편성을 하고 보니까 김창수의 접에는 총가진 군인이 700여명이나 되어서 다른 어느 접보다 우세한 무력을 갖추었다.[46)]

---

44) 金庠基, 《東學과 東學亂》, 大成出版社, 1947, p. 98.

45) 《백범일지》, pp. 89~90.

황해도 농민군은 대체로 두가지 방법으로 무기를 조달했다. 첫째는 탄약고와 화약제련소 등의 무기제작소를 설치하여 자력으로 조달하는 방법이었다. 황해도는 무기제작에 필요한 납과 철 등이 많이 생산되는 지역이어서 일찍부터 광산개발이 성행했다. 그리하여 장연부에 회즙취착소(灰汁取搾所)를 만들어서 화약을 제조했고, 송화(松禾)의 온정(溫井)에는 칼과 창을 만드는 제조소를 설치하여 무기를 만들었다.[47] 다른 하나의 방법은 각 관아의 무기고를 습격하여 무기를 확보하는 것이었다. 당시 일본군이 "관아에 있는 총기 탄약이 적을 방지하는 무기가 아니라 적에게 공급되는 무기가 되었으니, 관아는 적의 무기공급소였다"[48]라고 했을 만큼 농민군의 무기고 습격이 잦았다.

김창수의 산포수 부대는 해주성 공략 농민군의 주력부대가 되었다. 본래 산포수는 관포(官砲)로서 관에 등록되어 그 통제를 받았다. 이들은 평소에는 농업에 종사하다가 유사시에 동원되는 직업적 성격을 띤 지방의 무장조직이었다.[49] 그런데 이들 산포수는 농민군에만 참여한 것이 아니라 농민군 진압을 위한 토벌군의 주력부대로 참여하기도 했다. 말하자면 산포수는 계급의식을 가진 동질적 집단이라기보다는 대가만 받는다면 농민군과 진압군의 어느 쪽에나 참여할 수 있는 용병적 성격을 지닌 집단이었던 것이다.[50]

11월 하순이 되면서 각지에서 따로따로 활동하던 동학농민군이 차츰 해주성 주위로 집결하기 시작했다. 11월20일에 최유현 휘하의 동학농민군 5,000명이 해주성 서문 쪽의 죽천(竹川) 장터에 집결했다.[51] 황해감

46) 《백범일지》, p. 47.

47) 鈴木彰, "黃海道東學黨征討略記", 《白凡金九全集(3)》, pp. 83~84.

48) 위의 글, 같은 책, p. 84.

49) 송찬섭, "황해도지방의 농민전쟁의 전개와 성격", 《동학농민혁명의 지역적 전개와 사회변동》, p. 255.

50) 趙東杰, 《韓國民族主義의 成立과 獨立運動史硏究》, 지식산업사, 1989, p. 30.

51) 鄭顯奭, "甲午海營匪擾顚末", 《東學亂記錄(下)》, p. 734.

사의 수기에는 이때에 집결한 농민군의 지휘자가 최서옥(崔瑞玉)이라고 했는데, 여러 가지 정황으로 미루어 볼 때에 최서옥이란 최유현을 말하는 것이었을 것이다. 같은 날 남문 쪽의 취야(翠野) 장터에도 수천명의 동학농민군이 집결했다.[52] 이들 농민군은 아마 임종현 휘하의 동학농민군이었을 것이다. 사흘 뒤인 11월23일 새벽에는 취야 장터의 농민군이 일본군과 관군의 공격을 받아서 두 시간 동안 격전이 벌어지기도 했다.[53] 황해도 동학농민군이 해주성 공략을 위해서 총집결한 것은 11월 27일이었다. 김창수도 산포수 부대를 이끌고 죽천 장터로 나갔다.

황해도는 동학교단의 영향력이 크게 미치지 못하는 지방이었기 때문에, 동학농민군은 교단과 직접적 연계가 없는 임종현, 원용일(元容日) 등의 세력과 교단의 지시를 받는 최유현, 오응선 등의 세력으로 나누어져 있었다.[54] 그리하여 제 2차 해주성 공략을 위해 집결한 황해도 동학농민군은 하나의 지도체계에 따라 작전을 수행하지 못했다. 이는 최유현 등의 동학농민군 지도부가 해주성 공략의 전략을 수립하는 데 큰 취약점이 되었다.

농민군은 이처럼 죽천 장터와 취야 장터 두 곳을 중심으로 집결했는데, 장곡면 죽천은 신천(信川), 장연 방면에서 해주로 통하는 교통의 요지였고, 취야는 옹진(甕津), 마산(馬山) 방면에서 해주로 들어오는 길과 장연군에서 두곡면을 지나서 해주로 들어오는 큰 길이 서로 만나는 곳에 위치한 황해도 남부 일대의 가장 큰 상업과 교통의 중심지였다.[55] 이날 동학농민군의 해주성 공략 전투상황에 대해서는 《백범일지》와 함께 당시의 황해감사 정현석(鄭顯奭)의 수기인 "갑오해영비요전말(甲午海營匪擾顚末)"과 농민군을 패퇴시킨 일본군 장교 스즈키 아키

52) 위의 책, p. 735.
53) 鈴木彰, "黃海道東學黨征討略記", 《白凡金九全集(3)》, p. 69.
54) 송찬섭, 앞의 글, p. 254.
55) 黃海道誌編纂委員會, 《黃海道誌》, 1970, p. 101.

라(鈴木彰)의 "동학당정토약기(東學黨征討略記)"의 세가지 기록이 있는데, 내용이 일치하지 않는 점이 있다. 《백범일지》에 따르면 전투상황은 다음과 같았다.

최고회의에서는 해주성을 함락하여 탐관오리와 일본인을 다 처단하기로 결정하고 김창수를 선봉으로 결정했다. 김창수가 선봉으로 결정된 것은 나이는 어렸으나 평소에 무학〔武學: 곧 兵法〕에 연구가 있었고, 또 김창수의 접이 산포수로만 구성된 정예였기 때문이었다. 그러나 이러한 결정의 이면에는 지도부가 자기들이 총알받이가 되는 것을 꺼려한 점도 있었다. 김창수는 최고회의의 결정을 수락했다. 그는 말에 올라 '선봉(先鋒)'이라는 사령기를 잡고 해주성으로 전진하는 농민군의 앞장을 섰다. 농민군은 해주성 서문 밖 선녀산(仙女山)에 진을 치고, 총지휘부는 총공격령을 내리면서 선봉인 김창수에게 작전계획을 맡겼다. 김창수는 다음과 같은 작전계획을 제의했다.

"지금 성내에 경군은 아직 도착하지 못했고 오합지졸로 편성된 수성군(守城軍) 200여명과 왜병 7명이 있다. 선발대로 하여금 먼저 남문을 향해 진격하게 하면 선봉 휘하의 부대는 전력을 다하여 서문을 공략한다. 총소〔總所: 총사령부〕에서는 추세를 보아 아군이 취약한 곳을 응원한다."

김창수가 제의한 작전계획은 그대로 채택되었다. 이때에 일본군이 성 위에 올라가서 시험총〔試驗銃: 공포〕 너댓 발을 쏘았다. 남문으로 향하던 선발대가 놀라서 도주하기 시작했다. 일본군은 남문으로 나와서 도주하는 군중에게 총을 연발했다. 김창수는 선두에 서서 전군을 지휘하여 서문에 도착한 다음 공격을 시작했다. 이때에 갑자기 총소에서 퇴각을 명령했고, 선봉대가 퇴각을 위해 머리를 돌리기도 전에 군중은 산과 들로 도망쳤다. 김창수가 도망하는 이유를 묻자 남문 밖에서 서너명이 총에 맞아 죽었기 때문이라고 했다. 이런 상황에서 김창수의 부대도 퇴각하지 않을 수 없었다.56)

그러나 위와 같은 《백범일지》의 서술만으로는 이날의 전투상황을 전체적으로 파악하기가 어렵다. 이 점에 대해서는 다른 두 기록이 참고가 된다. 우선 김창수가 제의한 작전계획이 정보 부족에 따른 중대한 판단 착오였던 것이 이날의 동학농민군의 해주성 공략이 실패한 큰 원인이었다. 김창수는 적의 주력이라고 할 수 있는 일본군이 성 밖으로 빠져나갔다고 생각하고 이때가 적을 공격할 수 있는 최적의 시점이라고 판단했던 것이다. 그러나 황해감사 정현석은 일본군이 빠져나간 틈을 타서 농민군의 총공세가 있을 것을 예상하고 은밀히 일본군을 성안으로 진입시켜 놓고 있었다. 성안에 있던 일반 군졸과 서리도 모르게 신식화기로 무장한 일본군 40명[57] 이 비밀리에 동문을 통하여 성안에 진입해 있었던 것이다. 그리하여 성안의 병력은 일본군 40명, 영포(營砲) 200여명을 주력으로 하고 그밖에 감영에 소속된 각종 하급 서리 등으로 구성되어 있었다. 반면에 이날 해주성 공략에 직접 참가한 동학농민군은 6, 7천명이었다. 그밖에 10리쯤 떨어진 곳에 1만명, 30리쯤 떨어진 취야 장터에 1만 3, 4천명이 집결해 있어서 해주성 공략에 동원된 동학농민군은 무려 3만명에 이르렀다고 한다.[58] 그것은 과장된 숫자일 수 있을 것이나, 전봉준이 공주성 공략을 위하여 동원한 농민군의 병력이 1만여명[59] 이었던 점을 감안하면 해주성 공략에 동원된 농민군이 얼마나 큰 규모였는지 짐작할 수 있다.

일본군 쪽의 기록에 따르면 전투상황은 다음과 같았다. 남문에 접근해 온 동학농민군 300여명은 가까이 있는 솔밭에 숨어서 일본군을 향해

56) 《백범일지》, pp. 47～48.

57) 鄭顯奭, "甲午海營匪擾顚末", 《東學亂記錄(下)》, p. 736. 이때에 해주성에 입성한 일본군의 수에 대해서 鄭顯奭은 60명이었다고 했고, 일본군 지휘 책임자 스즈키는 40명이었다고 했다.

58) 鈴木彰, "黃海道東學黨征討略記", 《白凡金九全集(3)》, p. 75.

59) "全琫準供招", 《東學亂記錄(下)》, p. 531.

사격을 가했다. 그러나 서쪽의 동학군은 사격하지 않았다. 그리하여 스즈키는 서쪽의 동학군에게는 총포가 없는 것으로 판단하고, 40명의 병력을 둘로 나누어 20명은 성안에 남아서 남문 쪽의 동학농민군을 대적하게 하고, 자기는 나머지 20명을 이끌고 성 밖으로 나와서 서문 쪽의 동학군에게 사격을 가했고, 서문 쪽의 동학군은 모두 도망쳤다는 것이었다. 스즈키가 말하는 서문 쪽의 동학군이란 김창수가 소속된 최유현 중심의 농민군부대를 말하는 것일 것이다. 그리하여 일본군은 남문 쪽의 동학군에 대해 앞쪽과 옆쪽에서 사격을 가하여 네 시간에 걸친 격전 끝에 퇴각시켰다. 일본군은 15리쯤 더 추적했으나 농민군의 방향을 잡을 수 없었다. 이날의 접전은 공략이 시작될 때부터 약 다섯 시간에 걸친 대혈전이었다.[60] 그리고 황해감사의 수기에 따르면, 이날의 전투에서 산포수 20명이 사망하고, 15명이 생포되었으며, 관군과 일본군의 인명피해는 한 사람도 없었다.

김창수가 참여한 동학농민군의 제 2차 해주성 공략은 이처럼 무참하게 실패하고 말았다. 패전의 결정적 원인은 화력의 열세였다. 동학농민봉기 당시에 일본군이 사용한 무기는 스나이더(Snider) 소총이었다. 영국제 엔필드(Enfield) 소총을 개량해서 만든 이 소총은 1867년부터 일본군에서 사용되었는데, 최대 사정거리는 1,800미터나 되었다.[61] 그것에 비해 동학농민군이 사용한 화승총의 사정거리는 100보 정도밖에 되지 않았다. 게다가 화승총은 격발과정도 복잡했다. 그리하여 동학농민군은 적을 빤히 쳐다보면서도 쏘지 못했다.[62] 또한 화승총은 장마철이

---

60) 鈴木彰, "黃海道東學黨征討略記", 《白凡金九全集(3)》, pp. 74~75.

61) 朴孟洙, "동학농민전쟁기 일본군의 무기 — 스나이더 소총과 무라타 소총을 중심으로", 《한국근현대사연구》 제 17집, 한울, 2001, pp. 259~260.

62) 황현 지음, 김종익 옮김, 《오하기문》, 역사비평사, 1994, p. 269.

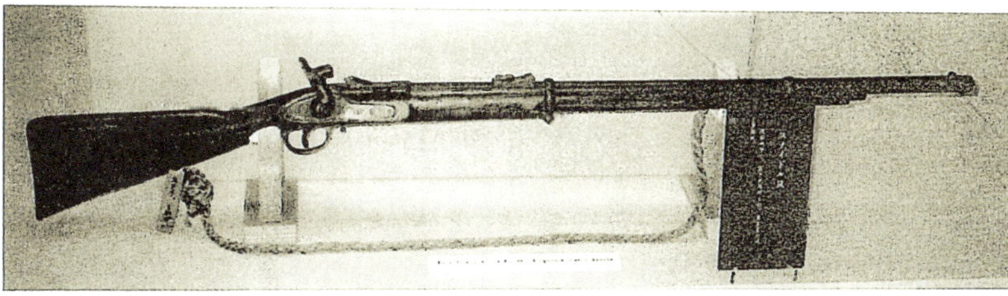

동학농민봉기 때에 일본군이 사용한 스나이더 소총.

나 한겨울 추위에서는 발사할 수 없는 치명적인 약점이 있었는데,[63] 농민군이 해주성을 공략한 것은 11월27일(양력 12월23일)이었으므로 그러한 화승총마저 제대로 작동하지 못했을 것이다.

화력뿐만 아니라 전투력의 열세도 패전의 중요한 원인이었다. 동학농민군은 전투경험이 거의 없었다. 농민군의 주력인 산포수 부대는 해주성 공략을 앞두고 새로 조직된 부대였고, 김창수 역시 총기 사용이나 전투의 경험이 전혀 없었다.

주술의 힘에만 의지하고자 한 동학교도들의 신앙도 문제였다. 1894년 9월부터 7개월 동안 황해도 서북지방에 머물면서 동학교도들의 활동을 목격했던 미국인 여선교사 벙커(Annie E. Bunker)는 이들 동학교도는 "전장에서는 적의 탄환도 물로 변해 버린다"라고 믿고 있었고, 실제로 1월(양력) 어느 날에 이 지방의 수부〔해주를 가리키는 듯〕에서 처음으로 2, 30명밖에 안 되는 일본군과 싸운 수천명의 동학군은 "그들의 동료가 쓰러지는 것을 보자 지도자들에게 주술을 쓰라고 소리쳤다는 말도 들었다"라고 적고 있다.[64] 이는 동학농민군의 제 2차 해주성 공략 때의 이야기일 것으로 여겨진다.

63) 朴成壽, 《獨立運動史硏究》, 創作과批評社, 1980, p. 95.

64) Mrs. Annie E. Bunker, "Seven Months Among the Tong Haks", *The Korean Repository*, June 1895, p. 204.

4. 같은 동학군의 기습받고 부대 괴멸

해주성에서 패퇴한 김창수는 부대를 해주 서쪽으로 80리 떨어진 회학동(回鶴洞)의 곽감역(郭監役) 집에 집결시키기로 하고 선발대를 파견했다. 김창수가 군사를 마지막으로 수습하여 회학동에 도착하자 휘하의 농민군들은 흩어지지 않고 모두 모여 있었다. 감역이란 조선조 중기 이후에 궁궐과 관청의 건축과 보수공사를 위하여 선공감(繕工監)에 두었던 종9품의 관직을 말하는데, 곽감역이 누구이며 김창수와 어떤 관계의 인물이었는지는 알 수 없다.

해주성 패전에 분개한 김창수는 일단 병사들을 정돈하고 잘 훈련된 군대를 만들기로 했다. 그는 동학교도 여부를 가리지 않고 전투경험이 있는 장교 경력자를 초빙하여 군사들에게 총격술, 행군, 체조 등을 교련하기로 했다. 그러던 어느 날 초면의 두 사람이 김창수에게 면회를 요청했다. 그들은 문화 구월산(九月山) 아래 사는 정덕현(鄭德鉉)과 우종서(禹鍾瑞)라고 자신들을 소개했다. 두 사람은 김창수보다 나이가 열 살은 더 많아 보였고, 식견 있는 사람들이었다. 그러나 이들이 무엇을 하던 사람들이었는지는 《백범일지》에도 언급이 없다.

김창수가 찾아온 이유를 묻자 그들은 태연하게 말했다.

"동학군이란 한 놈도 쓸 만한 것이 없는데, 그대가 좀 낫다는 말을 듣고 한번 보고 싶어서 왔네."

그러자 같이 앉아 있던 김창수의 연비들이 버럭 화를 냈다. 동학을 비방하는 자라는 둥 무례한 자라는 둥 하는 온갖 비난이 쏟아졌다. 그러나 김창수는 크게 화를 내면서 연비들을 꾸짖었다.

"손님과 면담하는데 이렇게 무례한 것은 나를 돕는 것이 아니라 멸시하는 것이다."

연비들을 밖으로 내보내고 세 사람만 남자 창수는 예의를 갖추어 말했다.

"선생들이 이렇게 먼 길을 오신 것은 저에게 좋은 계책을 가르쳐 주고자 하심이 아닙니까?"

정덕현이 반문했다.

"내가 설혹 계책을 말하여도 듣고나 말는지, 그대가 실행할 자격이 있는지 의문이네. 요새 동학군 접주라는 자들이 호기충천해서 선비를 무시하는 판인데, 그대도 그런 접주의 한 사람이 아닌가?"

김창수는 더욱 공손한 말투로 말했다.

"제가 다른 접주와 같은지 아닌지는 먼저 가르쳐 주신 뒤에 제가 실천하는 것을 보시고 나서 판단하시는 것이 어떻습니까?"

그제야 정덕현은 흔쾌히 김창수와 악수를 하고 다음과 같은 계책을 말했다.

첫째, 군기정숙(軍紀正肅). 병졸들이 서로 절하거나 경어 쓰는 것을 폐지할 것.

둘째, 민심을 얻을 것. 동학당이 총을 가지고 마을에 다니면서 곡식이나 돈을 빼앗는 강도와 같은 행위를 금지할 것.

셋째, 현자(賢者)를 초빙하는 글을 발포하여 경륜 있는 인사를 많이 얻을 것.

넷째, 전군을 구월산에 모아 훈련을 실시할 것.

다섯째, 재령(載寧)과 신천 두 군에 왜놈이 무역미(貿易米) 수천석을 쌓아두었으니, 그것을 몰수하여 패엽사(貝葉寺)로 옮겨서 양식에 충당할 것.

이 다섯 가지는 김창수 부대를 포함한 동학군의 공통적인 과제였다. 김창수는 매우 기뻐하면서 정덕현의 제의를 받아들였다. 그러고는 당장 전군을 집합시켜서 정덕현은 모주(謀主)이고 우종서는 종사(從事)라고 선언하고, 두 사람에게 경례를 하게 했다.[65)]

---

65) 《백범일지》, pp. 49~50.

구월산으로 부대를 옮길 준비에 분주하던 어느 날 밤에 뜻밖의 손님이 찾아왔다. 신천군 청계동(淸溪洞)의 안태훈(安泰勳) 진사가 보낸 밀사였다. 이때에 파견된 밀사가 안태훈의 장남인 안중근(安重根)이었다는 기록도 있으나,[66] 안중근의 자서전이나 《백범일지》에는 그러한 언급이 없다. 김구는 뒷날 안태훈의 인품에 대해 "문장과 글씨는 물론이요, 지략까지 겸비하여 명성이 해서지방은 물론 경향에 널리 알려져 조정 대관들도 정중히 대접하는 이였다"라고 적고 있으나,[67] 안태훈이 밀사를 보냈던 시점에 김창수가 안태훈에 대해 이렇듯 자세히 알고 있지는 않았을 것이다. 안태훈은 동학군이 봉기하자 청계동 자기 집에 의려소(義旅所)를 설치하고 그의 동생과 아들들로 하여금 병사를 담당하게 하면서 격문을 돌려 산포수 70여명과 장정 100여명을 모아 부대를 조직했다.[68] 이때에 안태훈이 모집한 산포수의 규모에 대해서는 기록에 따라 차이가 있다. 《백범일지》는 300여명이었다고 했고,[69] 《안중근혈투기(安重根血鬪記)》에는 산포수 80여명과 일반장정 400여명이었다고 했다.[70] 안태훈은 서울의 한 대신의 주선으로 황해감사와 긴밀히 연락하면서 동학농민군 토벌에 나서서 신천지방의 농민군 토벌에 큰 성과를 거두었고, 11월에는 원용일 부대 2,000여명을 대파하기도 했다.[71] 그리하여 황해도 동학농민군은 안태훈 부대를 두려워하고 있었다.

또 동학농민군이 해주성을 공략했을 때에 감사의 요청으로 안태훈이 지원군을 보냈다는 이야기도 있으나,[72] 확실하지 않다. 그런데 천봉산

66) 李全, 《安重根血鬪記》, 延泉中學校期成會, 1949, p. 24.

67) 《백범일지》, p. 50.

68) 鄭顯奭, "甲午海營匪擾顚末", 《東學亂記錄(下)》, p. 734.

69) 《백범일지》, p. 50.

70) 李全, 앞의 책, pp. 18~19.

71) 《안응칠역사》, 신용하 엮음, 《안중근 유고집》, 역민사, 1995, pp. 27~29 ; 李全, 앞의 책, pp. 18~23.

72) 李全, 앞의 책, pp. 18~20.

(天峰山) 너머 청계동은 김창수 부대가 머물고 있는 회학동과는 20리밖에 떨어져 있지 않았다. 따라서 김창수도 항상 청계동 쪽을 경계하고 있던 참이었다.

밀사는 정덕현이 만났다. 정덕현은 밀사를 만나보고 나서 다음과 같이 보고했다. 안태훈은 비밀리에 김창수를 조사해 본 뒤에 "군이 젊고 대담한 인품을 지닌 것을 사랑하여 토벌하지 않을 터이나, 군이 만일 청계를 침범하다가 패멸하면 인재가 아깝다"라는 후의에서 밀사를 보냈다는 것이었다.[73]

안태훈이 밀사를 보낸 것은 서로 있을 수 있는 피해를 사전에 막고자 하는 의도가 있었을 것이다. 동학군 중에서 규율과 훈련이 비교적 잘된 김창수 부대와 바로 가까이 대치하고 있는 것은 안태훈으로서도 은근히 불안한 일이었을 것이기 때문이다. 물론 안태훈은 일본 토벌군의 면담 요청을 거절했을 만큼[74] 의기가 강한 인물이었기 때문에, 김창수에 대해 특별한 관심이 있었다는 말도 거짓이 아니었을 것이다. 그런데 뒤이어 안태훈이 김창수에게 피신처를 제공해 주기까지 하는 점으로 미루어 보면, 그의 행동은 신임 감사로 부임한 조희일(趙熙一)의 동학군 설유책(說諭策)과 관련이 없지 않아 보인다. 11월30일에 해주에 도착한 조희일은 일본군의 혹독한 농민군 진압책에 반대하고 적극적인 설유책을 폈다.[75] 그는 평산부사(平山府使)가 자신의 지시를 어기고 동학군을 토벌하는 데 주력한다는 이유로 파면하기도 했다.[76] 조희일의 설유책은 효과를 발휘했다. 김창수를 동학에 입도시킨 오응선과 최유현 등이

73) 《백범일지》, p. 51.

74) 鈴木彰, "黃海道東學黨征討略記", 《白凡金九全集(3)》, p. 85.

75) 정은경, "황해도-강원도지역의 농민전쟁", 《1894년 농민전쟁 연구(4)》, 역사비평사, 1995, pp. 416~417.

76) "黃海道 東學徒討伐狀況과 平山府使 留任件", 《駐韓日本公使館記錄(3)》, 國史編纂委員會, pp. 251~252, pp. 616~617.

소장(訴狀)에서 신임 감사의 설득에 감화되어 지난날의 잘못을 뉘우치고 영구히 양민으로 돌아가겠다고 한 것이나,[77] 임종현이 장두(狀頭)로 몰린 소장에서 조희일의 설유에 응하고 자신들이 지닌 무기를 수영(水營)에 반납하겠다고 한 것[78] 등은 그 대표적인 사례였다.

이러한 상황에서 안태훈이 밀사를 파견했기 때문에 김창수는 이 문제를 신중히 검토하지 않을 수 없었다. 참모회의를 소집한 결과 안태훈의 제안을 받아들이기로 하고, 다음과 같은 밀약을 체결했다.

"나를 치지 않으면 나도 치지 않는다. 양쪽 중에 어느 한쪽이 불행에 빠지면 서로 돕는다."[79]

동학농민군과 토벌군이 이러한 밀약을 체결했다는 것은 매우 의아스러운 일일 수 있다. 이 밀약대로라면 만일에 동학농민군이 함께 청계동을 공략하는 경우에는 김창수는 같은 동학농민군과 싸워야 했기 때문이다. 그러나 실제로 그러한 사태가 벌어질 가능성은 희박했으므로, 이 밀약은 김창수가 관군이나 일본군 등 다른 토벌군에 의하여 위험한 처지에 빠질 경우에 안태훈이 감영 등에 작용하여 김창수를 구원하겠다는 약속의 성격이 더 강한 것이었다.

패엽사로 부대를 이동한 김창수는 절 입구에 초소를 지어 군사들의 산 밖 출입을 엄금했다. 그는 장기전에 대비하여 군량미 확보에 나섰다. 먼저 문화군의 동산평(東山坪)에 일본인이 쌓아 둔 쌀을 패엽사로 옮겼다. 쌀을 몰수해 놓고 산 아랫마을에 쌀 한 섬을 져오면 서 말을 준

---

77) "三谷儒生等單子", "黃海道東學黨征討略記", 《白凡金九全集(3)》, pp. 108~110.

78) "道內各邑儒生等單子", 鈴木彰, "黃海道東學党征討略記", 《白凡金九全集(3)》, pp. 106~107.

79) 《백범일지》, pp. 50~51.

김구가 남은 동학군부대를 이끌고 피신했던 구월산 패엽사.

다고 고지하자 그 많은 쌀을 하루 만에 모두 옮길 수 있었다. 그리하여 40석은 운반 경비로 쓰고 나머지 110석을 패엽사로 옮겼다.[80] 《백범일지》에는 이때에 몰수한 군량미가 백미 1,000여석이라고 했으나[81] 이는 착오이다.

김창수는 군율을 강화하여 동학군으로서 민가에 피해를 주는 무리를 엄격하게 다스렸다. 각 마을마다 "동학을 빙자하여 돈을 강제로 빼앗거나 행패를 부리는 무리가 있으면 즉각 보고하라"고 고지하고, 이 훈령에 따라 고발되면 체포하여 무기를 가진 자는 무기를 빼앗고 곤장과 태장을 가했다. 그러자 이내 사방이 평안해지고 민심이 안정되었다.

구월산에서 김창수가 가장 역점을 두고 시행한 것은 사격훈련 등의

---

80) "建陽元年 6月27日, 海州 白雲面居 金昌洙 年二十一 供案", 《白凡金九全集(3)》, pp. 218~219 ; 《백범일지》, p. 51.

81) 《백범일지》, p. 51.

군사조련과 널리 인재를 구하는 일이었다. 김창수는 현인을 초빙한다는 글을 포고하고 또 구월산 주위에 평판 있는 인사를 조사하여 혼자 직접 걸어서 찾아가기도 했다. 그리하여 신천군 월정동(月精洞)의 송종호(宋宗鎬)를 모셔와서 자문을 받기도 하고, 풍천군(豊川郡)의 허곤(許坤)이라는 명사가 찾아와서 합류하기도 했다. 송종호는 초시(初試)에 급제한 사람으로서 일찍이 상해(上海) 등지를 다녀와서 해외 사정에도 밝았고 사람 됨됨이가 걸출하여 영웅의 기풍이 있었다.[82] 허곤은 문필이 뛰어나고 사무에 밝은 사람이었다. 이들 세 사람은 이때에 맺은 인연으로 뒷날 김구가 장련지방을 중심으로 교육계몽운동을 펼칠 때에 동지로서 재결합하게 된다. 특히 우종서는 김구를 기독교에 입교시키는 사람이라는 점에서, 이때의 이들의 만남은 김구에게 매우 중요한 의의를 지닌 것이었다. 패엽사에는 도승(道僧)으로 이름난 주지 하은당(荷隱堂)과 그 제자 등 수백명의 남녀 승도가 있었다. 김창수는 이따금 하은당으로부터 설법을 들었다.

구월산 주변에 진을 친 부대는 김창수 부대 말고도 여러 부대가 있었다. 개중에는 이동엽(李東燁)이라는 접주가 이끄는 부대가 힘을 떨치고 있었다. 이동엽은 앞서 해주성을 점령했던 임종현으로부터 문화 군수에 임명되기도 한 인물이었다. 같은 동학군이면서도 김창수 부대와 이동엽 부대는 알력이 심했다. 이동엽 부대의 군사들이 패엽사 인근 마을을 노략질하다가 김창수 부대원에게 잡혀서 총기를 빼앗기고 벌을 받은 뒤에 풀려나기도 했다. 그런데 김창수의 부하 가운데 마을로 내려가서 재물을 약탈하다가 발각되어 엄한 형벌을 받고는 도망쳐서 이동엽의 부하가 되거나 아예 노략질을 하고 싶어서 밤중에 이동엽의 부대로 도망하는 자들이 생겨났다. 이렇게 되자 김창수 부대는 점점 세력이 약해졌다.

이 무렵에 김창수의 신상에 중대한 변화가 생겼다. 그것은 최고회의

82) 《백범일지》, p. 51; 安岳郡民會, 《安岳郡誌》, 1976, p. 156.

에서 김창수의 동학접주의 직임을 해임시키기로 결정한 것이었다. 그런데 이러한 중요한 사실에 대해《백범일지》에 구체적인 설명이 없는 것은 적이 의아스럽다. 이때의 최고회의가 무엇을 지칭하는지도 분명하지 않다. 아마도 패엽사 주변에 진을 친 농민군 부대 지휘자들의 협의회 같은 것이었을 것으로 짐작된다. 이 무렵의 상황을 김구는 다음과 같이 적고 있다.

> 패엽사에서 우리는 간간이 최고회의를 열어 장래방침을 의논하였다. 당시 경군과 왜병이 해주성을 점거하고 수위에 흩어진 동학교도를 소탕하고 점차 서쪽으로 옹진, 강령(康翎) 등을 평정하고 이제 학령(鶴嶺)으로 넘어온다고 한다.83)

뒷날 김구는 이때에 김창수의 접주직임을 해임시키기로 한 최고회의의 조치가 "나에게서 병권을 박탈하자는 야심이 아니요, 나로 하여금 몸을 보전하게 하려는 방책이었다"라고 적고 있는데, 그러한 조치가 어떻게 자신의 몸을 보전하게 하는 방책이 되는 것인지에 대해서도 설명이 없다. 아무튼 그렇게 해서 허곤을 평양에 파견하여 장호민(張好民)의 소개로 황주병사(黃州兵使)의 양해를 얻은 다음 패엽사에 있는 부대를 허곤에게 인계한다는 것이었다.84)

'병사'란 지방 관군의 병권을 관장하는 병마절도사(兵馬節度使)를 가리키는 말이다. 황해도에는 병마절도사가 둘이 있었는데, 하나는 감사가 겸임하고 하나는 황주진(黃州鎭)에 두고 있었다.85) 그런데 평양에 있던 장호민이 누구이며 그의 소개로 황주병사의 양해를 얻어서 부대를 허곤에게 인계한다는 말이 무엇을 뜻하는 것인지는 명확하지 않다. 최유현, 임종현 등 황해도 동학농민군 지도부가 감사의 설유책에 순응하

---

83) 《백범일지》, p. 52.

84) 《백범일지》, pp. 52~53.

85) 《한국민족문화대백과사전(26)》, "편람편", 한국정신문화연구원, 1991, p. 98.

체포되어 압송되어 가는 동학농민군 대장 전봉준(왼쪽에서 세번째).

겠다는 소장을 보낸 것도 이 무렵이었던 것 같다. 김창수 부대의 경우도 그러한 상황과 관련이 있는 것이 아니었나 생각된다. 어떻든 이 결정에 따라 허곤은 송종호의 편지를 지니고 평양으로 출발했다.

치열했던 남부지방의 동학농민군의 활동은 12월2일에 최고 지도자였던 전봉준과 김개남이 체포됨으로써 막을 내렸다. 해주성 공략 이후로도 토벌군과 산발적인 전투를 계속하던 황해도지방의 동학농민군도 12월 중순을 넘기면서 세력이 급격히 약화되었다. 관군과 일본군은 해주성을 거점으로 하여 주위의 동학농민군을 소탕해 나갔다. 그러한 상황에서 김창수 부대는 어처구니없게도 토벌군이 아니라 같은 동학군인 이동엽 부대의 기습을 받아 괴멸되고 말았다.

매서운 추위가 몰아치는 12월이었다. 김창수는 신열과 두통이 심하여 며칠 동안 꼼짝 못하고 방에 누워 있었다. 하은당이 문병와서 살펴보고 말했다.

"홍역도 치르지 못한 대장이로구려."

하은당은 화포영장(火砲領將) 이용선(李龍善)에게 김창수의 방에 사람들이 일절 출입하지 못하게 하고는 자신이 직접 치료를 전담하고 홍역에 경험이 있는 나이 든 여승으로 하여금 간병하게 했다. 그런데 김구는 서너 살 때에 이미 홍역을 앓았으므로 이때의 병은 홍역 비슷한 다른 병이었던 것 같다.

그런 어느 날이었다. 이동엽이 전부대를 이끌고 습격해 온다는 급보가 날아들었다. 보고가 끝나자마자 이동엽의 군사들이 총을 쏘고 칼을 휘두르며 절 안으로 들이닥쳤다. 순식간에 절 안은 양쪽 군사들의 육박전으로 소란해졌다. 수적으로 열세인 김창수 부대는 제대로 싸워 보지도 못하고 뿔뿔이 흩어지고 말았다. 이 무렵 임종현은 문화 달천(達川)에 머물고 있었는데,[86] 이동엽 부대는 임종현의 휘하에 있었으므로 김창수 부대보다 훨씬 유리한 위치에 있었을 것으로 짐작된다.

이동엽이 호령했다.

"김 접주에게 손대는 자는 사형에 처한다."

이러한 이동엽의 호령에 대해 김구는 "그것은 이동엽이 나를 미워하지 않아서 그런 것이 아니라 나를 박해하면 뒷날 큰 화를 입을까 두려워했기 때문이다"라고 적고 있다.[87] 왜냐하면 김창수 자신은 최시형으로부터 직접 접주 첩지를 받은 동학의 정통인 반면에 이동엽은 임시방편으로 임종현으로부터 접주 첩지를 받은, 말하자면 '2세 접주'였기 때문이라는 것이었다.

김창수 부대를 세입힌 이동엽은 화포영장 이용선만을 사형에 처하라

86) "黃海道 東學黨情況에 관한 報告", 《駐韓日本公使館記錄(3)》, p. 258, p. 622.
87) 《백범일지》, p. 53.

고 했다. 격분한 김창수는 자리를 박차고 나가서 큰 소리로 외쳤다.

"이용선은 나의 지휘명령에 따라 행동한 것뿐이다. 이용선이 죽을 죄가 있다면 그것은 곧 나의 죄이니 나를 총살하라!"

그러나 김창수의 노호는 아무 소용이 없었다. 이동엽은 부하에게 김창수의 손발을 꽉 붙들고 움직이지 못하게 하고는 이용선만 끌고 나갔다. 잠시 뒤에 마을 어귀에서 총소리가 났고, 뒤이어 이동엽 부대는 퇴각했다. 김창수는 황급히 마을 어귀로 달려갔다. 이용선은 죽고, 그가 입었던 옷은 불에 타고 있었다. 김창수는 이용선의 머리를 부둥켜안고 통곡했다. 한참 울다가 자기 저고리를 벗어서 이용선의 머리를 감싸주었다. 그 저고리는 김창수가 동학접주가 되어 지도자 노릇을 한다고 하여 곽씨 부인이 지어 보낸 생전 처음 입어 보는 명주저고리였다. 김창수는 마을사람들을 시켜서 이용선의 시신을 거두어 정성껏 묻게 했다. 그가 눈 속에서 벌거벗은 몸으로 통곡하는 모습을 보다 못한 마을사람들이 옷을 가져다주었다. 이용선은 함경도 정평(定平) 사람으로서 장사하러 황해도에 와서 살고 있었다. 그는 사냥하는 총술이 있고 무식한 대로 사람을 다스리는 재주가 있어서 김창수는 그를 화포영장에 임명했었다.[88]

이동엽 부대는 퇴각하면서 김창수 부대가 비축해 둔 군량미를 전부 가지고 가버렸다. 동학농민군이 가장 중요하게 여긴 것은 군량미 확보였다. 그들은 군량미를 조달하기 위하여 정부와 부잣집 곡식을 탈취하거나 반강제적으로 헌납받았다. 김창수도 군량미 조달을 위해서 여러 가지 방법을 썼다. 구월산으로 부대를 옮길 때에 일본인이 동산평에 쌓아 둔 다량의 쌀을 빼앗은 것은 앞에서 본 대로이다. 그밖에도 그는 해주 검단방(檢丹坊)의 박홍석(朴泓錫)이 쌓아 둔 벼 200석을 빼앗아 송화 접주 방원중(方元仲)과 나눈 적이 있고, 석담의 이 참판 집에서는 돈

88) 《백범일지》, pp. 53~54.

250냥을 빼앗기도 했다.[89] 그러므로 김창수 부대는 군량미를 비교적 넉넉히 확보해 둔 상태였을 것이다. 뒷날 김창수는 동산평에서 옮겨 온 쌀 110석 모두를 이동엽에게 빼앗겼다고 진술했다.[90]

그런데 이동엽 부대의 기습은 단순히 김창수 부대와 이동엽 부대의 알력 때문에 감행된 것이 아니라, 그러한 알력까지 포함하여, 앞에서 본 이른바 최고회의의 결정, 곧 김창수의 동학 접주직임을 해임하는 조치와 관련이 있지 않았는지 생각해 볼 만하다. 김창수가 관군이나 일본군에 적극적으로 대항하기보다는 오히려 토벌군인 안태훈과 모호한 관계를 갖는 점 등이 최고회의에서 문제가 되었을 수 있고,[91] 이동엽 부대는 그러한 최고회의 쪽과 연계되어 있었는지 모른다.

이동엽 부대의 습격을 받은 김창수는 그날 밤으로 부산동(缶山洞)의 정덕현 집으로 피신했다. 정덕현에게 그동안의 사정을 상세히 설명하고 복수할 결의를 말했다. 그러나 정덕현은 만류했다.

"이용선의 죽음은 불행한 일이오. 그러나 형은 더 큰 일을 해야 할 장부이외다. 울분을 참으시오. 며칠 동안 홍역을 치료한 뒤에 나와 함께 풍진을 피하여 유람이나 떠납시다."

"아니오. 이용선의 복수를 해야 합니다."

"복수는 의리상 당연한 일이지요. 그러나 그럴 필요가 없어요. 경군과 일본군이 여태 구월산을 공격하지 못한 것은 산 밖 이동엽 부대의 세력이 크고 또한 패엽사의 우리 부대도 험한 산세에 의거한데다 비교적 정예부대라고 듣고 있었기 때문이오. 이제 두 부대의 싸움 소식을 들은 경군과 일본군은 곧바로 이동엽 부대를 섬멸하고 패엽사를 점령할 것이

89) "建陽元年 6月27日, 海州 白雲面居 金昌洙 年二十一 供案",《白凡金九全集(3)》, pp. 226~227.

90) 위와 같음.

91) 梁潤模,《김구의 『백범일지』와 민족주의사상 연구》, 仁荷大學校 博士學位論文, 2001, pp. 82~83.

오. 그러니 복수를 말할 여지가 없어요."

정덕현의 판단은 옳았다. 김창수는 정덕현의 집에서 며칠 동안 요양하다가 장연군 몽금포(夢今浦) 부근의 마을로 피신했다.[92] 그가 몽금포에 피신해 있는 동안에도 황해도 동학농민군의 활동은 계속되었다. 이처럼 해를 넘겨서도 황해도지역 농민군의 활동이 수그러들지 않자 조정에서는 대대적인 토벌에 나섰다. 3월에는 강화도의 군사가 파견되어 이미 파견된 일본군과 연합해서 농민군을 토벌했다. 그리하여 농민군 세력은 크게 약화되었다.

김창수는 이동엽이 잡혀가서 사형을 당했다는 소식을 들었다. 또한 각 군의 동학농민군도 저항 끝에 거의 패퇴했다는 소식도 들었다. 이런 소식을 들으면서 김창수는 몽금포에서 석 달 동안 은거하고 있었다. 나는 새도 출입하기 어려운 마을이라는 몽금포 부근의 작은 마을에서 동학농민군의 잇따른 패전 소식을 들으면서 그 역시 패퇴한 '애기접주' 김창수의 심경이 어떠했을지는 상상하기에 어렵지 않다. 새로운 흥분과 희망으로 동학에 입도한 지 이태 만에 느낀 것은 또 하나의 커다란 좌절감이었다. 그 좌절감이 과거에 낙방했을 때나 관상책을 읽고 나서 느꼈던 것보다 훨씬 더 심각했던 것은 뒤이어 청계동에 머물 때의 자신의 심경이 다음과 같은 것이었다고 한 《백범일지》의 솔직한 술회로도 짐작할 수 있다.

> 먼저 과거장에서 비관적인 생각을 품었다가 희망을 관상서 공부로 옮겼고, 나 자신의 관상이 너무도 못생긴 것을 슬퍼하다가 마음 좋은 사람이 되리라는 결심을 했다. 그러나 마음 좋은 사람이 되는 방법 또한 묘연하던 차에 동학당의 수양을 받아 신국가 신국민을 꿈꾸었으나, 이제 와서 보면 그도 역시 바람 잡듯 헛된 일이었다.[93]

---

92) 《백범일지》, p. 54.

이러한 감회는 동학의 교의에 대한 실망보다도 왕조의 교체와 평등사회의 도래, 그리고 그에 따른 새로운 신분 상승의 기대가 무산된 데 대한 좌절감에서 우러나오는 것이었다. 이때의 일 이후로는 《백범일지》에 동학에 대한 언급이 일절 없다.

그러나 동학과 동학농민봉기가 "바람 잡듯 헛된 일"이 아니었음은 그 뒤의 이 나라 역사가 웅변으로 말해 준다. 다만 김구의 이러한 처연한 술회는 그 뒤의 사회활동과 관련된 그의 가치관을 살펴보는 데 중요한 참고가 된다. 그것은 그토록 치열한 전투경험에도 불구하고 동학의 교의가 그의 가치관으로서 뿌리를 내린 것은 아니었음을 뜻하는 것이다. 팔봉도소에 높이 내걸었던 '척양척왜'의 창의(倡義) 구호는 청계동에서 만난 유학자 고능선(高能善)의 훈도를 통하여 위정척사사상(衛正斥邪思想)으로 내면화되었다가 그 뒤에 김구가 개화파(開化派)가 되면서 자기부정된다. 그러나 그 '척왜'의 정서는 그러한 사상적 전환이 있고 난 뒤에도 교육계몽운동과 감옥생활과 오랜 독립운동 기간을 통하여 김구로 하여금 한국의 저항적 민족주의의 표상이 되는 원동력이 되었다.

김창수는 1895년 2월에 정덕현과 함께 몽금포를 떠나서 텃골 집으로 돌아왔다. 청-일전쟁은 끝나고, 동학농민군의 봉기도 진압되었다. 그러나 아직도 위험이 완전히 사라진 것은 아니었다. 일본군이 죽천 장터에 진을 치고 농민군을 수색하고 있었다. 김순영 내외는 매우 불안해하면서 아들에게 차라리 멀리 떠나 피신하기를 권했다. 그러나 패전의 장수가 찾아갈 곳은 어디에도 없었다. 정덕현은 궁여지책으로 청계동 안태훈을 찾아가 보자고 했다. 김창수는 주저했다. 안태훈이 받아들인다고 하더라도 패전의 장수로서 포로 같은 대우를 받는다면 평생 후회될 것이었다. 정덕현은 그러나 "안 진사가 밀사를 파견한 진의는 군사적인 원조나 계략이라기보다는 나이 어린 형의 담대한 기개를 아낀 것이니

93) 《백범일지》, p. 61.

염려 말고 같이 갑시다" 하고 김창수를 설득했다. 달리 뾰족한 방도가 있는 것도 아니었다. 김창수는 청계동을 찾아가기로 결심했다.[94]

왕실과 조정에 대하여 강한 불만과 저항감을 느끼면서도 과거 말고는 달리 진로를 찾지 못한 채 계속 서당에 나가면서 고뇌하던 궁색한 젊은 유생 이승만이 동학과 동학농민봉기에 대하여 어떻게 인식하고 있었는지는 우리의 중요한 관심사가 아닐 수 없다. 이승만 자신의 자서전 초록이나 전기들에는 이때의 일과 관련하여 언급한 것이 없다. 이승만은 동학농민봉기가 전국을 휩쓴 바로 그해 늦가을부터 신학문을 배워 개화운동의 급진과격파로 활동하게 되는데, 이때의 이승만은 동학운동에 대하여 매우 부정적으로 평가했다. 그는 뒤에 옥중에서 쓴 《청일전기》에서 동학농민군의 봉기가 탐관오리들의 핍박 때문에 불가피한 것이었다는 점을 인정하면서도 다음과 같이 비판했다.

> 만일 격분하여 일어날진대 법을 범치 말며 경계(經界)를 잃지 말고 옳은 도리로 조용히 조처하려 할진대 정부에서 부득불 전국 민심을 따라 준행하여 주었을지니 전국에 큰 이익이 되었을 것이어늘, 이름을 동학이라 하고 어리석게 《정감록》에 무슨 말이 있다, 혹 무슨 신장(神將)을 부린다 하여 천하고 무식한 말을 믿고 도처에 소요하여 필경 난민이 되고 말았으니, 이는 다만 내 나라에만 득죄(得罪)함이 아니라 세상에 큰 죄인들이 됨이라. 기왕 일은 다 어두워서 모르고 그러하였거니와 한 번 경험한 후에는 저마다 짐작할 만하거늘, 들으니 지금도 어리석은 백성들이 종시 요사한 말을 믿고 작당하여 기도를 한다 하며 부적을 써서 민심을 현혹케 하는 자가 있다 하니, 저희 어리석은 것은 이루 말할 수 없거니와 나라를

94) 《백범일지》, pp. 54~55.

위하여 대단 위태히 여기노라.[95]

그리고 옥중에서 쓴 또 다른 글에서도 "한국의 동비〔東匪: 농학낭〕나 청나라의 의화단(義和團)은 모두 서양을 배척하고 옛날로 돌아가자는 구호를 내세워 의거라고 표방하며 천하에 웃음거리를 남기고 스스로 패망을 자초하였다"[96] 라고 혹평했다. 동학과 동학농민봉기에 대한 이러한 평가는 이승만뿐만 아니라 그 당시의 개화파 지식인들의 공통된 견해였다.

---

95) 《청일전기》, 《雩南李承晩文書 東文篇(二) 李承晩著作 2》, 延世大學校 現代韓國學硏究所, 1998, p. 245.

96) "新譯戰記附錄", 《雩南李承晩文書 東文篇(二) 李承晩著作 2》, p. 46.

"배재학당에 가서 화학을 배우라고 말했다"

1. 과거제도 폐지와 배재학당

1894년(고종 31) 7월부터 1896년 2월까지 세 차례에 걸쳐서 추진된 갑오개혁은, 비록 일본 세력이 배후에서 작용한 것이기는 했으나, 한국 근대화의 획기적인 제도개혁이었다. 그리고 그것은 실학(實學)에서부터 갑신정변과 동학농민봉기에 이르는 조선시대 후기의 여러 가지 개혁운동들이 표방한 내용을 반영한 것이기도 했다.

먼저 정치적으로는 연호를 '개국기원(開國紀元)'을 사용함으로써 청(淸)과의 종속관계에서 벗어났음을 천명했다. 그리고 의정부(議政府)와 궁내부(宮內府)를 분리하고 종래에 명확한 구별이 없었던 재정을 분리시켰다. 중앙과 지방의 관제를 개혁하고, 사법권은 행정기구에서 분리하여 독립시켰다. 관제개혁과 관련하여 중요한 조치는 과거제도를 폐지한 것이었다. 경제면에서는 재정을 일원화하고, 은(銀)본위제를 채택했으며, 조세도 종전의 물납제(物納制)를 금납제(金納制)로 바꾸고, 도량형을 통일시켰다. 사회면에서는 더욱 획기적인 개혁이 이루어졌다. 문벌(門閥)과 반상(班常)의 구별을 없애고 노비제도를 폐지했다. 조혼을 금지하는 한편 과부의 재가(再嫁)를 허용했다. 인신매매를 금지하고, 형벌에서 연좌제(緣坐制)를 폐지했다.

이듬해 1월에 선포된 「홍범14조(洪範十四條)」는 갑오개혁의 내용을 총괄한 기본 강령이었는데, 이는 "우리나라 최초의 근대적 성질을 띤 헌법(憲法)"으로 평가되기도 한다.[1] 그러나 청-일전쟁에서 승리한 일본이 갑오개혁을 계기로 조선에 대한 내정간섭을 더욱 강화함에 따라, 갑오개혁은 그 역사적 당위성에도 불구하고 국민들의 반발에 부딪혀 좌절되고 말았다.[2]

갑오개혁의 제도개혁 가운데에서 양반 선비사회에 가장 큰 충격을 준 것은 과거제도의 폐지였다. 타락할 대로 타락하여 본래의 기능을 완전히 상실한 상황이었음에도 불구하고 전국 유생(儒生)들의 과거에 대한 집착은 줄어들지 않았고, 그것이 갑오개혁 전체에 대한 반발로 이어졌다. 이경선(李敬善)의 다음과 같은 반응은 그 전형적인 보기였다. 과거를 통한 아들의 입신출세 길이 영영 막혀버린 사실에 대해 울분을 참지 못한 이경선은 손바닥으로 방바닥을 치고 책상을 치고 또 자기 무릎을 치면서 이렇게 말했다고 한다.

"흥, 미친놈들! 조상이 천년을 하루같이 지켜오던 성현의 길을 폐지하고, 그러고도 그놈들이 벌을 받지 않을까. 인재를 골라서 쓰지 않는다면 어느 개새끼라도 마구 갖다 쓸 작정인가. 무렴(無廉)한 왜놈들. 무렴한 개화당놈들. 그놈들 때문에 인제 나라는 망하고 마느니라. 두고 보아라!"[3]

이승만 자신의 절망감도 마찬가지였을 것이다. 이때의 일을 그는 자서전 초록에서 다음과 같이 적었다.

1894년에 일어난 청-일전쟁은 우리나라로 하여금 동양세계는 현대

---

1) 兪鎭午, 《新稿 憲法解義》, 一潮閣, 1952, p. 11.

2) 김영작, 《한말내셔널리즘연구 — 사상과 현실》, 청계연구소, 1989, pp. 244~333, 柳永益, 《甲午更張研究》, 一潮閣, 1990, 한국정치외교사학회 편, 《한국근대정치사의 쟁점》, 집문당, 1995, pp. 71~204, 왕현종, 《한국근대국가의 형성과 갑오개혁》, 역사비평사, 2003 참조.

3) 徐廷柱, 《李承晚博士傳》, 三八社, 1949, pp. 108~109.

문명의 광범위한 영향을 무시할 수 없다는 것을 일깨워 주었다. 전쟁이 끝난 직후에 낡아빠지고 많이 악용되어 오던 과거제도가 폐지되었는데, 이 조치는 전국 방방곡곡에 묻혀 있던 야망적인 청년들의 가장 신성한 꿈을 산산이 부수는 조치였다.[4]

아버지의 말을 묵묵히 듣고 있던 이승만은 마지못해 한마디 대꾸했다.

"새로 된 시험제도라는 것이 있기는 한 모양입니다만…."

과거시험 대신에 새로 마련된 시험제도는 다음과 같은 것이었다. 일반 하급관리 채용을 위해서 보통시험과 특별시험의 두가지를 두어 전자는 국문, 한문, 사자〔寫字: 글씨 베껴 쓰기〕, 산술, 국내 정략, 외국 사정, 발책〔發策: 논문〕 등의 과목을 시험하고, 후자는 특별한 기술 소유자를 추천하여 시험하는 것이었다. 그리고 고급관리 임용은 현임 고급관리의 협의 공천으로 후보자 세명을 국왕에게 천거하여 그 가운데에서 국왕이 택일하는 칙임관(勅任官)과 대신이 선발하여 도찰원(都察院)의 평의를 거쳐 국왕의 재가를 받는 주임관(奏任官) 제도를 두었다.[5]

새 시험제도라는 말에 이경선의 목소리는 한층 더 날카로워졌다.

"뭐? 새 시험제도라고? 그래 그깐 놈들에게 붙어서 개화당이 돼? 어림도 없는 소리다. 선비는 죽어도 궁색해선 안 되느니라. 백이(伯夷) 숙제(叔齊) 같이 산채를 씹다가 죽을지언정 어찌 그까짓 왜놈배들에게 부동한단 말이냐. 꿈에라도 너는 그따위 시험제도 같은 건 생각지도 말고, 이 난세에 성명(性命)을 보존할 생각을 해라. 고르지 못한 때에 묻혀서 사는 것은 예로부터 있던 길이다."

---

4) "청년이승만자서전", 이정식 지음, 권기붕 옮김, 《초대대통령 이승만의 청년시절》, 2002, 동아일보사, pp. 270~271.

5) 鄭求先, "甲午改革期 官吏任用制度改革에 관한 一考察 : 科擧制廢止 및 薦擧制受容을 중심으로", 《慶州史學》 제 12집, 慶州史學會, 1993, pp. 57~82.

이런 대화 끝에 이경선은 자리에 눕더니 갑자기 목이 멘 듯한 말투로 이렇게 말했다고 한다.

"내 스스로 과거 길에 실패하고 가산을 탕진한 뒤에 만득(晩得)으로 너 하나를 얻어서 네게나 어떻게 입신의 길이 열리는 걸 보려 했더니, 이젠 그것도 다 틀리고 딴 세상이 되고 말았구나. 그러니 이제 내게 무슨 보람이 있겠느냐. 어떻게 살든 이제는 벌써 구차한 목숨들이 되었다. 내일 나는 황해도 너의 누이 집에나 다녀올까 한다. 언제 돌아올지는 모르지만 딴 생각하지 말고 식구들의 연명책이나 생각해 보아라."[6]

이렇게 하여 이승만에게는 가난하고 암담한 나날이 더해 갈 뿐이었다. 일가친척들도 이 출세의 길을 잃은 젊은 선비의 가족을 돌보아 주는 이가 없게 되어, 여섯 식구는 죽도 거르는 날이 많아졌다. 이때에 이승만에게는 세 살배기 아들 태산(泰山: 일명 鳳秀)이 있었다. 그 어린 7대 독자를 굶기는 것은 이경선 내외나 이승만 내외나 자신들의 허기를 견디기보다 더 큰 고통이었을 것이다.

과거제도의 폐지는 그러나 아이러니컬하게도 과거에 집착해 온 이승만의 운명을 바꾸어 놓는 큰 행운의 계기가 되었다. 그의 운명의 전환은 배재학당(培材學堂)을 통하여 이루어졌다. 이승만은 과거제도가 폐지된 다음에도 한동안은 습관대로 서당에 나갔다. 그러나 서당은 이미 공허한 장소가 되어 있었다. 학도들도 뿔뿔이 흩어져서 서당에 가봐야 말벗 하나 없었다. 그리하여 집에 들어앉아서 실의의 나날을 보내는 이승만에게 어느 날 도동서당의 글동무 신긍우(申肯雨)가 찾아왔다. 신긍우의 아버지 신면휴(申冕休)는 일찌감치 기독교에 입교하여 개화당에 가담하고 있어서 세 아들에게도 신학문을 공부시키고 있었다. 신긍우는

6) 徐廷柱, 앞의 책, p. 110.

유신파(維新派)의 명사 현채(玄采)에게서 일본말을 배우고 있었다. 현채는 《동국사략(東國史略)》, 《만국사기(萬國史記)》 등을 저술하고 일본학자들이 쓴 역사책을 번역하는 등 우리나라 근대 역사학의 성립에 기여한 사람이다.[7] 그리고 신긍우의 아버지 신면휴는 이경선과도 허물없는 사이였다.

"오늘은 자네에게 한가지 꼭 권할 일이 있어서 왔네."

신긍우는 자리에 앉자마자 이승만에게 찾아온 이유를 말했다.

"자네도 대강은 짐작하겠지만 때는 이미 바뀌어 가고 있네. 유학을 닦아 과거를 보던 때는 지나고, 이제는 개화 천지가 되어가고 있단 말일세. 주저하지 말고 자네도 우리하고 같이 개화를 배우세. 일본말도 배우고 영어도 배우고 산학(算學)도 배우고 세상 돌아가는 도리도 알아보잔 말이야. 어쩔 텐가? 내일부터라도 같이 현채 선생한테 가지 않겠는가?"

그러자 이승만은 찾아온 친구가 무안할 정도로 버럭 화를 냈다.

"아따, 자네 말주변이 꽤 늘었네 그려. 그것 모두 현채라는 사람한테서 배웠나? … 자넨 대체 언제부터 그렇게 유자(儒者)가 아니고 천주학(天主學)쟁이고 또 왜놈의 사환인가? 실없는 사람 같으니. … 그런 소리하려면 아예 두번 다시 우리 집에 오지 말게!"

그러나 신긍우는 단념하지 않고 기차나 기선 등 서양문물의 놀라움을 설명하면서 이승만을 설득하려고 했다. 이승만은 처음에 신긍우가 선불리 자기를 움직이려 하는 것이 불쾌했으나, 그의 너무나도 진지한 태도 때문에 웃음을 띠지 않을 수 없었다.

"자네나 좋으면 개화당을 맘껏 하게. 그러나 나한테 권할 생각은 아예 꿈에도 내지 말게."

"고집부리지 말고 좀 생각해 보게. 일본말과 영어를 배워 두어서 해

---

7) 盧秀子, "白堂 玄采硏究", 《梨大史苑》, 제8집, 梨花女大史學會, 1969 참조.

로울 것이 무에 있단 말인가? 행여 외국사신으로 가더라도 말씀은 알아둬야 할 것 아닌가? … 며칠 새 또 올 테니 잘 생각해 보아."

신긍우는 그 뒤에도 하루가 멀다 하고 이승만을 찾아왔다. 게다가 그는 가난한 친구의 처지를 걱정하여 몇 차례 쌀말과 장작짐을 하인에게 들려 보내기도 했다. 그리하여 이승만은 그의 열성과 우정에 감복하여 신긍우를 이렇게 만든 것이 무엇인가를 곰곰이 생각해 보고 궁금하게 여기게끔 되었다.[8] 이때의 일을 이승만 자신은 자서전 초록에서 다음과 같이 적었다.

> 서당을 떠나 '새것'을 배우러 간 친구들을 반역자로 여기던 나에게 친구들이 때때로 놀러 와서 전보며 철도며 비행기 등 서양에서 발명된 놀라운 것들에 대해 배우라고 역설했으나, 나는 "그들이 천지를 개벽해도 나는 어머니의 종교를 저버리지 않겠다"라고 하면서 일축하곤 했다.[9]

이처럼 이승만은 그때까지만 해도 신학문을 배우는 것은 천주학쟁이가 되는 것이고 따라서 그것은 '어머니의 종교'를 배반하는 일로 생각했다. 이렇게 두어 달이 지난 뒤의 동짓달 어느 날 저녁 무렵에 신긍우가 다시 이승만을 찾아왔다. 신긍우는 이승만에게 배재학당에 나와 볼 것을 애원하듯이 권했다.

"입학이야 하든 안 하든 꼭 한번 구경이라도 해보게. 이것까지도 못 들어주겠는가?"

이때는 신긍우가 배재학당에 입학한 직후였다.[10] 이승만은 그의 우정도 우정이려니와 한편으로는 그 '배재학당'이라는 데가 어떤 곳인지도

---

8) 徐廷柱, 앞의 책, pp. 112~116.

9) "청년이승만자서전", 이정식 지음, 권기봉 옮김, 앞의 책, p. 270.

10) 培材百年史編纂委員會, 《培材百年史(1885~1985)》, 學校法人 培材學堂, 1989, p. 112.

조선관복 차림을 한 노블과 배재학당 교직원들.

궁금해졌다.

며칠 뒤에 드디어 이승만은 신긍우와 그의 동생 신흥우(申興雨)와 함께 배재학당을 방문했다. 신긍우는 이승만보다 세 살 위였고 신흥우는 이승만보다 여덟 살 아래의 소년이었다. 신긍우 형제를 따라가면서 이승만은 다짐했다.

"별일이 있어도 천주학은 하지 않을 테니 그쯤 알게".

배재학당 사무실에 당도하자 신긍우는 이승만을 미국인 교사 노블(William Noble, 魯普乙)이 있는 곳으로 데리고 갔다. 노블은 1892년에 조선에 와서 배재학당의 교사가 된 사람으로서 이승만이 입학할 무렵에는 학술부장을 맡고 있었다.[11] 노블은 웃는 낯으로 흔연히 일어서서 "내가 노블이오. 잘 오셨소" 하고 조선말로 말하면서 악수를 청했다. 그러나 악수를 아직 모르는 이승만은 적잖이 의아해하며 생전 처음 보는 이 미국인의 하는 짓과 이상한 생김새를 뚫어지게 쳐다보았다. 노블은 여전히 웃는 낯으로 이승만에게 말했다.

"이 선생, 우리 학당에 오시는 것을 싫어하신다더니 어떻게 오늘은 이렇게 반갑게 오셨소? 참 잘 오셨소. 부디 좀 잘 살펴보시고 좋으시면 우리 학당에 입학하시오. 그리고 우리 미국사람들에게 조선말도 잘 좀

11) 위의 책, p.65.

가르쳐 주시오."

노블의 이러한 태도는 아마도 배재학당의 서양인들이 이승만에 대하여 예비지식을 가지고 있었고, 신긍우로 하여금 이승만에게 입학을 종용하게 하고 있었음을 보여 주는 것이었다.

노블은 앞장서서 이승만을 교실마다 안내했다. 이승만이 처음 구경한 곳은 기도실이었다. 무슨 뜻인지 모르겠으나 "금일대벽성(今日大辟城) 생구주(生救主)"라는 금색 글자가 쓰인 붉은 비단폭을 벽에 걸어놓고 그 밑에서 여러 사람들이 고개를 숙이고 눈을 감고 있었다. 그것은 아마 크리스마스 행사를 준비하는 모습이었던 것 같다. 이승만은 그 모습들이 어찌나 우습든지 무심결에 소리를 내어 웃었다. 그러고는 옆에 있는 신긍우를 보고 물었다.

"저게 천주학이지?"

그러나 신긍우는 질색을 하며 말했다.

"천주학은 무슨 천주학이야. 그건 기도라는 것일세. 여기선 기도만 하면 그만이니까."

다음에 들어간 곳은 북학반(北學班) 교실이었다. 거기에서는 지리를 가르치고 있었는데, 칠판 옆에 시간표를 '월(月)·화(火)·수(水)·목(木)·금(金)·토(土)'의 요일별로 큼직하게 써서 붙여 놓고 있었다. '금·목·수·화·토'의 오행(五行)밖에 모르는 이승만의 눈에는 그것이 오행을 잘못 뒤집어 놓은 것으로 보였다. 그는 신긍우를 돌아보며 "저게 뭐야? 오행 하나를 똑바로 쓸 줄도 모르고…" 하고 말했다. 그러나 교단에 선 선생이 오대양(五大洋) 육대주(六大洲)와 조선의 위치를 설명할 때에는 처음 듣는 것이어서 신기했다. 그리하여 그는 북학반 교실에서 한참동안 서 있었다. 옆에서 눈치를 챈 신긍우는 이승만의 귀 가까이 입을 대고 말했다.

"저까짓 것은 아무 것도 아니야. 다녀보면 우리가 모르던 새 지식이 얼마든지 나오니까. 가령 우리나라나 청국뿐만 아니라 세계 각국의 역사라든지, 서당에서 못 배운 것을 얼마든지 배울 수 있다네."

마지막으로 영어교실에서 한 미국인 교사가 학생들에게 영어 단어를 가르치는 것을 보고 다시 노블 교사의 사무실로 돌아온 것은 점심시간이 다 된 때였다. 노블은 이승만에게 점심준비를 시켰으니까 같이 먹자고 했다. 그러니 이승만은 굳이 사양하고 신긍우 형제와 같이 밖으로 나왔다.[12)]

배재학당을 설립한 아펜젤러 목사.

배재학당은 1882년의 한-미수호통상조약 이후로 본격적인 기독교의 전래에 따라 조선에 온 미국 북감리교 선교사 아펜젤러(Henry G. Appenzeller, 亞扁薛羅)가 설립한 한국 최초의 신교육기관이었다. 조선에서 기독교의 보급이 교육사업과 의료사업을 통하여 시작되었던 것은 널리 알려진 사실이다. 학당의 설립이 허용될 때까지도 서양종교의 선교활동은 금지되어 있었다. 배재학당은 아펜젤러가 1885년 8월에 의사 지망생 두 사람에게 자기 집 서재에서 영어를 가르치기 시작한 것이 효시였는데, 이듬해 2월에 고종으로부터 "배재학당(培材學堂)"이라는 교명을 하사받음으로써 사회적으로 입지를 든든히 구축할 수 있게 된 것이었다. '배재(培材)'란 당시에 흔히 쓰이던 '배양인재(培養人材)'라는 말에서 따온 것이었다.[13)]

배재학당은 1887년 3월에 한국 최초의 르네상스 건축양식의 교사를

12) 徐廷柱, 앞의 책, pp. 117~121.

13) 李光麟, "初期의 培材學堂", 《開花派와 開化思想硏究》, 一潮閣, 1989, p. 105.

르네상스 건축양식을 따서 1887년에 벽돌로 지은 배재학당 교사.

신축했다. 그 비용은 미국 감리교 선교부가 보낸 4,000달러로 충당했다. 이 새 교사의 반지하실에 산업부를 두어 가난한 학생들이 학비를 벌면서 공부할 수 있게 한 것은 일찍이 조선사회에서는 볼 수 없었던 획기적인 일이었다.

학생들은 처음에 붓을 매고 미투리 삼는 일을 했으나, 일반시민들로부터 환영받지 못하여 산업부는 곧 파산했다. 그러다가 그해 12월에 올링거(Franklin Ohlinger, 茂林吉) 목사가 부임하여 이듬해 1월부터 삼문출판사(Trilingual Press)라는 인쇄소를 경영하면서 학생들은 그곳에서 일자리를 얻게 되었다. 이 출판사는 국문, 한문, 영문의 세가지 활판시설을 갖추고 있어서 그렇게 이름을 붙인 것이었다. 성서번역이 진전됨에 따라 많은 부수의 성서를 인쇄하게 되고, 주일학교용 교재나 일반인쇄물도 주문을 받게 되어 학생들의 일감이 많아졌다. 1896년에 와서는 인쇄소의 부대사업으로 제본소도 시작했다. 이 인쇄시설은 뒷날 이승만이 이 나라의 선구적 언론인으로, 그리고 개화운동의 선봉장으로 성장하는 온상이 되었다.

조선정부는 배재학당을 통역관 등을 양성하는 기관으로 생각했고, 학당을 찾아오는 학생 가운데에도 영어를 배워서 당장 출세하려는 생각을 가진 사람들이 많았다. 이 무렵에 배재학당에 입학하는 학생은 대체로 두가지 부류로 나눌 수 있었다. 하나는 일찍 개화한 선비집 자제들이고, 다른 하나는 영어를 배워서 역관(譯官)이나 그 밖의 정부기관의 직임을 얻어서 출세해 보려는 중류층의 청년들이었다. 명문집 자제들 가운데에는 잔심부름을 하는 하인을 데리고 등교하는 학생도 있었다. 몇 달 다녀서 영어를 얼마쯤 해득하면 취직이 되어 나가는 학생들이 생기기 시작하자 양학(洋學)의 인기가 높아졌다고 한다.[14] 따라서 처음에는 학생들의 입학과 휴학 또는 취학이 일정하지 않았다.

그러나 아펜젤러의 목적은 그렇게 단순한 것이 아니었다. 그것은 배재학당의 첫 연례보고서(1888~1889)의 다음과 같은 문장으로도 짐작할 수 있다.

> 배재학당의 목적은 조선 학생들에게 서구의 과학과 문학 교육과정에 대한 철저한 훈련을 제공하는 것이지만, 현재의 조선의 학교체제의 본질적 특성과 결합시킨 것이다. 이 목적에 따라서 비록 수업의 대부분이 영어를 전달매체로 삼고 있으나, 중국 고전이 가장 중요한 비중을 차지하고 있으며, 모든 학생은 의무적으로 중국 고전 과목을 공부해야 한다.[15]

이때는 물론 과거제도가 폐지되기 전이었다. 이렇게 하여 배재학당의 교육은 급속히 한국 사회에 큰 영향을 미쳤다. 그 가운데에서도 특기할 만한 사실은 조선인 교사나 학생들이 기독교 지식에 대한 관심을 크게 나타내고, 학교 채플에 의무적으로 참석한 점이었다.[16]

---

14) 尹聲烈, "남기고 싶은 이야기들—培材學堂", 《中央日報》 1977년 2월4일자.
15) 이만열 편, 《아펜젤러—한국에 온 첫 선교사》, 연세대학교 출판부, 1985, p. 331.

1886년에 조선정부에서 세운 신식학교였던 육영공원(育英公院)이 1894년에 폐교되자 조선 정부는 이듬해 정월 22일(양력 2월16일)에 배재학당과 통역관 양성을 위한 협정을 맺었는데, 그것이 배재학당이 급성장하는 계기가 되었다. 협정의 주요 내용은 통역관 양성을 위하여 조선 정부가 해마다 200명의 위탁생을 보내고, 학생들의 월사금과 학생 50명당 조선인 부교사 1명에 대한 봉급도 부담한다는 것이었다. 그런데 이 협정서의 조선쪽 서명자가 '외무아문(外務衙門) 주사(主事) 현채(玄采)'로 되어 있는 것이 주목된다.[17] 앞에서 보았듯이, 현채는 바로 신긍우의 일본어 선생이었다.

이 무렵 배재학당은 위탁교육을 시킬 학생을 모집하는 데 각별히 힘을 기울이고 있었다. 왜냐하면, 위의 협정에 따르면 만일에 학생이 200명이 되지 못하는 경우에는 조선정부의 보조금 지급조건에 차이가 있었기 때문이다.[18] 그러므로 신긍우가 이승만에게 배재학당에 입학할 것을 적극적으로 권유한 것도 그러한 학생모집운동의 일환이었을 것이다. 이승만이 자서전 초록에서 "진보파 정권은 여러 가지 학교를 세우고 관비로 운영하여 젊은이들로 하여금 외국어를 배우고 서양문명을 배우도록 온갖 장려를 하고 설득을 하였다"[19] 라고 적고 있는 것도, 그가 배재학당에 입학할 무렵의 사회적 분위기와 그의 입학 동기를 짐작하게 한다.

이승만은 집으로 돌아오면서 여러 가지 착잡한 생각에 잠겼다. 조금 전에 배재학당에서 노블이라는 사람이 자기들에게 조선말을 가르쳐 달라고 하던 말도 되새겨졌다. 그는 결심했다. 아버지의 염려가 아니더라

---

16) Daniel L. Gifford, "Education in the Capital of Korea II", *The Korean Repository*, August 1896, p. 311.

17) 이만열 편, 앞의 책, pp. 370~371 ; 李光麟, 앞의 책, p. 115.

18) 이만열 편, 위의 책, p. 370 ; 李光麟, 위의 책, p. 114.

19) "청년이승만자서전", 이정식 지음, 권기붕 옮김, 앞의 책, p. 271; "Autobiography of Dr. Syngman Rhee", George A. Fitch Papers, Yenching Institute, Harvard University, p. 5.

도 이승만으로서 당장 절박한 문제는 가족들의 호구책이었다. 그것을 위해서라면 배재학당 아니라 그보다 더한 데라도 들어가자. 가령 신긍우의 말과는 달리 배재학당이 천주학과 개화당을 하는 곳이라 하더라도 내 마음은 그런 것에 빠져들 턱이 없다. 천주학과 개화당, 그것이 참으로 어떤 것인가도 똑똑히 알아보자—.

제중원의 여의사 화이팅(오른쪽)과 그녀의 동생. 영문글씨는 이승만의 친필

이승만이 이렇게 마음을 정리하고 있을 때에 신긍우가 찾아왔다. 이승만은 신긍우에게 물었다.

"아까 노블이란 서양사람이 조선말을 가르쳐 달란 말을 했는데, 그것이 정말일까? 그리고 또 월사금은 얼마나 줄 작정일까?"

"그야 물론이지. 서양사람은 거짓말은 않네. 아마 적어도 생활비야 받게 되겠지. 그러려면 꼭 배재학당에 입학해야 해. 그래야 조선말 선생으로도 써줄 테니까."

그러자 이승만은 서슴지 않고 말했다.

"그럼, 나 내일 배재학당에 입학하겠네. 오늘 갔을 때쯤 다시 찾아갈 테니까 자네가 입학절차를 소개해 주게."

이렇게 하여 이승만은 배재학당에 입학했다.[20] 배재학당에 입학한 시기에 대하여 뒷날 이승만 자신은 1895년이었다고 회고했는데[21] 배재

20) 徐廷柱, 앞의 책, pp. 122~123.

21) "1945년 11월28일에 정동예배당에서 거행된 임시정부 영수 환영회에서의 답사", 雩南實錄編纂委員會 編, 《雩南實錄(1945~1948)》, 悅話堂, 1976,

학당에 입학하고 얼마 있지 않아서 알게 된 제중원(濟衆院)의 의료 선교사 조지아나 화이팅(Georgiana E. Whiting, 花伊勝)이 한국에 온 것이 1895년 4월6일이었던 것으로 보아[22] 이승만이 배재학당에 입학한 것은 1895년 봄무렵이었을 것으로 짐작된다. 그러나 이승만의 사진집에 들어 있는 화이팅 자매의 사진에 이승만의 친필 글씨로 "1894"라고 적혀 있고, 이승만의 구술을 토대로 한 서정주의 전기는 1894년 동짓달 어느 날이었다고 서술하고 있어서 확실하지는 않다.

이승만이 배재학당에 입학하고 나서 느낀 심리적 갈등은 역시 기독교 문제였다. 그는 한동안 어머니에게 배재학당에 입학한 사실을 말하지 않았다. 왜냐하면 "천하에 몹쓸 교리"를 가르치는 학당에 나가는 것을 김씨 부인이 용납할 것 같지 않았기 때문이다. 이승만은 난생 처음으로 아침예배에 참석했을 때의 일을 다음과 같이 적었다.

> 예배실에서 나는 뒷줄에 앉아서 그 방에 있는 모든 것을 면밀히 살펴보았다. 키가 큰 아펜젤러씨가 강단에 서서 청중에게 조선말로 이야기를 하는데, 나로서는 알아들을 수 없는 말이었다. 물론 나는 그의 말을 경청하려고 간 것은 아니었다. 그런데 이상하고 또 내 마음속에 깊이 느껴진 것은 1900여년 전에 죽었다는 사람이 나의 영혼을 구한다는 이야기였다. 나는 혼자서 생각했다. '아니 그래, 저렇게 훌륭한 일들을 하는 사람들이 정말 그런 바보 같은 교리를 믿는단 말인가. 아마 저 사람들은 자기네는 그것을 믿지 않으면서 그저 무지몽매한 사람들에게 그것을 믿게 하기 위해서 왔나 보다. 그러니까 가난하고 무식한 사람들만 교회에 가는구나. 위대한 석

---

p. 341.

22) 김승태-박해진 엮음, 《내한 선교사 총람 1884~1984》, 한국기독교역사연구소, 1994, p. 523.

초기의 배재학당 학도들.

가를 알고 공자의 지혜를 아는 유식한 학자야 어디 저런 교리를 믿을 수가 있겠나.' 이렇게 결론을 내린 나는 마음에 편안함을 느꼈고 그래서 어머니에게 모든 것을 알려드렸다.[23]

배재학당에 입학했다는 이승만의 말을 듣고 놀란 김씨 부인은 아들의 손을 붙잡고 말했다.

"아가, 너는 천주학꾼이 되는 거지? 그렇지?"

김씨 부인은 이승만이 장가를 든 뒤인 이때까지도 그를 '아가'라고 불렀다. 이승만은 단호하게 말했다.

"아닙니다, 어머니. 저는 그들이 하는 말을 믿기에는 너무 총명합니다. 어디 배운 선비가 그들의 교인이 되는 것을 보셨습니까?"

그제서야 김씨 부인은 안도감을 느끼기는 하는 모양이었으나, 그래도 마음을 아주 놓지는 못하는 눈치였다.[24]

23) "청년이승만자서전", 이정식 지음, 권기봉 옮김, 앞의 책, pp. 271~272.
24) "청년이승만자서전", 이정식 지음, 권기봉 옮김, 앞의 책, p. 272.

이승만이 입학할 무렵인 1895년에 배재학당에 등록된 학생수는 모두 109명이었다. 학생들은 영어부, 한문부, 신학부의 셋으로 나뉘어 있었는데, 영어부에 등록한 학생이 76명으로서 가장 많았다.[25] 이승만도 영어부에 등록했다. 학생 수는 급격히 늘어나서 1896년에는 영어부에 106명, 한문부에 60명이 등록했다. 그러나 신학부는 학생수가 적어서 곧 폐지되었다. 영어부에서 가르치는 과목은 읽기, 문법, 철자법, 역사, 수학, 화학, 자연과학개론이었다.[26] 영어부에서 고대사, 물리학, 정치학을 가르쳤다는 기록도 있다.[27]

이 무렵의 배재학당은 한국인, 미국인, 청국인, 일본인이 두루 섞여 배우고 가르치는 국제적 분위기의 학교였다. 그리고 이 학교의 가장 큰 장점은 우수한 교사진이었다. 설립자 아펜젤러는 펜실베이니아 주의 명문 프랭클린 앤드 마셜 대학(Franklin and Marshall College)과 드루 신학교(Drew Theological Seminary)를 졸업하고 목사안수를 받자마자 한국에 온, 소명의식에 불타는 이상주의자였다. 이승만에게 영어를 처음 가르쳐 준 노블 목사나 존스(George H. Jones, 趙元時), 벙커(Dalziel A. Bunker, 房巨), 헐버트(Homer B. Hulbert, 訖法, 轄甫) 등의 다른 교사들도 아펜젤러 못지않은 학력과 소명의식을 지닌 사람들이었다.[28]

이승만이 배재학당에 입학한 가장 큰 동기는, 그 자신이 자서전 초록에서 "내가 배재학당에 가기로 한 큰 야심은 영어를, 영어 한가지를 배

---

25) 이만열 편, 앞의 책, p.372.

26) Daniel L. Grifford, *op. cit.*, pp.310~311.

27) *Methodist Episcopal North Report for 1894*, p. 246, 白樂濬, 《韓國改新教史》, 延世大學校 出版部, 1991, p.241에서 재인용.

28) 《培材百年史》, p.48 및 Young I. Lew, "American Advisers in Korea, 1885 ~1894: Anatomy of Failure", Andrew C. Nahm, ed., *The United States and Korea — American-Korean Relations, 1866~1976*, The Center for Korean Studies, Western Michigan University Press, 1979, pp.64~90 참조.

각국 외교관 자녀들도 배재학당에서 교육을 받았다.

우는 것이었다"라고 기술했듯이,[29] 영어를 배우기 위한 것이었다. 이승만이 가장 먼저 영어를 배운 선생은 노블이었다. 노블이 학생들에게 가르친 첫 영어 문장은 "His father told him to go to Pai Jai and study chemistry(그의 아버지는 그에게 배재학당에 가서 화학을 배우라고 말했다)"라는 것이었다.[30] 이승만은 이 수수께끼 같은 문장을 일생 동안 잊지 않았다.

이승만은 학생들 사이에서 이내 두각을 나타내어 서양인 선교사들에게도 알려지게 되었고, 그것은 그에게 서양인 병원인 제중원의 의료 선교사 화이팅에게 조선어를 가르치고 또 그녀로부터 영어를 배우는 기회를 가져다주었다. 화이팅은 스물여섯 살 난 처녀였다.

이승만은 처음 얼마 동안은 아침 일찍 제중원에 나가서 화이팅에게 조선어를 가르치고 나서 다시 배재학당에 통학했다. 그러나 그 뒤 오래

29) "청년이승만자서전", 이정식 지음, 권기봉 옮김, 앞의 책, p. 274.

30) Robert T. Oliver, *Syngman Rhee—The Man Behind the Mith*, Dodd Mead and Company, 1960, p. 18.

지 않아서 제중원의 요청으로 화이팅과 같은 의료 선교사 샤트롱을 맡은 배재학당 학우 이충구(李忠求)와 함께 그곳에서 하루 내내 있으면서, 오전에는 화이팅에게 조선어를 가르치고 오후에는 그녀로부터 영어를 배우는 것으로 일과를 삼았다. 화이팅에게 조선어를 가르친 지 한 달이 되던 날 이승만은 그녀로부터 한 달 사례비로 은화 20달러를 받았다. 날아갈 듯한 기분으로 집에 돌아온 이승만은 사례금 봉투를 김씨 부인 앞에 내놓고 그동안의 경위를 이야기했다. 너무나 엄청난 돈에 기겁을 한[31] 김씨 부인은 울음을 터뜨리며 아들을 보고 말했다.

"아가, 굶어 죽어도 좋으니 행여 천주학은 하지 마라."

이승만은 북받치는 심정을 억누르며 뚜렷하고 자신에 찬 목소리로 외쳤다.

"어머니 저를 믿으세요!"[32]

그런데 이승만이 한 달 사례비로 받은 20달러가 그 무렵 조선에서 얼마나 큰돈이었던가는, 1896년에 학당 산업부의 인쇄공장에 부설한 제본소 사업에 대해 선교부의 연례보고서가 "제본소 사업은 실적이 좋아서 1897년 수입은 151달러 59센트나 되었다"[33]라고 적고 있는 것과 견주어 보더라도 짐작할 수 있다. 그 당시에 동양 각국에서 유통되던 달러 은화는 거의 멕시코 은화였는데, 멕시코 은화 20달러는 쌀 열다섯 말〔斗〕을 살 수 있는 돈이었다.[34] 그것이 미국 은화였다면 액수는 훨씬 더 많아진다. 1895년 1월22일(양력 2월16일)에 학무아문(學務衙門)과 배재학당 사이에 체결한 위탁생 교육계약에는 한국인 부교사에게 월급

31) "Autobiography of Dr. Syngman Rhee", p. 5 ; "청년이승만자서전", 이정식 지음, 권기붕 옮김, 앞의 책, p. 254.

32) 徐廷柱, 앞의 책, pp. 128~129.

33) 이만열 편, 앞의 책, p. 390.

34) 李憲昶 교수가 1904년의 자료를 근거로 환율변동과 물가상승률을 감안하여 계산했다.

으로 은화 20달러를 지급하기로 했는데,[35] 이승만이 화이팅으로부터 받은 돈은 그것과 같은 액수였던 것이다. 이렇게 하여 화이팅에게 조선어를 가르치고 받은 사례비는 이승만 가족의 생계문제를 해결했을 뿐만 아니라 그의 사회활동에도 큰 힘이 되었다.

화이팅의 조선말과 함께 이승만의 영어도 빠르게 발전했다. 그리하여 그는 6개월 뒤에는 배재학당 교사 벙커의 요청으로 배재학당의 신입생반을 맡아서 영어를 가르치게 되었다. "영어공부를 시작한 지 여섯 달밖에 되지 않았는데, 영어선생이 되었다고 하여 사람들의 칭찬이 자자했다"라고 이승만은 그의 자서전 초록에 적었다.[36]

2. 춘생문사건(春生門事件)과 단발

배재학당에 입학하여 이승만이 배운 것은 물론 영어만이 아니었다. 신학문의 학습을 통하여 많은 새로운 지식을 얻게 되었고, 세상에는 유교만이 삶의 원리가 아니라 기독교도 삶의 원리라는 것도 알게 되었다. 그리고 개화파가 기본이념에서는 옳다는 것도 깨달았다. 나아가 개화파의 여러 친구들을 통하여 조정의 움직임도 그전보다 구체적으로 알게 되었다. 배재학당에 입학한 뒤에 주로 사귄 친구들은 신긍우 형제들 이외에 이충구, 윤창렬(尹昌烈), 이익채(李益采) 등이었는데, 그들은 개화를 주장하는 열혈청년들이었다. 이승만은 이들로부터 많은 것을 배웠다.

1895년 8월20일(양력 10월8일) 새벽에 한 달 전에 새로 부임해 온 일본군 예비역 육군 중장 미우라 고로(三浦梧樓) 공사의 진두지휘 아래 서울에 와 있던 외교관, 고문관, 군인, 경찰, 신문기자, 낭인배 등 120여

35) 이만열 편, 앞의 책, p. 370 ; 李光麟, 앞의 책, p. 114.

36) "Autobiography of Dr. Syngman Rhee", p. 5 ; "청년이승만자서전", 이정식 지음, 권기봉 옮김, 앞의 책, p. 254.

명이 궁궐에 난입하여 민비〔閔妃: 1897년에 明星皇后로 추책됨〕를 무참하게 시해한 이른바 을미사변(乙未事變)이 발생했을 때에 그 사실을 맨 먼저 이승만에게 알려 주면서 비분강개한 사람도 이충구였다. 이충구는 눈물을 흘리면서 사건의 경위를 설명하고 나서 결연히 말했다.

"국모께선… 놈들에게 찔려 돌아가시며 친위대를 향해 '날 살려라' 하고 고함을 치셨다 하오. 역적놈들. 모두 무얼 하고 있었는지. 형! 나는 기어이 이 원수를 갚으려 하오. 어떻게 해서라도. 인제 두고 보시오!"

이승만은 이충구의 손을 잡으면서 말했다.

"충구 형. 일을 꾸미거든 나도 같이 하게 해주시오."

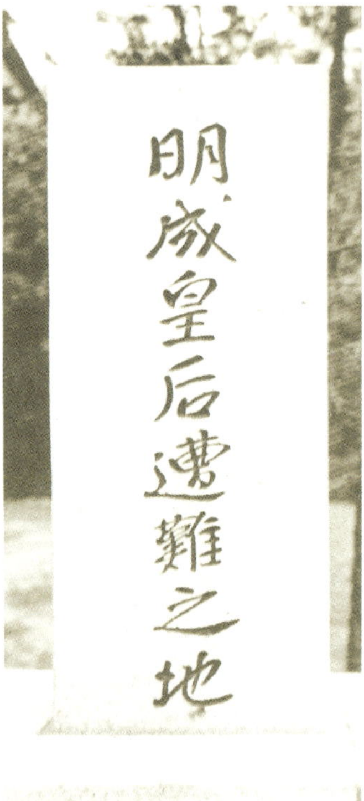

민비 시신을 불태웠던 자리에 세운 기념비. 대통령 재임 때에 이승만이 썼다.

그러나 이충구는 "고맙소. 그렇지만 형은 아직 그대로 계시오. 인제 더 큰 일에 쓰일 날이 있을 테니…"라고 말하고, 자리에서 일어났다. 이때에 이승만은 이충구와 같은 개화당이라면 얼마든지 조선에 더 있어야겠다고 생각했다고 한다.[37)]

청-일전쟁에서 승리한 일본은 시모노세키(下關) 조약에 따라 청국으로부터 대만(臺灣)과 요동반도(遼東半島)를 할양받기로 했으나 러시아, 프랑스, 독일 세 나라의 압력으로 요동반도는 청국에 반환되고, 청

37) 徐廷柱, 앞의 책, pp. 133~134.

국은 열강의 각축장이 되었다. 이러한 국제환경 속에서 조선의 정국도 급박하게 돌아갔다. 서울에 있는 서양 외교관들의 사교장이었던 정동구락부(貞洞俱樂部)는 갑자기 서양인과 조선인의 사교장이 되고, 정부는 민비를 중심으로 하여 친러시아 경향이 뚜렷해져 갔다. 민비와 그 일파가 러시아 공사 베베르(Karl I. Weber, 韋貝)와 빈번히 접촉하고, 친러파의 이완용(李完用), 이범진(李範晉) 등이 입각하는가 하면, 고종도 내정개혁을 위한 칙령이나 재가 사항이 그 자신의 의사에서 나온 것이 아니었다는 말을 하기도 했다. 이러한 상황에서 자행된 을미사변은 조선에서 러시아와 대결하게 된 일본이 조선정부가 러시아에 접근하는 것을 차단하기 위해서 저지른 만행이었다.[38]

미우라 공사는 만행의 증거를 남기지 않기 위하여 민비의 시신에 휘발유를 끼얹어 태워서 궁궐의 뒷숲에 묻게 한 다음 민비가 궁궐을 탈출한 것처럼 위장하여 고종에게 민비의 폐서인조칙(廢庶人詔勅)을 내리도록 강요했다. 저들이 작성한 조칙문에 고종은 서명할 것을 거절하면서 차라리 손을 자르는 것이 낫겠다고 말했다고 한다.[39]

사건 직후에 일본 쪽의 요구에 따라 새로 임명된 궁내부대신 이재면(李載冕)과 내각총리대신 김홍집(金弘集) 등 여덟 대신이 서명한 이 폐서인조칙은 이틀 뒤인 8월22일에 관보로 공포되었는데, 그 내용은 치욕적이었다.

> 짐(朕)이 즉위한 지 삼십이년이 되었으나 치화〔治化: 백성을 다스려 교화함〕가 미흡하다. 왕후 민씨는 가까운 무리들을 끌어들여 좌우에 두고, 짐의 총명을 가리고 인민을 함부로 착취했다. 짐의 정령

38) 崔文衡 外, 《明成皇后弑害事件》, 民音社, 1992, 한국정치외교사학회 편, 《명성황후 시해사건과 아관파천기의 국제관계》, 東林, 1998, pp. 9~151, 이민원, 《명성황후 시해와 아관파천》, 국학자료원, 2002, pp. 27~105 참조.

39) Isabella L. Bird Bishop, *Korea and Her Neighbours*, vol. II, John Murray, 1898, p. 69.

> (政令)을 어지럽히고, 관직을 팔고, 탐학이 지방에까지 퍼지니 도적이 사방에서 일어나서, 종묘사직이 위태로워졌다. 짐이 그 극악을 알면서도 벌하지 못했던 것은 오직 짐이 불명(不明)했을 뿐만 아니라 저들 무리를 기탄해서였다. … [40]

평소에 고종에 대하여 모멸적 감정을 지니고 있던 이승만이 고종의 이 참담한 조칙을 어떻게 받아들였을지 궁금하다.

을미사변은 미우라가 일본 공사로 부임한 지 한 달 남짓 만에 발생한 사건이었다. 그러므로 그것은 일본정부의 개입 없이 외교에는 문외한인 미우라 한 사람이 독단적으로 감행한 범행이었다고 보기는 어렵다. 사건의 보고를 들은 메이지 천황(明治天皇)은 시종에게 다음과 같이 말했다고 한다.

"할 때는 하는 군."[41]

메이지의 이러한 반응은 이 시기의 일본 최상층 인물들의 한국인식이 어떠했는가를 짐작하게 한다.

국제적인 비판과 항의가 빗발치자 일본정부는 미우라를 비롯한 관계자 50여명을 본국으로 소환하여 히로시마(廣島) 감옥에 수감했다. 그리고 민비도 10월10일에 복위되었다.

민비시해에 대한 복수를 하겠다고 다짐하면서 헤어졌던 이충구가 제중원으로 이승만을 찾아온 것은 사건이 있고 두 달 가까이 지난 10월11일이었다.

"긴히 할 말이 있으니 우리 집까지 같이 좀 갑시다."

이승만을 자기 집으로 데리고 간 이충구는 안방에서 주안상을 보아

---

40) "王后閔氏廢位通報", 1895년 8월23일(양력 10월11일), 《舊韓國外交文書(三) 日案(3)》, 高麗大學校 亞細亞問題硏究所, 1967, p.354; 鄭喬, 《大韓季年史(上)》, 國史編纂委員會, 1957, p.120.

41) 三浦梧樓, 《明治反骨中將一代記(觀樹將軍回顧錄)》, 芙蓉書房, 1981, pp.249~250.

오게 한 다음 조용히 말했다.

"사실은 일을 좀 만드느라고 그동안 형을 찾지 못했소. 이제는 일이 다 되어 내일 새벽에 바로 거사하게 되었소. 국모를 손수 모시던 진위대가 우리 편이 되었으니까 일은 반드시 성사할 것이오. … 우리는 내일 새벽에 바로 대궐로 쳐들어가서 국모를 돌아가시게 한 친일파 내각 놈들과 그 흉악한 왜놈들을 모조리 없애고 상감을 모실 작정이오. 그러나 혹시 일이 어찌될는지 몰라서…. 형! 만일에 내게 화가 미치는 날이 있으면 내 가족을 좀 보살펴 주시오."

이승만은 이충구를 나무라면서 말했다.

"전에도 말한 것처럼 형이 하는 일이면 나도 같이할 각오가 되어 있소. 형만 보내고 낸들 뒤에서 어찌 편안히 앉아 있겠소."

"이번 일을 맡을 사람들은 이미 다 결정이 되었고 다만 내 뒤를 부탁할 친구만이 없소. 형을 빼고 싶어서 뺀 것이 아니라, 그렇게 한 것은 역시 부질없지만 내 우정인줄 아시오. 형은 6대 독자가 아니오. 그러니 이제 그 값이 될 만한 더 큰 일에 몸을 바치시란 말이오."

이승만은 이충구의 청을 승낙하는 수밖에 없었다.[42] 이충구가 말하는 거사란 친러파와 친미파 인사들이 협력하여 1895년 10월12일(양력 11월28일) 새벽에 고종을 미국 공사관으로 피신시키고, 민비시해 이후에 개편된 친일내각을 타도하려 했던 계획을 말한다. 이른바 춘생문(春生門) 사건[43]이 그것이었다. 이 무렵 고종은 경복궁의 가장 뒤채인 건청궁(乾淸宮)에 거처하고 있었다. 신무문(神武門)을 들어가면 바로 대궐 후원이고 후원 동쪽에 있는 협문이 춘생문인데, 이 문은 대궐 밖에서 가장 빠르고 은밀하게 고종의 처소로 접근할 수 있는 문이었다. 이충구와 함께 거사를 모의한 주동자들은 시종원 시종 임최수(林最洙), 시종

42) 徐廷柱, 앞의 책, pp. 134~135.

43) 洪景萬, "春生門事件", 《李載龒博士還曆紀念韓國史學論叢》, 한울, 1990, pp. 647~676 참조.

원경 이재순(李載純), 전 훈련 제3대대 대대장 이도철(李道徹), 전 군부대신 안경수(安駉壽), 외부협판 윤치호(尹致昊)의 아버지인 전 남병사 윤웅렬(尹雄烈) 등이었다. 친위대 소속 장교 수십명도 거사에 가담했다. 친러파인 이충구는 러시아 공사관에서 탄환 80발을 얻어오고, 안경수를 러시아 공사관에 피신하고 있던 이범진과 연결시켜 놓기도 했다.[44] 이들은 고종과도 내밀히 연락이 닿아서 신변의 위협을 느끼고 있던 고종으로부터 "궁성을 보호하고 흉역(凶逆)을 처단하라"는 밀지까지 받아 놓고 있었다.[45] 병력은 동별영(東別營)의 친위대 병력을 동원했고, 있을 수 있는 일본군의 방해를 저지하기 위하여 외국 공사관에 지원을 요청하여, 러시아 공사관은 거사 당일에 일단의 병력을 대궐로 파견하기까지 했다. 그러나 이 계획은 궁궐 안에서 호응하기로 한 친위대 대대장 이진호(李軫鎬)의 배신으로 실패하고, 거사를 주동했던 사람들은 대부분 러시아와 미국 공사관과 미국 선교사들의 집으로 피신했다.[46] 이 사건을 빌미로 하여 일본정부는 히로시마 감옥에 수감되어 있는 미우라 등 민비시해 주모자들을 증거불충분이라는 이유로 모두 석방했다.

뜬눈으로 밤을 새운 이승만은 아침 일찍 이충구의 집에 가 보았다. 그런데 집에 없어야 할 이충구가 집에 있었다. 이충구는 의아해하는 이승만에게 조용히 설명했다.

"애석하게도 일이 다 틀렸소. 새벽에 우리는 대궐문 앞에 가서 신호의 총을 놓았지만, 안에서 호응하기로 약조한 놈들이 문을 열어 주어야지. 놈들은 하룻밤 사이에 변절하여 도리어 우리를 향해 탕탕 총을 놓고 있는 것이 아니겠소. 사람들이 이렇게 되어가다가는 이 나라 일이

---

44) 鄭喬, 《大韓季年史(上)》, pp. 125~126.

45) 오영섭, "고종과 춘생문사건", 《鄕土서울》 제68호, 서울시사편찬위원회, 2006. 10, pp. 205~208.

46) 尹致昊, 《尹致昊日記(四)》, 國史編纂委員會, 1975, pp. 93~107.

어떻게 될는지…. 일은 다 글렀소. 인제 오래잖아 포졸들이 우리를 잡으러 올 것이오."

"그럼 어째 도망하지 않고 그러고 계시오?"

이승만은 안타까워서 물었으나, 이충구는 태연하게 대답했다.

"도망해서 무엇하오. 내가 달아나면 같이 일하던 사람들만 경을 칠 테니 내가 혼자 총책임을 지겠소."

이튿날 들으니까 이충구는 이도철과 같이 체포되고, 윤웅렬은 상해로 망명했다고 했다. 법부대신 장박(張博)이 직접 이충구를 고문하자 "이 역적놈들아. 내가 성공했으면 너희 놈들이 먼저 죽었을 것이다!" 라고 외쳤다는 소식도 들렸다.[47]

춘생문사건은 이승만이 처음으로 직접 정치현실과 관련을 갖는 계기가 되었다. 사건과 관련된 검거선풍이 있고 나서도 이승만은 여느 때와 마찬가지로 제중원에서 화이팅에게 조선말을 가르치고 있었다. 그러던 어느 날 복녀가 울면서 제중원으로 쫓아 들어왔다.

"서방님, 큰일 났어요. 아까 윤창렬씨가 서방님을 찾아 왔는데, 그 뒤를 따라 순검들이 셋이나 쫓아 들어오면서 윤선생의 손을 붙들고 '당신이 이승만씨요?' 하지 않겠어요. 아니라고 하니까 윤선생은 놓아 주고 방으로 들어와서 샅샅이 뒤지고 있어요. 마님께선 어떻게 놀라시는지…. 그러니 서방님, 집에는 오시지 말고 어디 숨으세요, 네!"

"그래 윤창렬씨는 어떻게 되었니?"

"윤선생은 순검들이 방에 들어온 틈에 도망했어요."

"알았다. 그럼 어서 집으로 가서 마님께 잘 알아서 할 테니 내 일은 조금도 걱정 마시라고 여쭈어라."

---

47) 徐廷柱, 앞의 책, pp. 136~138.

이승만은 당장 피신하기로 결심했다. 이충구를 통하여 거사계획을 알고 있기는 했으나, 직접적으로는 아무런 관련이 없는 이승만이 지명수배된 이유는 분명하지 않다. 위에서 보았듯이 이충구는 이승만의 참여를 끝까지 배제했는데, 이러한 이충구와의 관계만으로 이승만이 지명수배되지는 않았을 것이다. 미국 공사 실(John M. B. Sill)이 춘생문사건과 관련하여 본국에 보낸 보고문에 다음과 같은 대목이 있는 것이 주목된다.

> 저는 우리 선교사들이 그들의 동정과 관심을 표현하는 데 무분별하지나 않았는지 우려합니다. 선교사들이 이번 사건에 죄가 없는 것은 확실합니다. 다만 선교사들의 조선어 교사 중 일부는 이번 사건에 관계된 것이 틀림없고, 그들은 외국인의 동정에 지나친 기대를 했던 것 같습니다.[48)]

이 말은 이승만이 지명수배된 것이 미국인 선교사의 조선어 교사였기 때문이었음을 시사해 준다. 사건의 주모자인 이충구도 미국인 선교사의 조선어 교사였으므로 친일내각이 이들 조선어 교사들과 미국인의 연계를 의심했을 것은 당연했다. 이승만은 화이팅의 도움으로 머리에 붕대를 감은 여자 환자로 가장하고 가마를 타고 남대문을 빠져 나와서 양화진(楊花津)에 있는 화이팅의 친구 지킵슨 부인 집으로 갔다. 거기에서 하루를 보낸 뒤에 다시 황해도 평산의 누이 집을 찾아 혼자 걸어서 갔다.

춘생문사건에 대한 재판은 사건이 있고 나서 한 달이 지난 11월15일에 특별법원에서 실시되었다. 주모자 임최수, 이도철은 사형이었고 이충구, 이민굉(李敏宏), 전우기(全佑基), 노흥규(盧興奎)는 제주도 종

---

48) John M. B. Sill to Secretary of State, Dec. 3, 1895, Spencer J. Palmer ed., *Korean-American Relations — Document Pertaining to the Far Eastern Diplomacy of the United States*, vol. II, University of California Press, 1963, p. 139.

신 유배, 이재순, 안경수, 김재풍(金在豊)은 태 1백과 징역 3년형에 처해졌다. 왕족인 이재순은 그러나 특전으로 형을 면하여 3년 동안 향리로 추방되었고, 이창근(李昌根) 등 나머지 23명은 모두 석방되었다.[49]

이승만은 1896년 2월 어느 날 화이팅으로부터 안심하고 상경하라는 전갈을 받았다. 화이팅은 재판이 있고 나서 달포가 지나도록 이승만이 나타나지 않자 직접 연락했던 모양이다. 이승만은 불안한 느낌이 가시지 않은 채 서울로 돌아왔다.

김홍집 내각은 일본 공사와 일본인 고문관의 의견에 따라 '개혁정책'을 시행했다. 11월17일은 양력으로 1896년 1월1일이 되는 날이었는데, 이날을 기하여 음력 사용을 폐기하고 태양력을 쓰고, '건양(建陽)'이라는 새 연호를 쓰게 했다(이 책에서도 지금까지는 음력을 썼으나 1896년 1월 1일 이후의 일부터는 양력을 쓰기로 한다).

여러 개혁정책 가운데에서 가장 충격적인 것은 11월15일에 공포한 단발령(斷髮令)이었다. 이 단발령의 강제는 민비시해에 이어 다시 한번 민심을 자극하여, "나의 목은 자를 수 있어도 나의 두발은 자를 수 없다"라는 유학자 최익현(崔益鉉)의 유명한 말이 상징하듯이, 국민적 저항을 촉발했다. 그 때문에 1896년에 접어들면서 전국적으로 의병이 봉기하게 되었다.

그런데 이 무렵의 이승만의 행동 가운데에서 특히 주목되는 것은 자진하여 상투를 자른 일이었다. 그는 오래 전부터 단발문제로 고민하고 있었다. 그는 상투를 "조선이 결별해야 할 낡은 보수적인 과거의 상징"으로 생각하고,[50] 제중원의 의사 에비슨(Oliver R. Avison, 魚丕信)과

49) 《日省錄》 高宗 32년 11월15일조.

50) Oliver, *op. cit.*, p. 22.

한국 최초의 서양식 병원 제중원.

단발문제를 상의했다. 제중원 뒤의 언덕에 에비슨의 집이 있었는데, 이승만은 일요일마다 에비슨을 찾아가서 영어를 연습하고 조선의 장래에 대해 논의했다. 에비슨은 이승만이 대통령이 된 뒤에 그에게 보낸 편지에서 그때의 일을 재미있게 회상했다.

> 아무튼 당신은 내가 격려해 줄 필요가 없었지요. 당신이 그때에 걷던 그 길이 얼마나 위험한 것인가에 대해 내가 경고했던 것을 기억하시는지 모르겠습니다. 내가 하는 말을 조용히 듣고 한참 있다가 "그래도 나는 그대로 하겠습니다" 하던 당신을 나는 잘 기억합니다. … 나는 내가 처해 있던 거북한 입장을 생각하면 지금도 웃을 수밖에 없습니다. 왕이 편찮거나 병이 있다고 생각했을 때에 그분을 진찰하러 갔다 와서는 군주제가 폐기된 뒤의 장래에 대해서 당신과 토론하곤 했으니까요. 분명히 우리 둘은 반역자들이었지요.[51]

이승만에게 기독교와 민주주의 사상을 고취해 준 제중원의 의료선교사 에비슨.

이러한 에비슨이었으므로 단발 문제로 고민하는 이승만에게 단발을 강력히 권고했을 것이 틀림없다. 그리하여 이승만은 단발령이 공포되자 자의로 단발하기로 결심했다. 물론 그때까지는 대부분의 배재학당 학생들은 상투머리를 하고 다녔다.

이승만은 이경선이 출타한 어느 날 오후에 김씨 부인에게 단발할 결심을 말했다. 그는 자서전 초록에 김씨 부인에게 “단발을 하는 것은 고래의 신조에 어긋나는 일이기는 하나 세조(世潮)의 흐름에 거역할 수가 없다는 것을 아뢰었다”라고 적고 있다.[52]

우는 김씨 부인을 보고 이승만도 울었다. 이승만은 정중히 조상의 위패를 꺼내어 그 앞에 고하고 나서 에비슨에게 가서 상투를 잘랐다. 상투를 자를 때의 일을 이승만은 자서전 초록에서 인상적으로 적었다.

> 닥터 에비슨이 가위로 나의 머리를 잘랐다. … 그때에 몇몇 외국사람들이 동정어린 눈으로 지켜보았는데, 머리카락이 잘리고 상투가 내 앞에 떨어질 때에 나는 싸늘한 전율을 느꼈다. 그리고 나는 병원에 딸려 있는 작은 방에서 이틀 밤을 지냈다. … 내가 나타나자 어머니는 무척 놀라고 자식이 죽기나 한 것처럼 통곡하였다. 나의

---

51) 에비슨이 1949년 12월21일에 李承晩에게 보낸 편지, “청년이승만자서전”, 이정식 지음, 권기붕 옮김, 앞의 책, p. 273.

52) “청년이승만자서전”, 이정식 지음, 권기붕 옮김, 앞의 책, p. 272.

> 그 귀중한 상투는 어느 여선교사가 필라델피아 근처의 자기 친구에게 보냈는데, 그 뒤에 행방불명이 되었다.[53]

한편 에비슨은 이때의 일을 조금 다르게 회고하고 있어서 흥미롭다.

> 폐하께서 머리를 깎은 직후의 어느 일요일 오후에 이승만씨가 우리 집에 찾아와서 상투를 잘라 달라고 하여 나를 놀라게 했다. 내가 "정말 상투를 자르고 싶습니까?" 하고 묻자, "물론 싫지요. 그러나 잘라야 하기 때문에 이왕이면 친구가 자르게 하고 싶습니다. 이 일을 재미로 여기는 자들에게 잘리고 싶지는 않습니다" 라고 대답했다. 우리는 시약소로 갔다. 나는 여기에서 그의 상투를 단번에 잘라 테이블 위에 얹어 두고는 남은 머리카락을 내 기술껏 다듬어 주었다. 내 기술이라야 대단한 것이 아니었으나 적어도 폐하의 머리를 깎은 사람보다는 더 잘 깎았다. 이발이 끝나자 이씨는 잘린 상투를 정성스럽게 집어서 가제에 쌌는데, 두 뺨에 눈물이 흘러내렸다. 그는 그것을 집에 가져가서 어머니에게 드리겠다고 말했다.[54]

에비슨은 이승만이 잘린 상투를 어머니에게 갖다 드리겠다고 말했다고 했는데, 이승만은 김씨 부인에게 먼저 보인 다음에 미국인 여선교사에게 건네주었던 모양이다. 사실은 고종도 울며 겨자 먹기로 단발을 했다. 단발을 한 직후에 에비슨을 만난 고종은 "보시오. 저들이 우리 모두를 중으로 만들어 놓았소" 라고 말했다고 한다. 아무튼 단발령이 "일본인이 이미 자행한 여러 가지 행위로 야기된 조선인의 적개심에다 극히 불필요한 모욕감마저 더 보태게 되었다"[55] 라고 한 에비슨의 말은 적절한 지적이었다.

---

53) 위의 글, pp. 272~274.

54) 올리버 R. 에비슨 지음, 황용수 옮김, 《구한말 40여년의 풍경》, 대구대학교 출판부, 2006, pp. 276~277.

55) 위의 책, p. 275.

이승만이 상투를 자른 날짜는 분명하지 않다. 단발령을 공포하는 날 고종은 왕세자와 함께 단발을 했으므로, 에비슨의 회고대로라면 이승만이 단발을 한 것은 단발령이 공포된 직후였다. 단발령이 공포된 것은 춘생문사건이 있고 나서 한 달쯤 지난 1895년 11월15일이었고, 또 바로 그날 춘생문사건에 대한 재판이 있었으므로, 이승만이 상투를 자른 것은 평산에서 돌아와서 얼마 되지 않은 때였다.

의료 선교사로 1893년에 조선에 온 에비슨은 1935년까지 줄곧 한국에 머물면서 세브란스 의전과 연희전문의 교장을 역임하는 등으로 한국의 의료와 교육에 생애를 바쳤다. 이승만은 1952년 3월1일에 피란지 부산에서 외국인에게는 헐비트에 이어 두번째로 에비슨에게 독립유공훈장을 수여하면서, '훈장증'의 문면을 직접 구술했다. 전무후무하리만큼 파격적인 '훈장증'의 내용은 젊은 시절의 자신과 에비슨의 관계를 다음과 같이 강조하고 있다.

> 위대한 의무선교사요 한국인의 온정적인 친우요 후원자인 알. 오. 에비슨 박사는 금세기 초엽 한국에 있어서 곤란한 과도기에 내한하여 서울 왕립병원에서 의사로 시무하여 한인을 위하여 수교하며 끊임없이 백성들을 사랑하였으니, 에비슨 박사는 그가 이땅에 전한 기독교 정신으로부터 오는 자유주의사상의 상징으로서 본 대통령의 신실한 친구이었으며 또 본 대통령의 청년시기에 기독적 민주주의 새 사상을 흡흡케 하였으니, 에비슨 박사의 한국인의 희망에 대한 고매한 지원은 모든 한인이 이것을 지실하고 있는 바이니, 그가 그 재능과 지도역량을 다 바쳐 일한 연희대 세브란스병원 앞뜰에 서 있는 그의 동상이 이를 증명하는도다. 차후에 일인의 학정은 이 기념상까지 세기히고 말았으니, 지금 대한민국은 우리 국민의 에비슨 박사에 대한 감사의 념을 새로이하며 그의 이름을 한인의 영육의 보전을 위하여 애쓴 이름 있는 외국인 친우의 명록에 올림을 영예로 여기며 대한민국헌법이 부여한 대통령의 권한에 의하여 자

에 건국공로훈장 단장을 드리어 길이 표창함.[56]

단발령에 반대하는 관료들이 벼슬을 내던지고 낙향하는 등 전국이 단발 반대로 들끓는 상황에서 이승만이 단발을 결행한 것은 외국인들과 어울려 생활하는 동안에 그가 급진적인 개화파가 되고 있었음을 말해준다. 그리고 그것은 그가 일생을 통하여 크고 작은 많은 결단의 고비에서 보여 준 과단성의 한 보기이기도 하다. 그러나 불행하게도 이승만은 단발령이 조선의 정황을 파국으로 몰고 가면서 자신들의 정치적, 군사적, 상업적 이익을 추구하려는 제국주의 일본의 강압에 의한 것이라는 사실[57]을 깊이 인식하지 못했다.

단발령 논란과 함께 정국은 또다시 급전직하로 바뀌었다. 을미사변 직후에 일본 공사의 강요에 따라 발족한 김홍집 내각에 대한 극도의 불신과 신변안전에 대한 공포에 싸여있던 고종은 친러파인 이범진을 통하여 신임 러시아 공사 스페이에르(Alexis de Speyer, 士貝耶)에게 구원을 요청하고 있었는데, 러시아 공사관과 이범진, 김홍륙(金鴻陸) 등 궁내관들은 단발령에 반대하여 각처에서 봉기하는 의병을 진압하기 위해 시위대(侍衛隊)의 주력이 지방으로 파견되어 궁궐의 경비가 소홀해진 틈을 이용하여, 2월11일 새벽에 고종과 왕세자를 러시아 공사관으로 이어(移御)시킨 것이었다. 이른바 아관파천(俄館播遷)이었다. 춘생문사건이 있은 지 두 달 남짓 만의 일이었다.

러시아 공사관으로 거처를 옮긴 그날로 고종은 총리대신 김홍집 등 친일내각 인물들의 체포와 처형을 명령하고 새 내각을 발표했다. 새로 구성된 내각은 친러파보다도 친미파를 중심으로 다양한 인물들을 기용한

56) 延世大學校 醫科大學, 《醫學百年記念畵報》 제1집, 1985, p. 33.

57) 李玟源, "상투와 단발령", 《史學志》 제31집, 檀國史學會, 1998 참조.

러시아 공사관에 머물면서 방문자의 알현을 받고 있는 사복차림의 고종.

정동파 내각(貞洞派內閣)이었다. 그것은 러시아가 조선의 내정에 깊이 개입한다는 인상을 피함으로써 있을 수 있는 열국의 비난을 미연에 방지하려고 한 배려에 따른 것이었다. 총세무사(總稅務司)로 고빙했던 영국인 브라운(John McLeavy Brown, 柏卓安)[58]을 재정고문으로 임명하면서 탁지부(度支部)의 실상을 조사할 권한을 부여하고, 외부(外部)와 법부(法部)의 고문이던 미국인 그레이트하우스(Clarence R. Greathouse, 具禮)를 고등재판소 감독관으로 임명하여 민비 시해사건의 수사와 재판과정에서 중요한 역할을 하게 하는 한편, 재판제도를 개선하게 한 것도 베베르의 이러한 방침에 의해 보장된 것이었다. 고종은 정부조직을 바꾸어 내각을 폐지하고 의정부(議政府)를 부활시킴으로써 왕권을 강화하고자 했다.[59]

한편 각국 외교관들은 아관파천이 있고 나서 조선의 재정, 재판, 교육제도 등의 분야에서 가장 많은 발전이 이루어졌다고 본국 정부에 보고했는데, 그러나 그것은 러시아의 위와 같은 방침에 의한 일시적 현상

58) 金賢淑, “韓末顧問官 J. McLeavy Brown에 대한 硏究”, 《韓國史硏究》 66호, 韓國史硏究會, 1989. 9 참조.

59) 《日省錄》, 建陽元年(1896) 8월18일(양력 9월24일)조.

에 지나지 않았다. 이승만이 뒷날 아관파천에 대해 조선이 독립할 수 있는 좋은 기회의 하나였다고 말한 것도[60] 이러한 상황에 대한 과대한 평가에 기인한 것이었다. 그러나 러시아 공사관에 머물러 러시아 군인의 보호를 받으면서 러시아 공사의 조언에 따라 내리는 고종의 지시가 자주적인 것일 수 없었음은 뒤이어 일본을 제외한 각국에 철도, 광산, 산림 등의 각종 이권을 허용한 것으로도 짐작할 수 있다.[61]

김홍집 등 친일내각의 수뇌는 길거리에서 맞아 죽기도 하고 더러는 일본으로 망명했다. 춘생문사건으로 사형당한 임최수와 이도철은 각각 내부협판과 군부협판에 추증(追贈)되었고, 종신유배형에 처해졌던 이충구는 4월9일에 내부참서관에 임명되었다. 이충구는 뒤이어 법부 형사국장, 고등재판소 판사 등을 거쳐 1897년 12월에는 경무사(警務使)에 임명되었고,[62] 한러은행 설립에도 참여하는 등 적극적인 친러파로 활동했다.

국왕이 외국영사관에 머무는 수치스러운 상황이 벌어지자 최익현을 비롯한 전국의 유생들과 관료들로부터 고종의 환궁(還宮)을 촉구하는 상소가 잇따랐다. 그러나 환궁할 경우에 있을지 모를 신변의 위협을 우려한 고종은 1년이 지나서 러시아 군사교관에 의하여 훈련된 친위대가 궁궐경비를 담당할 수 있게 된 1897년 2월20일에야, 그것도 외국공사관들과 인접한 경운궁(慶運宮: 지금의 德壽宮)으로 환궁했다.[63]

고종이 환궁한 뒤에도 러시아는 한국정부에 계속해서 영향력을 행사했다. 우선 왕궁의 호위가 러시아 군사교관의 지휘와 통제 아래 있었

---

60) 《독립정신》, 《梨花莊所藏 雩南李承晩文書 東文篇(一) 李承晩著作 1》, 延世大學校 現代韓國學研究所, 1998, p. 378.

61) 愼鏞廈, 《獨立協會研究》, 一潮閣, 1976, pp. 151~152; 이민원, 앞의 책, p. 128 참조.

62) 安龍植 編, 《大韓帝國官僚史研究(I) — 1896. 8~1901. 7》, p. 631.

63) 이민원, 앞의 책, p. 125.

일본인들에게 시해된 지 2년 넘어 지나서야 거행된 명성황후 국장.

다. 러시아는 조병식(趙秉式), 심상훈(沈相薰) 등 친러파를 요직에 기용하게 하는 한편, 고종의 측근에는 김홍륙 등 러시아어 통역관을 배치시켰다.

고종은 이러한 러시아의 간섭을 벗어나서 자주권을 확립하고 친정체제를 강화하기 위한 조치를 취했다. 먼저 3월23일에는 국가제도를 재정비할 교전소(校典所)를 설치하고,[64] 10월에는 칭제(稱帝)할 것을 선포하고, 국호를 대한제국(大韓帝國)으로 선포하는 동시에 황제 즉위식을 거행했다.[65] 1월에 시호를 명성(明成)으로 정했던 민비도 명성황후로 개칭하고, 11월21일에는 명성황후 국장을 거행했다. 명성황후는 일본인들에게 시해된 지 2년 넘어 지나서야 인산(因山)이 거행된 것이었다.

64) 韓哲昊, 《親美開化派硏究》, 國學資料院, 1998, pp. 211~220.

65) 李玟源, "稱帝論議의 展開와 大韓帝國의 成立", 《淸溪史學》, 제 5집, 韓國精神文化硏究院, 1988. 2 참조.

3. 서재필의 권유로 협성회(協成會) 조직

이승만이 평산에서 돌아온 직후에 배재학당에서 서재필(徐載弼) 박사 환영회가 열렸다. 서재필은 《독립신문》의 발간준비를 위하여 분주하던 때였는데, 그가 귀국한 뒤에 청중들 앞에서 강연하기는 이때가 처음이었다. 미국 시민권 소유자인 서재필은 아펜젤러 등 미국인의 협조를 얻어서 이 강연회를 한국 정계에 공개적으로 등장하는 계기로 삼았던 것 같다. 그가 이 강연에서 미국의 정치제도를 특별히 소개한 것도 그러한 의도를 나타낸 것이었다. 같은 무렵에 서재필은 서울의 감리교단이 발행하던 영문잡지 《코리언 리포지터리(*The Korean Repository*)》에 "조선이 가장 필요한 것"이라는 글을 발표하여 현대적 교육의 긴요함을 강조했다.66)

이승만도 이 환영회에 참석했다. 그것은 이승만이 서재필을 처음 보는 자리였는데, 이때의 서재필과의 만남은 이승만이 개화기의 주역의 한 사람으로 급성장하는 계기가 되었다.

서재필은 열아홉 살에 별시(別試) 문과(文科)에 급제할 만큼 재주가 있었고, 열정이 넘치는 개화파로서 갑신정변에 참여하여 '3일천하'의 개화당 정권에서 병조참판(兵曹參判) 겸 후영정령관(後營正領官)이라는 요직에 임명되었다. 갑신정변이 실패하자 김옥균(金玉均) 등과 같이 일본으로 망명한 뒤에 미국으로 건너가서 컬럼비아 의과대학〔Columbia Medical College: 조지 워싱턴대학교 의과대학의 전신〕을 고학으로 졸업하고, 워싱턴에서 병원을 개업했다. 그러다가 그곳을 방문한 박영효(朴泳孝)의 종용으로 1895년 11월 중순(양력 12월 말)에 귀국한 것이었다. 11년 만의 귀국이었다. 이때에 그는 서른두 살이었다.

박영효가 서재필의 귀국을 종용한 것은 그의 개인적인 의견이 아니라

---

66) Philip Jaisohn, "What Korea Needs Most", *The Korean Repository*, March 1896, pp. 108~110.

갑신정변 뒤에 미국으로 망명했다가 11년 만에 귀국하여 《독립신문》을 발행하면서 독립협회를 이끌던 때의 서재필.

갑오개혁 때에 집권한 개화파 내각의 요청에 따른 것이었다. 이보다 앞서 그해 5월에 박정양(朴定陽)이 내각 총리대신으로 취임하면서 서재필을 외부협판으로 임명하고 속히 귀국하도록 요청했으나, 그 때에는 응하지 않았었다.

서재필이 귀국하자 개화파 내각은 그가 정부에 참여할 것으로 기대했다. 그러나 서재필의 생각은 달랐다. 그는 아펜젤러의 집을 거처로 정하고 국내 수구파로부터의 만일의 위해에 대비하면서 정부 밖에서 안전하게 미국 시민권을 가지고 민중을 계몽하는 사업을 하고 싶어 했다. 이때의 일을 서재필 자신은 다음과 같이 술회했다.

> 김홍집과 유길준(俞吉濬)은 나에게 외부대신이 되어 달라고 요정하였다. 나는… 정계에는 아무런 야심이 없고 환국한 주요 목적이 인민을 가르치고 지도 계몽하려는 데에 있었던 까닭으로 그 요청을 굳게 거절하였다.[67]

그것은 아관파천 직전의 일이었다. 서재필로서는 김홍집 내각에 참여

67) 金道泰, 《徐載弼博士自敍傳 — 韓末史를 중심으로》, 首善社, 1948, p. 198.

하지 않은 것이 천만다행이었다. 그에게는 이미 재회를 반길 친족이 없었다. 갑신정변으로 삼족이 멸문을 당했기 때문이었다. 부모와 형과 아내는 음독자살했고, 동생은 참형을 당했으며, 아들은 굶어 죽었다.68)

서재필은 재혼한 미국인 부인과 같이 귀국했다. 그는 미국에서 '필립 제이슨(Philip Jaisohn)'이라는 이름을 썼는데, 귀국해서도 '제손〔한자로는 堤仙〕'이라고 미국 이름을 그대로 썼다. 그가 공식 활동에서도 '제손'이라는 이름으로 일관한 것은 신변안전을 고려하여 미국 시민권자임을 강조하기 위해서였다. '제손'씨가 실크 해트에 모닝 차림으로 부인과 같이 길을 걸을라치면 구경꾼이 몇십명씩 뒤를 따라다니곤 했다.

서재필은 귀국하자마자 정부의 보조를 받아서 《독립신문》을 발간할 준비를 시작했다. 김홍집 내각은 독립신문사의 설립자금으로 3,000원(圓)을 지출하도록 하고 또 서재필의 개인 생계와 가옥 임대를 위해 1,400원을 따로 지출하도록 하여, 총계 4,400원을 정부 예산에서 지급했다. 이와는 별도로 서재필이 앞으로 10년 동안 중추원(中樞院) 고문으로 재직하면서 월봉 300원의 거액을 받도록 조치함으로써 그의 활동을 보장했던 것인데,69) 아관파천 이후에 새로 구성된 정동파 내각은 다행히도 《독립신문》 발간에 한결 더 적극적이었다.70)

이 무렵의 서재필의 행동거지에 대하여 윤치호는 매우 솔직하게 적어 놓았다.

> 서재필 박사는 모든 것에 대해 지시하기를 좋아하는 야심적인 사람이다. 그는 정력적이고, 단호하고, 빈틈이 없다. 분명히 그는 한국이 자랑할 만한 인물이다. 그는 대신들과 협판들을, 늙었거나 젊었거나, 마치 그들이 철없는 아이들이기나 한 것처럼 그렇게 훈계

68) 위의 책, p. 151.
69) 愼鏞廈, 앞의 책, p. 12, p. 16.
70) 韓哲昊, 앞의 책, pp. 171~180.

> 하고 다룬다. 그들의 대부분은 그의 무례한 태도를 보면서도 미국의 보호를 받고 있는 그에게 화도 내지 못한다. 월봉 300달러에 10년 고빙계약을 맺고 있는 그는 한국관리들의 비위를 맞출 필요가 없다.[71]

이러한 서재필의 매몰찬 태도를 두고 양반관료 사이에서는 입방아를 찧는 사람들이 많았다. 윤치호의 다음과 같은 기술이 그러한 상황을 짐작하게 한다.

> 서재필 박사는 1884년에 (천민이 되는) 치욕을 당하고 자결한 전 부인의 묘를 찾아보지 않았다고 하여 비난을 받고 있다. 그가 귀국한 뒤에 늙고 가난한 장인이 그를 찾아오자 이 사위는 그에게 2달러를 주었고, 장인은 받지 않았다고 한다. 나는 서박사가 인정스러운 사람이 아니라는 것을 잘 알지만, 그 이야기는 믿을 수 없다. 분명히 그는 냉정하고 거만하여 문유영이나 한세진과 같은 많은 옛 친구들을 멀리하고 있다. 한세진은 어느 날 서재필이 길에서 가까이 오는 거지를 발길로 걷어차는 것을 보고 충격을 받았다.[72]

이승만은 환영회에서 행한 서재필의 강연에서 적지 않은 감동을 받았다. 특히 다음과 같은 대목이 감명 깊었다고 한다.

"미국에서는 인민의 권리라는 것을 대단히 존중합니다. 각 도, 각 고을에서 백성이 각기 자기네 마음에 맞는 훌륭한 인물을 선거해서 정부에 보내면 정부에서는 이들로써 국회를 조직하고, 그들의 정하는 대로 온갖 정치를 운영하게 됩니다. 법도 그렇게 해서 정합니다. 그러니 미국에서는 정부가 하는 일에 대해 백성이 불평을 갖는 일이 없습니다. 그건 왜냐하면 국회는 곧 그들이 뽑아 보낸 사람들이 모인 곳이니까요".[73]

---

71) 《尹致昊日記(五)》, 1897년 8월8일조, 國史編纂委員會, 1975, p. 81.
72) 《尹致昊日記(五)》, 1898년 1월15일조, p. 125.
73) 徐廷柱, 앞의 책, p. 146.

그것은 의회주의의 가장 기초적인 내용을 소개한 것에 지나지 않는 것이었으나, 전제군주제 아래 있던 청중에게는 눈이 휘둥그레지는 이야기로 들렸을 것이다. 그리하여 그 강연을 들은 젊은 청년들은 누구나 미국을 부러워했고, 또 서재필을 통하여 미국을 좀더 알아보고 싶고, 되도록이면 조선도 그렇게 만들어보고 싶어졌다는 것이다.74)

환영회가 있은 지 석 달 뒤인 1896년 5월부터 서재필은 아펜젤러의 요청에 따라 매주 목요일 오후에 배재학당에 가서 세계지리, 역사, 정치학, 의사진행법 등 폭넓은 분야에 걸친 특별 연속강의를 시작했다. 채플실에서 실시된 서재필의 특별 연속강의에는 많은 사람들이 몰렸다. 연속강의는 1년 동안 계속되었는데, 이승만이 서양 시민사회와 조선의 정치현실, 그리고 국제사회에서의 조선의 위치 등에 대해 뚜렷한 인식을 갖게 된 것은 이 연속강의를 통해서였다. 서재필의 특강은 학생들의 큰 호응을 얻었다. 그것은 학당의 교사 벙커가 그해 8월21일에 감리교 선교부 연례회에서 배재학당에 대해 다음과 같이 보고하고 있는 것으로도 짐작할 수 있다.

"몇 달 전부터 서재필 박사가 학생들에게 실시하고 있는 연속강의에 대해 특별히 말하고 싶습니다. 이 강의는 예배실에서 실시되고 있는데, 언제나 학생들로 의자가 꽉 메워집니다. 강의는 조선말로 하기 때문에 학생들에게 큰 도움을 주고 있습니다. 유럽을 설명하려고 할 때에는 지도 위에 그 지역을 표시하고 나서 일반 역사와 교회발달사를 훤히 알 수 있도록 설명합니다. 우리는 서박사가 앞으로도 이 강의를 계속하여 예정했던 계획의 전부를 학생들에게 들려주기를 희망합니다."75)

이승만은 이 해 음력 7월25일에 어머니를 여의었다.76) 몇 달 전에 이

---

74) 위의 책, p. 147.

75) D. A. Bunker, "Pai Chai College", *The Korean Repository*, September 1896, pp. 363~364.

76) 《世系與四柱幷錄 璿源世系》 및 "賻儀" 표지. 이때는 양력을 쓰기 시작한

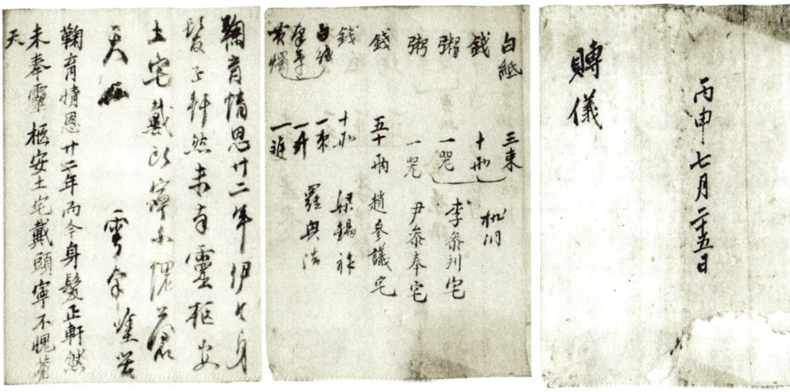

이승만의 어머니 장례 때의 부의록과 부의록에 적혀 있는 이승만의 한시.

승만이 상투를 자를 때만 해도 건강에 특별한 문제가 없었던 김씨 부인이 어떻게 갑자기 사망했는지 궁금하다. 이승만의 구술을 토대로 한 그의 전기들도 김씨 부인의 죽음에 대해서는 전혀 언급이 없다. 이때의 부의록이 보존되어 있는데, 이 부의록은 당시의 장의문화를 짐작할 수 있는 귀중한 자료이기도 하다. 부의로는 돈뿐만 아니라 백지, 황촉 등 물품을 보내기도 했고, '이 참판(李參判)'과 '윤 참봉(尹參奉)' 집에서는 죽을 한 동이씩 쑤어 보내고 있는 것이 눈길을 끈다. 부의금을 제일 많이 보낸 사람은 250냥을 보낸 화이팅이었고, 다음은 200냥을 보낸 이충구였다. 이승만과 이충구의 관계가 얼마나 자별했는지를 여기서도 볼 수 있다.

또한 이 부의록에는 다음과 같은 이승만의 친필 한시 두 수가 적혀 있어서 여러 가지를 생각하게 한다.

重門深鎖日如年　중문은 굳게 잠겨 하루가 한 해 같고
客思秋懷仍渺然.　나그네 생각 가을 회포 다 묘연하다.

때이기는 하나 《璿源世系》에 적힌 "丙辛七月二十五日"이라는 이승만의 친필은 음력표기일 것이다. '丙辛'은 '丙申'의 오기이다.

咫尺家山徒夢想　가산이 지척인데 부질없는 몽상뿐
月光遍照兩邊天.　달빛이야 두 곳 하늘 두루 비추리.

鞠育情恩廿二年　스물두 해 정성으로 길러 주시어
而今身髮正軒然.　이제는 몸과 머리 정녕 훤칠하구나.
未奉靈柩安土宅　영구를 받들고 가 장사를 못 모시니
戴頭寧不愧蒼天.　하늘을 머리에 이고 어찌 부끄럽지 않으리.
雩南 唫哭　우남 곡하며 읊음.

김씨 부인의 묘는 황해도 평산에 있는데, 이 시로 미루어 보면 이승만은 장지까지 가지 않았다. 마흔이 넘어서 얻은 6대 독자, 그것도 양녕대군의 16대손인 귀한 외동아들을 위하여 그토록 정성을 쏟았던 어머니의 장례를 치르면서 장지까지 갈 수 없었던 피치 못할 어떤 사정이 있었는지는 알 수 없으나, 극히 이례적인 일이 아닐 수 없다.

서재필은 특강을 시작한 지 반 년이 지났을 때에 배재학당 학생들로 하여금 토론회를 위한 모임을 조직하도록 권장했다. 그는 미국에서 고등학교에 다닐 때에 과외활동으로 '리노니아(Linonia)'라는 문학토론회에 참가하여 많은 영향을 받았는데, 그것을 본떠서 배재학당의 학생들로 하여금 민주적 토론방식을 통하여 자발적으로 개화의식을 함양하도록 하고자 했던 것이다.77) 모임의 이름을 협성회(協成會)라고 정하고, 11월30일에 그 첫 회합을 열었다. 그것을 보도한 《독립신문》의 다음과 같은 기사는 협성회에 대한 서재필의 의욕과 기대가 어떠했는지를 짐작하게 한다.

배재학당 학도들이 학원 중에서 협성회를 모아 일주일에 한번씩 모여

77) 李光麟, 앞의 책, p. 120.

의회원 규칙을 공부하고 각색 문제를 내어 학원들이 연설공부들을 한다니 우리는 듣기에 너무 즐겁고, 이 사람들이 의회원 규칙과 연설하는 학문을 공부하여 조선 후생들에게 선생들이 되어 만사를 규칙이 있게 의논하며 중의를 좇아 일을 결처하는 학문들을 퍼지게 하기를 바라노라.[78)]

그리고 이틀 뒤에는 다시 "논설"란에서 다음과 같이 논평하면서, 대신들도 배재학당에 가서 학생들에게 배우라고 권유하기까지 했다.

배재학당 학도들은 근일에 협성회를 모아 의회원 규칙과 연설하는 법을 공부를 하는데, 규칙을 엄히 지키고 속에 있는 말을 두려움이 없이 하며 일 의논할 때에 거조(擧措)가 제제창창(濟濟蹌蹌)하여 혼잡한 일이 없고 꼭 중의를 좇아 대소사무를 결정하니, 우리 생각에는 의정부 대신네들이 배재학당에 가서 이 아이들에게 일 의논하는 법을 배워 가지고 가서 일을 의논하면 좋을 듯하더라.[79)]

《독립신문》의 이러한 "논설"은 협성회의 토론회가 독립협회가 준비하고 있던 의회개설운동의 예비훈련과 같은 성격을 지닌 것이었음을 말해준다. 그러나 협성회가 발족했을 때의 창립회원은 재학생 160명 가운데에서 13명밖에 되지 않았다. 그것은 아마 처음에는 대부분의 학생들이 여러 사람이 모인 자리에서 자기의사를 주장하는 경험을 해본 적이 없었으므로 선뜻 호응하지 않았기 때문이었을 것이다.[80)] 이승만은 협성회의 창립에 적극적으로 참여했다. 그리하여 제1차 임원진을 구성할 때에 회장은 학당의 선임 교사인 양홍묵(梁弘默)이 맡았고, 이승만은 서기로 신임되었다. 협성회 규칙에 따르면 서기의 임무는 "회의 문서수

78) 《독립신문》 1896년 12월1일자, "잡보".
79) 《독립신문》 1896년 12월3일자, "논설".
80) 洪性俊, "開化期 協成會運動에 관한 연구", 《崇實史學》 제14집, 崇實大學校 史學科, 2001, p. 4.

발 업무를 관장하고 개회 때에 연설과 의사(議事)를 기록하여 다음 회의가 열릴 때에 낭독하는 것"이었다. 이렇게 하여 이제 이승만은 이 나라 최초의 학생회의 간부가 된 것이다. 그만큼 그는 정치적으로 빨리 성숙해 갔다. 그리하여 학생들 사이에서는 "주상호(周相鎬, 뒤의 時經)는 조선어를 연구하러, 이승만은 정치를 하러 배재를 다닌다"라는 말이 나돌 정도였다.[81]

토론회는 매주 거르지 않고 열렸다. 주제는 처음에 "국문과 한문을 섞어 씀이 가함(제1회)", "학도(學徒)들은 양복을 입음이 가함(제2회)", "학원(學員)들은 매일 운동함이 가함(제4회)" 등의 구체적이고 실제적인 것으로 시작하여, "우리나라 종교를 예수교로 함이 가함(제7회)", "노비를 속량함이 가함(제8회)", "국민이 이십 세 된 자는 일제히 병정으로 택함이 가함(제13회)", "사농공상(士農工商) 학교를 세워 인민을 교육함이 가함(제17회)", "우리나라에서 상하의원을 설립함이 급선무로 결정함(제24회)", "재정과 군권을 남에게 맡기는 것은 곧 나라를 남에게 파는 것으로 결정함(제42회)", "각 고을마다 우체를 설치하고 인민의 서신을 종편 왕래케 하는 것이 요무로 결정함(제47회)", "나라를 개명하자면 신문국(新聞局)을 각처에 설시하는 것이 요무로 결정하는 문제(제50회)" 등과 같이 사회구습의 타파, 정치제도의 개혁, 실업 교육의 진흥, 체신제도의 확충, 언론 창달 등 근대 시민사회의 필수적인 주요 문제들을 망라했다.

이러한 주제에 대해 우의〔右議: 찬성자〕와 좌의〔左議: 반대자〕를 두어 토론하게 하고 또 회의도 공개했기 때문에 토론 참가자들뿐만 아니라 일반 방청객도 이 토론회에 큰 흥미를 갖게 되었다. 토론회는 1896년 11월30일부터 1898년 7월16일까지 모두 51회가 열렸는데,[82] 회를 거

---

81) 尹聲烈 증언, "人間李承晩百年(10)", 《한국일보》 1975년 7월20일자.

82) 洪性俊, 앞의 글, p. 18. 토론회의 내용에 대해서는 金東冕, "協成會의 思想的硏究", 《史學誌》 제 15집, 檀國大學校史學會, 1981, pp. 67~104 참조.

듭할수록 학생들의 변론술도 발전했다.

학생들이 박수치는 법을 배운 것도 이때였다고 한다. 토론회가 진행되던 어느 날 서재필은 문득 생각난 듯이 말했다.

"미국에서는 남이 연설할 때에 잘하면 손바닥을 마주 때려 박수라는 것을 하는 법이오. 여러분도 잘한다고 생각되거든 그렇게 해보시오."

이때에 이승만은 아무리 미국 것이 좋다고 하더라도 그런 것까지 흉내 낼 필요가 있겠느냐는 생각이 들어서 일부러 "자, 그럼 우리 박수합시다" 하고 큰 소리로 말하면서 박수를 선도했다. 그러자 서재필은 "좋으면 혼자서 박수하지 남까지 꼭 같이 하자고 권할 것은 뭐야!" 하고 핀잔을 했다. 그리하여 강당 안은 한바탕 웃음판이 되었다.[83]

토론회가 흥미 있게 진행되자 협성회 회원수도 급증했다. 회원은 배재학당 학생뿐만 아니라 일반인의 가입도 권장하여, 1년 뒤인 1897년 12월에는 200명을 헤아리게 되었다.[84] 일반인도 회원으로 가입할 수 있게 된 것은 협성회가 학생회의 범위를 벗어나서 개화운동을 위한 사회단체가 되어 가고 있었음을 뜻한다. 그리하여 협성회의 활동은 지방에까지 알려지게 되고, 그에 따라 지방 협성회가 조직되기까지 했다. 1897년 6월에 황해도 장연의 송천(松川)에서 협성회를 결성하기 위하여 서상윤(徐相崙)과 김윤오(金允五)가 서울 협성회로 찾아와서 약조를 하고 장연 협성회를 결성했다. 회장은 김윤오이고 회원은 25명이었다고 한다. 그 뒤에 장연 협성회는 규칙에 밝은 회원을 보내 줄 것을 요청해 와서 서울 협성회에서는 김홍경과 김필원을 파견했다.[85]

협성회는 4개월 전에 결성된 독립협회의 모든 활동에도 적극적으로 참가하고 그것을 지원함으로써 가장 강력한 자매단체 구실을 했다.[86]

---

83) 徐廷柱, 앞의 책, pp. 148~149.

84) 《협성회회보》(제8호) 1898년 2월19일자, "논설".

85) 《협성회회보》(제2호) 1898년 1월8일자, "회중잡보".

86) 愼鏞廈, 앞의 책, p. 116.

또한 협성회의 토론회는 독립협회에도 영향을 주어, 독립협회도 정기적 토론회를 중요한 활동으로 채택했다. 독립협회의 토론회는 1897년 8월 29일부터 이듬해 12월3일까지 34회가 열렸다.[87] 이 무렵에 1년 가까이 조선을 여행했던 영국인 여행가 비숍(Isabella L. Bird Bishop)은 배재학당에 대해 다음과 같이 적었다.

> 미국에서 교육받은 조선인 제이슨 박사는 최근에 일주일에 한번씩 이 학당에서 지구의 지리적 구분과 함께 유럽의 정치사와 기독교회사에 대한 강의를 하여 많은 사람들을 열광시켰다. 영국의 퍼블릭 스쿨〔public school: 기숙제 남자 사립 중고교〕에서 보는 도덕적 자존심과 유사한 기풍과 함께 애국심을 이곳 학생들에게 함양시키고 있다.[88]

이승만은 1897년 7월8일에 배재학당을 졸업했다. 입학한 지 2년 반 남짓한 때였다. 이때에는 졸업식을 '방학예식'이라고 했는데, 이 방학예식에서 공과도강(工課都講)을 치렀다.[89] 공과란 학과목을 뜻하는 말이고, 도강이란 종합고사를 뜻하는 말이었음은 앞에서 본 바와 같다. 그런데 배재학당에서 정규 졸업생을 배출하기 시작한 것은 1909년부터였던 것으로 되어 있다. 그 이전의 수료자는 명예졸업생으로 다루고 있는데, 명예졸업생으로는 이승만을 포함하여 31명의 명단이 전해진다.[90] 이승만에게 배재학당에 입학할 것을 강력히 권유했던 신긍우는 명예졸업생 명단에 없고 그의 동생 신흥우만 기재되어 있는 것이 의아스럽다.

---

87) 위의 책, pp. 262~263.

88) Isabella L. Bird Bishop, *Korea and Her Neighbors*, vol. Ⅱ, John Murray, 1898, p. 209.

89) 尹聲烈, "남기고 싶은 이야기들 : 배재학당(5)", 《中央日報》 1977년 2월8일자.

90) 《培材 80年史》, 學校法人 培材學堂, 1965, p. 819.

이때의 방학예식은 배재학당이 설립되고 나서 처음으로 거행되는 공식 졸업식이었다. 그것은 큰 사회적 이벤트였다. 《독립신문》은 한글판 "잡보"란과 영문판의 머리기사로 이 방학예식〔영문판에서는 'commencement exercises'라고 했다〕 광경을 자세히 보도하고 있다. 예식은 정동예배당에서 거행되었다. 식장에는 태극기와 성조기가 높이 게양된 가운데 왕실을 비롯하여 각부 대신들과 중추원 의관 등 조선의 정치인과 관리들, 각국 외교관들, 그리고 외국 부인들을 포함한 600여명의 내빈들이 참석했다. 대신들은 한 사람을 빼놓고는 모두 참석했다.

조선어와 영어로 된 프로그램이 배부되고, 배재학당 당장 아펜젤러가 사회를 보았다. 먼저 교사들과 학생들이 독립가〔영문판에는 '축복의 샘으로 오라'라는 찬송가〕를 부르고, 성서공회의 영국인 켄무어(Alexander Kenmure)가 영어로 기도를 한 다음, 세 사람의 한문 도강이 있었다. 한 사람은 《조선역대사략(朝鮮歷代史略)》, 한 사람은 《통감(通鑑)》, 한 사람은 《조선사략(朝鮮史略)》을 외웠다. 다음은 영어도강이었다. 신흥우가 영어로 "어떤 사람의 어머니"라는 글을 외웠다. 이어 학생들이 찬송가 4중창을 부르고 나서, 송언용이 "광명단의 사명"이라는 글을 외웠다.

영어도강의 하이라이트는 이승만의 영어 연설이었다. 연설 제목은 "조선의 독립"이었다. 그는 조선과 중국의 관계와 청-일전쟁을 통한 독립 획득경위를 개략적으로 말하고 나서, 조선이 당면한 어려움과 무엇이 필요한지에 대해 열변을 토했다. 그의 대담한 발언은 청중들로부터 박수갈채를 받았다. 《코리안 리포지터리》는 이승만의 연설에 대해 다음과 같이 평가했다.

> 아직 미숙한 이 졸업생 대표는 "조선의 독립"을 그의 연설제목으로 선택했다. 그것은 조선에서 거행되는 첫 대학(college) 졸업식 연설의 제목으로서 적절한 것이었다. 나라의 독립만이 이들 젊은이들이 교육받은 것을 실천할 수 있는 터전을 마련해 줄 것이다. …

> 이승만씨의 어법(語法)은 훌륭했고, 감정도 대담하게 표현되었으며, 발음도 깨끗하고 명확했다.[91]

또한《독립신문》도 이승만의 영어연설에 대해 "이승만이 영어로 조선독립문제를 연설을 하는데, 뜻이 훌륭하고 영어도 알아듣게 하여 외국사람들이 매우 칭찬들 하더라"[92]라고 보도했다. 그리고《죠선크리스도인회보》는 "이승만씨는 조선국 독립한 일을 영어로 연설한 후에 독립가를 노래하니 또한 일좌 회원들이 칭찬하며 손뼉을 치는 소리 회당이 진동하며 크게 기뻐하고…"라고 하여, 이승만이 연설 끝에 '독립가'를 불렀다고 보도했다.[93] 이승만의 연설에 이어 미국 공사 실의 축사가 있었다. 예식의 제 1부 행사는 이것으로 끝났다.

계속된 제 2부 행사는 협성회의 토론회였다. 방학예식에 협성회 행사를 포함시킨 것은 그만큼 학당에서도 협성회 활동을 대외적으로 자랑할 만한 일로 꼽고 있었음을 뜻한다. 먼저 회장 양홍묵이 협성회의 취지를 소개하고 나서, "동양제국(東洋諸國)이 서양〔泰西〕 개화를 채용할 때를 당하였다"라는 토론제목을 제시했다. 관례에 따라 찬성쪽 두 사람과 반대 쪽 두 사람이 토론했는데, 한 시간 가까이 계속된 토론은 "깊이 든 잠들을 깨울 만큼"[94] 청중들을 사로잡았다. 이어서 서재필이 서양역사를 배운 학생들 가운데에서 우수한 네 사람을 시상하고, 학부대신 민종묵(閔種默)이 협성회를 격려하는 축사를 했다.

끝으로 애국가를 부르고 나서 장소를 배재학당 동산으로 옮겨서 다과회가 열렸다. 내빈들은 학생들의 잘 훈련된 체조를 관람하고 다과를 들면서 담소했다. 배재학당은 1년 동안 학생들을 가르친 데 대한 감사의

---

91) "The Closing Exercises of Pai Chai", *The Korean Repository*, July 1897, p. 272.

92) 《독립신문》 1897년 7월10일자, "잡보"; *The Independent*, Jul. 13, 1897.

93) 《조선크리스도인회보》 1897년 7월14일자, "배재학당 방학".

94) 《독립신문》 1897년 7월10일자, "잡보".

표시로 서재필에게 《스탠더드 사전》 한 질을 증정했다.

많은 내외국인이 참가한 방학예식에서 야심적인 영어 연설을 함으로써 박수갈채를 받은 것은 이승만에게 자긍심을 더욱 굳혀 주는 감격스러운 일이었을 것이다.

서재필은 이처럼 이승만의 학문과 정치의식의 빠른 성장에 큰 영향을 끼쳤다. 그는 뒷날 이때의 이승만에 대하여 다음과 같이 적었다.

> 그(이승만)는 스무나무 살 된 젊은이였으나 매우 진지하고 야망에 차 있었다. 그는 자신의 생애를 교육사업에 바치기를 원했고, 나의 활동에 대하여 깊은 관심을 가지고 있었다. 나는 그에게 만일 그의 생애를 한국 민중의 복지를 위하여 바치기를 원한다면 먼저 유럽이나 미국에 가서 교양교육을 받고 지도력을 갖출 준비를 해야 한다고 말했다.[95]

이승만의 미국유학도 서재필의 이러한 권고가 자극이 되었다. 이승만의 국제정치 인식도 서재필로부터 큰 영향을 받았을 것임은 말할 나위도 없다. 이 무렵 서재필은 러시아의 이권 요구와 러시아인 군사교관 및 재정고문 고빙을 반대하는 운동을 벌이고 있었는데, 이러한 서재필의 러시아에 대한 비판의식은 그대로 이승만에게 전수되었다.

서재필을 초청하여 특별 연속 강의를 하게 함으로써 큰 효과를 거둔 배재학당은 다시 윤치호를 초청하여 1898년 2월부터 학생들에게 강의를 하게 했다. 무관 출신의 개화파였던 윤웅렬의 아들로 태어나서 조선 최초의 일본 유학생이 된 윤치호는 갑신정변에 직접 가담하지는 않았으

95) Philip Jaison, "Jaison on Rhee", p. 1, 유영익, 《젊은 날의 이승만 — 한성감옥생활(1899~1904)과 옥중잡기연구》, 연세대학교 출판부, 2002, p. 170에서 재인용.

나 개화당의 일원으로서 김옥균, 박영효 등과 각별히 친밀했기 때문에 정변이 실패하자 중국으로 망명했다. 상해의 중서학원(中西學院)을 수료하고 미국으로 건너간 그는 밴더빌트(Vanderbilt) 대학교와 에모리(Emory) 대학교에서 서양 학문을 습득했다. 대학을 졸업한 뒤에 중서학원의 영어교사로 재직하기도 했던 윤치호는 1895년에 귀국하여 외부협판과 학부협판을 역임했고, 1896년 4월에 러시아의 니콜라이 2세(Aleksandrovich Nikolai II) 대관식에 참석하는 민영환(閔泳煥)의 수행원으로 갔다가 프랑스를 거쳐 이듬해 1월에 귀국했다. 귀국한 뒤에는 서재필, 이상재(李商在) 등과 함께 독립협회를 이끌고 있었다.[96]

윤치호도 일주일에 한번씩 배재학당에 나와서 학생들에게 격물학(格物學)을 가르쳤다. 격물학이란 자연과학이 처음 소개될 때에 중국에서 그렇게 번역하여 썼던 말인데, 조선에서도 한동안 그대로 따라 쓰고 있었다. 윤치호는 단발한 머리에 망건을 쓰고 다녀서 화제가 되기도 했다. 그는 자연과학 가운데에서도 주로 천문학을 강의했다고 한다.[97] 그런데 윤치호 자신은 그의 일기에서 이때에 학생들에게 가르친 것이 '자연지리학(Physical geography)'이었다고 적고 있다.[98]

이승만이 윤치호의 강의를 들었는지는 분명하지 않다. 이승만은 이때에는 배재학당을 졸업하고 협성회의 운영과 《협성회회보》를 발간하는 일에 열중하고 있었다. 같은 친미파인 윤치호와 이승만은 독립협회 활동에 함께 열성적이었던 점으로 미루어보아 이 무렵에는 개인적으로도 친분관계를 맺고 있었을 것으로 생각된다. 뒷날 이승만은 이 무렵의 윤치호와의 관계에 대하여 다음과 같이 적고 있다.

> 서울에서 나는 새로운 정부형태를 도입하는 데 열의를 가진 한 그

96) 朴正信, "尹致昊研究", 《白山學報》 제23호, 白山學會, 1977. 12 참조.
97) 《朝鮮日報》 1934년 12월4일자, "朝鮮新教育側面史 — 培材校50年 座談會".
98) 《尹致昊日記(五)》, 1898년 3월28일조, p. 136.

룹의 젊은이들과 어울렸다. 그들은 군부대신의 아들인 지체 높은 한 젊은 인사의 지도를 받고 있었다. 그 젊은 인사는 1884년의 정변에 조금 관여했다가 정변이 실패하자 해외로 빠져나갔던 인물이었다. 그는 미국에서 선교사들과 함께 공부했다. 그는 청-일전쟁 동안에 고국에 소환되어 정부 요직에 기용되었다. 중국에 있을 때에 기독교인이 된 그는 선교사들의 선의를 확신할 뿐만 아니라 이전보다도 더 입헌정치(立憲政治)에 열의를 가지고 있었다. 그러나 그는 국민들을 교육하는 것과 동시에 국왕과 내각의 대신들에게 호의적인 영향을 끼침으로써 그것을 유혈없이 실현하려고 했다.[99]

이승만은 배재학당을 기반으로 하여 급진적 개화파로서 지도적 지위를 빠르게 구축했다. 그것은 한 인간이 자기 자신을 변화시킬 수 있는 힘이 얼마나 큰 것인가를 보여 주는 것이었다. 이승만은 배재학당의 학습을 통하여 마음속에 혁명이 일어났다고 다음과 같이 토로했다.

내가 배재학당에 가기로 한 큰 야심은 영어를, 영어 한가지를 배우는 것이었다. 그러나 나는 영어보다도 더 중요한 것을 배웠음을 깨달았다. 그것은 정치적 자유의 개념이었다. 한국의 일반 백성이 무자비한 정치적 탄압 속에 살고 있다는 것을 조금이라도 아는 사람이라면 한 젊은이가 평생 처음으로 기독교 국가에 사는 사람들은 법에 의해서 그들 통치자의 포학으로부터 보호받는다는 말을 들었을 때에 그의 마음속에 어떠한 혁명이 일어났을지를 쉽게 상상할 수 있을 것이다. 나는 속으로 '우리가 그러한 정치적 원칙을 채택한다면 억압받는 동포들에게 크나큰 축복이 되겠구나' 라고 생각했다.[100]

---

99) "Mr. Rhee's Story of His Imprisonment", 유영익, 앞의 책, p. 8, p. 171에서 재인용.

100) "청년이승만자서전", 이정식 지음, 권기붕 옮김, 앞의 책, p. 274.

그리고 이승만이 그렇게 되는 데에는 배재학당과 제중원에 와 있던 미국인들의 영향이 컸다. 이승만은 그의 개인적 매력과 적극성에 더하여 누구보다도 빨리 미국식 민주주의에 대한 신봉자가 되고 있었으므로, 이들 미국인들은 그가 선교사업을 비롯한 미국의 이해관계에도 유용한 인물이 될 수 있으리라고 기대했을 것이다.

제5장

청계동의 '고산림'

1. 안중근의 아버지 안태훈 진사

김창수와 정덕현(鄭德鉉)은 험하기로 소문난 천봉산(天峰山)을 넘어서 청계동(淸溪洞) 어귀에 도착했다. 황해도 신천군(信川郡) 두라면(斗邏面)에 속한 청계동은 의적 정내수(鄭來秀)의 근거지로서 구월산에 버금가는 천연의 요해지였다. 삼면은 산록으로 병풍처럼 둘러싸이고 동쪽 한 곳으로만 관문이 터져 있었다. 관문 앞에는 망대산(望臺山)이라는 작은 산이 가로막고, 그 좌우로 좁은 길이 나 있었다. 천봉산 골짜기로부터 흘러내린 청계천(淸溪川)의 맑은 물이 마을 한가운데를 돌아서 그림처럼 흘러내리고, 동구 앞 암벽에는 '청계동천(淸溪洞天)'이라는 네 글자가 크게 새겨져 있었다.[1] '동천(洞天)'이란 산에 둘러싸이고 내에 둘린 경치 좋은 곳으로서 신선이 사는 곳이라는 뜻이다. 그 글씨는 안태훈(安泰勳)이 쓴 것이었다. 김창수는 그 글씨가 흐르는 물소리를 따라 마치 살아 움직이는 듯한 착각을 느꼈다.[2] 멀리 바라보이는 마을에는 드문드문 흩어져 있는 사오십 채의 민가가 눈에 띄었다.

마을 어귀의 작은 산 위에는 포대가 설치되어 있고, 파수병들이 지키

---

1) 李全, 《安重根血鬪記》, 延泉中學校期成會, 1949, p.5 ; 萬壽祠保存會, 《義士 安重根傳記》, 三信文化社, 1964, p.19.

2) 도진순 주해, 《김구자서전 백범일지》, 돌베개, 1997, p.55.

안씨 일가가 이상촌으로 개척한 천봉산 밑의 청계동.

고 있었다. 파수병들은 두 사람을 보자 누구냐고 물었다. 두 사람이 이름을 대자 그들은 의려장(義旅長)이 허가했다면서 통과시켜 주었다. 의려장이란 안태훈을 지칭하는 말이었다. 뒤이어 호위병이 나와서 두 사람을 안태훈의 집으로 안내했다. 안태훈의 집 문 앞에는 조그마한 연못이 있고 그 안에 초가 정자 한 칸이 있었다. 이곳은 안태훈의 여섯 형제가 평소에 술을 마시고 시를 지으면서 소일하는 장소였다. 대청에 올라서자 안태훈이 직접 쓴 '의려소(義旅所)'라는 세 글자의 횡액이 걸려 있는 것이 눈에 들어왔다.

안태훈은 본채 마루에서 두 사람을 친절하게 맞이했다. 그는 간단하게 안부인사를 나눈 뒤에 이렇게 말했다.

"김석사가 패엽사에서 위험을 벗어난 뒤에 무척 걱정하였습니다. 애써 탐색하였으나 계신 곳을 찾을 수 없었습니다. 그러던 차에 오늘 이처럼 찾아주시니 감사합니다."

석사(碩士)란 벼슬 없는 젊은 선비를 높여 부르는 말이다. 그러고는 바로 김창수의 부모 안부를 물었다.

안태훈 형제가 모여 술과 시문을 즐기던 초가 정자.

"부모님이 모두 계시다고 들었는데, 어디 편히 계실 곳이 있습니까?"

"달리 갈 곳이 없어서 아직 본동에 계십니다."

이 말을 듣자 안태훈은 즉시 오일선(吳日善)에게 총을 휴대한 병사 30명을 내어 주면서, 오늘 안으로 텃골에 가서 김석사 부모님을 모시고, 이웃 동네에 있는 우마를 구해서 가산 전부를 옮겨오라고 명했다. 안태훈은 김창수의 가족을 위하여 집 한 채를 사 주었다. 그리하여 김창수네 가족은 그날로 청계동 생활이 시작되었다. 그것은 김창수가 스무 살이 되던 1895년 2월의 일이었다. 안태훈은 김창수에게 날마다 자기 사랑에 와서 놀라고 했다. 혹시 자기가 없을 때에는 자기 동생들과 놀든지 친구들과 이야기를 나누든지 책을 보든지 마음대로 하고, 아무 걱정 없이 안심하고 지내라고 했다.[3] 이렇게 시작한 청계동 생활은 네댓 달밖에 되지 않는 짧은 기간이었으니, 동학농민봉기의 패장 김창수에게는 삶의 방향을 바꾸어 놓는 운명의 기간이었다. 청계동까지 동행

3) 《백범일지》, pp. 55~56.

한 정덕현이 어떻게 되었는지는 《백범일지》에 언급이 없다.

안태훈의 집안은 14대조 안효신(安孝信)이 서울에서 해주로 낙향한 이래 대대로 향리직을 세습했던 향리가문이었다. 그러다가 안태훈의 증조부 대에 이르러 4형제가 모두 무과에 급제하여 무반가문으로 명성을 떨쳤다. 안태훈의 아버지 안인수(安仁壽)는 자신의 경제력과 조상들의 후광에 힘입어 명예직으로 진해현감이 되었는데,[4] 이 때문에 사람들은 안인수의 집을 '안진해댁'이라고 불렀다.[5] 안인수는 정미업으로 막대한 돈을 모아서 재산이 황해도에서 손꼽힐 정도였다고 한다. 청계동은 조선시대의 대부분의 집성취락과는 달리 해주에 살던 안씨 일가가 새로 개척한 마을이었다. 안씨 집안이 청계동을 개척한 동기에 대해서는 기록에 따라서 조금씩 이야기가 다르나, 안인수는 여섯 아들과 상의하여 좋은 피란처를 찾아 후일을 도모하기 위한 보금자리로 청계동을 개척한 것이라고 한다. 천봉산 골짜기는 해도 볼 수 없는 원시림으로서 낮에도 맹수가 소리쳐 울고, 사는 사람이라고는 화전민 열두서넛 집뿐이었다. 안인수는 그런 골짜기의 집터와 임야를 사들인 뒤에 차남 태현(泰鉉)을 시켜 여러명의 목수, 미장, 역군을 데리고 들어가서 우선 스무남은 칸짜리 집 세 채를 짓고, 사오십명의 방문객을 수용할 수 있는 큰 사랑과 하인들이 기거할 수 있는 행랑채도 지었다. 또한 우물 세 군데를 파고 계곡을 흐르는 맑은 물을 이용하여 연못을 만들었다. 마을 어귀에는 망을 볼 수 있는 누대도 설치했다. 공사가 끝나자 안인수 일가는 가산을 모두 정리하고 300여석 정도 추수할 농토만 남겨둔 채 권속 7, 80명이 청계동으로 이사했다.[6]

안태훈은 안인수의 6남 3녀 가운데 셋째 아들이었다. 여섯 형제가 모

4) 吳瑛燮, "개화기 안태훈(1862~1905)의 생애와 활동", 《한국근현대사연구》 제40집, 한울, 2007, p.10~11.

5) 李全, 앞의 책, p.2.

6) 위의 책, p.5 ; 《백범일지》, p.59.

안중근의 아버지 안태훈 진사.

두 글재주와 인물이 출중했으나, 그 가운데에서도 안태훈의 재능이 가장 뛰어났다. 안태훈은 갑신정변이 일어나던 1884년에 박영효(朴泳孝)가 일본으로 유학을 보내기 위해 선발한 70명 가운데 한 사람으로 뽑혔으나, 갑신정변이 실패하고 박영효가 일본으로 망명하자 몸을 피해 고향으로 돌아와서 사연과 벗하며 살기로 결심했다고 한다.[7] 그는 형제들 가운데에서 유일한 진사 합격자였다.[8] 그러다가 안태훈은 1880년대 후반에 다시 상경하여 개화파 관료인 김종한(金宗漢)의 집에 머물면서 과거를 준비했고, 김종한이 시관(試官)일 때에 진사시에 합격하여 김종한의 문객이니 식구니 하는 소리를 듣기도 했다.[9] 그런데 《사마방목(司馬榜目)》의 1891년 증광시(增廣試) 항목에 안태훈의 이름 대신에 바로 아래 동생인 안태건(安泰健)이 사마시에 합격한 것으로 적혀 있는데, 이는 갑신정변에 관여했던 안태훈이 자신의 전력을 숨기기 위해 동생의 이름으로 응시했던 것으로 짐작된다. 《사마방목》을 제외한 안중근과 관련된 모든 자료에 안태건을 진사라고 한 것이 없고, 안태훈이 안씨 가문의 유일한 진사라고 기록되어 있다.[10]

김종한은 판서 김계진(金啓鎭)의 아들로서 1876년에 식년(式年) 문

7) 《안응칠역사》, p. 24 ; 《백범일지》, p. 59.

8) 《안응칠역사》, 신용하 엮음, 《안중근 유고집》, 역민사, 1995, p. 23.

9) 《백범일지》, p. 59.

10) 吳瑛燮, 앞의 글, pp. 17~18.

과에 급제하고 홍문관 부제학, 이조참판(吏曹參判) 등을 거쳐서 1894년에는 도승지가 되었다가, 일본군의 왕궁 점령 뒤에 성립된 김홍집 내각에 참여했던 고종의 측근이었다. 안태훈이 동학농민군의 토벌에 나설 때에도 김종한과 긴밀히 연락을 취했고, 동학농민군으로부터 곡식 500석을 빼앗아 군량미로 사용한 것이 뒷날 조정에서 크게 문제가 되었을 때에도 김종한의 도움을 받았다.

김종한은 또 1896년에는 독립협회 활동에도 참여하는 한편, 관직에 있으면서 경강상인(京江商人)들과 깊은 관계를 맺고 돈놀이를 하기도 하고, 조선은행(朝鮮銀行)과 한성은행(漢城銀行)의 설립 발기인으로 참여하고 철도용달회사를 설립하는 등 경제활동에도 적극적이었다. 그러나 그는 1910년에 이완용(李完用)이 조직한 친일단체 정우회(政友會)의 총재직을 맡았고, 그 공로로 한-일합병 뒤에 남작의 작위를 받았다.

안태훈은 첫인상에도 범상한 사람으로 보이지 않았다. 그는 찌를 듯한 눈빛으로 상대방을 압도하는 기운이 있었다. 당시 조정 대관들도 그로부터 글이나 말로 비판을 받으면 처음에는 그를 욕하다가도, 일단 그와 한번 얼굴을 마주 대하면 부지불식간에 외경하는 태도를 가지게 되었다고 한다. 또한 김창수가 보기에 안태훈은 성품이 퍽 소탈했다. 그는 무식한 아랫사람들에게도 조금도 교만하지 않고 친절하게 대했다. 그리하여 위아래 모두 안태훈과 함께하기를 좋아했다. 그는 용모가 맑고 빼어났으나, 술이 과하여 코끝이 약간 붉은 것이 흠이었다.

안태훈은 시문(詩文)에도 능했다. 김창수는 시객(詩客)들이 안태훈이 지은 율시(律詩)를 외우는 것을 자주 들었다. 안태훈 자신도 이따금 김창수를 불러서 자작시 가운데 잘된 것이라고 생각하는 것을 읊어 주곤 했다. 안태훈이 읊어 준 시 가운데에서 뒷날 김구가 《백범일지》를 쓸 때까지 기억한 것으로는 다음과 같은 것이 있었다. 그것은 동학농민봉기가 일어났을 때에 지은 시구였다.

> 曉蝎求生無跡去 새벽 굼벵이는 살고자 흔적 없이 가버리고
> 夕蚊寧死有聲來. 저녁 모기는 죽기를 무릅쓰고 소리치며 덤빈다.

시의 내용은 동학농민봉기 때에 삶을 좇아 소리 없이 피신하는 사람들과 금방 죽을 줄 모르고 덤비는 동학농민군의 무리를 굼벵이와 모기떼에 비유하여 풍자한 것이었다.[11] 안태훈의 동학농민군에 대한 인식을 읽을 수 있는 시구이다.

또한 안태훈은 황석공(黃石公)의 《소서(素書)》 구절을 직접 써서 벽장문에 붙여 놓고 술이 거나하여 흥취가 일면 그것을 낭송하곤 했다. 황석공은 중국 진(秦)나라 말엽의 병법가로서, 진시황(秦始皇)을 살해하려다가 실패하고 숨어 있던 장량(張良)에게 《태공병법(太公兵法)》을 가르쳤다는 전설적 인물이다. 《황석공삼략(黃石公三略)》이라고도 불리는 이 책은 장량이 유방(劉邦)을 도와서 한(漢)나라를 세울 때에 크게 이용되었다고 전해진다. 《소서》는 황석공이 지은 것을 송나라 장상영(張商英)이 노자(老子)의 설에 따라 주석을 단 책으로 알려져 있는데, 도(道), 덕(德), 인(仁), 의(義), 예(禮)의 다섯 가지를 일체로 한 이 책은 본문과 주석이 한 사람이 지은 것 같은 내용이 많아서 장상영이 황석공의 이름을 빌어 지은 것이라는 의혹도 있다.

김창수는 청계동에서 안중근(安重根)을 만났다. 안중근은 안태훈의 장남이었다. 안태훈은 중근, 정근(定根), 공근(恭根) 세 아들을 두었는데, 동학농민봉기가 있던 해에 혼인한 안중근은 열일곱의 나이에 상투를 틀고 있었다. 안중근은 자주색 명주 수건으로 머리를 동이고 돔방총을 메고 숙부 안태건과 함께 근처 산으로 날마다 사냥을 다녔다. 안중근은 사격솜씨가 뛰어나서 나는 새와 뛰는 짐승을 백발백중으로 맞힌다

11) 《백범일지》, p. 58.

고 했다. 그리하여 어떤 날은 하루에 노루나 고라니를 여러 마리 잡아 와서 군사들을 먹이기도 한다는 것이었다.

안태훈의 집은 각지에서 몰려드는 산포수들로 붐볐다. 적을 때에는 여남은명, 많으면 사오십명가량의 식객 포수꾼이 묵고 있었다. 그들은 개인 기량을 겨루기도 하고 때로는 갑을홍백(甲乙紅白)으로 편을 갈라서 사격 솜씨를 겨루었다. 그럴 때마다 안중근은 뛰어난 기량을 과시하여 보는 이들을 감탄하게 했다. 특히 그가 열네 살 나던 해 가을의 분반대항 경연에서 자신이 속한 홍반의 성적이 아주 부진하여 도저히 만회할 가망이 없어 보일 때에 마지막 사수인 그가 다섯 발을 어김없이 적중시켜 홍반이 승리하게 한 것은 당대의 산포수들 사이에 널리 알려진 이야기였다고 한다.[12)]

안태훈의 여섯 형제는 거의 다 술과 독서를 좋아하여 안중근이 짐승을 사냥해 오면 형제가 반드시 한데 모였다. 안태훈은 아들과 조카들의 공부를 위해 서당을 만들었다. 그는 빨간 두루마기를 입고 머리를 땋아 늘어뜨린 열아홉 살의 정근과 공근에게는 "글을 읽어라, 써라" 하고 독려했으나, 큰아들 중근에게는 공부를 하지 않는다고 꾸짖지 않았다. 안중근은 초(楚)나라의 항우(項羽)처럼 장부답게 살기로 결심하고 글공부에 연연하지 않고 사냥에 열중했다고 한다.[13)]

안중근과 김창수는 세 살밖에 나이 차이가 없었으나 두 사람은 서로 상대를 인식하는 것이 많이 달랐던 것 같다. 김창수는 안씨 집안과의 인연을 소중히 생각했다. 뒷날 김구는 임시정부 주석이 되었을 때에 위험에 처한 안중근의 가족을 각별히 보살폈다. 또한 안씨 집안의 안정근, 안공근, 안원생(安原生), 안우생(安偶生), 안미생(安美生) 등은 뒷날 김구와 크고 작은 인연을 맺고 함께 활동했다. 안공근은 임시정부

12) 萬壽祠保存會, 앞의 책, pp. 20~21.

13) 《안응칠역사》, p. 25.

시절에 김구의 핵심참모로 활동했고, 안정근의 딸 안미생은 김구의 큰며느리가 되었으며, 안공근의 아들 안우생은 김구의 비서로 일했다. 그러나 안중근은 김창수에 대해 특별한 관심이 없었던 것 같다. 안중근은 뒷날 동학군을 '좀도둑'이며 친일단체 일진회(一進會)의 원조라고 할 정도로 동학에 대해서 매우 비판적이었다.[14] 그는 자서전에서 "동학당이 곳곳에서 벌떼처럼 일어나서, 외국인을 배척한다는 핑계로 군현을 가로지르며 관리들을 죽이고, 백성들의 재산을 약탈한 것이 나라가 위태롭게 된 요인이며, 일본과 청국과 러시아가 조선에서 전쟁을 일으킨 원인이 되었다"라고 적고 있다.[15] 김구가 《백범일지》에서 안중근에 대해 비교적 자세히 적고 있는 것과는 대조적으로, 안중근의 자서전에는 김구에 대한 언급이 전혀 없다.

안태훈은 김창수에게 특별한 호의를 베풀었다. 그러면서 여러 가지 질의와 담론으로 김창수를 시험했다. 이때의 일을 김구는 "당시 나는 유치한 수준의 행동이 많은 때였다"라고 자괴했다.[16]

어느 화창한 봄날이었다. 안태훈은 술과 안주를 차려 놓고 산포수들을 데리고 놀면서 씨름판을 벌였다. 동학군 토벌을 위해 안태훈의 의려소에 모였던 산포수들은 그때까지 해산하지 않고 있었다. 그런데 마지막 결승에 오른 두 사람은 힘과 재주가 서로 비슷하여 쉽사리 결판이 나지 않았다. 두 사람이 씨름하는 것을 구경하던 안태훈이 김창수에게 물었다.

"창수가 보기에 어느 사람이 이길 것 같은가?"

"키가 크고 힘이 세어 보이는 사람이 질 것 같습니다."

그러자 안태훈은 다시 그 이유를 물었다.

"아까 씨름할 때에 키 큰 사람의 바지가 찢어져 볼기가 드러난 것을

---

14) "동양평화론", 신용하 엮음, 앞의 책, p. 173.

15) 《안응칠역사》, p. 26.

16) 《백범일지》, p. 56.

보았습니다. 그러므로 그 사람은 기운을 다 쓰지 못할 듯합니다. 저는 단연코 그 사람이 질 줄 압니다."

김창수의 말이 끝나기도 전에 과연 그 키 큰 산포수가 나가떨어졌다. 이 일이 있고 난 뒤에 안태훈은 김창수를 더욱 아꼈다고 한다.[17] 볼기가 드러날 만큼 찢어진 바지를 입은 씨름꾼이 힘을 제대로 쓸 수 없을 것은 쉽게 짐작할 수 있는 일이다. 안태훈이 김창수에게 누가 이기겠느냐고 물은 것은 김창수의 주의력을 시험하기 위해서였을 것이다. 그러나 그러한 상황을 눈여겨본 것을 자랑스럽게 적으면서, 자기의 짐작이 적중하자 안태훈이 자기를 더욱 아꼈다고 하는 것은, 김창수의 청계동 생활이 얼마나 조심스러운 것이었는가를 짐작하게 한다. 안태훈은 일찍이 밀약을 맺으면서까지 그 의기를 아꼈던 이 젊은 동학 접주가 자기를 찾아온 것을 반갑게 여겨 그를 환대하면서 여러 가지로 사람됨됨이를 떠보고 있었던 것이다.

안태훈의 이러한 배려에도 불구하고 김창수의 청계동 생활은 편안하지 않았다. 청계동에 들어와 살면서 김창수는 갈 곳도 마땅하지 않고 아는 사람도 없고 해서 주로 안태훈의 사랑에 가서 시간을 보냈다. 그런데 안태훈이 자리에 없을 때면 산포수들은 김창수가 들으라고 일부러 큰 소리로 떠들었다.

"저 자는 진사님만 아니었으면 벌써 썩어졌을 것이다. 아직도 접주님 소리 들으면서 여러 사람에게 대접받던 생각이 날걸."

"그렇고 말고. 저 자는 우리 같은 산포수들을 초개같이 볼걸."

또 어떤 사람은 입을 삐죽이며 어깃장을 놓았다.

"여보게 그런 말들 말게. 혹시 귀에 담아두었다가 뒷날 동학이 다시 득세하는 날 앙갚음을 할지 누가 알겠나."

산포수뿐만이 아니었다. 안태훈의 아우들도 산포수들의 이러한 빈정

---

17) 《백범일지》, pp. 56~57.

거리는 말과 행동을 곁에서 보면서도 나무라지 않았다. 이러한 안태훈 아우들의 태도에 대해 김구가 "이것은 처음 만나 술 한 잔씩 나누어 보니 내게 별로 볼 것이 없다고 판단했기 때문인지, 아니면 포꾼들의 언동을 자기네 형님에게 보고하여 안 진사가 무식한 포꾼들을 직접 질책하는 것이 도리어 나에게 이롭지 못할 것이라 판단해서 그런지는 잘 모르겠다"[18] 라고 조심스럽게 적고 있는 것이 흥미롭다.

산포수들로부터 모멸을 당할 때마다 김창수는 당장이라도 청계동을 떠나고 싶은 생각이 불같이 일었다. 그러나 주인 안태훈이 그토록 후대하는데 무식한 산포수들의 행실을 탓하는 것은 오히려 용렬하다는 생각이 들어서 참고 지냈다. 이러한 상황에서 자신의 앞날을 생각하면 김창수는 더욱 암담했다. 이때의 절박했던 심정을 김구는 다음과 같이 술회했다.

> 이제 패전한 장수의 신세가 되어 안 진사의 후의를 입어 생명만은 안전하게 지키게 되었으나, 장래를 생각하면 과연 어떤 곳에 발을 디뎌야 나아갈 길을 찾을 수 있을까 하는 생각에 가슴이 답답하고 스스로 의심을 느꼈다.[19]

그러나 김창수의 고뇌는 오래 가지 않았다. 그것은 그가 안태훈의 사랑에서 일생동안 정신적 스승이 되는 유학자 고능선(高能善)을 만났기 때문이다.

---

18) 《백범일지》, pp. 64~65.

19) 《백범일지》, pp. 61~62.

2. 해주의 화서학파 '고산림(高山林)'

안태훈의 사랑에는 나이가 쉰 살 남짓 되어 보이는 노인 한 사람이 자주 들렀다. 그는 의관이 매우 검소했으나 기골이 짱짱했다. 안태훈은 그를 지극히 공경하여 늘 윗자리로 모셨다. 어느 날 안태훈이 그 노인에게 김창수를 인사시키고 이력을 소개했다. 노인은 고능선이라는 유학자였다. 고능선은 첫인상에도 특출한 사람으로 보였다. 김창수보다 몇 달 뒤에 청계동을 방문한 김형진(金亨鎭)도 그를 가리켜 "정학군자(正學君子)"라고 했을 만큼[20] 그에게는 꼿꼿한 선비의 풍모가 있었다. 그리하여 사람들은 그를 '고산림(高山林)'이라고 불렀다.[21] '산림'이란 원래 산곡(山谷)과 임하(林下)에 묻혀 사는 학덕을 겸비한 유학자를 뜻하는 말이었으나, 조선조 후기에는 국가의 징소(徵召)를 받아 관직의 제수 등 특별한 예우를 누리면서 왕실과 조정의 일에 큰 영향력을 행사하는 유학자들을 지칭하는 말이었다. 그리하여 "열 정승이 한 왕비만 못하고 열 왕비가 한 산림만 못하다"라는 말까지 있었다.[22] 선조(宣祖) 대에서 철종(哲宗) 대에 이르기까지 114명의 '산림'이 존재했던 것이 확인된다.[23] 그러나 조선조 말기에 와서는 산림에서 강학(講學)하는 일반 유학자들을 '산림'으로 통칭했다. '고산림'도 그러한 유학자였다.

어느 날 김창수는 평소처럼 안태훈의 사랑에서 고능선과 함께 하루 종일 지냈는데, 헤어질 무렵에 고능선이 김창수에게 말했다.

"창수, 내 사랑 구경 좀 아니하겠나?"

---

20) 金亨鎭, 《路程略記》, 白凡金九先生全集編纂委員會, 《白凡金九全集(3)》, 대한매일신보사, 1999, pp. 148~149.

21) 《백범일지》, p. 59.

22) 李佑成, "朝鮮儒教政治와 '山林'의 存在", 《韓國의 歷史象》, 創作과 批評社, 1982, p. 254.

23) 禹仁秀, 《朝鮮後期 山林勢力研究》, 一潮閣, 2002, pp. 217~224 참조.

김구의 평생의 정신적 스승이 된 화서학파 유학자 고능선.

뜻밖의 제안에 감동한 김창수는 "선생님 사랑에도 가서 놀겠습니다" 하고 대답했다.

이튿날 김창수는 고능선의 집을 찾아갔다. 고능선은 반가운 표정으로 김창수를 맞이하고, 맏아들 원명(元明)을 불러서 인사를 시켰다. 고원명은 나이가 서른이 넘었는데, 사람 됨됨이는 명민해 보였으나 비범하고 너그러운 기질은 아버지에 미치지 못해 보였다. 그에게는 딸이 둘 있었다. 큰딸은 열대여섯 살쯤 되어 보였고, 작은딸은 네댓 살이나 된 아이였다. 아들은 아직 없다고 했다. 고능선의 둘째 아들은 혼인한 뒤에 사망하여 과부며느리만 있었다.

고능선이 거처하는 작은 사랑방에는 방안 가득히 책이 쌓여 있었고, 네 벽에는 유명한 옛 선비들이 남긴 좌우명과 고능선 스스로 마음에 깊이 깨우친 글들을 써붙여 놓고 있었다. 고능선은 무릎을 포개고 단정하게 앉아서 마음을 닦기도 하고, 때때로 《손무자(孫武子)》와 《삼략(三略)》 등의 병서를 읽기도 했다.

고능선은 김창수와 이야기를 하다가 이런 말을 했다.

"자네가 매일 안 진사 사랑에 다니며 놀지만, 내가 보기에는 자네에게 절실히 필요한 정신수양에는 별 도움이 없을 듯하네. 그러니 매일 내 사랑에 와서 나와 같이 세상사도 이야기하고 학문도 토론하는 것이 어떻겠나?"

김창수는 그 말이 황공하고 고마웠다.

"선생님이 이처럼 저를 너그럽게 받아주시지만, 소생이 어찌 감당할 만한 재질이 있겠습니까?"

고능선은 아무 말 없이 미소만 지었다. 그러나 김창수는 자기를 아끼고 사랑하는 고능선의 마음을 엿볼 수 있었다. 김창수는 기쁘기보다는 두려움이 앞섰다. 이때의 심정을 김구는 다음과 같이 적고 있다.

> 고선생이 저처럼 나를 사랑하지만, 참으로 내게 저토록 고명한 선생의 사랑을 받을 만한 소질이 있는가. 내가 선생의 과분한 사랑을 받는다 해도 종전에 과거니 관상이니 동학이니 하던 것과 같이 아무 효과도 내지 못하지는 않을까. 그렇게 된다면 내 자신이 타락됨은 둘째요, 고선생과 같이 순결한 양반에게까지 누를 끼치게 될지 모른다는 두려움이 생겼다.[24)]

이러한 서술에서 우리는 감수성이 예민한 10대 후반의 몇년 동안에 인생의 크나큰 좌절을 몇 차례나 경험한 김창수의 겸허한 자격지심을 읽을 수 있다. 그는 이러한 속마음을 고능선에게 그대로 고백했다.

"선생님! 선생님은 저를 분명히 살펴 가르쳐 주십시오. 저는 불과 스무 살에 일생의 진로에 대하여 스스로 속이고 그르쳐 허다한 실패를 거치고 지금에 와서 민망하기 이를 데 없습니다. 선생님이 저의 자격과 품성을 밝히 보시고 좋은 점이 있어 보이면 사랑해 주시고 가르쳐 주십시오. 그러나 만일 좋은 사람 될 조짐이 없다면 저는 고사하고 선생님의 높으신 덕에 누를 끼치고 말 것입니다. 그리 되는 것은 원치 않습니다."

말하는 동안 김창수는 자신도 모르는 사이에 눈물이 흘러내렸다. 고능선은 김창수의 마음에 그러한 고통이 있는 것을 보고 지극히 동정하는 말로 그를 위로했다.

---

24) 《백범일지》, p. 62.

"사람이 자기를 알기도 쉽지 않거늘 하물며 남을 어찌 밝히 알 수 있겠는가. 그러므로 내가 자네의 장래를 판단할 힘은 없으나, 한가지 확실히 말할 것이 있네. 그것은 성현(聖賢)을 목표로 하고 성현의 발자취를 밟아가도록 하라는 것이네. 예로부터 성현의 지위까지 도달한 사람도 있고, 좀 미치지 못한 사람도 있고, 성현이 되는 길이 너무 높고 멀다 하여 중도에 달아나거나 자포자기하여 금수(禽獸)와 그다지 멀지 않은 자리에 있는 사람도 있다네. 자네가 마음 좋은 사람이 되려는 참뜻을 가진 이상 몇 번 길을 잘못 들어서 실패나 곤란을 겪었더라도 그 마음만 변치 말고 끊임없이 고치고 나아가노라면 목적지에 도달하는 날이 반드시 있을 것이네. 지금은 마음에 고통을 가지는 것보다 행하기에 힘써야 할 것이 아닌가. 실패는 성공의 어머니요 고민은 즐거움의 뿌리이니 자네는 상심 말게. 나같은 늙은이가 자네 앞길에 혹시 보탬이 된다면 이 늙은이도 영광이 아니겠나."

그 말은 김창수에게 큰 위안이 되었다. 이때의 심정을 김구는 "마치 주리던 아이가 엄마 젖을 빨아먹는 것 같은"25) 것이었다고 술회했다.

김창수는 고능선에게 결연히 말했다.

"그러시면 앞길에 대한 모든 것을 선생님 보시는 대로 가르쳐 주십시오. 성심을 다해 받들어 행하겠습니다."

"자네가 그같이 결심했으면 됐네. 내 눈빛이 미치는 데까지, 자네 역량에 맞추어 내 모든 것을 자네를 위하여 진력하겠네. 젊은 사람이 너무 상심 말고 매일 나와 같이 지내도록 하세. 갑갑할 때에는 우리 원명이와 산 구경도 다니며 놀게."

이렇게 하여 김창수는 고능선의 제자가 되었다.

그날부터 김창수는, 뒷날 "밥을 안 먹어도 배고픈 줄을 모르고 고 선생이 죽으리면 죽을 수도 있을 것 같았다"라고 술회했을 만큼,26) 고능

25) 위와 같음.

선의 가르침을 열심히 배우고 익혔다.

김창수의 열정 못지않게 고능선의 자세도 진지했다. 그는 김창수가 오기 전에 그날 가르칠 부분의 책장을 접어 두었다가 김창수에게 펼쳐 보일 정도로 가르칠 내용을 준비했다. 그는 경서(經書)를 차례로 가르치는 것보다 김창수의 정신과 재질을 감안하여 "뚫어진 곳을 기워 주고 빈 구석을 채워 주는 구전심수〔口傳心授: 말로 전하고 마음으로 가르침〕의 교법"으로 가르쳤다.[27]

고능선은 화서학파(華西學派)에 속하는 유학자였다. 화서학파란 개항기 이후 화서(華西) 이항로(李恒老)의 학맥을 잇는 대표적 위정척사파(衛正斥邪派)로서, 뒷날 독립운동의 큰 한 줄기를 이루는 세력을 지칭하는 말이다. 1842년(헌종8) 10월8일에 해주 수양산(首陽山) 아래 송라동(松蘿洞) 가촌(嘉村)에서 태어난 고능선은 초명(初名)이 석규(錫奎)였는데, 1893년쯤에 석로(錫魯)로 개명했다. 능선은 그의 자이며, 호는 후조(後凋)였다. 유인석(柳麟錫)과 동갑인 그는 이때에 쉰네 살이었다.

김구는 고능선을 유인석의 동문으로서 유중교(柳重敎)에게 사사했다고 했으나, 두 사람이 학문을 해 온 경력과 유중교에게 사사한 시기로 볼 때에 동렬의 동문이라고 하기에는 무리가 있다. 유인석은 이항로의 학통을 계승한 중암(重菴) 김평묵(金平默)과 성재(省齋) 유중교에게 차례로 사사했다. 그러나 가난한 선비집안에서 태어나서 농사를 짓고 학문을 힘쓰면서 궁색한 선비생활을 했고, 젊어서 몇 차례 과거시험에 실패했던 고능선이 유중교의 문하에 들어간 것은 유인석보다 한참 뒤인 1887년 7월

26) 《백범일지》, p. 63.

27) 위와 같음.

이었다. 그는 마흔여섯 살의 나이로 해주에 가족을 남겨 둔 채 단신으로 춘천(春川)의 가정리(柯亭里)로 유중교를 찾아가서 1890년 1월까지 2년 반 동안 그의 학문을 전수받았다. 40대 중반의 나이로 가족을 떠나서 수학했다는 것은 매우 보기드문 일이다. 어려운 처지에서도 그는 그만큼 남달리 학문에 열의가 있었다. 1890년 2월에 해주로 돌아온 그는 이태 뒤에 강회(講會)를 열면서 후진을 양성했다.[28] 고능선은 유인석을 가장 친한 동문으로 생각했고, 특히 가정리 유학시절에 유인석이 베푼 호의를 고마워했다.[29] 그러나 유인석은 고능선에 대하여 특별히 언급하고 있지 않다. 고능선의 학문은, 그 자신도 "노둔하고 재능이 없다"[30] 라고 겸손해한 것으로도 짐작되듯이, 유인석과 비교할 수준은 아니었다. 그러나 그의 학문적 지조와 그것을 바탕으로 한 투철한 애국심은 김창수를 크게 감화시켰다.

고능선이 청계동으로 이주한 경위에 대하여 《백범일지》는 동학농민봉기가 일어났을 때에 안태훈이 의려소를 설치하면서 고능선을 모사(謀士)로 초빙했던 것이라고 했으나,[31] 고능선이 청계동으로 이주한 것은 농민봉기 전인 1893년 2월이었으므로, 실제로는 안태훈이 자기 아들과 조카들을 가르칠 훈장으로 그를 초빙한 것이 틀림없다.[32] 훈장으로 있으면서 안태훈이 의려소를 설치하자 자연히 거기에 참여하게 되었을 것이다.

고능선이 김창수에게 관심을 갖게 된 데에는 그럴만한 이유가 있었다. 고능선은 안태훈으로부터 김창수를 소개받았을 때부터 이 젊은 동

---

28) 吳瑛燮, 《華西學派의 思想과 民族運動》, 國學資料院, 1999, p. 115 ; 권오영, "高錫魯의 위정척사사상과 '口傳心授'의 교육", 《백범과 민족운동연구》 제 3집, 백범학술원, 2005, pp. 255~295 참조.

29) 《後凋先生文集 附錄 年譜》.

30) 《後凋先生文集 附錄 年譜》.

31) 《백범일지》, p. 60.

32) 《後凋先生文集 附錄 年譜》.

학농민군 대장을 눈여겨보았다. 그는 김창수가 범상〔虎相〕으로서 앞으로 큰 일을 할 수 있는 자질을 지녔다고 생각했다. 그렇기는 하나 투항한 패장과 같은 처지의 김창수의 청계동 생활은 고능선에게도 여간 불안정해 보이지 않았을 것이다. 그리고 고능선 자신의 처지도 따지고 보면 김창수의 경우와 기본적으로 크게 다르지 않았다. 고능선이 청계동에 오기 전에 안태훈과 어떤 관계였는지는 분명하지 않으나, 서로 말을 놓는 것을 보면 친교가 오래된 것 같기도 하다. 안태훈의 초빙으로 청계동에 와서 그의 극진한 대접을 받으면서 살고 있기는 했으나, 그 호의가 부담스럽지 않을 수 없었을 것이다. 또 그만큼 고독했을 것이다. 특히 철저한 위정척사파의 가난한 유학자인 고능선으로서는 천주학에 관심을 갖는 개화파 안태훈의 신세를 계속 지고 있는 것 자체가 고민스러웠을 것이다. 천주교는 1893년에 안악군(安岳郡) 문산면(文山面) 원성리(遠星里) 마렴을 공소(公所)로 정하고 황해도에서도 포교활동을 활발히 전개하여, 김창수가 청계동에 머문 1895년에는 안악군 용문면(龍門面) 매화동(梅花洞)에 본당을 건축했다.[33]

고능선은 김창수에게 고금의 위인들을 비평한 내용을 들려주기도 하고, 스스로 연구하여 깨달은 요체와 《화서아언(華西雅言)》이나 《주서백선(朱書百選)》에 나오는 긴요한 구절들을 교재로 삼아서 김창수를 가르쳤다.[34] 《화서아언》은 김평묵과 유중교가 제자들을 가르치기 위하여 스승인 이항로의 저술과 어록 가운데에서 중요한 내용을 뽑아서 편찬한 책이고, 《주서백선》은 주희(朱熹)가 스승과 친우와 제자들에게 보낸 편지 가운데에서 중요한 내용 100편을 뽑아서 펴낸 책이다. 김구는 이 책을 《주자백선(朱子百選)》이었다고 적고 있으나 이는 착오이다. 조선시대에 주희의 글을 모아 편찬한 책은 여러 종류가 있었는데,

---

33) 安岳郡民會, 《安岳郡誌》, 1976, p. 258.

34) 《백범일지》, p. 63.

그 가운데에서 1794년에 정조(正祖)가 친히 편찬한 《주서백선》이 가장 널리 알려져 있다.

화서 이항로의 현실인식과 서양대응논리는 다음과 같은 구절에 극명하게 드러나 있다.

> 중국을 높이고 이적〔夷狄: 오랑캐〕을 물리쳐야 하는 것은 천지가 다할 때까지의 대원칙이다. … 만일에 우리나라의 사민(士民)들이 집집마다 중국을 높이고 이적을 물리치는 의리(義理)를 강명(講明)하게 했다면 이적이 몸둘 곳이 없을 것이다. 아! 오늘날은 온 천하가 이적이 되었으나, 서양이라는 것은 이적 중에서도 가장 심한 것들이다.[35]

또한 그는 청국과 서양을 구별하여 다음과 같이 주장했다.

> 중국의 도가 망하면 이적과 금수가 밀려오는 것이다. 북노〔北虜: 북쪽 오랑캐〕는 이적이므로 오히려 말할 수나 있으나 서양은 금수이므로 말할 수도 없다.[36]

이러한 이항로의 사상을 철저하게 계승한 고능선은 "선왕(先王)의 법이 아니고 선왕의 도가 아닌 것은 거론할 필요가 없다"[37] 라고 말하고, "오직 우리나라에만 한 가닥 밝은 맥이 남아 있고, 세계 각국이 대부분 피발좌임(被髮左衽)한 오랑캐들이다"[38] 라고 강조하여, 김구가 '존중화양이적주의(尊中華攘夷狄主義)'[39] 라고 표현한 위정척사사상을 김창수에게 가르쳤다. '피발좌임'이란 "머리를 풀고 옷깃을 왼쪽으로 여민다"

---

35) 金冑熙 譯, 《華西集》 제 30 "尊中華", 大洋書籍, 1975, p. 323, pp. 337~338.

36) 위의 책, 제 35 "洋禍", pp. 398~399.

37) 《백범일지》, p. 179.

38) 《백범일지》, p. 115.

39) 《백범일지》, p. 178.

는 뜻으로서, 오랑캐의 풍습을 지칭하는 말이다.

위정척사사상은 옳은 것을 받들고 옳지 못한 것을 물리친다는 숭정학벽이론(崇正學闢異論)의 사상에 입각하여, 정통유학을 받들고 불교와 양명학(陽明學) 등을 이단으로 배척하는 유교적 정치윤리사상이다. 역사적으로는 주희가 송대(宋代) 이후 여진족(女眞族)의 무력침공으로 한족(漢族)과 중화문화가 위기에 봉착하자 유교의 정통성을 강조하고 춘추대의(春秋大義)로 이적을 응징할 것을 역설하면서 화이의식(華夷意識)을 뼈대로 하여 체계화한 것이었다. 그것이 조선에 들어와서는 조선사회의 이데올로그들이었던 성리학자들 사이에 화이론적 세계관과 중화주의적 가치관으로 자리잡았고, 명(明)나라가 멸망한 뒤에는 조선이 정통이라는 이른바 소중화사상(小中華思想)에 입각한 존명배청(尊明排淸)의 북벌론(北伐論)으로 발전했다.

이와 같은 위정척사사상이 민족운동의 차원에서 구체적으로 모습을 드러낸 것은 1860년대 중반 이후에 서양의 통상요구가 시작되면서 부터였다. 1866년에 병인양요(丙寅洋擾)와 제너럴 셔먼(*General Sherman*)호 사건이 발생하자 이항로, 기정진(奇正鎭) 등이 서양을 '양적(洋賊)'으로 지칭하고 이들과의 타협을 거부할 것을 주장한 '주전척화(主戰斥和)'의 상소를 올리면서 구체적 행동을 전개했다. 이항로를 비롯하여 그의 학문을 계승한 김평묵, 유중교, 최익현, 유인석 등이 위정척사운동의 대표적 인물들로 꼽힌다.[40] 고능선도 이 학맥에 속했다.

이들 척사파는 당시의 역사적 상황을 서양문명과 중화문명의 충돌로 파악하여, 구미 제국(歐美諸國)의 강압적인 통상요구를 소중화문명(小中華文明)인 조선문명의 정체성에 대한 도전이자 침략 행위로 인식했다.[41] 이처럼 척사론의 이론적 출발점은 화이론(華夷論)에 근거한 소

---

40) 吳瑛燮, 앞의 책 및 朴敏泳, "華西學派의 形成과 衛正斥邪運動", 《한국근현대사연구》 10집, 한울, 1999, pp. 37~70 참조.

41) 洪淳權, 《韓末湖南地域義兵運動史硏究》, 서울대학교 출판부, 1994, p. 244.

중화론(小中華論)이었는데, 이항로에 와서는 이른바 '화이인수지별(華夷人獸之別)'의 주장으로 발전했고, 그것이 척사론의 핵심사상이 되었다. 이항로는 명은 중화로, 조선은 소중화로, 청은 중국을 지배하고 있으나 이(夷)로, 그리고 서양과 그 앞잡이인 일본은 금수로 인식했다. 이와 같은 대외인식에서 볼 때에 서양과 일본의 침략은 곧 중화의 이적화나 금수화가 아닐 수 없었다.[42]

이처럼 위정척사사상은 대외적으로는 구미제국을 배척하는 강렬한 반침략사상의 성격을 지니고 있었다. 그러나 그것은 삼강오륜(三綱五倫)에 바탕을 둔 봉건적 사회질서를 고수하려는 보수적 성격을 아울러 지니고 있었다. 그렇기 때문에 위정척사파는 척양척왜(斥洋斥倭)를 근간으로 하는 반침략적 배외운동을 전개하기는 했으나 그것을 현실의 모순을 극복하기 위한 사회개혁운동으로 발전시키지는 못했다. 따라서 척사사상은 반침략의 강렬한 에너지에도 불구하고 반봉건이나 개화사상과는 대립적인 것이었다. 이 점이 척사운동이 개화운동이나 동학농민운동과 구별되는 특징이었다.[43]

고능선은 위정척사의 논리를 몸소 실천하고 있었다. 그는 서양 옷을 입지 않았고, 서양 물건은 일절 집안에 들이지 않았다.[44] 그는 서양 물건이라고는 당성냥 한 가치도 쓰지 않았다.[45] 고능선의 가르침을 받은 김창수는 동학접주로서 팔봉도소에 표어로 내걸었던 '척양척왜'가 조선의 정통성을 지키는 진리라는 사실을 이제 확신하게 되었다. 김구는 이때의 일을 다음과 같이 적었다.

청계동에서 오로지 고 선생만을 하나님처럼 숭배하던 때에는 나 역

42) 《백범일지》, pp. 317~318.
43) 김영작, 《한말내셔널리즘연구 — 사상과 현실》, 청계연구소, 1991, p. 342.
44) 《路程略記》, 《白凡金九全集(3)》, pp. 600~601.
45) 《백범일지》, p. 180.

시 척왜척양이 우리의 당연한 천직이라 생각하였다. 이에 반대하는 자는 사람이 아니고 짐승이라고 여겼던 것이다.[46]

그리하여 그는 서양인을 "눈이 움푹 들어가고 코가 우뚝 선 원숭이에서 멀지 않은 오랑캐들"[47]이라고 생각했고, 따라서 그들을 배척하는 것을 더없이 가치로 믿게 되었다.

김구는 고능선의 훈육과 관련하여 "고선생은 주로 의리(義理)가 어떤 것인가에 대해서 말씀하셨다"[48] 라고 특별히 적고 있다. 고능선은 김창수에게, 아무리 뛰어난 재주와 능력이 있는 자라도 의리에서 벗어나면 그 재능이 도리어 화근이 되며 사람의 처세는 마땅히 의리에 근본을 두어야 한다고 강조했다.[49] 그런데 고능선이 김창수에게 강조한 의리란 단순한 일상의 생활규범으로서의 의리가 아니라 화서학파의 의리론(義理論)이었음은 말할 나위도 없다.

의리론은 소중화론과 함께 화서학파의 핵심적 사상이었다. 이항로는 공자의 춘추대의(春秋大義), 맹자의 벽이단(闢異端), 주자의 존화양이(尊華攘夷)의 정통론에서부터 송시열(宋時烈)의 존명배청(尊明排淸)의 북벌론으로 이어지는 의리를 유학의 정통도맥으로 인식했다.[50] 이항로가 조선의 유학자 가운데에서 이황(李滉)이나 이이(李珥)보다도 교조적이고 당파성이 강했던 송시열을 주자의 도통(道統)으로 꼽은 것은 북벌론을 통하여 역사의 정통성을 회복하려고 했던 송시열의 의리론에 더

---

46) 《백범일지》, p. 115.

47) 《백범일지》, p. 116.

48) 《백범일지》, p. 63.

49) 위와 같음.

50) 吳錫源, "19세기 韓國道學派의 義理思想에 관한 연구—華西 李恒老 및 華西學派를 중심으로", 成均館大學校 博士學位論文, 1992 참조.

큰 비중을 두었기 때문이다. 이항로는 "심조묵계지언(深造默契之言)"에서 "배우는 사람은 주자를 종주(宗主)로 하지 않으면 공자의 문턱에 들어갈 수 없고, 송자〔宋時烈〕를 헌장(憲章)으로 하지 않으면 주자의 통서(統緖)에 접할 수 없다"[51] 라고 했을 만큼, 송시열의 존화양이사상으로부터 절대적 영향을 받았다. 이와 같은 도통 인식이 고능선에게도 그대로 계승되었던 것이다.

고능선은 김창수에게 의리의 중요성을 강조하기 위하여 박태보(朴泰輔)의 보습단근질 일화와 삼학사(三學士)의 절개에 대해서도 설명했다.[52] 박태보는 숙종(肅宗) 때의 문신으로서 인현왕후(仁顯王后)의 폐위를 강력히 반대하다가 심한 고문을 당하고 유배가던 길에 고문의 후유증으로 노량진에서 죽었다. 고능선은 박태보가 보습으로 단근질을 당하면서도 끝까지 굴하지 않고 오히려 "이 쇠가 식었으니 다시 달구어 오너라" 라고 했다는 이야기를 김창수에게 들려주었다. 삼학사는 병자호란 때에 청국과의 화의를 끝내 반대하다가 청국으로 잡혀간 윤집(尹集), 오달제(吳達濟), 홍익한(洪翼漢) 세 사람을 말한다. 이들은 청국으로 잡혀가서 모진 고문을 당했으나 끝까지 절개를 지키다가 처형당했다.

고능선은 일을 할 때에는 판단, 실행, 계속의 세 단계로 사업을 성취해야 한다고 가르쳤다. 그는 김창수의 가장 큰 결점이 과단성이 부족한 점이라고 보았다. 그는 김창수에게 무슨 일이나 밝히 보고 잘 판단하고도 실행의 첫 출발점이 되는 과단성이 없으면 다 쓸데없다면서 다음과 같은 시를 힘주어 설명했다.

得樹攀枝無足奇
懸崖撒手丈夫兒.

(벼랑에서) 나뭇가지를 잡고 오르는 것이 기이한 일이 아니나

51) 《華西集》附錄 9권, "年譜" 1813년조.

52) 《백범일지》, pp. 118~119.

> 벼랑에서 잡은 손을 놓을 수 있어야 가히 장부이다.[53)]

고능선의 통찰은 정확했다. 김구의 이러한 과단성 부족은 앞서 상투를 자를 때에 본 것과 같은 이승만의 경우와는 아주 대조적인 것이어서 주목할 만한 가치가 있다. 왜냐하면 두 사람의 이러한 대조적인 성향은, 특별히 예외적인 경우를 제외하고는, 일생을 두고 그대로 표출되면서 그들이 직면했던 중대한 일들에 큰 영향을 끼쳤기 때문이다.

김구는 고능선에게서 배운 이 시구를 평생토록 잊지 않고 중요한 결단이 필요할 때면 그것을 떠올리곤 했다. 그런데 이 시구는 유교의 경전이나 유학자의 작품이 아니라《금강경오가해(金剛經五家解)》에 있는 송(宋)나라 때의 선승(禪僧) 야부도천(冶父道川)의 금강경 송(頌)의 일부이다. 이 시구는 다음과 같이 이어진다.

> 水寒夜冷魚難覓
> 留得空舡載月歸.
>
> 물은 차갑고 밤은 싸늘해 고기는 잡히지 않고
> 빈 배에 달빛만 싣고 돌아온다.[54)]

일반적으로 조선의 유학자들이, 특히 교조적 학풍의 화서학파들이 불교경전을 읽는 것은 극히 드문 일이었다. 그러나 궁핍한 생활여건에서도 의리론의 실천을 중시했던 고능선은 자신의 실천철학과 부합되는 학문과 사상을 폭넓게 수용했던 모양이다. 그리고 그러한 고능선의 가르침이 김구의 사상적 유연성의 기초가 되었는지 모른다.

고능선의 의리에 대한 가르침은 김구가 뒷날 위정척사파에서 개화파로 변신한 뒤에도 평생의 행동준거가 될 만큼 큰 영향을 끼쳤다. 그 점에 대해서는《백범일지》의 여러 대목에 언급되어 있는데, 뒷날 개화파로서

53)《백범일지》, pp. 63~64.

54) 권오영, 앞의 글, p. 287 주 75) 참조.

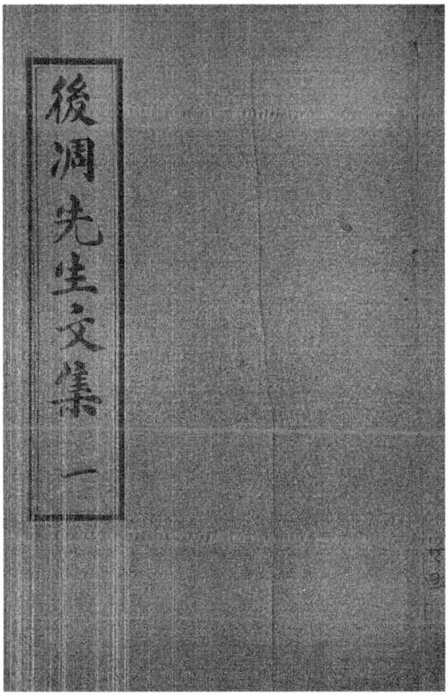

고능선의 문집.

교육계몽운동에 헌신하다가 안악사건(安岳事件)과 신민회사건(新民會事件)으로 17년 형을 선고받고 서대문형무소에서 복역할 때에 다음과 같이 자성하는 것은 그 대표적인 보기이다.

> 너는 일찍이 고후조(高後凋)에게서 의리가 무엇인지 가까이에서 배웠고, 그이에게서 배운 금언 중에 심칙동자라도 개나 양을 가리켜 절을 시키면 반드시 크게 노하며 불응한다는 말을 강단에서 신성한 제2세 국민에게 연설하던 네가 머리를 숙여 왜놈 간수에게 절을 하느냐. 네가 항상 암송하는 고인의 시 가운데, '식인지식 의인의 소지평생 막유위〔食人之食 衣人衣 所志平生 莫有違: 남이 해준 음식을 먹고 남이 만들어 준 옷을 입거늘 품은 뜻은 평생 어기지 말아야 한다〕'라는 구절을 망각했느냐. … 남아는 의로 죽을지언정 구구히 살지 않는다고 평일에 어린 학생을 가르치더니, 네가 오늘 살아 있는 것이냐 죽은 것이냐. 네가 개같은 생활을 견디어 지내고서 17년 뒤에 장차 공을 세워 죄를 갚을 자신이 있느냐.[55]

또한 김구는 뒷날 고능선의 사망소식을 들었을 때를 회상하면서 다음과 같이 적고 있다.

55) 《백범일지》, p. 244.

> 아, 슬프다! 이 말을 기록하는 오늘까지 30여년 동안 내 마음을 쓰거나 일을 할 때에 만에 하나라도 아름다이 여길 만한 점이 있다면 그것은 오로지 당시 청계동에서 고선생이 나를 특히 사랑하시고 심혈을 다 기울여 구전심수하시던 훈육의 덕일 것이다.[56)]

그리고 1947년에 《백범일지》(국사원본)를 출간할 때에 책머리에 고능선의 사진을 싣고, 그 옆에 "나는 나라에 충성하는 법을 고후조 선생께 배웠다"라는 설명을 붙이고 있다.

3. 구국방략 찾아서 청국으로

김창수는 고능선의 가르침을 통하여 정신적 안정을 되찾았다. 그러자 청계동 생활에도 점차 적응해 갔다. 안태훈은 사랑에서 잔치를 벌이고 흥취 있게 놀 때마다 반드시 고능선을 초청했다. 그런데 안태훈은 또 그 자리에, 김구 자신의 말대로 "술로나 글로나 나이로나 겉모양으로나 그 자리에 전혀 어울리지 않는" 김창수를 빠뜨리지 않았다. 만약 김창수가 조금만 늦어도 안태훈은 산포수나 하인을 불러서 "너 속히 돼지골 가서 창수 서방님 모셔오너라" 하고 김창수를 부르러 보냈다. 안태훈이 김창수를 이처럼 대우하자 산포수들의 태도도 저절로 공손해졌고, 안태훈 아우들의 태도도 바뀌었다. 또한 고능선이 김창수를 친근하게 대우하는 것을 본 마을 사람들의 태도도 차차 달라졌다. 안태훈이 고능선의 집을 이따금 방문하는 일도 있었다. 그럴 때면 두 사람은 서로 주거니 받거니 하면서 고금의 일을 강론했다. 김창수는 이러한 강론을 곁에서 듣는 것이 여간 흥미롭지 않았다.

---

56) 《백범일지》, p. 180.

이 무렵 김창수는 몇 년 전부터 시작된 산증(疝症) 때문에 고생했는데, 청계동에서도 산기가 재발했다. 산증이란 고환이나 음낭 등의 질환 때문에 일어나는 신경통과 요통의 일종으로서, 산증에 걸리면 아랫배가 당기며 통증이 있고 대소변이 막히기도 한다고 한다. 김창수가 안태훈의 사랑에서 만난 오 주부〔吳主簿: '주부'란 한약방 주인을 가리키는 말〕에게 산증의 치료법을 묻자, 오주부는 사삼〔沙蔘: 더덕 뿌리〕을 많이 먹으면 낫는다고 일러 주었다. 그 말을 듣고 김창수는 틈나는 대로 고능선의 아들 원명과 함께 약초 캐는 괭이를 메고 뒷산에 올라가서 사삼도 캐고 바위 위에 앉아서 이런저런 이야기도 나누었다. 이렇게 석 달 동안 사삼을 복용하자 산증이 깨끗이 나았다. 이 소문을 들은 신천군수가 안태훈을 통하여 사삼을 구해 줄 것을 당부해 와서 김창수는 사삼 한 망태기를 캐어 그에게 보내 주었다.[57] 김창수가 산증으로 고생하다가 사삼을 달여 먹고 나았다는 이야기가 청계동에서 꽤나 소문이 났던 모양이다. 이때의 신천군수는 김상현(金商絢)이었다. 그는 1894년 12월13일에 동학농민군이 신천관아를 습격했을 때에 가족을 데리고 청계동으로 피신했다가 이듬해 3월에야 관아로 돌아갔는데,[58] 동학농민군이 관아를 습격하고 민가에 불을 지른 것을 엄하게 다스리지 못한 죄로 황해감사 조희일(趙熙一)과 함께 1895년 2월27일자로 파면되었다.[59]

김창수는 날마다 고능선의 집에서 공부를 하면서 고능선과 밥도 같이 먹고, 밤이 깊어서 인적이 끊어질 때까지 국사를 논의하기도 했다. 그러던 어느 날 고능선은 김창수에게 청국으로 갈 것을 권유했다. 그는 김창수에게 먼저 시국에 대한 자신의 심정을 토로했다.

"만고 천하에 흥해 보지 못한 나라가 없고 망해 보지 못한 나라가 없네. 종전에는 토지와 백성은 가만 두고 군주 자리만 빼앗는 것으로 흥

57) 《백범일지》, p. 65.

58) 李全, 앞의 책, p. 21 ; 萬壽祠保存會, 앞의 책, p. 29.

59) 《日省錄》 高宗 32년 2월27일조.

(興)이라 망(亡)이라 하였지. 그러나 지금의 망국이란 나라의 토지와 백성과 주권을 병탄하는 것이네. 우리나라도 반드시 망하게 되었는데, 필경은 왜놈에게 멸망당하게 되었네. 소위 조정대관들은 전부 미외사상〔媚外思想: 외세에 영합하려는 사상〕만 가지고, 러시아를 친하여 자기 지위를 보전할까, 혹은 영국이나 미국을, 혹은 프랑스를, 혹은 일본을 친하여 자기 지위를 공고히 할까, 순전히 이런 생각들뿐이거든. 나라는 망하는데, 국내의 최고 학식을 가졌다는 산림학자들도 한탄하며 혀만 차고 있을 뿐 어떠한 구국의 경륜이 있는 사람이 보이지 않으니 큰 유감일세. 나라가 망하는 데도 신성하게 망하는 것과 더럽게 망하는 것이 있는데, 우리나라는 더럽게 망하게 되겠네."

김창수는 놀라서 그 까닭을 물었다. 고능선이 대답했다.

"일반 인민이 의를 붙들고 끝까지 싸우다가 적에게 복몰〔覆沒: 배가 뒤집혀 가라앉음. 〔(집안이) 결딴나서 망함〕당하는 것은 신성하게 망하는 것이요, 일반 신민이 적에게 아부하다가 적의 꾀임에 빠져서 항복하고 망하는 것은 더럽게 망하는 것일세. 지금 왜놈의 세력은 온 나라에 차고 넘치고 궐내까지 침입하여 대신들의 임면을 왜적의 마음대로 하고, 만반 시정이 제 2의 왜국이 아닌가. 만고 천하에 망하지 않는 나라가 없고 만고 천하에 죽지 않는 사람이 없다네. 그런즉 자네나 나나 죽음으로써 보국(報國)하는 한가지 일만 남았네."

말을 마친 고능선은 슬픈 낯빛으로 김창수를 보았다. 김창수도 눈물을 흘렸다. 김창수는 다시 스승에게 물었다.

"망할 것으로 하여금 망하지 않게 할 방책은 없습니까?"

"자네 말이 옳네. 기왕 망할 나라라도 망하지 않게 힘써 보는 것이 신민된 자의 의무이지. 지금의 조정 대관들 모양으로 외세에 영합하지 말고 청국과 서로 돕는 방법으로 결합할 필요가 있네. 지난해 청-일전쟁에서 청국이 패했으니 언젠가는 복수전쟁을 한번 벌이려 할 것이네. 적당한 인재가 있으면 청국에 가서 사정도 조사하고 그곳 인물들과도 연락해 후일에 대처하는 것이 절대 필요하니, 자네 한번 가 보려나?"

고능선의 이러한 권유는 김창수를 매일 만나 학문을 가르치면서도 전혀 입 밖에 낸 일이 없던 것이었다. 그리고 청국과의 제휴는 외세의존이 아니며, 청국은 청-일전쟁의 패전의 수모를 만회하기 위하여 반드시 복수전을 벌일 것이라는 고능선의 전망은 이때의 위정척사파들의 시국인식의 한계를 보여 주는 것이었다.

"저같이 나이 어리고 지각 없는 것이 간들 무슨 효과를 얻겠습니까?"

그러자 고능선은 웃는 얼굴로 다음과 같이 말했다.

"그거야 그렇지. 자네만으로 생각하면 그렇지. 이런 생각을 하는 동지들이 많으면 청국의 정계나 학계나 상계나 각 방면으로 들어가서 활동할 때이지만, 지금은 누가 그런 뜻을 가진 사람인지 알 수 있겠나. 자네 한 사람의 생각이라도 그렇게 하는 것이 뒷날 유익하겠다 싶으면 실행하여 보는 것뿐이지."

김창수는 스승의 권유를 서슴지 않고 받아들였다.

"마음이 항상 울적하니 먼 곳으로 바람도 쏘일 겸 떠나보겠습니다."

고능선은 김창수의 말에 흡족하여 그가 떠난 뒤에 그의 부모 일은 자기가 책임지겠다고 약속했다.

청계동으로 이사한 뒤로 김순영(金淳永) 내외가 어떻게 생활하고 있었는지에 대해서는 《백범일지》에도 언급이 없다. 들이나 산에 나가 일했다는 말도 없다. 양식은 안태훈이 보내 주었을 것이나, 김순영이나 곽씨 부인이 안태훈 집에 내왕했던 것 같지는 않다. 그들은 고능선이 가족과도 별로 내왕이 없었던 것 같다. 김창수 부모의 일을 자기가 책임지겠다고 한 고능선의 말은, 김창수가 인사도 하지 않고 청국으로 떠나고 나면 안태훈이 김순영 내외를 돌보지 않을 수도 있음을 상정하고 한 말이었을 것인데, 그러한 경우까지 생각하면서 고능선이 김창수를 비밀리에 청국으로 떠나보내고자 한 데에는 그만큼 심각한 고려가 있었을 것이다. 또한 주목할 것은 그때까지 크고 작은 모든 일을 아버지와 상의하고 아버지의 의견에 따라 행동해 온 김창수가 청국으로 떠나는 이 중대한 일을 결심하면서 아버지와 상의하지 않았다는 사실이다. 그것은 김창수가 그만큼 정신적으로 성장했을 뿐만 아니라 고능선의 압도적 영향 아래 있었기 때문이었다.

고능선의 배려를 고맙게 받아들인 김창수는 물었다.

"안 진사와도 상의를 하면 어떻습니까?"

그러나 고능선은 뜻밖에도 반대했다.

"내가 안 진사의 의향을 짐작하는데, 그는 천주학을 해볼 마음이 있다네. 만일 양이(洋夷)에 의뢰할 마음이 있다면 그것은 대의에 위반된 행동이지. 안 진사에 대한 태도는 뒷날 결정할 날이 있을 것이니, 출국에 대한 문제는 아직은 말하지 않는 것이 좋겠네. 다만 안 진사는 확실한 인재이니, 자네가 청국에 가서 여러 곳을 다녀보고 그 결과로 좋은 동기가 생기게 되면 그때에 가서 상의해도 늦지 않을 것이네. 그러니 이번 일은 비밀에 부치고 떠나는 것이 합당할 것 같네."

갈 곳 없는 패전의 장수에게 부모를 모시고 안주할 곳을 마련해 주기까지 하면서 호의를 베푼 안태훈에게 하직인사조차 하지 않고 떠난다는 것은 그야말로 고능선이 강조한 의리에 위반되는 행동임에 틀림없었다. 그럼에도 불구하고 고능선이 김창수로 하여금 안태훈 모르게 떠나도록 한 것은 만일에 안태훈이 알게 되면 김창수의 청국행이 저지될 수도 있다고 판단했기 때문이었을 것이다. 그만큼 그에게는 김창수를 청국으로 떠나보내는 것이 중요했던 것이다. 김창수로서도 안태훈 몰래 떠나기가 여간 송구스럽지 않았을 것이다. 그런데도 그는 "고 선생의 말을 옳게 여기고 출발을 준비했다"고 한다.[60] 김창수의 이러한 태도에서도 우리는 이때에 그가 얼마나 고능선에게 경도되어 있었는가를 짐작할 수 있다.

---

60) 《金九自敍傳 白凡逸志》(親筆影印版), 集文堂, 1994, pp. 37~38 ; 《백범일지》, pp. 63~67.

고능선의 권유에 따른 김창수의 청국행은 화서학파의 구체적 행동방안이 논의된 시점과 일치한다는 점에서 매우 주목된다. 화서학파의 의병봉기의 직접적 움직임은 1894년 12월에 복제개혁(服制改革)이 발표되고 나서부터였다. 복제개혁 문제는 갑신정변 이래로 줄곧 논란이 되었던 것인데, 1894년 12월16일자 칙령으로 조선에서 처음으로 검은색의 서양식복제가 채용된 것이었다.

복제개혁이 발표되자 유인석을 비롯한 화서학파 유생들은 이에 반대할 뜻을 분명히 했다. 유인석은 1895년 1월에 제천(堤川)의 주용규(朱庸奎)에게 보낸 편지를 통하여 그곳의 소장파 유생들에게 의병봉기를 촉구했다.[61] 유인석은 또 "을미훼복시입언(乙未毁服時立言)"을 지어 "선왕의 법복(法服)을 고치는 것은 천지와 성현과 선왕과 부조(父祖)에게 죄를 짓는 것이라. 장차 살아서 무엇하리요. … 선왕의 도를 수호하다가 죽는 것은 선비의 의리이다. 죽지 않는 사람은 없는 법이나, 삶보다 영광스러운 죽음이 있다. 금일의 일은 죽음이 있을 뿐이다"[62] 라면서 전통복제를 지키기 위해 죽음도 불사한다는 비장한 뜻을 피력했다.

그러한 상황에서 1895년 5월에 내부대신 박영효의 수하인 제천군수 김익진(金益珍)이 관내에 있는 화서학파 유생들에게 변복령에 따를 것을 강요하자 문제가 확대되었다. 유인석은 이에 대처할 방안을 마련하기 위해 전국의 화서학파 유생 150여명을 5월2일과 3일 이틀 동안 제천의 장담(長潭)으로 불러 모아 강습례(講習禮)와 향음례(鄕飮禮) 형식의 대규모 집회를 열었다. 이러한 특별집회를 통하여 화서학파 유생들은 박영효의 매국적 제도개혁을 성토하고 복제개혁을 주도하는 중앙의 개화파들에게 대항하기로 결정했다. 그러나 성토의 대상이었던 박영효가 5월15일에 국왕폐립음모에 연루되어 실각하고 일본으로 망명하자, 화

61) 吳瑛燮, 앞의 책, pp. 232~233.

62) "乙未毁服時立言", 《毅菴集》 권35, 吳瑛燮, 위의 책, p. 233에서 재인용.

서학파의 박영효 규탄과 변복령 반대운동은 잠시 주춤해졌다.[63] 그러나 이러한 집회는, 규모의 차이는 있었으나, 11월15일의 단발령 이후에 본격적인 의병운동이 일어나기까지 지속적으로 전개되었다.

5월의 장담집회에 참가한 사람들은 거의 대부분이 유중교 문하의 유생들이었다. 그리고 이들이 중심이 되어 뒷날 화서학파의 본격적인 의병항쟁이 전개되었다.[64] 이때의 장담집회에 고능선이 참석했던 것 같지는 않으나, 유인석과 서신 왕래를 계속했던 것으로 미루어 고능선이 장담집회를 알고 있었을 것으로 짐작된다. 장담집회가 열린 것이 5월 초였고, 김창수가 청국으로 출발한 것이 5월 하순이라는 사실이 그러한 추론을 가능하게 한다. 따라서 김창수의 청국행은 고능선의 개인적 구상에 따른 것이었다기보다는 화서학파의 시국대응책의 일환이었다고 보아야 할 것이다. 화서학파 유생 가운데에서 의병활동의 해외 근거지 구상을 가장 먼저 제기한 사람은 홍재학(洪在鶴)이었으나,[65] 그러한 구상을 실제로 가장 먼저 실행한 사람이 김창수를 청국으로 보낸 고능선이었던 셈이다.

고능선의 만류가 있었다고 하더라도 안태훈에게 작별인사조차 하지 않고 떠난다는 것이 김창수로서는 여간 마음에 걸리지 않았다. 안태훈을 마지막으로 한번 보고 속으로나마 하직인사를 하는 것이 도리일 것 같았다. 김창수는 그러한 생각으로 안태훈의 사랑에 갔다가 우연히 참빗장수 행색을 한 사람을 만났다. 말하는 것과 행동거지로 보아 예사 참빗장수가 아닌 것이 분명했다. 김창수가 인사를 청하자 그 사람은 자신을 남원군(南原郡) 이동(耳洞)에 사는 김형진이라고 했다. 김창수는 김형진에게 자기 집에 가면 참빗을 살 테니까 같이 가자고 하여 함께 집으로 갔다. 하룻밤을 같이 보내면서 이런저런 이야기를 나누어 보니까

63) 吳瑛燮, 위의 책, pp. 235~236.

64) 朴敏泳, 앞의 글, p. 297.

65) 吳瑛燮, 앞의 책, p. 115.

과연 그는 단순한 참빗장수가 아니었다.

김구는 김형진의 첫인상에 대해 "사람됨이 그다지 출중해 보이지 않고 학식도 넉넉하지는 못해 보였으나, 시국에 대한 불평으로 무슨 일을 해보겠다는 결심은 있어 보였다"[66] 라고 적고 있다. 자기보다 열다섯 살이나 연상이며 초시(初試)에 합격한 진사인 김형진의 인품이 김창수에게 이처럼 대수롭지 않게 보였던 것은 아마 참빗장수라는 선입견 때문이었을 것이다. 김형진의 본명은 김원명(金元明)이며, 김형모(金炯模), 김형진(金亨振), 김봉회(金鳳會) 등의 다른 이름을 가지고 있었다. 김형진은 유중교의 문하에서 배웠고,[67] 친구의 죽음을 애도하는 제문에 명나라 연호를 사용할 정도로 철저한 위정척사파였다.[68] 그는 1895년 4월에 척양척왜의 큰 뜻을 품고 상경하여, 무관 출신으로 요직을 두루 거치면서 일본의 강압적 내정개혁요구에 반대했던 원로 신정희(申正熙)를 찾아갔으나, 별다른 방책을 얻지 못했다. 그는 한양 성안이 온통 왜색천지인 것에 크게 실망했다고 했다.

김창수는 김형진을 데리고 고능선의 집으로 갔다. 고능선 역시 그와 이야기를 나누어 본 뒤에 "남의 머리가 될 인물은 못 되나 다른 사람을 도와서 일을 성사시킬 만한 소질은 있어 보인다" 라고 말했다. 그리하여 고능선과 김창수는 김형진이 김창수의 길동무로 손색이 없다고 판단했다.

김형진 역시 김창수에게 호감을 느꼈다. 그는 김창수가 자기와 같은 종씨인 것이 우선 반가웠나. 척양척왜의 큰뜻을 함께 할 동지를 구하던 그에게 김창수는 뜻에 맞는 인물로 보였다. 《백범일지》에는 인태훈이 당대의 문장가요 대영웅이라는 것이 삼남지방에까지 알려져서 김형진

66) 《백범일지》, p. 68.

67) 金南植, "金亨鎭志士略歷", 1994 및 "救國志士 成均進士 安東金先生墓碣銘", 도진순, "1895~96년 金九의 聯中義兵活動과 치하포사건", 《韓國史論》 38, 서울大學校 國史學科, 1997, p. 134, 주 37).

68) 金亨鎭, 《路程略記》, 《白凡金九全集(3)》, p. 621.

이 청계동을 찾아왔다고 했으나,[69] 김형진 자신은 이때의 상황을 다음과 같이 기술했다.

> 우연히도 하루는 신천에 가게 되었다. 청계동에 사는 안태훈은 나라의 주권 회복의 큰 뜻을 품고 의병을 널리 모아 수천에 이르고, 진지를 본도에 구축하였으며, 병기와 총기와 쌓아 놓은 양곡이 산더미 같았다. 들어가서 의려장 안태훈을 만나보고 그 진중에 머물면서 며칠을 기숙했다. 그런데 우연히도 종씨 창수를 만나게 되었다. 그는 왜병 두목과 싸우다가 패하여 깊은 산 속에 숨어 살고 있는 중이었다. 그때 나이는 스무 살이었다. 같이 종가에 돌아가 고락을 함께 할 것과 척양척왜의 계략을 의논했다.[70]

이처럼 청계동을 찾아와서 우연히 만난 두 사람이 쉽게 뜻이 통할 수 있었던 것은 김형진이 유중교의 문하생이고 김창수는 같은 화서학파인 고능선의 훈육을 받아 척양척왜의 시국인식이 일치했기 때문이었다. 두 사람은 의기투합하여 함께 청국 여행을 떠나기로 결심했다.[71] 김창수가 청계동에 은거한 지 석 달쯤 지난 때였다.

김창수가 여행준비를 어떻게 했는지는 자세히 알 수 없다. 이 시대의 여행은 거의가 도보여행이었다. 김창수는 이때에 집에서 부리던 말을 내다 팔아서 여비 200냥을 마련했다.[72]

김창수가 어떻게 해서 집에 말을 먹이고 있었는지는 알 수 없다. 일반 농가에서 말을 먹이는 것은 매우 드문 일이었다. 1900년에 러시아 재무부가 작성한 조사보고서에 "넓은 들을 지나가더라도 가축은 한 마리도 발견할 수 없었으며, 농부가 황소 두 마리를 가지고 있다면 부자

69) 《백범일지》, p. 68.

70) 《路程略記》, 《白凡金九全集(3)》, p. 584.

71) 《백범일지》, pp. 68~69 ; 《路程略記》, 《白凡金九全集(3)》, p. 584.

72) 《백범일지》, p. 69.

로 간주되고 있다"[73] 라고 기록했을 만큼 가축은 귀한 존재였다. 말은 소보다 가격은 더 비쌌으나 밭갈이에 이용되는 경우는 극히 드물었다. 말은 주로 짐을 실어 나르거나 사람이 타고 다니는 데 사용되었다.

김창수의 청국행은 고능선의 권유에 따른 것이기는 했으나 뚜렷한 목표와 방문지가 정해진 것은 아니었다. 청국과의 제휴문제는, 김구가 "가는 길에 백두산을 답파하고 만주를 거쳐 북경을 최종목적지로 정했다"[74] 라고 한 데서 보듯이, 막연한 기대를 넘어서지 못했다. 그러므로 이때의 청국행은 지형과 주변정세도 관찰하고 견문도 넓힐 수 있는 기회로 생각했을 따름이었다. 그리하여 두 사람은 함경도의 동해안을 거쳐 백두산을 돌아서 가는 우회코스를 택했다.

73) 러시아 財務部, 金秉璘 譯, 《國譯 韓國誌》, 韓國精神文化研究院, 1984, p. 449.

74) 《백범일지》, p. 69.

제6장

청국행과 반일의병활동

1. 첫번째 청국행과 '마통령 마대인'

김창수와 김형진이 청계동을 출발한 것은 1895년 5월이었다.[1] 두 사람은 이때에 관찰하고 경험한 내용을 각각 기록으로 남겼다. 김창수는 30년 뒤에 쓴 자서전 《백범일지》에, 김형진은 돌아와서 얼마 되지 않은 1898년에 쓴 《노정약기(路程略記)》에 상세히 적어 놓았다.

《노정약기》에 따르면, 두 사람의 청국행은 5월과 9월의 두 차례였다. 이 글은 두 차례에 걸친 청국행의 코스와 일정을 자세히 적어놓고 있어서, 두 번 다녀온 사실을 뭉뚱그려서 한번 있었던 것처럼 서술한 《백범일지》의 내용을 보완해 준다. 그러나 《노정약기》의 서술은 전반적으로 과장이 너무 많아서 내용의 신빙성에 문제가 있다.

두 사람은 먼저 백두산을 답파하고 만주지방을 거쳐서 북경(北京)까지 가기로 하고 길을 떠났다. 청계동을 출발한 두 사람은 재령(載寧)의 여물평(餘物坪), 석해(石海), 월진(越津)을 지나서 봉산(鳳山)을 거쳐 황주(黃州)에 이르렀다. 북쪽으로 가는 교통의 요지인 황주는 청-일전쟁의 격전장으로서 많은 피해를 입은 곳이었다. 그러나 전란의 상처에

1) 金亨鎭, 《路程略記》, 白凡金九先生全集編纂委員會, 《白凡金九全集(3)》, 대한매일신보사, 1999, p. 137.

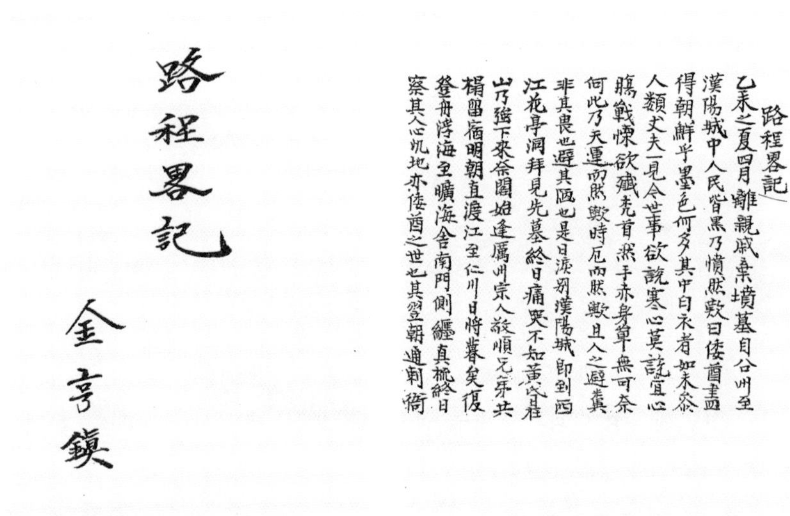

路程畧記

金亨鎭

路程畧記

乙未之夏四月離親戚棄墳墓自谷州至
漢陽城中人民皆黑乃憤然歎曰倭酋盡
得朝鮮乎墨色何多其中白衣者如米粒
人類丈夫一見今世事欲說寒心莫說宜心
膽戰慄欲藏犬首然手赤身單無可奈
何此乃天運而然歟時厄而然歟且人之避糞
非其畏也避其陋也是日淚別漢陽城卽到西
江花亭洞拜見先墓終日痛哭不知黃昏在
山乃強下來奈園始逢厲州宗人敬順兄弟共
榻留宿明朝直渡江至仁川日將暮矣復
登舟浮海至曠海舍南門側纏真梳終日
察其人心風地亦倭酋之世也其翌朝通剌衙

김형진의 여행기 《노정약기》의 표지와 첫 부분 내용.

도 불구하고 황주는 여전히 아름다운 고장이었다. 황주에서 두 사람은 일본 병사 300명가량이 백성들과 어울려 환담하는 광경을 보고 몹시 불쾌했다.[2] 중화(中和)를 거쳐서 평양(平壤)에 도착했다. 그곳에서 두 사람은 여행방법을 협의했다. 앞으로는 험한 산길인데다가 국경이 가깝기 때문에 변장하는 것이 유리할 것 같았다. 김형진은 이미 고향 남원을 출발하여 황해도에 이르는 과정에서 참빗장수 행세를 한 경험이 있었다. 두 사람은 이번에도 참빗장수로 변장하기로 하고 여비 전부를 털어서 참빗, 붓, 먹 등 산골마을에 요긴한 물품을 사서 한 짐씩 짊어졌다.

강동(江東)의 열파(咽派) 장터를 지날 때에 갑자기 장대 같은 소나기가 쏟아졌다. 두 사람은 비를 피하고 하룻밤 쉬어 가기 위해 가까운 재실을 찾아 들었다. 그런데 김창수는 재실에 먼저 들어와 있던 일흔 살가량의 주정뱅이 노인에게 까닭 없이 매를 맞았다. 그는 억울한 생각이

2) 위의 책, pp. 137~138.

들었으나 원대한 목적을 품고 먼 길을 가는 데 사소한 일에 마음 둘 바 아니라고 생각하고, 김형진과 한신(韓信)의 고사를 이야기하면서 서로 위로했다.[3] 한신의 고사란, 회음(淮陰)의 부랑배가 한신에게 시비를 걸어 자기 가랑이 밑으로 기어서 지나가라고 하자 한신이 모욕을 참고 그 부랑배의 가랑이 밑을 기어서 지나갔다는 이야기를 말하는 것이다. 성천(成川)을 지나서 고원(高原)으로 내려갈 때에는 험하기로 이름난 기린령(麒麟嶺)을 넘었는데, 종일 걸어도 인기척을 발견할 수 없었다. 목은 마르고 배는 점점 고파왔다. 지나가는 길에 마침 뽕밭이 있어서 오디를 따먹고서야 겨우 갈증과 허기를 면할 수 있었다.[4]

두 사람은 함흥(咸興)에 도착하여 조선에서 제일 긴 나무다리로 소문난 만세교(萬歲橋)를 건넜다. 이 다리는 함흥평야를 휘감아 도는 성천강(城川江)을 가로질러 반룡산(盤龍山)의 낙민루(樂民樓) 아래에 가설된 150칸이나 되는 다리인데, 이성계(李成桂)가 조선 역대 왕들의 만수무강을 기원하는 뜻에서 '만세교'라고 이름지었다고 전해진다. 김구는 이 다리를 '남대천 다리'라고 적고 있으나 이는 착오이다. 남대천은 북청(北靑)에 있는 강이다. 김구는 만세교와 관련하여 김삿갓(金笠: 본명은 金炳淵)이 이 다리를 두고 읊은 다음과 같은 시구를 적어 놓았다.

> 山疑野窄超超立
> 水恐舟行淺淺流.
> 산은 들이 좁을까 저어하여 멀리 멀리 서 있고
> 물은 배 다니는 것이 두려워 얕게 얕게 흐른다.

김구는 이 시구를 소개하면서 "사람들이 이 구절을 가리켜 명작이라고 하였다"[5]라고 적고 있는데, 화서학파 유림들과는 거리가 먼 풍자시인

---

3) 도진순 주해, 《김구자서전 백범일지》, 돌베개, 1997, p. 69 ; 《路程略記》, 《白凡金九全集(3)》, p. 139.

4) 《路程略記》, 《白凡金九全集(3)》, p. 139.

《백범일지》에 적혀 있는 청국행 코스.

김삿갓의 시를 암기할 만큼 알고 있었다는 것은 그가 김삿갓의 반골 정신과 해학을 그만큼 좋아했기 때문이었는지 모른다. 이 시구는 김삿갓의 "등함흥구천각(登咸興九天閣)"이라는 시의 일부인데, 원문은 "산의야협원원립(山疑野狹遠遠立) / 수외주행천천류(水畏舟行淺淺流)"이다.[6] 김구는 '착초초(窄超超)'와 '공(恐)' 네 글자를 틀리게 기억한 것이다.

만세교를 건너자 조선의 4대물(四大物)의 하나인 장승 네 개가 길가 좌우에 마주보고 서 있었다. 《백범일지》에 따르면, 이 시기에 조선의 4대물로 꼽히던 것은 경주의 성덕대왕신종〔속칭 '에밀레종'〕, 논산군 은진면 관촉사의 은진미륵〔석조미륵보살입상〕, 연산(連山)의 쇠솥, 함흥의

5) 《백범일지》, pp. 70~71.

6) 權寧漢 譯, 《김삿갓 시모음집》, 전원문화사, 2001, p. 247.

《노정약기》에 적혀 있는 청국행 코스.

장승이었다.

이성계가 세웠다는 낙민루를 구경하고, 서문루(西門樓)에 오르자 사방이 끝이 보이지 않을 만큼 망망했다. 두 사람이 동문으로 나와서 덕산관(德山館)에 이르렀을 때에 해가 서산으로 기울었다. 김형진은 여기에서 준비해 온 노자가 바닥이 나고 말았다고 적었는데,[7] 짊어지고 왔던 물건들을 이때까지 다 팔지는 못했을 것이므로 아마 현금이 떨어졌다는 뜻일 것이다. 두 사람은 여덟 마을을 돌아다니면서 구걸해서야 겨우 끼니를 때웠고, 각자 떨어져서 잠자리를 구하여 하룻밤을 지냈다.

다음날 두 사람은 길이 어긋나서 서로 간 곳을 찾을 수 없었다. 김창

7) 《路程略記》, 《白凡金九全集(3)》, p. 141.

1576년에 재건된 평양의 대동문. 1636년에 석축의 무지개문을 고쳤다.

수는 할 수 없이 혼자서 함관령(咸關嶺)을 넘었다. 함관령은 함경남도 함주군(咸州郡)과 홍원군(洪原郡)의 경계를 이루는 고개로서, 골이 깊고 경사가 급하며 굴곡이 많았다. 그러나 길은 폭이 넓고 평탄하여 예부터 홍원과 함흥과 원산(元山)을 잇는 중요한 종단교통로로 이용되었다. 고갯마루에서 동쪽으로 5리쯤 떨어진 영상리(嶺上里)에는 고려 공민왕(恭愍王) 때에 이성계가 원나라 군대를 물리친 전공을 기념하여 세운 달단동 승전기적비(韃靼洞勝戰紀蹟碑)가 있었다. 김창수는 고개를 내려오는 길에 승전비를 구경하고 고개 밑 주막에 닿았다. 여기에서 극적으로 김형진을 다시 만났다.[8]

두 사람은 홍원에 도착했다. 여기서부터는 동해안의 평탄한 해안길이 이어졌다. 홍원은 은어, 송어, 연어, 게 등 각종 해산물이 풍부한 고장이었다. 그 가운데서도 특히 유명한 것은 게잡이였다.[9] 김창수는 건

8) 위와 같음.

9) 洪原郡誌編纂委員會, 《洪原郡誌》, 1973, pp. 142~143.

조선에서 가장 긴 나무다리로 소문났던 함흥의 만세교.

장한 한 아낙네가 광주리에 꽃게 한 마리를 힘겹게 이고 가는 것을 보았는데, 광주리에 담긴 게다리 한개가 자기의 팔뚝보다 더 굵었다고 적고 있다.[10] 신포(新浦) 부근은 명태, 송어, 고래 등 한대성 어족이 많이 잡히는 곳이었다. 두 사람은 신포를 지나면서 이 지방의 경치와 명태잡이 하는 광경을 보았다.

함경도지방을 지나면서 김창수에게 인상 깊게 느껴진 것은 이 지방 사람들의 높은 교육열이었다. 이때의 김창수의 청국행은 국토순례의 성격이 없지 않았는데, 어릴 때에 가난한 아버지를 졸라 서당에 다니면서 공부에 열심이었던 그가 눈여겨 관찰한 것이 이처럼 교육문제였다는 것은 뒷날 그의 교육활동과 관련하여 매우 주목된다. 홍원에서는 어떤 큰 동네의 서재를 방문했다. 이 서재는 건물이 크고 웅장한데다가 교사가 세 사람이나 있었다. 한 사람은 성서반, 한 사람은 중등반, 한 사람은 유치반을 맡아 가르치고 있었는데, 대청 좌우에 북과 징을 매달아 두

10) 《백범일지》, p. 70.

명태잡이 배들이 늘어서 있는 신포항.

고 북을 치면 독서를 시작하고 징을 치면 마치는 특이한 방법을 쓰고 있었다.

신포를 지나서 북청(北青)에 들어섰다. 북청은 자녀교육에 대한 열성이 높기로 특히 유명한 곳이었다. 아무리 산간벽지의 빈촌이라도 추수가 끝나고 나서 겨울 동안에는 반드시 훈장을 초빙하여 자녀들을 가르쳤다. 한말(韓末)에 전국적으로 보기 드물게 북청의 학교 수가 무려 80여개에 이르렀다는 사실은 이곳의 교육열을 웅변으로 말해 준다.[11] 북청사람들은 옛날부터 과거에 열심이었다. 김창수가 방문했을 때에도 군안에 생존한 진사가 30여명이나 있고 급제자가 일곱 사람이나 된다고 했다.[12]

남대천 좌우에는 솟대가 무수히 세워져 있었다. 솟대신앙은 삼한시대(三韓時代) 이래의 민간신앙으로서 긴 장대 끝에 여러 가지 모양을

11) 咸鏡南道誌編纂委員會, 《咸鏡南道誌》, 1968, p. 594.

12) 《백범일지》, p. 71.

김구가 '문화향'이라고 격찬한 북청의 옛 관아.

만들어 매달고 숭배하는 것을 말한다. 북청지방의 솟대는 이 지방의 교육적 특색을 잘 나타내고 있었다. 조선시대의 솟대의 한 유형으로 과거에 급제한 사람이 자기 집 앞이나 조상의 산소 같은 곳에 세우는 화주(華柱)라는 것이 있었다. 김창수가 본 북청의 솟대도 이런 화주였다. 그것은 기둥에 용의 형상을 새기고 꼭대기에는 날아가는 용의 모양을 만들어 붉은 칠을 해서 꽂아놓은 것이었다. 남대천 좌우에 그런 솟대가 무수히 세워져 있는 것을 보고 김구는 북청이 "가히 문화향(文華鄕)이라 부를 만했다"[13] 라고 술회했다.

북청을 출발한 두 사람은 단천(端川)을 지나서 백두산이 있는 서북쪽으로 향했다. 단천까지는 비교적 평탄한 해인길이었으나, 마운령(摩雲嶺)을 지나서부터는 개마고원(蓋馬高原) 일대의 험산준령이 펼쳐져 있어서, 지금까지와는 달리 험한 고개를 힘들게 넘어야 했다. 마운령을 넘어 갑산(甲山)에 도착했다. 김형진은 이때가 6월19일이었다고 했고,

13) 《백범일지》, p. 72.

김구는 7월경이었다고 했다.[14]

갑산은 높은 지대의 산중에 자리 잡은 큰 읍이었다. 그런데 이상하게도 관사(官舍)를 제외한 모든 집의 지붕에 한결같이 풀이 무성했다. 얼른 보기에 사람이 살지 않는 황폐한 빈 고을과 같은 느낌이 들었다. 그러나 그것은 그곳 말로 '봇껍질'이라는 것으로 지붕을 이고 그 위에 흙을 덮은 다음에 풀씨를 뿌려서 무성하게 자라도록 해놓은 것이었다. 그렇게 해놓으면 아무리 큰비가 퍼부어도 흙이 씻겨 내리지 않는다고 했다. 봇껍질은 색이 희고 탄력성이 강해서 지붕을 일 때에 반드시 조약돌이나 흙으로 눌러놓아야 한다고 했다. 그렇게 해두면 흙기와나 돌기와보다 오래가고 무너지지 않는다는 것이었다. 또한 그곳에서는 죽은 사람을 염습할 때에도 봇껍질로 싼다고 했다. 이렇게 하면 땅 속에서 만년이 지나도 해골이 흩어지지 않는다는 것이었다.[15]

두 사람은 갑산을 떠나서 혜산진(惠山鎭)에 도착했다. 이곳은 우리나라에서 기온이 가장 낮은 곳으로서 겨울에는 혹한이 몰아친다. 혜산진을 지나는 길에 두 사람은 그곳에서 동남쪽으로 5리쯤 떨어진 곳에 있는 국사당(國師堂)과 제향당(祭享堂)을 구경했다. 백두산 줄기가 남쪽으로 뻗치면서 조선 산맥의 큰 줄기를 이루는 곳에 있는 국사당은 북방 이민족의 침입에 대비하여 세운 것이고, 제향당은 봄과 가을에 백두산 산신제를 지내는 곳이었다. 국사당 주련(柱聯)에는 다음과 같은 글귀가 적혀 있었다.

> 六月雪色山　유월에도 눈 덮인 산
> 白頭而雲霧.　백두에 운무가 감돌고
> 萬古流聲水　만고를 소리쳐 흐르는 물
> 鴨綠而洶湧.　압록에 용솟음친다.[16]

---

14) 《路程略記》, 《白凡金九全集(3)》, p. 143 ; 《백범일지》, p. 72.
15) 《백범일지》, p. 72.

혜산진은 압록강 건너편의 중국인 민가에서 나는 개 짖는 소리까지 다 들렸고 압록강도 걸어서 건너다녔다. 혜산에서 백두산 가는 길을 물으니까 서대령(西大嶺)을 넘어서 간다고 했다. 혜산을 출발한 두 사람은 삼수(三水)를 거쳐서 청산령(青山嶺)을 넘어 장진(長津)으로 갔다. 삼수읍성 안팎에는 민가가 30여호 있다고 했다. 장진으로 가는 길은 인적 없는 길이 200리가량이나 되는 험한 길이었다. 두 사람은 청국인 왕청산(王淸山)과 동행인 수십명과 함께 걸었다.[17] 장진에서 후창(厚昌)을 지나서 자성(慈城)을 거쳐 중강(中江)에 이르렀다. 중강에서 압록강을 건너서 마침내 중국 땅인 모아산(帽兒山)에 도착했다. 모아산은 자성 건너편의 임강(臨江) 옆에 있는 산이다.

삼수에서부터 모아산에 이르기까지는 험산준령이 아닌 곳이 없었다. 어떤 곳은 7, 80리나 사람이 살지 않는 곳도 있어서 아침에 출발할 때에 미리 점심밥을 싸 가지고 가야 했다. 산길은 험하고 산림이 울창하여 지척을 분별하기 어려웠으나 맹수는 별로 없었다. 나무 가운데 큰 것은 밑둥 하나를 벤 그루터기 위에 일여덟 사람이 둘러앉아서 밥을 먹을 수 있다고 했다. 두 사람은 찍어 넘긴 나무를 잘라서 곡식을 넣어두는 통을 파고 있는 것을 보았는데, 장정이 나무통 안에 들어가서 도끼질을 하고 있었다. 또한 이쪽 산꼭대기의 노목이 쓰러져서 건너편 산꼭대기에 걸쳐져 있는 것도 많이 눈에 띄었다. 행인들은 깊은 골짜기로 내려가지 않고 그 외나무다리를 타고 건너갔다. 두 사람도 그렇게 건넜는데, 마치 신선이 다니는 길 같은 느낌이 들었다고 김구는 회상했다.[18]

이 지방은 인심이 매우 순후하고 먹을 것이 풍부하여 손님을 무척 반가워하고 얼마든지 묵어가게 한다고 했다. 곡식은 거의 귀리와 감자였다. 개천에는 이면수라는 물고기가 많았는데 맛이 무척 좋았다. 이면수

16) 《路程略記》, 《白凡金九全集(3)》, p. 144.

17) 위의 글, pp. 144~145.

18) 《백범일지》, p. 73.

〔또는 이민수〕는 바닷물고기인데, 어떤 민물고기를 이 지방에서 이면수라고 불렀는지 알 수 없다. 사람들이 짐승 가죽으로 옷을 해 입는 것으로 미루어 원시시대 생활을 그대로 하고 있는 듯했다.

모아산에서 서북쪽으로 노인령(老人嶺)이라는 고개를 넘고 또 넘어 서대령으로 가는 길에서 100리에 두어 사람씩 동포들을 만났다. 그들은 거의가 금을 캐는 사람들이었다. 그런데 만나는 사람마다 백두산 가는 것을 말렸다. 서대령에는 향마적(嚮馬賊)이라는 중국인 마적떼가 숲 속에 숨어 있다가 길가는 사람들을 총으로 쏘아 죽이고 소지품을 빼앗아 가기 일쑤라는 것이었다. 얼마 전에도 우리 동포가 피살되었다고 했다. 그리하여 두 사람은 백두산 가는 길을 단념하고 통화현(通化縣)으로 가기로 했다.

두 사람이 백두산으로 가고자 했던 이유는 자세히 알 수 없다. 백두산 너머에 있는 북간도(北間島) 지방은 1880년대에 들어와서 한인월간민(韓人越墾民)에 의한 집단적인 개척이 본격적으로 진행되었는데,[19] 두 사람이 청국여행을 하게 된 동기의 하나가 화서학파 유림들의 해외 근거지 구상에 따른 현지 답사였을 것인데도 백두산과 그 너머 북간도 지방으로 가는 길을 쉽사리 포기한 것은 좀 의아스럽다. 북간도 지방 개척과 함께 1880년대 들어 청국(淸國)과 조선(朝鮮) 사이에 다시 논란이 되었던 백두산 정계비〔白頭山定界碑: 1712년에 청나라 穆克登과 조선 관원들의 현지답사로 天池 동남쪽 4킬로미터 지점에 세운 비〕에 대한 관심도 보이지 않는다. 이는 고능선(高能善)이 김창수를 청국으로 보낸 이유가 청국이 반드시 복수전을 할 것이므로 청국과 제휴할 필요가 있음을 강조한 데서 보듯이, 이 무렵 화서학파 유림들의 관심이 일본을 물리치기 위해 청국군과의 연대를 도모하는 데에만 쏠려 있었기 때문이었을 것이다.

---

19) 金春善, "'北間島'지역 韓人社會의 形成硏究", 國民大學校 博士學位論文, 1998, pp. 53~94 참조.

두 사람은 파저강〔婆猪江: 지금의 渾江〕에서 배를 타고 통화현에 도착했다. 통화현성은 세운 지 오래되지 않아서 관사와 성루문의 서까래가 아직 흰빛을 띠고 있었다. 성 안팎에는 집이 500여호쯤 된다고 했다. 동포집은 단 한 집뿐이었는데, 이 집 남자 주인은 변발(辮髮)에 중국 복장으로 통화현 군대에 복무한다고 했고, 여자들은 모두 조선옷 차림이었다. 그 주인은 호통사〔胡通寺: 만주어 통역인〕였다. 서문 밖에서 조선인 주막을 발견하고 반가운 마음에 찾아 들었다. 주막 안에는 동포가 여남은명 있었다. 두 사람은 그들로부터 후한 대접을 받았다.[20]

두 사람은 통화현의 환인(桓仁), 관전(寬甸), 임강(臨江), 집안(輯安) 일대를 돌아다녔다. 파저강 좌우에는 연개소문(淵蓋蘇文)과 설인귀(薛仁貴)의 보루 유적지가 있었고, 도처에 천연의 요새가 있었다. 연개소문은 고구려(高句麗) 보장왕(宝藏王) 때의 대막리지였고, 설인귀는 당(唐)나라 고종(高宗) 때의 장군으로서 고구려가 멸망한 뒤에 평양에 설치된 안동도호부(安東都護府)의 도호(都護)로 부임했던 사람이다. 천연 요새들은 고구려, 요(遼), 금(金), 여진(女眞)의 발원지라고 했다. 한 곳에서는 임경업(林慶業)의 비각을 보았는데, 비문에는 "삼국충신 임경업의 비(三國忠臣林慶業之碑)"라고 새겨져 있었다. 비각 근처에 사는 중국사람들 사이에서는 병든 사람이 있으면 이 비각에 와서 병을 낫게 해달라고 비는 풍습이 있다고 했다.[21]

두 사람은 이 일대 요새지가 고구려의 발원지라는 말을 듣고도 고구려의 유적을 찾아볼 생각은 하지 못했다. 집안은 고구려의 도읍이었으며 집안 뒷산이 국내성(國內城)이고 유명한 광개토왕비(廣開土王碑)와 웅장한 장군총(將軍塚)도 가까이 있는데, 이러한 유물과 유적이 있다는 사실조차 두 사람은 알지 못했기 때문이다. 이는 조선조 유학자들의 조

20) 《백범일지》, pp. 73~74; 《路程略記》, 《白凡金九全集(3)》, p. 145.

21) 《백범일지》, pp. 74~75.

선 고대사, 특히 고구려사에 대한 지식이 얼마나 박약했는가를 보여 주는 것이다.

이 지역에서는 논이 보이지 않았다. 그러나 토지가 비옥하여 잡곡은 비료를 주지 않아도 무엇이나 잘되기 때문에 한 사람이 농사를 지으면 열 사람이 먹어도 족할 정도라고 했다. 제일 귀한 것은 소금인데, 소금은 의주(義州) 방면에서 물길을 이용하여 실어온다고 했다.

통화현 일대를 돌아다니면서 김창수가 가장 안타깝게 느낀 것은 조선인 호통사들의 횡포였다. 호통사들은 중국어 몇 마디를 배워 가지고 중국사람들에게 붙어서 동포들에게 온갖 행패를 부렸다. 그들은 여자들의 정조를 유린하고 돈과 곡식을 강제로 빼앗는 등의 악행을 서슴지 않았다. 김창수는 우연히 어느 중국인 집에서 치마저고리를 입고 머리를 땋은 한 처녀를 보았다. 사람들에게 물어 보니까 이 처녀의 부모가 사윗감을 찾고 있었는데, 그것을 눈치 챈 호통사가 중국인에게 진 빚 대신에 그 처녀를 알선해 주겠다고 약속하고 처녀의 부모를 위협하여 강제로 중국인에게 넘긴 것이었다.

이곳에 이주한 동포들은 대부분이 청-일전쟁 때에 환란을 피해 중국땅으로 건너간 사람들이었다. 그밖에 더러는 죄를 짓고 도망한 사람들, 민란을 일으켰던 주동자들, 공금을 횡령하고 도망쳐 온 평안도와 함경도의 서리(胥吏)들도 있었다. 이들은 중국 사람들이 살지 않는 깊은 산속의 후미진 곳을 택해서 화전(火田)을 일구고 조와 강냉이 농사를 지으면서 곳곳에 두세 집씩 모여 오두막집을 짓고 살고 있었다. 그러나 인심은 아주 순후하여 이곳 말로 '앞대 나그네〔고국인〕'가 오면 무척 반가워했다. 동네에 들어가면 제각기 맞아들이고, 남녀노소가 모여들어 고국 이야기를 하라고 조르기도 하며, 이집 저집에서 다투어 음식을 대접했다.[22]

22) 《백범일지》, p. 75.

그런데 이때부터 있었던 일에 대해서는 《백범일지》와 《노정약기》의 기록에 많은 차이가 있다. 《백범일지》에 따르면 두 사람은 통화현 일대까지만 여행했다. 그러나 《노정약기》는 이때에 두 사람은 통화를 지나서 서쪽으로 멀리 서금주(西錦州) 까지 간 것으로 기술하고 있다. 서금주는 옛부터 조선에서 북경으로 가자면 반드시 거쳐야 하는 길목이었다. 《노정약기》는 이때의 일을 다음과 같이 적고 있다. 서금주에 이르자 어떤 청국 군대가 진을 치고 웅장한 기세를 떨치고 있었다. 청국 군대를 보자 김형진은 "장부나운 기개"기 발동하여 창수를 돌아보고 말했다.

"대장부가 이 같은 만군(萬軍) 의 진을 보고 어찌 무심히 지나칠 수 있겠소."

그리하여 두 사람은 청군 진영을 찾아갔다. 그러나 청군 대장은 이들을 쉽게 만나주지 않았다. 그리하여 두 사람은 일부러 청군에게 잡히기로 했다. 청국 군인들은 두 사람을 체포하고 심문했다. 그들은 두 사람을 첩자로 알고 죽이겠다고 협박했다. 그러나 두 사람은 당당하게 대장을 만나러 왔다는 뜻을 통역에게 전했다. 얼마 뒤에 두 사람을 묶어서 장막 안으로 끌고 오라는 지시가 내렸다. 두 사람 앞에 앉아 있는 인물은 대장 '마통령 마대인(馬統領馬大人)'이었다. 두 사람을 보자 마대인은 호통을 쳤다.

"너희들은 무슨 일로 감히 진중에 들어왔느냐?"

두 사람은 태연히 응수했다.

"우리는 의병을 모아서 왜병을 쫓아 싸웠으나 강포한 왜적에게 패한 바가 되어 외로운 몸이 쉴 곳이 없게 되었습니다. 상국(上國) 은 우리 부모의 나라인 까닭에 목숨을 걸고 찾아왔습니다."

그러나 마대인은 두 사람의 말을 쉽게 곧이듣지 않았다. 옆에 있던 정대인(鄭大人) 이라는 자가 다시 큰 소리로 호통을 치며 두 사람을 굴복시키려고 했다. 마침내 두 사람은 크게 분격하여 정대인을 꾸짖었다.

"우리가 너희 장수와 더불어 이야기하고 있는데 어찌 이 같은 소란을 피우느냐!”

그러고는 웃으면서 마대인을 보고 말했다.

“우리는 일찍이 상국에는 인재가 매우 많다는 말을 귀가 아프게 들었는데, 오늘 대면해 보니까 용두사미로구려.”

그제야 마대인은 황급히 손수 결박을 풀어 주면서 말했다.

“참으로 내가 좋아할 인물이오. 내가 그대들의 심중을 알고자 잠시 시험한 것이오.”

두 사람은 서금주 마대인의 진중에 며칠 동안 머물면서 뒷날 서로 도울 것을 문서로 약속했다.[23]

얼마 뒤에 두 사람은 귀국길에 올랐다. 갈 때와는 달리 돌아올 때에는 압록강을 건너서 평안도를 거쳐 오는 가까운 코스를 택했다.

그런데 청국군 진영을 찾아가서 그 대장을 만나고 뒷날 서로 도울 것을 문서로 약속했다는 이 중요한 사실에 대해 《백범일지》에는 아무런 언급이 없다. 그러나 《노정약기》의 이 대목의 서술은 과장된 느낌이 없지 않다. 그리고 이때에 만났다는 ‘마통령 마대인’이 어떤 존재였는지에 대해서도 아무런 설명이 없다.

이 무렵 만주 일대에는 독자적인 병력을 가진 크고 작은 군벌(軍閥)들이 할거하고 있었다. 청-일전쟁 때에 조선에 출병한 청국군도 대부분 이들 군벌들의 병력이었다. 청-일전쟁 때에 조선에 출병한 장수 가운데 여순(旅順)에 주둔하던 마옥곤(馬玉崑)이라는 사람이 있었는데,[24] 어쩌면 두 사람이 만났다는 ‘마통령 마대인’이 그 마옥곤이었는지 모른다.[25]

---

23) 《路程略記》, 《白凡金九全集(3)》, pp. 145~147.

24) 黃玹, 《梅泉野錄》, 國史編纂委員會, 1955, pp. 160~161 ; 황현 지음, 김종익 옮김, 《오하기문》, 역사비평사, 1994, p. 182, p. 187 ; 謝俊美, “淸日戰爭時 조선투입 淸軍의 동원과 朝鮮내에서의 전투상황”, 翰林大學校 아시아文化硏究所, 《淸日戰爭의 再照明》, 翰林大學校出版部, 1996, p. 140.

또한 두 사람이 출발할 때에는 북경을 목적지로 삼았으면서도 왜 여기에서 발길을 돌렸는지에 대해서 《백범일지》나 《노정약기》나 아무런 설명이 없다. '마대인'의 지원약속을 문서로 받은 것이 사실이라면, 그것으로 청국행의 목적을 달성했다고 생각했을 수도 있을 것이다.

두 사람은 통화현에서 노인령을 넘어 운산(雲山), 안주(安州), 순안(順安)을 지나 평양에 이르렀다. 안주에서 청천강(淸川江)을 건널 때에는 전봇대를 세우는 일본인들의 행패가 보기 싫어서 다른 배를 타고 건넜다. 평양에서는 일본인 수천명이 청-일전쟁 전승 1주년 기념축하연을 요란하게 벌이고 있었다. 이를 본 두 사람은 끓어오르는 분노를 참을 수 없어서 그날 밤 평양에서 묵지 않고 곧장 대동강을 건너서 청계동으로 돌아왔다. 이때가 7월 그믐이었다.[26]

2. 김이언 의병부대를 찾아서

김창수는 청계동으로 오면서 사람들에게 고능선의 안부를 물었다. 사람들은 고능선의 맏아들 고원명 내외가 콜레라에 감염되어 함께 죽었다는 놀라운 소식을 알려 주었다. 김창수와 김형진이 청국을 다녀오는 사이에 조선 북부 지방은 콜레라가 만연하여 많은 피해를 입었다. 1895년 5월에 의주 등 서북지역에서 시작된 콜레라는 6월18일까지 전국적으로 4,883명의 사망자를 낼 정도로 심각한 피해를 남겼다. 정부는 콜레라에 대한 검역, 소독, 예방의 규칙을 발표했으나 불결한 환경과 근대적 의료기구의 미비로 별다른 효과를 거두지 못했다.[27]

---

25) 도진순, "1895~96년 金九의 聯中義兵活動과 치하포사건", 《韓國史論》 38, 서울大學校 國史學科, 1997, p. 141.

26) 《路程略記》, 《白凡金九全集(3)》, pp. 147~148.

27) 金斗鍾, 《韓國醫學文化大年表》, 探求堂, 1966, pp. 552~558.

김창수는 마을에 들어서자마자 고능선의 집을 찾아가서 조문했다. 고능선은 슬픈 기색을 드러내지 않고, 오히려 침착하고 태연한 자세였다. 이러한 스승을 바라보는 김창수는 가슴이 답답하여 아무 말도 할 수 없었다. 하직인사를 하고 나오려는데, 고능선은 김창수가 이해할 수 없는 말을 했다.

"곧 성례를 하기로 하세."

김창수는 듣기만 하고 집으로 돌아왔다. 집에 와서야 그는 고능선의 말뜻을 이해할 수 있었다. 김창수가 청국으로 떠난 사이에 김순영 내외와 고능선은 김창수와 고능선의 맏손녀를 혼인시키기로 약속한 것이었다. 김순영 내외는 약혼하게 된 경위를 번갈아 가면서 아들에게 자랑스럽게 설명했다.

김창수가 없는 동안 고능선은 김순영을 자기 사랑에 와서 소일하게 했다. 그러면서 김순영 내외에게 김창수의 어릴 때의 일을 물어 보았다. 아들 내외가 콜레라로 죽은 뒤에 고능선은 김순영에게 이렇게 말했다고 한다.

"내가 청계동에 온 뒤로 수없이 많은 청년을 시험하여 왔는데, 노형 아들만 한 사람을 아직 보지 못했소. 불행히 아들과 며느리가 갑자기 죽고 보니 내 몸과 마음을 전부 의탁할 사람을 생각하게 되었는데, 노형의 아들과 내 맏손녀가 혼인을 하고 내가 창수에게 의탁하면 어떻겠소?"

김순영은 황공해하며 사양했다.

"선생께서 그처럼 미거한 자식을 사랑하시는 것은 감사하지만 반상(班常)의 다름으로나 덕행으로나 제 집 형편으로나 자식의 처지로나 감당할 수 없습니다. 제 자식이 속마음은 어떤지 모르나 저도 스스로 인정하다시피 외모도 하도 못나서 선생 집안에 욕이 될까 두렵습니다."

그러자 고능선은 김순영에게 이렇게 말했다고 했다.

"아비만큼 아들을 아는 사람이 없다고 하나, 내가 노형보다 아드님에 대해 좀더 알는지 알겠소. 아드님이 못생겼다고 그다지 근심은 마시오. 내가 보건대 창수는 범상〔虎相〕입디다. 인중이 짧은 것이라든지 이마가 두툼한 것이라든지 걸음걸이라든지. 장래 두고 보시오. 범의 냄새도 풍기고 범의 소리도 질러서 세상을 놀라게 할는지 알겠소."[28]

그렇게 하여 자기가 없는 사이에 고능선의 손녀딸과 약혼을 맺었다는 것이었다. 김창수는 고능선이 자기를 그처럼 촉망하고 손녀사위로 삼기로 한 뜻을 헤아리고 책임감이 더 무거워지는 느낌이 들었고, 한편으로는 그 성의를 감당하기 어렵다는 생각도 들었다. 그러나 약혼녀의 성품이 뛰어난 점이나 상당한 가정교육을 받은 점을 생각하면 만족스러웠다.

그 뒤로 김창수가 고능선의 집에 갈라치면 안채에서도 기정사실로 여기는 빛이 보였고, 예닐곱 살 된 둘째 손녀는 김창수에게 아저씨라고 부르며 "안아 주오", "업어 주오" 하며 따랐다. 또한 약혼녀는 고능선의 밥상에 김창수의 밥을 같이 차려 들고 김창수가 앉아 있는 자리에도 들어왔다. 이런 모습을 볼 때에 김창수는 무척 흐뭇했다. 그가 도와서 고원명 부부의 장례도 치렀다.[29]

청계동으로 돌아온 지 달포쯤 지나서 김창수는 놀라운 소식을 들었다. 1895년 8월20일 새벽에 일본인들이 궁궐에 난입하여 민비(閔妃)를 무참히 시해했다는 것이었다. 뒤이어 김홍집(金弘集)을 내각총리대신으로 하는 친일정권이 수립되었다. 이른바 을미사변(乙未事變)이었다. 국모시해 사실이 알려지면서 일본인들의 만행에 대한 분노가 전국적으로 끓어올랐고, 곳곳에서 '국수보복(國讐報復)'의 기치를 들고 의병이 봉기했다. 정국은 극심한 혼란상황에 빠져들었다.

그런데 이때의 김창수의 거취에 대해 《백범일지》에는 전혀 언급이

28) 《백범일지》, p. 86.
29) 《백범일지》, p. 87.

없다. 《노정약기》에 오히려 비교적 상세하게 적혀 있다. 민비시해에 따른 정국변화가 예상되어 김창수와 김형진은 대책을 논의해 보았으나 뚜렷한 방안이 없었다. 그리하여 김형진이 김창수에게 다시 청국에 가 보자고 제의했고 김창수는 흔쾌히 동의했다. 그러나 여비 한푼 없는 처지였으므로 당장 실행할 수는 없었다.

이때에 김창수의 사정을 전해들은 재종조 김재희(金在喜)가 안악(安岳) 사람 최창조(崔昌祚)에게 도움을 청했고, 최창조는 김창수의 여행 목적에 동의하여 청동(靑銅) 100여냥을 여비로 원조해 주었다고 한다.[30] 김창수와 김형진이 두번째 청국행의 여비를 김재희와 최창조로부터 지원받았다는 사실은 눈여겨볼 만하다. 왜냐하면 김재희와 최창조는 김창수와 김형진이 두번째 청국행에서 돌아와서 같이 참여하는 장연(長淵) 산포수 의병모의의 핵심인물들이었기 때문이다. 그러므로 이들은 이미 이 무렵부터 서로 행동을 같이하고 있었을 것이다.

여비를 지원받자 김창수는 김형진과 함께 두번째 청국행에 나섰다. 이때가 9월12일로서 첫번째 청국행에서 돌아온 지 두 달이 채 안 된 때였다.[31] 두번째 청국행은 목표가 분명했다. 첫번째 청국행 때에 서면약속을 받아 놓은 마대인 진영을 찾아가서 거병문제를 구체적으로 의논하자는 것이었다. 청계동을 출발한 김창수와 김형진은 문화(文化)를 거쳐서 안악에 도착하여 최창조 집에서 며칠 머문 뒤에 용강(龍岡)과 강서(江西)를 지나서 평양 감영에 도착했다. 이번에는 평양성 안도 둘러보았다. 치열했던 청-일전쟁 때의 전투 흔적이 도처에 남아 있었다. 두 사람은 모란봉 기자묘(箕子廟) 앞에서 "왜적전망공신지비(倭賊戰亡功臣之碑)"를 발견하고 손으로 땅을 치며 대성통곡했다고 김형진은 적었다.[32] 기자묘 일대는 전투가 가장 치열했던 곳이었다. 그런데 두 사람

30) 《路程略記》, 《白凡金九全集(3)》, p. 150.

31) 위와 같음.

32) 위의 책, p. 151.

과 거의 같은 시기에 평양을 여행했던 비숍(Isabella L. Bird Bishop)은 칠성문(七星門) 근처에서 전사한 봉천(奉天)사단 최고사령관 좌보귀(左寶貴)의 비를 일본 사람들이 세워놓은 것을 보았다고 적고 있어서 눈길을 끈다.[33]

칠성문을 나서서 순안(順安)과 숙천(肅川)을 지나 안주(安州)에 이르자 날이 저물었다. 두 사람은 가까운 마을로 들어가서 하룻밤 묵고 갈 숙소를 찾았다. 그러나 마을 주민들은 쌀쌀했다. 하는 수 없이 두 사람은 빈 집을 찾아들어 짚을 이불 삼아 하룻밤 여독을 풀었다.[34]

《노정약기》에 따르면, 두 사람이 서금주(西錦州)에 도착한 것은 9월 21일이었다.[35] 두 사람은 서금주에서 며칠을 묵은 다음 9월 말에 관동연왕(關東燕王) 의극당아(依克唐阿)가 있는 심양(瀋陽)으로 갔다. 이들은 연왕에게 청국의 원조를 요청하는 '상소문'을 올렸다. '상소문'은 박영효, 서광범(徐光範) 등을 규탄하면서 다음과 같이 적었다.

> 조선과 왜는 하늘을 같이할 수 없는 원수이므로 신민(臣民)된 도리로서 어찌 눈물을 뿌리고 통곡하지 않겠습니까. 그러므로 신(臣) 등은 비록 미련하나 분격을 누르지 못하여 의기를 모아 군사를 일으켜서 작년 겨울부터 올 봄까지 왜적과 수십 차례 접전하여 왜놈 수천명을 죽이고 양도〔糧道: 식량 나르는 길〕를 끊었습니다. 그러나 병기가 부족하고 농사일 때문에 진(陳)을 잠시 거두고 천병〔天兵: 淸國軍을 가리킴〕이 원조를 간절히 바라고 있습니다. 지금 다행히 왜적이 방심하고 추수도 다 끝나가므로 병사들을 움직일 시기입니다. 병법에 예리한 곳을 피하고 허술한 곳을 친다고 했는데, 조선은 왜와 각국의 요로입니다. 이곳에서 화의 근원을 끊고 곡식의 방

---

33) Isabella L. Bird Bishop, *Korea and Her Neighbors*, vol. II, John Murray, 1898, p. 119.

34) 《路程略記》, 《白凡金九全集(3)》, pp. 151~152.

35) 위의 책, p. 152.

> 출을 막는다면 이것은 진실로 목을 눌러 등을 다스리는 형국이므로, 중국의 근심은 자연히 없어질 것입니다. 이것이야말로 병가(兵家)의 계책이 아니겠습니까.
>
> 저희는 산 넘고 바다 건너와 피눈물로 호소하나이다. 천조(天朝)의 성덕(盛德)으로 아래를 긍휼히 여기는 자애의 공을 밝히소서. 엎드려 바라옵건대 보잘 것 없는 것들을 굽어 살피시어 위무(威武)를 발양하시고, 역적들을 죄주어 대의를 밝히소서. 천병(天兵)이 동으로 건너오고 의사(義士)가 서에서 맞이하면 칼에 피 한 방울 묻히지 않고 석권할 수 있을 것입니다. 군사를 일으켜서 하늘을 받들고 사람의 뜻을 좇아서 동쪽의 작은 나라를 경고하여 사해의 편안을 도모하시고, 만세토록 견고한 반석을 세우시고, 그 위훈이 바다 한쪽 구석의 창생들에게 길이 전승되게 하소서.[36]

의극당아는 태평천국(太平天國)의 군대를 진압한 공을 세우고 흑룡강 장군(黑龍江將軍)을 역임한 장군이었다. 그는 1884년에 훈춘부도통(渾春副都統)으로 있으면서 북간도의 한인월간민 문제로 경원부(慶源府)에 조회를 보내기도 했고,[37] 청-일전쟁 때에는 평양전투에 참여하기 위해 8개 군영을 이끌고 압록강을 건넜으나, 이미 패전했다는 소식을 듣고 동북지방으로 돌아가서 구련성(九連城)과 관전 등을 수비하다가, 1895년 초부터는 요양(遼陽)에 부임하여 해성(海城)에서 일본군에 항전했고, 전후에는 포대, 철로 등의 복구사업에 노력했다.[38] 《노정약기》는 이때에 만난 '관동연왕'의 이름이 이극강아(李克康阿)였다고 적고 있으나, 이는 의극당아의 오기일 것이다. 다만 '관동연왕'이라는 호칭이 무엇을 뜻하는지는 분명하지 않다.

---

36) 같은 책, pp. 154~156.

37) 金春善, 앞의 논문, pp. 72~73.

38) 黃玹, 앞의 책, p. 161 ; 謝後美, 앞의 글, p. 141 ; 《中國歷史大辭典 淸史(下)》, 上海辭書出版社, 1992, p. 456.

'상소문'을 보고 난 의극당아는 서금주의 마대인 등으로부터 이미 이 야기를 들었다면서 술과 고기로 두 사람을 환대했다. 연왕 진중에 얼마 동안 미물고 있을 때에 갑자기 회회족(恢恢族)이 연왕군을 습격했다. 김형진은 이때에 자신이 추대인(鄒大人)을 수행하여 군사 3,000명을 이끌고 나가서 회회족을 대파하는 전과를 올리고 극진한 대접을 받았다고 적고 있는데,[39] 이 무렵에 회회족과 같은 소수민족이 만주 일대에 준동하고 있었던 것은 사실이나, 병력의 수나 그 밖의 정황 등으로 보아서 김형진의 서술을 그대로 믿기는 어렵다.

며칠 뒤에 김형진이 일본의 움직임을 탐지하기 위해 국내로 돌아가겠다고 하자 연왕은 서금주 진동영(鎭東營)의 서경상(徐敬章) 앞으로 글을 써 주면서 서로 의논하라고 했다. 《노정약기》는 서경장을 심양, 뇌양(雷陽), 길림(吉林)의 삼도도통령(三道都統令) 겸 흥부도태(興部道泰)로 있는 장수이며, 사람됨이 관대하고 대인의 풍모가 있어서 사람들의 공경을 받았고, 그 때문에 황제가 그에게 '청천(靑天)'이라는 호를 내렸다고 적고 있다.[40] 《노정약기》에서 말하는 '徐敬章'은 '徐慶璋'이었을 것이다. 관전 지현(寬甸知縣), 요양 지주(遼陽知州) 등을 역임한 서경장은 청-일전쟁 때에는 군대를 이끌고 일본군과 싸웠고 이재민 구휼에 힘쓰기도 했다. 그리고 1895년 1월에 일본군이 요양 남쪽으로 침략했을 때에는 두 달 남짓 동안 치열하게 항전했다.[41]

두 사람이 찾아가서 청국 방문의 취지를 설명하자 서경장은 보군도통령(步軍都統令)을 상징하는 금자령기(金子令旗) 한쌍을 주면서 "우리 군대를 차후에 반드시 동국(東國)에 보내어 돕겠다"고 문서로 약속했다고 한다.[42] 그러면서 서경장은 두 사람에게 인신(印信)과 직첩(職牒)

---

39) 《路程略記》, 《白凡金九全集(3)》, pp. 157～161.

40) 위의 책, p. 162.

41) 《中國歷史大辭典 淸史(下)》, p. 597.

42) 《路程略記》, 《白凡金九全集(3)》, p. 162.

을 주었다. 이때에 김창수는 '의병좌통령(義兵左統領)'이라는 직첩을 받았는데,[43] 그는 이 직첩을 소중하게 간직했다. 그런데 《백범일지》에는 이러한 이야기가 전혀 없을 뿐만 아니라 청국군과 인연을 맺게 된 계기도 《노정약기》와는 다르게 서술되어 있다. 이처럼 중요한 일을 김구가 기억하지 못하지는 않았을 것인데, 생략한 이유가 궁금하다.

《백범일지》에 따르면, 두 사람은 통화현을 여행하는 동안에 평안도 벽동(碧潼) 사람 김이언(金利彦)이 청국의 지원을 받아서 의병을 일으키려 한다는 소문을 들었다. 김이언은 힘과 용기가 남달리 뛰어나고 학식도 풍부하다고 했다. 일찍이 심양자사(瀋陽刺史)가 그의 용력을 높이 사서 준마 한 필과 《삼국지(三國志)》 한 질을 주었고, 청나라 고급 장교들로부터도 융숭한 대우를 받고 있다는 것이었다.

두 사람은 일단 김이언을 찾아보기로 하고, 따로따로 다니기도 하고 함께 다니기도 하면서 그에 대한 정보를 수집했다. 삼도구(三道溝)가 그의 비밀 근거지라는 것을 알았다. 강계성(江界城)의 서문인 인풍루(仁風樓)에서 80리가량 더 가서 압록강을 건너면 중국 사람들이 황성(皇城)이라고 부르는 곳이 있는데, 거기에서 10리쯤 되는 곳이 삼도구였다. 두 사람은 김이언의 사람됨이 어떤지 알아보기 위해서는 서로 모르는 사람인 것처럼 따로따로 가는 것이 유리할 것으로 생각했다. 그리하여 김형진은 유람객 행색으로 변장하고, 김창수는 참빗장수 행색을 하고 나섰다.[44]

김창수는 김이언을 찾아가다가 압록강에서 100리쯤 떨어진 곳에서 청국 무관 한 사람을 만났다. 그는 엉덩이에 관인이 찍힌 말을 타고 마래기〔청국의 관리들과 군인들이 쓰던 투구 비슷한 모자〕를 쓰고 옥로(玉鷺)를 꽂고, 홍사(紅絲)를 드리우고 있었다. 김창수는 덮어놓고 앞으로

---

43) "重犯供招", 《東學亂記錄(下)》, 國史編纂委員會, 1959, pp. 563~569.

44) 《백범일지》, pp. 76~77.

나가서 말머리를 잡았다. 무관은 곧 말에서 내렸다. 김창수는 청국을 방문하는 취지서 한 장을 써서 품안에 간직하고 다니면서 청국 사람 가운데 문자 아는 사람을 만나면 그 취지서를 내보이곤 했었는데, 그 청국 무관에게도 그것을 보였다. 그러자 그 무관은 취지서를 다 읽기도 전에 갑자기 길바닥에 털썩 주저앉으면서 큰 소리로 울음을 터뜨렸다. 김창수는 갑작스러운 그의 행동에 놀라서 까닭을 물었다. 무관은 취지서 가운데에 "痛彼倭敵與我 不共戴天之讐(통탄할 바 저 왜적은 나와 같은 하늘 아래 살 수 없는 원수이다)"라는 구절을 가리키며 다시 김창수를 붙들고 통곡했다. 김창수는 황급히 필통을 꺼내어 필담을 시작했다. 먼저 무관이 물었다.

"일본이 어찌하여 당신의 원수이오?"

"일본은 임진년(壬辰年)부터 대대로 내려오는 국가의 원수일 뿐 아니라 지난 달에는 우리 국모를 불살라 죽였기 때문이오."

다음에는 김창수가 물었다.

"당신이 초면에 이같이 통곡함은 무엇 때문이오?"

"나는 지난 갑오년(甲午年)에 평양싸움에서 전사한 서옥생(徐玉生)의 아들이오. 강계 관찰사에게 부친의 시체를 찾아 달라고 부탁했었는데, 그로부터 전갈이 오기를 부친의 시체를 찾아놓았으니까 와서 운구해 가라 하였소. 그런데 가보니까 부친의 시체가 아니어서 이렇게 빈손으로 되돌아오는 길이오."

그는 자기 집이 금주(錦州)인데 부친은 집에 있던 병사 1,500명 가운데에서 1,000명을 이끌고 출전했다가 전멸했고, 현재 자기 집에는 남은 병사 500명이 있다고 했다. 《백범일지》에는 이때에 김창수가 서옥생의 아들에게 평양 보통문 앞 들녘에서 일본 사람들이 세운 "서옥생전망처(徐玉生戰亡處)"라는 나무비를 보았다고 말해 주었다고 했는데, 김창수가 보았다는 이 비는 어쩌면 《노정약기》에 적혀 있는 "왜적전망공신지비"거나 이사벨라 버드가 본 좌보귀의 비를 말한 것인지 모른다. 서옥생

은 좌보귀 휘하의 장수로서 함께 평양전투에 참가했던 것은 조선 쪽 기록에서도 확인된다.[45]

서옥생의 아들은 또한 넉넉한 재산형편이며 자신의 나이며 가족사항 등에 대해서도 상세히 말해 주었다. 그는 자기가 더 나이가 많다고 하여 김창수를 '띠띠〔弟弟: 아우〕'라 부르면서, 자기더러는 '꺼꺼〔哥哥: 형〕'라 부르라고 김창수에게 써 보였다. 그러고는 김창수가 짊어지고 있던 봇짐을 그의 말안장에 달아매고 김창수를 함께 태우고는 복수하는 그날이 올 때까지 자기와 함께 지내자면서 자기 집으로 가자고 했다. 김창수는 미안한 마음에 자기는 걸어서 가겠다고 했으나 서옥생의 아들은 걱정 말라면서 10리만 가면 관마(官馬)를 얻어 탈 수 있다고 말했다.

김창수는 그와 함께 말을 타고 가면서 곰곰이 생각해 보았다. 그와의 인연은 장차 큰 도움이 될 것이 틀림없었다. 그러나 우선 먼저 떠난 김형진에게 이 사실을 알릴 길이 없었다. 그리고 김이언 의병에 대해서 알고 싶은 생각이 앞섰으므로, 무턱대고 금주로 가서 그의 집에 머물고 싶지는 않았다. 김창수는 말에서 내렸다.

"이봐요, 꺼꺼. 내가 고국의 부모(父母)와 이별한 지 어느덧 1년이 지났는데 소식을 알지 못하고 있고, 또 왕실에서 변을 당한 뒤에 나라 안의 정치 상황이 어떻게 변했는지도 모르고 있소. 내가 먼저 고국으로 돌아가 부모님께 승낙을 얻어 가지고 와서 떳떳이 꺼꺼와 함께 지내면서 장래를 도모함이 어떻겠소?"

서옥생의 아들은 다시 눈물을 흘리면서 말했다.

"동생 사정이 그러하다하면 어쩔 수 없지. 어서 속히 고국의 부모를 뵌 뒤에 다시 와서 만납시다."

김창수는 무척 아쉬운 마음으로 그와 작별하고 다시 김이언 의병부대를 찾아서 발길을 돌렸다.[46]

45) 황현 지음, 김종익 옮김, 앞의 책, 1994, p. 190.

서옥생의 아들과 헤어진 김창수는 대엿새 뒤에 삼도구에 도착했다. 이집 저집에 들러 참빗장수 행세를 하면서 김이언의 동정과 그 부하들에 대해 알아보았다. 김이언은 일 벌이기를 좋아하는 성격인데다가 자신감이 지나쳐서 다른 사람의 계책을 받아들이는 도량이 부족하다고 했다. 또한 쉰 살의 나이에도 불구하고 심양에 있는 500근짜리 화포를 앉은자리에서 두 손으로 들어올렸다 놓았다 한다고도 했다. 김창수는 김이언이 진정한 마음의 용기는 부족한 사람이 아닐까 하는 생각이 들었다. 김이언보다는 그의 동지로서 초산(楚山) 이방을 지냈다는 김규현(金奎鉉)이라는 사람이 오히려 의리도 있고 계책도 잘 세우는 것 같아 보였다.

김이언 의병부대의 주력은 산포수들이었다. 김이언은 평안도에서는 초산, 강계, 위원(渭原), 벽동 등지에서 산포수를 모집하고 압록강 건너 청국지역에서는 이주민 포수를 모집하여, 부대원 수가 300명이나 되었다. 의병을 일으킨 대의명분은 "국모가 왜구에게 피살된 것은 국민 전체의 치욕이므로 가만히 앉아서 참고 있을 수 없다"라는 것이었다. 격문은 글을 잘하는 김규현으로 하여금 지어서 뿌리게 했다.

김이언의 의병뿐 아니라 을미의병(乙未義兵)의 주된 전투력은 산포수들이었는데, 그들은 을미의병 뒤에도 항일의병부대의 주요 구성원이 되어 의병이 무장투쟁으로 발전하는 데에 결정적 역할을 했다. 원래 지방의 산포군은 대원군 집권기에 병인양요(丙寅洋擾)와 같은 외적의 침입에 대비하기 위하여 설치한 것으로서, 1876년에 이르러서는 그 규모가 전국적으로 약 3만명에 이르렀다. 산포군은 그 지방의 전략적 가치나 읍의 크기에 따라서 규모에 차이가 있었다. 대체로 전략적 요충지는 200명 이상, 대읍(大邑)은 100명 이상, 중읍(中邑)은 30명에서 50명, 소읍(小邑)은 10명에서 20명을 기준으로 설치했다. 지방에 도적이 출몰할 때에도 도적의 규모가 크면 이들이 동원될 만큼 지방의 산포군은 강력한 치

46) 《백범일지》, pp. 77~80.

안병력이 되기도 했다.[47)]

산포수들이 의병에 참여하는 계기는 여러 가지였다. 이들은 지방 양반층의 지배력 유지를 위하여, 또는 전투에 대한 보수를 바라서 의병운동에 참여하기도 했으나,[48)] 그보다 더 직접적으로는 갑오개혁으로 지방군대가 폐지됨에 따라서 해산된 산포군이 의병부대로 몰려드는 경우가 많았다.[49)] 1895년 5월의 지방제도 개혁으로 각 지방에 경찰이 설치되면서 지방의 군대는 폐지되었다. 이에 따른 실직 규모가 얼마나 컸던가는 종래에 있던 현역병 1만명을 귀휴(歸休) 조치한다는 계획[50)]으로도 짐작할 수 있다. 김이언이 산포수를 300명이나 모집할 수 있었던 것은 이러한 상황에 힘입은 것이었다.

김창수와 김형진은 김이언의 의병에 참가했다. 김창수는 압록강을 건너서 강계성에 숨어들어 화약을 사 나르기도 했고, 초산과 위원 지역으로 다니면서 몰래 산포수를 모집하기도 했다. 그러느라고 강에 빠져서 하마터면 죽을 뻔한 적도 있었다. 위원에서 일을 마치고 삼도구로 돌아오던 길에 얇은 얼음을 잘못 밟아서 그만 강 속에 빠지고 만 것이었다. 혼자서 있는 힘을 다하여 겨우 강 건너편에 도착했으나 온몸이 얼어붙어서 한 발자국도 움직일 수 없었다. 그대로 가다가는 얼어 죽을 판이었다. 그의 고함소리를 듣고 산골짜기에 살던 마을사람이 달려와서 자기 집으로 데려가 몸을 녹여 주어서 목숨을 건질 수 있었다.[51)]

---

47) 延甲洙, 《大院君執權期(1863~1873) 西洋勢力에 대한 대응과 軍備增强》, 서울大學校 博士學位論文, 1998, pp. 155~178.

48) 趙東杰, "義兵運動의 韓國民族主義上의 位置(上)", 《韓國民族主義의 成立과 獨立運動史硏究》, 지식산업사, 1989, p. 30.

49) 金祥起, "甲午更張과 甲午乙未義兵", 《國史館論叢》 제 36집, 國史編纂委員會, 1992, pp. 83 ~87.

50) 井上馨, "日淸和平後의 對韓方針을 정하는 일에 대한 內申" 1895년 4월8일, 《駐韓日本公使館記錄(7)》, 國史編纂委員會, 1992, p. 9, p. 365.

51) 《백범일지》, p. 80.

관서팔경의 하나로 꼽히는 강계성의 서문 인풍루.

김이언 의병이 강계성을 공략한 것은 1895년 11월 초였다. 대의명분은 물론 국모시해에 대한 복수였다. 강계는 당시 23부(府)의 하나로서 관찰사가 부임해 있었고, 국경지대였으므로 군대도 주둔하고 있었다. 그러므로 강계성을 공략하는 것은 곧 조선 조정을 사실상 지배하고 있는 제국주의 일본을 무찌르는 일이 되는 것이었다.

추운 날씨로 압록강은 얼어붙어 있었다. 김창수가 강계성을 공략할 계책을 묻자, 김이언은 이미 강계 병영에 있는 장교들이 내응하기로 되어 있으므로 성에 들어가는 것은 문제없다고 장담했다. 김창수는 다시 물었다.

"그러면 그 장교들이 순수한 애국심으로 내응하는 것입니까, 아니면 다른 이유가 있습니까?"

김이언은 다음과 같이 대답했다.

"내가 이미 심양에 가서 인명노야(仁明老爺)와 친하고 그가 하사하는 말까지 받은 일을 이 장교들이 알고 있소. 그러므로 언제든지 청나라 군사들의 응원만 받아오면 그들이 다 같이 행동해 주겠다고 굳게 약속하였소".

"그러면 청나라 군사들을 이번에 다소간이라도 사용케 됩니까?"

"이번에는 안 되지만 우리가 거사하여 강계를 점령하면 원병이 온다고 하였소".

그리고 모집한 포수들의 복장문제가 나와서 김창수는 다음과 같이 주장했다.

"포수 가운데에 청국 말을 잘하는 사람이 많으니까, 그중에서 몇십 명에게 청국 장교 옷을 입혀서 청국의 장교나 대장으로 꾸밉시다. 그리고 나머지는 조선옷을 입혀 뒤에 따르게 합시다. 선두는 심양 자사로부터 하사받은 말을 타게 하고, 청국 장교로 꾸민 군인에게는 긴 칼을 채워서 선두로 입성케 함이 좋은 계책일까 합니다. 이유는 강계성 장교들이 내응한다는 것을 그대로 믿기 어렵기 때문입니다. 그 사람들은 단지 청국 군대가 들어오면 그것을 보고 내응하겠다는 것이지, 의리상 내응한다는 것이 아닙니다. 그러므로 만약 우리에게서 청국 군대의 그림자도 보이지 않으면 정세는 세부득이하여 반대방향으로 가고 말 것입니다."

이러한 주장은 동학농민봉기 때에 해주성 공략의 경험이 있는 김창수의 지략을 보여 주는 것이었다. 그러나 김이언은 김창수의 제안을 받아들이지 않았다. 김이언은 먼저 국경지대에 있는 고산진(高山鎭)을 습격하여 무기를 탈취한 다음 그 무기를 가지고 강계성을 공격한다는 계획을 세웠다. 김창수는 이 계획 역시 합당하지 않은 일임을 역설했다.

"지금 우리에게 300여명의 포수가 있으니까 이 병력만 가지고 질풍뇌우의 형세로 힘차게 돌진해 들어가면 충분히 성을 점령할 수 있습니다. 선발대의 수효가 비록 적기는 해도 저쪽에서는 우리 뒤에 얼마나 많은 병력이 있는지 모를 것이므로 충분히 이길 수 있을 것입니다."[52]

김규현과 백진사라는 경성 사람 등은 김창수의 의견에 동조했다. 그

52) 《백범일지》, pp. 81~82.

러나 성격이 독단적인 김이언은 이 의견에도 반대했다. 첫째는 우리가 당당하게 국모를 죽인 원수를 갚기로 한 이상 당연히 백의군인으로 입성하는 것이 옳지 청군 복장과 청군 장교로 가장하는 것은 옳지 않다는 것이었고, 둘째는 군인은 있으나 무기가 부족하므로 먼저 고산진을 쳐서 무기를 탈취해 가지고 다음날 강계성을 점령하는 것이 옳다는 것이었다.

김창수와 김형진은 김이언의 주장에 끝까지 반대했으나 김이언은 듣지 않았다. 두 사람은 김이언과 결별하지는 말고 일단 따라가 보기로 했다.

먼저 밤중에 고산진을 기습하여 무기를 쉽게 탈취할 수 있었다. 탈취한 무기는 빈손으로 따라오던 사람들에게 나누어 주었다. 이튿날 한밤중에 전군이 얼음 위를 걸어서 강계성으로 진군했다. 선두가 인풍루 밖 10리쯤 되는 곳에 이르렀을 때에 강 남쪽 기슭의 솔밭에서 화승총 불빛이 반짝거렸다. 약속대로 김이언 부대를 마중 나온 강계대 소속 장교들이었다. 그들은 김이언에게 와서 물었다.

"이번에 오는 군대 중에 청군이 있소?"

역시 그들의 관심은 청군의 지원이었다. 그러나 김이언은 순진하게 대답했다.

"우선 강계를 점령하고 통지하면 곧 청군이 올 것이오."

그러자 그 장교들은 고개를 설레설레 저으면서 돌아갔다. 그들이 돌아가자마자 솔밭에서 포성이 터지고, 탄환이 빗발처럼 쏟아지기 시작했다. 좌우의 산골짜기 사이의 험준한 빙판 위에서 1,000여명의 사람과 말떼가 큰 혼잡을 빚으며 물밀듯이 밀려 나가고 들어왔다. 어느새 총알에 맞아 죽는 사람, 다쳐서 아우성치는 사람들의 신음소리가 골짜기에 가득 찼다.

김창수는 김형진과 몇 걸음 후퇴하면서 상의했다.

"김이언의 이번 실패는 치명적인 것이어서 다시 사람들을 모으지 못할 거요. 그러므로 저들과 같이 퇴각할 아무 필요가 없소. 이렇게 낯선 행색으로는 잡히기 쉬울 테니까 잠시 강계성 부근에 몸을 피했다가 고향으로 돌아갑시다."

그리하여 두 사람은 김이언 부대로부터 떨어져 나왔다. 그 뒤에 김이언은 진위대장 김동긍(金東兢)을 처단하는 전과를 올리기도 했으나, 이내 체포되고 옥중에서 자결했다.[53]

김창수와 김형진은 산언저리로 올라가서 인풍루 밖 첫 동네로 들어갔다. 이때에 김창수와 김형진이 겪었던 에피소드는 난리통의 산골주민들의 의식과 행동을 실감나게 보여 준다. 한 집으로 들어가자 집 바깥문이나 안문이나 다 열린 채였다. 주인을 찾았으나 빈 집이었다. 안방으로 들어가자 방 한구석 화덕에 불이 피어 일렁일렁하고 있었다. 두 사람은 우선 화덕 옆에 앉아서 손발을 녹였다. 가만히 앉아 있으려니까 방안 가득히 기름 냄새와 술 냄새가 났다. 시렁 위에 얹힌 광주리에 여러 가지 고기가 가득했다. 우선 닭다리와 돼지갈비를 화덕불에 쪼여 먹고 있는데, 베 두건을 쓴 사람이 가만히 방문을 열고 안을 들여다보았다.

"웬 사람인데 야반에 남의 집을 묻지도 않고 침입하는가?"

김창수가 일부러 큰 소리로 꾸짖었다. 베 두건 쓴 사람은 놀라고 겁에 질려 머뭇머뭇하며 말했다.

"이것은 내 집인데요."

"누가 주인이든 이렇게 눈 오는 밤인데, 들어와 몸이나 녹이시오."

베 두건 쓴 사람이 들어오자 김창수가 물었다.

"당신이 이 집주인이라면 집을 비우고 어디를 갔던 거요? 내가 보기에 주인 같아 보이지는 않소만 추울 터이니 와서 고기나 자시오."

---

53) 愛國同志援護會, 《韓國獨立運動史》, 1956, p. 32, p. 499. 이 책에는 '金利彦'이 '金利賢'으로 기록되어 있다.

그러자 베 두건 쓴 사람도 어이가 없어하면서 이야기를 했다.

“오늘이 내 어머님 대상입니다. 각처에서 조객이 와서 제사를 지내려는데, 갑자기 동구에서 총소리가 진동하지 않겠습니까. 조객들은 뿔뿔이 흩어져 도망하고, 나도 식구들을 산속으로 피신시키고 잠시 와본 길이오.”

김창수는 실례했다고 말하면서 둘러댔다.

“우리도 장사차 성내에 왔는데, 당도하자마자 난리가 났다고 소동을 하기로 촌으로 피난 나온 것이오. 와서 보니까 당신 집 문이 열려 있기에 들어왔고, 들어와 보니까 음식물이 있기에 요기를 하던 중이오. 난리 때라 이런 일도 있는 법이니 용서하시오.”

그제야 주인은 마음을 놓는 눈치였다. 김창수는 주인에게 산속으로 피한 식구들을 돌아오게 하라고 권했다. 그러나 주인은 주저했다.

“지금도 보니까 동구 밖에 군대가 밀려가던데요.”

“군대가 무슨 일로 출발한다는지 들으셨소?”

주인은 청나라 쪽을 가리키며 말했다.

“강 건너 쪽에서 의병이 밀려와 강계를 치려다가 군대한테 밀려간다고 합니다. 그렇지만 멀리서 자주 총성이 들리니 알 수 있습니까. 승부가 어찌 될지는 아무도 모르지요.”

김창수와 김형진은 주인에게 이렇게 말했다.

“의병이 오나 군대가 오나 촌사람들에게야 무슨 관계가 있겠소. 부녀자와 어린아이들이 눈 속에서 밤을 지내다가 무슨 위험이 있을지 모르니 속히 집으로 돌아오게 하시오.”

주인은 일어나면서 말했다.

“내 집 식구뿐 아니라 온 마을이 거의 다 산 위에서 밤을 보낼 준비를 했으니까 손님은 과히 염려치 마시고, 이왕 내 집에 오셨으니 집이나 지켜주시오. 나는 산에 있는 식구들을 가서 보고 오리다.”

이렇게 하여 김창수와 김형진은 그 집에서 하룻밤을 자고, 다음날 아

침 일찍 강계를 출발하여 적유령(狄踰嶺)을 넘어서 며칠 뒤에 신천 청계동에 도착했다.[54)]

3. 장연 산포수들의 의병 모의

두 사람의 귀향시점은 《백범일지》와 《노정약기》에 다르게 기술되어 있다. 《백범일지》는 김이언 의병의 실패 직후인 11월 무렵으로, 《노정약기》는 진동영(鎭東營)에서 연말을 보내고 1896년 정월 4일(양력 2월 16일)에 귀향했다고 기술했다.[55)] 그러나 관련 자료를 종합해 보면, 두 사람의 귀향 시점은 아무리 늦게 잡아도 단발령이 공포된 1895년 11월 15일 이전이었던 것 같다. 뒤에서 보듯이, 장연(長淵) 산포수들의 봉기 모의 신문조서인 "중범공초(重犯供招)"에 따르면, 이들의 거사예정일이 1896년 1월3일(양력 2월15일)이었고, 이를 위해서 모인 것이 12월12일(양력 1896년 1월25일)이었는데, 김형진은 모의 단계인 12월 시점에 해주 묵방(墨坊)의 청룡사(青龍寺)에 머물고 있었다.[56)]

청계동에 돌아온 김창수는 먼저 고능선을 찾아가서 청국행에서 있었던 일을 보고했다. 압록강과 두만강 건너편의 토지의 비옥함과 그곳의 지세며 인심이며 서옥생의 아들을 만난 일 등을 자세히 보고했다. 그리고 김이언 의병에 참가했던 일도 말했다. 고능선은 이때에 김창수에게서 들은 것을 적어 두었다가 뒷날 유인석(柳麟錫)이 두번째로 의병부대를 이끌고 압록강을 건너 통화현 오도구(五道溝)에 정착할 때에 알려주었던 것 같다.[57)] 이때에는 고능선도 유인석 부대와 동행했다.

---

54) 《백범일지》, pp. 83~85.

55) 《백범일지》, p. 85 ; 《路程略記》, 《白凡金九全集(3)》, p. 162.

56) "重犯供招", 《東學亂記錄(下)》, pp. 563~569 참조.

57) 《백범일지》, p. 87, pp. 177~178.

김창수가 청계동으로 돌아온 지 얼마 되지 않아서 단발령이 공포되었다. 군대와 경찰은 거의 다 머리를 깎았고, 문관들도 각 군의 면장까지 단발을 했다. 그러나 단발령의 충격은 컸다. 전국적으로 단발에 반대하는 저항운동이 거세게 일어났다. 지방 어디에서나 단발하는 관리를 습격하는 크고 작은 저항이 잇따랐다. 조직적이고 강력한 무력항쟁도 전개되었다. 그것이 을미의병이었다.[58] 을미의병의 발단은 물론 민비시해사건이었으나 의병활동이 본격적으로 전개된 것은 단발령이 공포된 뒤였다. 위정척사파 유생들은 당시 일본의 내정간섭과 개화파의 개혁정책을 유교적 지배체제의 해체라고 인식하고, 그러한 위기를 극복하기 위하여 '복수보형(復讐保形)'의 명분 아래 '적신(賊臣)'을 토벌할 것을 표방했다.

고능선과 김창수도 단발령에 반대하는 의병을 일으켜야 한다는 데 뜻을 같이했다. 두 사람은 안태훈(安泰勳)과 상의하기로 하고, 그를 찾아갔다. 그러나 안태훈은 아무 승산 없이 일어났다가는 실패할 수밖에 없으므로 그럴 생각이 없고, 천주교(天主教)를 믿다가 뒷날 기회를 보겠다면서 두 사람의 제의를 거절했다. 이해 9월에 이미 산포수 부대를 해산시킨[59] 안태훈은 천주교에 귀의할 뜻을 품고 있었다. 따라서 서양문화의 수용에 뜻을 가진 그로서는 봉건적 명분의 의병봉기에 찬동할 수 없었던 것이다. 그는 단발에 대해서도 고능선과 다르게 생각했다. 안태훈은 지금 당장 머리를 깎아야 한다면 깎을 의향이 있다고 말했다. 고능선에게는 이 말이 모독으로 여겨졌을 것이다. 안태훈의 도움으로 청계동에 와서 생활하는 처지이기는 했으나, 안태훈의 이러한 태도를 보자 고능선은 참을 수 없었다. 그는 조금도 주저하지 않고 그 자리에서 절교를 선언했다.

58) 金祥起, 《韓末義兵研究》, 一潮閣, 1997 및 李相燦, "1896年 義兵運動의 政治的性格", 서울大學校 博士學位論文, 1996 참조.

59) 李全, 《安重根血鬪記》, 延泉中學校期成會, 1949, p. 26.

"진사, 오늘부터 끊네!"

그러고는 바로 자리에서 일어났다.[60] 이 한 마디로 두 사람의 그동안의 교분은 간단하게 끝나 버렸다.

김창수 역시 안태훈의 태도를 이해할 수 없었다. 우리나라에서 일어난 동학은 토벌하고 서양 오랑캐가 하는 서학(西學)은 배워야 한다는 말이 매우 괴이하게 생각되었다. 김창수는 단발에 순순히 응하겠다는 안태훈의 태도를 보고 "그에게 의리가 없다는 것이 아니고 무엇이겠는가!" 라고 여겼다고 한다.[61]

이 무렵 안태훈은 동학농민봉기 때에 농민군에게서 빼앗은 양곡문제로 매우 난처한 입장에 처해 있었다. 탁지부(度支部) 대신 어윤중(魚允中)과 전 선혜청(宣惠廳) 당상 민영준(閔泳駿)은 안태훈이 군량미로 사용해 버린 양곡이 자신들이 사 두었던 것이라면서 갚을 것을 요구했다. 안태훈이 이를 거절하자 어윤중은 안태훈이 빼앗은 양곡으로 군대를 길러서 역모를 꾀하려 한다고 고발했다. 이 때문에 안태훈은 서울에 불려 올라가서 몇 차례 재판을 받기까지 했다. 그러다가 아관파천(俄館播遷)으로 어윤중이 살해되면서 사건은 흐지부지되었다. 그러나 다시 민영준이 안태훈을 협박했다. 다급해진 안태훈은 천주교당으로 피신하여 몇 달 동안 그곳에 숨어 있었는데, 이때에 그는 천주교 신자가 되었다. 김종한(金宗漢)의 도움으로 가까스로 위기를 모면한 안태훈은 청계동으로 돌아오면서 많은 천주교 서적을 가지고 왔고, 안씨 일가족은 세례를 받고 천주교인이 되었다.[62]

이 무렵에 안태훈이 어떤 유력인사에게 김창수에 대하여 언급한 편지가 보존되어 있어서 매우 주목된다.

---

60) 《백범일지》, p. 87.

61) 《백범일지》, p. 88.

62) 《안응칠역사》, 尹炳奭 譯編, 《安重根傳記全集》, 國家報勳處, 1999, pp. 135~136.

> 제가 취포〔聚包: 산포수를 모음〕한다는 이야기는 참으로 가소로운 일입니다. 이놈이 취포를 하자면 단발할 때에 창의(倡義)하는 것이 마땅한 일이었거늘 그때는 몸을 사리며 움직이지 않고 보기만 하다가 단발이 정지된 뒤에야 취포한단 말입니까. … 해주의 동학 김창수라는 자는 해주 묵방지(墨坊地)에 몰래 산포수를 모아서 우리 동을 습격하려고 소굴을 만들었는데, 우리는 그것을 모르고 있다가 다행히 순포 수십명이 다가오는 것을 만나게 되자 김창수는 도망가고 산포수들 역시 떠나버렸다 하므로 저도 또한 사방으로 김창수의 발자취를 좇았으나 아직 그 그림자도 못 찾았습니다. 혹시 이들의 일이 잘못 전해져서 도리어 모략이 꾸며진 것인지 모르겠습니다. 일동(一洞)만 빼고 보면 서로 틈이 생기기를 바라는 적들이 많이 있으며, 또한 영읍(營邑)에서도 끝내는 모두 털어놓을 것이라고 의심받고 있습니다. … 이 놈은 과연 보호받지 못할 지경에 이르렀은즉 모함자의 혀를 자르고 쌓이고 쌓인 분을 말끔히 씻어 버리고저 하오니 몇 놈의 이름을 몰래 알려 주시기 바랍니다.63)

편지를 쓴 날짜는 “1월10일 오정(午正)”으로만 되어 있는데, 그것은 아마도 1896년 음력 1월 10일이었을 것이다. 안태훈이 이처럼 사실과 다른 말을 하고 있는 것은 김창수를 청계동에 머물게 했던 사실이 외부에 알려지면서 신천군수로부터 추궁을 받게 되었기 때문이었던 것 같다.

고능선과 김창수는 상의하여 속히 혼례를 치르고 청계동을 떠나기로 했다. 김순영 내외는 고능선과 같은 훌륭한 가문 출신의 며느리를 맞는 것이 무엇보다도 기뻐서 온 정성으로 혼수와 혼구를 준비하느라고 분주했다.

---

63) 延世大學校 國學硏究所 소장 安泰勳簡札, 張錫興, “19세기말 安泰勳書翰의 자료적 성격”, 《韓國學論叢》 26호, 國民大學校 韓國學硏究所, 2003, pp. 139~167 참조.

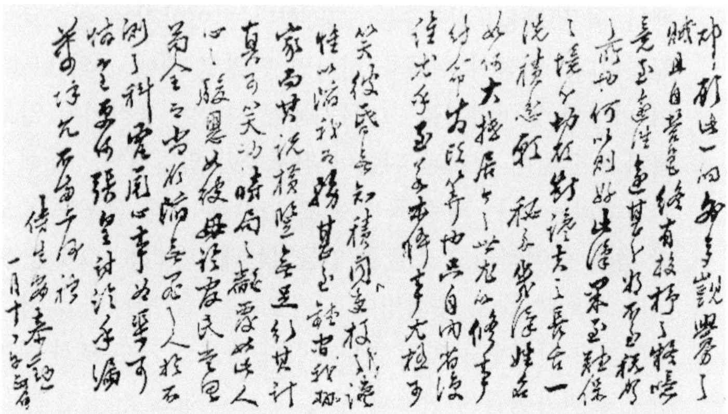

김창수에 대하여 언급한

의병운동은 황해도에서도 여러 지방에서 활발하게 전개되었다. 그런데 이들 의병은 거의가 위정척사파 유림과는 관계없는 옛 이서층(吏胥層)과 산포수들이 결합한 것이었다. 그리고 산포수 가운데에는 동학농민봉기 때에 전투에 참가한 경험이 있는 동학 출신이 많았다.

안태훈의 협조를 기대할 수 없게 된 김창수는 김형진과 함께 서경장에게서 약속받은 청국 군대의 출병지원과 황해도 산포수 부대의 무장력을 결합하는 방안을 논의했다. 그리하여 두 사람은 장연 산포수들의 봉기계획에 적극적으로 참여했다. 그러나 봉기 모의에 가담한 산포수들의 동기는 김창수와 김형진의 경우와는 다른 것이었다. 김창수와 김형진은 단발반대의 대의명분으로 봉기 모의에 참여했으나, 산포수들은 정부의 정책실패에 대한 불만으로 봉기에 가담했던 것이다.

장연 산포수 봉기의 핵심인물은 김창수의 재종조 김재희와 백낙희(白樂喜)였다. 두 사람은 김창수가 청국에서 돌아오기 전인 11월 무렵에 만나서 봉기를 준비하고 있었다. 이때에 김재희는 산포 도반수(都班首)가 되고 백낙희는 산포 명사반수(明査班首)가 되었다. 사전 논의를 마친 두 사람은 12월12일에 김창수의 집을 방문하여 그와 함께 청룡사에

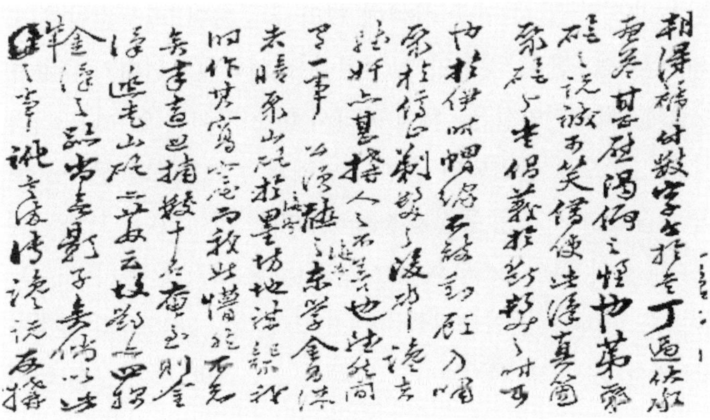

안태훈의 편지.

에 머물고 있는 김형진을 찾아갔다. 이 모임에서 김형진은 두 차례 청국을 방문하여 마대인과 의극당아로부터 진동창의(鎭東倡義)의 인신과 직첩을 받아가지고 온 사실을 설명하고, 마대인이 머지않아 군대를 거느리고 올 것이라면서 속히 봉기할 것을 촉구했다. 김형진은 스스로 평안, 전라, 황해 3도 도통관(道統官)이 되고, 백낙희는 장연 선봉장이 되어 장연 산포수들을 주력으로 해서 봉기하기로 했다.64)

장연 산포수들의 봉기계획은 크게 세 단계로 설정되었다. 첫번째 단계는 장연과 안악의 산포수를 동원하여 장연 관아를 점령하고 무기를 탈취하는 것이었다. 그것이 성공한 뒤에는 두번째 단계로 해주로 진격하여 김형진과 김창수의 시휘 아래 장연과 안악의 산포수를 주력으로 하고 그밖의 다른 세력과 함께 해주성을 공략하는 것이었다. 마지막 세번째 단계는 약속대로 진군해 오는 청국 군대와 함께 서울로 진격하여 양왜(洋倭)를 토멸하고 각 대신을 주멸(誅滅)한 다음 해도(海島)의 정씨(鄭氏)를 맞이하여 왕으로 추대하는 것이었다.65)

64) '白樂喜招辭', "重犯供招", 《東學亂記錄(下)》, pp. 564~565.
65) '金昬祚招辭', "重犯供招", 《東學亂記錄(下)》, p. 567.

장연 산포수 모의는 당시 민중 사이에 널리 유포되던 '해도진인설(海島眞人說)'의 영향을 받은 것이었다. 《정감록》이나 《도선비기(道詵秘記)》에 바탕을 둔 해도진인설은, 책에 따라서 다소 차이는 있으나, 나라가 혼란해져서 삼국으로 분열되면 정씨가 남해의 섬으로부터 군사를 일으켜 혼란을 수습하고 새로운 통일왕조를 세운다는 것이었다. 1748년에 일어난 청주(淸州)와 문의(文義)의 괘서사건(掛書事件)을 조사하는 과정에서 처음으로 나타난 '진인출현설(眞人出現說)'은, 1812년의 홍경래란(洪景來亂)에서 다시 고개를 들기 시작하여, 그 뒤의 크고 작은 여러 반란사건에 빈번하게 등장하고 있다.[66]

그러나 장연 산포수 봉기계획은 어이없이 실패하고 말았다. 첫번째 단계의 거사날인 정월 초하루에 신화방(新花坊)에서 봉기 인원을 동원하던 백낙희 등 주동자 다섯 사람이 안악의 김재희 세력이 합류하기 전에 동네 주민들에게 체포되어 버렸기 때문이었다. 이들을 구출하려고 각 군의 산포수 부대가 집결한다는 소문도 있었으나, 바로 경군이 파견되어 산포수들의 집결을 무산시켜 버렸다. 백낙희 등이 체포되자 김창수와 김형진을 비롯하여 안악 대덕방(大德坊)의 최창조, 김재희, 해주 검단방(檢丹坊)의 유학선(柳學先), 문화 차장동의 이씨는 바로 피신했다.

그런데 김창수가 장연 산포수 봉기 모의에 참여하면서 고능선과 협의했는지는 분명하지 않다. 단발령 소식을 듣자 바로 의병을 일으키기로 하고 함께 안태훈을 찾아가서 상의했던 것으로 미루어, 비록 동학농민봉기에 참가했던 산포수들을 중심으로 의병을 모집하기로 했더라도 김창수가 고능선과 상의하지 않았다고는 생각하기 어렵다.

장연 산포수 봉기에서 주목되는 점은 개화파정권을 타도하기 위하여 청군과의 연합작전을 도모했다는 사실이다. 황해도지방 농민군의 청국

---

66) 白承鍾, "18~19세기 《정감록》을 비롯한 각종 예언서의 내용과 그에 대한 당시대인들의 해석", 《震檀學報》 제88호, 震檀學會, 1999, pp. 265~290 참조.

군에 대한 신뢰와 기대는 이미 동학농민봉기 때부터 나타나고 있었다. 가령 농민봉기 당시에 해안(海安) 수접주가 평산(平山) 수접주에게 보낸 통문에는 농민군이 빨리 봉기하여 감사 부자의 머리를 베어 청군 진영에 바치자고 한 대목이 있는데, 이때에 이들은 청국군대를 '천병(天兵)'으로 호칭했다.[67] 또한 1895년 7월에 봉기한 평안남도 상원(祥原) 의병도 청국 군대를 '천군(天軍)'이라고 했다. 이러한 현상은 같은 시기의 안동의병(安東義兵)이나 을미의병 이후의 의병운동에서도 나타나는 공통적인 현상이었다. 또한 장연 산포수 봉기는 '복수보형'이라는 위정척사파 의병의 대의명분과 동학농민군 조직이 결합했다는 점에서 주목할 만한 가치가 있다.[68]

그러나 그것은 민중의 호응을 얻지 못했다. 우선 장연 산포수 봉기가 같은 마을의 주민에 의해 고발되었다는 사실이 그것을 말해 준다. 체포과정에서 백낙희는 동네사람들에게 피투성이가 되도록 두들겨 맞았다.[69] 이 무렵 황해도와 평안도지방은 청-일전쟁의 피해로 말미암아 일반 백성들의 청국에 대한 인식이 매우 악화되어 있었다. 청-일전쟁에 참여한 청군이 패퇴하면서 온갖 노략질을 자행했기 때문이었다.

그런데 장연 산포수봉기 모의에 대해서 《백범일지》에 전혀 언급이 없는 것은 이상하다. 관련자료들로 미루어 볼 때에 김창수가 봉기 모의에 참여한 것은 틀림없다. 우선 주목되는 것은 김창수 자신이 얼마 뒤에 치하포사건으로 체포되었을 때에 해주감영에서 한 진술이다.

> 일찍이 단발로 각처에서 의병이 봉기할 때에 저는 의병좌기총(義兵左旗總)이 되어 전라도 김형진과 함께 해주 검단방 청룡사에 머물다가, 음력 12월에 안악지방에 가서 이곳 대덕방에 사는 좌통령(左

67) 鈴木彰, "黃海道東學黨征討略記", 《白凡金九全集(3)》, p. 104.

68) 도진순, 앞의 글, p. 150.

69) "重犯供招", 《東學亂記錄(下)》, p. 569.

> 統領) 최창조와 서로 논의하며 며칠을 머물다가 돌아왔사옵고, 치하포사건에 이르러서는 과시 전혀 알지 못하오니 잘 살펴서 처리하여 주옵소서.[70]

뒤에서 보듯이, 김창수가 해주감영에서 모진 고문을 당하면서도 치하포사건을 부인한 것은 중앙 관아〔內部〕에 가서 대관들 앞에서 자신의 큰 뜻을 말하기 위해서였다.[71] 그리고 어떤 연유에서였는지 김형진도 《노정약기》에서 이때의 모의사실을 전혀 언급하지 않고 있다. 그러나 그가 산포수 봉기 모의에 참여했던 것은 《노정약기》에 장연 산포수 봉기의 격문이 첨부되어 있는 것을 보더라도 틀림없다.[72] 그러므로 두 사람은 똑같이 산포수 봉기 모의사실을 의도적으로 기술하지 않았다고 볼 수밖에 없다. 《백범일지》에서 자신의 여러 가지 실패의 행적까지 솔직히 술회한 김구가 이때의 일만은 왜 생략했는지 의아스럽다. 그것은 아마도 다른 의병운동이 외세의 침략에 대항하여 국권을 수호한다는 명분을 전제로 한 것인데 비하여 장연 산포수 봉기모의는 역성혁명(易性革命)을 기도한 일종의 역모였고, 그러면서도 또 너무나 황당한 모의였기 때문이었을 것이다.

청군의 지원을 얻어 서울로 진격하여 일본의 마수에 놀아나는 이씨왕조(李氏王朝)를 뒤엎고 '해도의 정씨'를 새로이 왕으로 옹립한다는 대담한, 그러나 너무나도 황당한 꿈을 가지고 계획했던 산포수 봉기 계획이 허무하게 수포로 돌아가고 만 것은 스물한 살의 청년 김창수에게 또 한 번의 큰 좌절이었다. 그러나 그보다도 더 가슴 아픈 것은 때를 같이하여 고능선 손녀와의 약혼이 깨어져 버린 일이었다.

산포수 봉기를 준비하느라고 돌아다니던 어느 날 김창수는 검단방에

---

70) "海州白雲面居 金昌洙 年二十一 供案", 1896년 6월27일, 《白凡金九全集(3)》, pp. 218~219.

71) 《백범일지》, p. 107.

72) 《路程略記》, 《白凡金九全集(3)》, pp. 130~133.

있는 친구 집에서 자게 되었다. 검단방은 김창수의 집이 있는 백운방과 바로 이웃이었는데, 산포수 봉기 모의에 가담한 유학선이 그곳에 살고 있었다. 그리고 근처 청룡사에 김형진이 머물고 있었다. 검단방에서 자고 난 이튿날 아침 일찍이 뜻밖에도 고능선이 그곳을 찾아왔다. 고능선은 어렵게 입을 열어 다음과 같이 말했다.

"자네가 어렸을 때에 뉘 집에 약혼을 했다가 자네가 원치 않아서 퇴혼했다고 했던 것이 지금에 와서 문제가 되네 그려. 내가 어제 사랑에 앉았노라니까 성이 김가라고 하는 사람이 찾아왔다네. 나를 보고 당신이고 아무개냐고 묻기로 그러하다 했더니, 내 앞에다가 칼을 내어놓고 하는 말이, '들으니 당신 손녀를 창수에게 허혼했다 하니 첩으로 주는 것이오, 정실이오?' 하고 물었네. 하도 괴상하여 김가를 나무라며 초면에 그게 무슨 무례한 말이냐 했더니, 김가가 노기등등하여 하는 말이, '창수의 정처는 곧 내 딸인데, 이제 들으니 당신 손녀와 혼인한다 하기로 첩이라면 가하나, 정실이라면 이 칼로 생사를 가름하겠다' 하지 않겠나. 그래서 '나는 창수가 종전에 약혼한 곳이 있었으나 이미 파혼된 줄 알고 허혼하였소. 그러나 이제 당신의 말을 듣건대 엄연히 약혼 중이라 하니 이 문제는 내가 창수를 보고 해결할 터이니 당신은 물러가오' 하여 돌려보냈네. 이 일을 어찌하겠나? 우리 집안 여자들은 큰 난리가 났네."

이 말을 듣는 순간 김창수는 모든 일이 틀렸다고 생각했다. 단념하겠다는 뜻을 분명히 했다.

"제가 선생님을 믿고 따르는 본래 의도는 선생님의 손녀사위나 됨에 있지 않습니다. 저는 정녕코 선생님께서 친히 가르쳐 주시는 교훈을 마음속에 아로새기고 죽을 때까지 그 거룩하신 가르침을 봉행하기로 마음에 맹세하였습니다. 그러니 혼인하든 안 하든 무슨 상관이 있겠습니까. 혼사는 서로 단념하고 의리로만 선생님을 받들겠습니다."

혼인을 단념했으나 마음속으로는 여간 섭섭하지 않았다. 고능선은 김창수의 말을 듣고 눈물을 흘리면서 탄식했다.

"내가 장래에 몸과 마음을 의탁할 만한 사람을 물색하기에 허다히 마음을 써서 자네를 만났고, 더욱이 미혼이므로 혼사까지 성약한 것인데, 이런 괴변이 어디 있겠나. 그러면 혼사는 다시는 거론하지 않기로 하세."

이렇게 하여 스승의 손녀딸과의 약혼은 깨어졌다. 김창수가 어렸을 때에 김순영이 술김에 경솔하게 함지박 장수 김치경(金致景)에게 했던 청혼이 화근이 된 것이었다. 그가 동학 접주로 바쁘게 활동하고 있을 무렵에 김순영 내외가 김치경의 딸과의 혼례를 서둘자 김창수는 완강하게 거부했었고, 김순영도 김치경에게 그 뜻을 전하면서 딸을 다른 자리에 출가시키라고 했었다. 그러자 김치경도 도리 없는 일이라고 생각했다고 한다. 그리하여 김창수는 이 문제가 일단락된 것으로 생각하고 잊고 있었다. 문제는 김치경이 청계동에서 10여리밖에 떨어지지 않은 신천 수유령(水踰嶺)으로 이사하여 술장사를 하고 있다가 김창수의 혼인 소식을 들으면서 불거졌다. 김치경은 속으로 이 혼인을 방해하면 돈푼이나 얻을 수 있겠다는 생각에서 훼방을 놓은 것이었다. 이러한 사정은 쉽사리 짐작할 수 있는 일인데도 불구하고 김창수를 손녀사위로 삼으려고 마음먹은 것을 눈물까지 흘리면서 쉽게 단념하는 고능선의 태도도 의아스럽다. 화가 치민 김순영이 김치경의 집에 쫓아가서 거친 화풀이를 했을 것은 말할 나위도 없다. 김치경은 이미 자기 딸을 가까운 마을에 돈을 받고 약혼해 놓은 상태였다.

이 일이 있고 난 뒤에 고능선은 비동(飛洞)으로, 김순영 내외는 텃골로 이사했고, 김창수는 서옥생의 아들을 찾아서 다시 청국으로 가기로 했다. 그것은 김창수의 세번째 청국행이었다. 김형진은 고향으로 돌아갔다.[73]

---

73) 《백범일지》, pp. 88~90.

제7장

신화가 된 치하포사건

1. 변복한 일본인을 살해

급히 피신하여 청국의 서옥생(徐玉生)의 아들집을 찾아 나선 김창수는 평양에 도착했다. 평양은 단발령 소동으로 어수선했다. 관찰사 이하 모든 관리들이 단발을 하고 길목을 지키고 서서 지나가는 백성들을 붙들고 강제로 머리를 깎고 있었다. 단발령을 피하여 시골이나 산골로 숨어 들어가는 백성들의 원성이 자자했다. 이런 광경을 보면서 김창수는 머리끝까지 분노가 치밀어 올랐다. 그는 평양을 지나 안주(安州)에 도착해서 게시판에 붙은 포고문을 보고서야 단발령이 철회되었음을 알았다. 《백범일지》는 이때의 상황을 다음과 같이 기술하고 있다.

> 소문을 들자니까 경성 종로에서 사람들에게 단발을 시켰다가 큰 소동이 일어났다고 했다. 일본인들의 가옥을 때려부수고 일본인을 다수 때려죽이는 등 변란이 나고, 당시 정부 당국자들에게도 큰 변동이 일어났다는 것이다. 이야기를 들어보니까 장차 나라 안 사정이 많이 변할 낌새라서 굳이 출국할 것이 없다는 생각이 들었다. 또 삼남 방면에서 의병이 봉기한다고도 하므로 돌아가서 시세를 관찰하리라 결심하고 회정하였다.[1)]

1) 도진순 주해, 《김구자서전 백범일지》, 돌베개, 1997, pp.91.

"정부 당국자들의 큰 변동"이란 1896년 2월11일의 고종의 아관파천(俄館播遷)과 그에 따른 친일파 내각의 와해를 말한다. 아관파천은 단발령으로 술렁거리던 정국을 또 한번 역전시키는 결정적 계기가 되었다. 고종은 김홍집(金弘集)을 중심으로 한 친일파 내각 각료들을 모두 처형하라는 조칙을 발표하고, 이어서 이완용(李完用), 이범진(李範晉), 박정양(朴定陽), 이윤용(李允用) 등 정동파(貞洞派)를 주축으로 한 내각을 임명했다.

아관파천 직후에 고종은 민심수습을 위한 조칙을 잇달아 발표했다. 2월18일에는 "단발문제는 편할 대로 할 것을 허락한다"라고 하여 사실상 단발령을 철회하고, 의병은 각자 고향으로 돌아가서 본업에 힘쓰라고 선유(宣諭)했다. 다시 2월27일에는 각지의 의병들에게 즉시 해산할 것을 종용하는 조칙을 발표했는데,[2] 그것은 단발령에 반대하여 일어났던 반일의병에 대한 사면을 뜻하는 것이었다.

단발령을 강행하면서 일본인들의 피해가 잇따랐다. 아관파천이 있던 날에는 경무청 문전 대로에서 총리대신 김홍집과 농상공부대신 정병하(鄭秉夏)의 참살현장을 구경하러 나왔던 다나카 히데카즈(田中秀一)라는 일본인이 살해되기도 했다.[3] 《백범일지》의 위와 같은 서술은 이러한 사실이 구전을 통하여 안주와 같은 지방에까지 빠르게 전해졌음을 말해 준다.

김창수는 청국행을 단념하고 안주에서 발길을 돌렸다. 그는 3월8일(음력 1월25일)[4]에 용강군(龍岡郡)에서 안악군(安岳郡)으로 돌아오기

---

2) 《承政院日記》 建陽 元年 2월27일(양력 2월18일) 조.

3) "英國政府ノ朝鮮國王播遷事件ニ關スル意向照會方訓令ノ件" 1896년 2월16일, 日本外務省 編, 《日本外交文書 29》, 國際聯合協會, 1954, pp. 690~691; 《高宗時代史(四)》 建陽 元年 2월11일조, 國史編纂委員會, 1970, pp. 39. 일본공사관 기록에는 이때에 살해된 일본인을 田中秀一의 동생 田中彌市라고 했다("日本人殺傷者의 逮捕處罰要求件", 《駐韓日本公使館記錄(9)》, 國史編纂委員會, 1993, pp. 1~3, pp. 269~270).

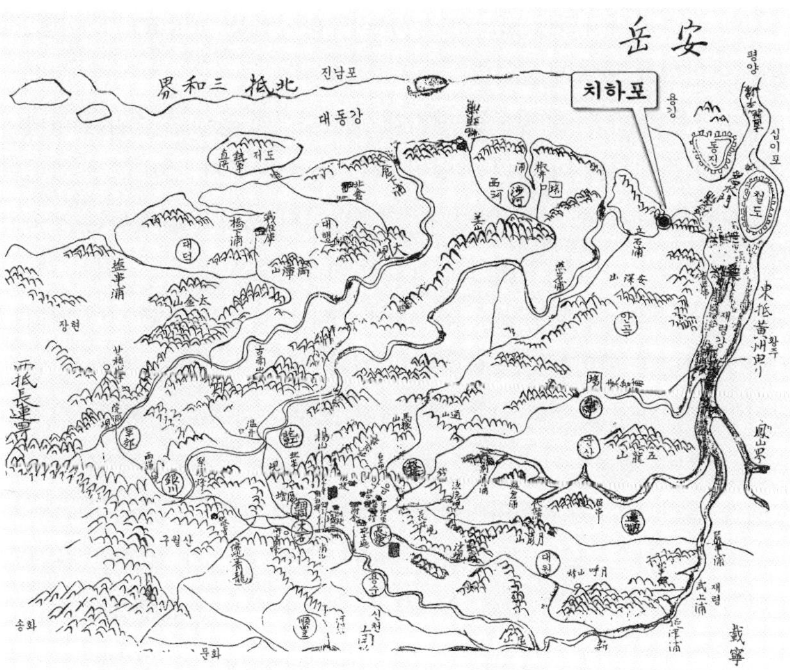

1890년대 안악군 지도.

위해 치하포(鴟河浦)로 가는 배를 탔다. 치하포는 안악에서 동북쪽으로 40리쯤 떨어진 작은 포구였다. 강 위에는 녹지 않은 큰 얼음덩이가 곳곳에 떠다녔다. 해마다 해빙기가 되면 가끔 나루터에서 사람들이 큰 얼음덩이에 포위되어 참사를 겪는 일이 있었는데, 불행히도 이날은 김창수가 탄 배가 얼음덩이에 포위되고 말았다. 배는 얼음덩이에 떠밀려 제대로 방향을 잡지 못하고 진남포(鎭南浦) 하류까지 밀렸다가 조수를 따라 다시 상류로 밀리곤 하면서 오르락내리락했다. 배가 떠밀릴 때마다 선객들은 말할 나위도 없고 뱃사공들까지 모두 당황해했다. 배 안은 삽

4) "仁川萩原事務代理發信 原外務次官宛公信要旨" 1896년 4월6일, 白凡金九先生全集編纂委員會《白凡金九全集(3)》, 대한매일신보사, 1999, pp. 200~201.

시간에 울음바다가 되었다. 어떤 사람은 하나님을 찾았고, 또 어떤 사람은 어머니를 부르며 울었다.

김창수는 살아 나갈 방도를 생각해 보았다. 배 안에는 준비된 식량이 없었기 때문에 시간이 지나면 얼어 죽는 것보다 먼저 굶어 죽을 판이었다. 다행히 나귀 한 필이 있었다. 얼음덩이의 포위가 오랫동안 계속될 경우에 나귀를 잡아서 열대여섯 사람의 비상식량으로 사용하기로 했다. 김창수는 사람들에게 무작정 소리내어 운다고 목숨을 구할 길이 열리는 것이 아니니까 뱃일을 사공에게만 맡기지 말고 모두 힘을 합해서 얼음덩이를 밀어내자고 소리쳤다. 선객들은 모두 호응하고 나섰다. 김창수는 몸을 날려 얼음덩이에 뛰어 올랐다. 그러고는 얼음덩이가 몰려 있는 형세를 살펴보고 큰 얼음덩이에 의지해서 작은 것을 힘껏 밀어내기 시작했다. 이렇게 노력한 끝에 밤이 늦어서야 간신히 강 하류에 닿았다. 배가 하류로 많이 떠밀려 왔기 때문에 치하포에는 닿지 못하고 5리 밖의 강기슭에 닿았다. 서산에 지는 달이 희미하게 비추고 있었다.

일행은 치하포에 도착해서 주막을 겸한 나루터 주인집으로 들어갔다. 풍랑 때문에 유숙하는 손님들이 세 칸 여관방에 가득했다. 자정이 넘은 시간이었으므로 방마다 코고는 소리만 들렸다. 배 안에서 함께 고생했던 일행들도 세 칸 방으로 제가끔 흩어져 들어가서 잠이 들었다.

김창수가 막 잠이 들자마자 갑자기 밖이 소란스러워졌다. 먼저 들어온 여행객들이 새벽부터 일어나서 길 떠날 채비를 하느라고 수선을 피웠다. 시간은 새벽 3시쯤이었다.[5] 유명한 김구의 치하포 무용담은 여기서부터 시작된다. 치하포사건은 《백범일지》에 김구의 다른 어떤 행적보다도 생생하게 묘사되어 있다. 그만큼 이 사건은 김구의 일생을 통한 항일투쟁에서 훈장과 같은 상징성을 지닌 사건이었다. 긴박했던 당시의 상황을 김구는 다음과 같이 적었다.

---

5) "公文 제 20호: 日本人 土田讓亮의 被害事件과 犯人逮捕要求件" 1896년 3월31일, 《駐韓日本公使館記錄(9)》, p. 4, p. 272.

> 조금 있다가 아랫방에서부터 아침식사가 시작되어 가운뎃방과 윗방까지 밥상이 들어왔다. 그때에 가운뎃방에 단발을 하고 조선옷을 입은 사람 한명이 같이 앉은 나그네와 인사를 나누고 있었다. 성은 정(鄭)씨라 하고 장연(長淵)에 산다고 하는데, 말투는 장연말이 아니고 서울말이었다. 그 무렵 황해도에서는 장연이 단발을 맨 먼저 했으므로 평민들도 단발한 사람이 더러 있었다. 시골 노인들은 그를 진짜 조선인으로 알고 이야기를 나누었으나, 내가 보기에는 분명히 왜놈이었다. 자세히 살펴보니까 흰 두루마기 밑으로 칼집이 보였다. 가는 길을 묻자 신남포로 간다고 했다.

김창수는 먼저 이 일본인의 변복에 주목했다. 그리고 문득 국모보수(國母報讐)를 위해 그를 처치해야겠다는 생각이 들었다.

> 이곳은 진남포 맞은편 기슭이므로 매일매일 여러 명의 왜인이 자기네의 본래 행색대로 통행하는 곳이다. 그러므로 저놈이 보통 장사치나 기술자 같으면 굳이 우리 조선사람으로 위장하지 않아도 되었을 것이다. 그렇다면 혹시 저자가 우리 국모를 시해한 미우라 고로(三浦梧樓)가 아닐까. 서울에서 일어난 분란 때문에 도망하여 당분간 숨으려는 것은 아닌가. 만일 미우라가 아니더라도 미우라의 공범일 것 같다. 아무튼 칼을 차고 숨어 다니는 왜인이 우리 국가와 민족의 독버섯인 것은 명백한 사실이다. 내가 저놈 한명을 죽여서라도 국가의 치욕을 씻어 보리라.

김구는 그 일본인을 처치하기로 결심한 뒤의 상황을 박진감 있게 묘사하고 있다.

> 먼저 주위 환경과 나의 역량을 살펴보았다. 방 세 칸에 가득 찬 손님의 수가 40여명 되어 보였고, 그놈의 패거리가 몇 명 정도 섞여 있는지는 알 수 없었으나, 나이 열일여덟 살 되어 보이는 총각이 그놈 옆에서 무슨 말인가 하고 있었다.

> 나는 혼잣몸에 빈손이 아닌가. 섣불리 손을 썼다가 내 목숨만 저놈의 칼 아래 끊어 보내는 것은 아닐까. 그렇게 되면 내 의지와 목적은 세상에 드러내지도 못하고, 도리어 도적놈의 시체 하나만 남기고 죽고 말 것이다. 또 내가 빈손으로 단번에 저놈을 죽일 수는 없다. 만약 죽을 결심을 하고 대들더라도 방안에 있는 사람들이 만류하면 그 틈을 타서 저놈의 칼이 내 몸에 들어오고 말 것이다. 그러니 아무리 생각해도 이 일은 불가능한 일이다.[6]

이렇게 생각하자 김창수는 가슴이 심하게 울렁거렸다. 그런데 이 절박한 순간에 마음의 불안을 진정시켜 준 것은 고능선(高能善)의 가르침이었다. 정신적 혼란에 빠져서 잠시 고민하는 사이에 홀연히 한 가닥 광선이 가슴속에 비치는 듯했다고 《백범일지》는 적고 있다. 고능선에게서 배운 다음의 구절이 떠올랐던 것이다.

> 得樹攀枝無足奇
> 懸崖撤手丈夫兒.
>
> (벼랑에서) 나뭇가지를 잡고 오름이 기이한 일이 아니나
> 벼랑에서 잡은 손을 놓을 수 있어야 가히 장부이다.

김창수는 스스로 자문자답해 보았다.

'네가 보기에 저 왜인을 죽여 설욕하는 것이 옳다고 확신하느냐?'

'그렇다.'

'너는 어릴 때부터 마음 좋은 사람되기가 소원이 아니었느냐?'

'그렇다. 그러나 지금 나는 성공하지 못할 경우를 먼저 걱정한다.'

또 한편 이렇게도 생각해 보았다.

'원수 왜놈을 죽이려다가 성공하지 못하고 도리어 내가 죽임을 당하면, 한낱 도적의 시체로 세상에 남겨질까 그것을 미리 걱정하고 있는

---

6) 《백범일지》, pp. 92~93.

것이다. 그렇다면 내가 이때까지 마음 좋은 사람이 되고자 했던 것은 다 거짓 소망이었던가? 사실은 몸에 이롭고 이름 내는 것을 좋아하는 사람이 되려는 소원만 가졌던 것이 아닌가?'

자문자답 끝에 비로소 김창수는 실패에 대한 두려움을 떨쳐버리고 죽을 각오로 실행하기로 결심했다. 그제서야 마음의 동요가 사라지고 여러 가지 계책이 떠오르기 시작했다.

우선 그는 방 안에 있는 40여명의 손님들과 동네사람 수백명을 움직이지 못하게 해야 한다고 생각했다. 일본인이 만약 조금이라도 불안한 상태를 느끼게 되면 그것에 대비할 것이기 때문에 일단 아무 눈치도 채지 못하도록 안심을 시키고 자기 혼자서만 자유자재로 연극을 하는 방법을 쓰기로 했다. 연극이란 장사(壯士) 행세를 하는 것이었다. 그런데 실은 이때에 김창수는, 뒤에서 보듯이, 평양에서부터 동행한 세 사람과 같이 있었다.[7]

이윽고 아랫방에 밥상이 도착하여 먼저 밥상을 받은 사람이 숟가락질을 시작했다. 그들이 3분의 1도 채 못 먹고 있을 무렵에 밥상을 받은 김창수는 네댓 숟갈로 한 그릇 밥을 다 먹어치웠다. 김창수가 일어서서 주인을 부르자 골격이 준수하고 나이가 서른일여덟 살쯤 되어 보이는 사람이 문 앞에 와서 물었다.

"어느 손님이 불렀소?"

김창수는 주인을 보고 말했다.

"내가 좀 청했소이다. 다름 아니라 내가 오늘 700여리나 되는 산길을 걸어서 넘어가야 하는데, 아침을 더 먹고 가야겠으니 밥 일곱 상만 더 차려다 주시오."

주인은 아무 대답 없이 김창수를 빤히 보기만 하다가, 그의 말에는 대답도 않고, 방 안에서 아직 밥을 먹고 있는 다른 손님들을 둘러보며

7) "海州居 金昌洙 年二十一 初招" 1896년 8월31일, 《白凡金九全集(3)》, p. 250.

말했다.

"젊은 사람이 불쌍도 하다. 미친놈이군."

그러고는 안방으로 들어가 버렸다.

김창수는 한쪽으로 드러누워서 방 안 사람들의 반응을 눈여겨보면서 일본인의 동정을 살폈다. 방 안에서는 두 갈래로 논쟁이 일어나기 시작했다. 그 가운데 유식하게 보이는 청년들은 주인의 말과 같이 김창수를 미친 사람이라고 했다. 그러나 긴 담뱃대를 붙여 물고 앉은 노인들은 그 청년들을 나무라며 말했다.

"여보게들 말을 함부로 말게. 지금인들 이인(異人)이 없으란 법이 있나. 이런 말세에는 마땅히 이인이 나는 법일세."

그 말을 받아서 청년들이 대꾸했다.

"이인이 없을 리야 없겠지요만 저 사람 생긴 꼴을 보세요. 무슨 이인이 저렇겠어요."

일본인은 별로 주의하는 빛도 없이 식사를 마치고 중문 밖에 서서 문기둥을 의지하고 방 안을 들여다보며 총각 아이가 밥값 계산하는 것을 지켜보았다.

김창수는 천천히 몸을 일으켰다. 다음 순간 큰 소리로 호령하며 그 일본인을 발길로 차서 거의 한 길이나 되는 계단 밑으로 떨어뜨렸다. 그러고는 바로 쫓아 내려가서 일본인의 목을 힘껏 밟았다.

세 칸 객방의 문이 일제히 열리면서 문마다 사람들이 다투어 머리를 내어 밀었다. 김창수는 몰려나오는 사람들을 향하여 소리쳤다.

"누구든지 이 왜놈을 위하여 내게 달려드는 자는 모두 죽이고 말겠다!"

김창수의 말이 채 끝나기도 전에 일본인이 새벽 달빛에 칼을 번쩍이며 달려들었다. 김창수는 얼굴로 떨어지는 칼을 잽싸게 피하면서 발길로 왜놈의 옆구리를 차서 거꾸러뜨리고는 칼 잡은 손목을 힘껏 밟자 칼이 땅바닥에 떨어졌다. 칼을 빼앗아 든 그는 일본인을 머리부터 발끝까지 난도질했다. 아직 3월 초의 날씨라서 마당은 빙판이었는데, 피가 샘솟듯 넘쳐 흘러내렸다. 김창수는 손으로 일본인의 피를 움켜 마시고 그 피를 얼굴에 발랐다. 그러고는 피가 뚝뚝 떨어지는 칼을 들고 방 안으로 들어가서 좌중을 향해 소리쳤다.

"아까 왜놈을 위하여 내게 달려들려고 하던 놈이 누구냐?"

방 안에 있던 손님들 가운데에서 미처 도망가지 못한 사람들은 모두 엎드려 빌었다. 이렇게 하여 김창수는 좌중을 제압했다.

주인 이화보(李化甫)가 나타났다. 그는 감히 방에 들어오지도 못하고 방 바깥에 엎드려서 빌었다. 김창수는 이화보에게 일본인이 타고 온 배가 있다는 말을 듣고 그 배의 뱃사람들을 데려오게 했다.

눈치 빠른 이화보는 재빨리 세숫물을 대령했다. 이어서 밥 일곱 그릇을 한 상에 놓고 다른 한 상에는 반찬을 차려 들여왔다. 김창수는 얼굴을 씻고 밥상 앞에 앉았다. 그는 큰 양푼 한개를 가져오게 하여 밥과 반찬을 함께 붓고 숟가락 한개를 더 가져오게 하여 숟가락 두개를 포개어 들고 밥 한 덩이를 사발통만 하게 떠서 먹었다. 한 두어 그릇 분량을 먹다가 숟갈을 던지고 혼잣말로 중얼거렸다.

"오늘은 먹고 싶던 원수의 피를 많이 먹었더니 밥이 들어가지를 않는다."

뱃사람 일곱명이 문 앞에 와서 엎드렸다.

"소인들은 황주에 사는 뱃놈들인데, 왜놈을 싣고 진남포까지 뱃삯을 받기로 하고 가던 죄밖에 없습니다."

김창수는 뱃사람들에게 명하여 일본인의 소지품 전부를 가져오게 했다. 소지품을 조사하자 살해된 일본인의 이름은 쓰치다 노리스케(土田讓亮)이고 신분은 육군 중위였다고 《백범일지》는 적고 있다. 그가 가진 돈은 엽전 열 섬으로서 1,000냥가량 되었다. 창수는 그 돈으로 뱃삯을 지불하고, 이화보에게 그 마을 동장을 불러오라고 했더니 이화보 자신이 동장이라고 했다. 김창수는 동행인 세 사람이 돌아갈 노자를 조금씩 나누어 주고 75냥으로 자신이 타고 갈 당나귀를 한 필 샀다. 그러고는 나머지 돈 800냥을 이화보에게 맡기면서, 동네의 가난한 사람들에게 나누어 주라고 했다. 동행인들에게 노자를 나누어주고 나귀를 구입한 사실은《백범일지》에는 적혀 있지 않으나 재판과정에서 자백했다.[8)]

"왜놈의 시체는 어찌하오리까?"

이화보가 물었다. 김창수는 주저 없이 지시했다.

"왜놈들은 우리 조선사람들뿐 아니라 모든 생물들의 원수이다. 강속에 던져서 물고기와 자라들까지 즐겁게 뜯어먹도록 해라."

이어 김창수는 이화보에게 쓸 것을 가져오게 해서 포고문을 썼다. 먼저 일본인을 죽인 이유를 "국모보수의 목적으로 이 왜인을 죽인다"라고 밝히고, 마지막 줄에 "해주 백운방 기동 김창수(海州白雲坊基洞金昌洙)"라고 써서 사람들이 지나다니는 길거리 벽에 붙이게 했다. 그리고 다시 이화보에게 명령했다.

"네가 이 동네 동장이니까 안악군수(安岳郡守)에게 사건의 전말을 보고해라. 나는 내 집으로 돌아가서 하회를 기다리겠다. 왜놈의 칼은 내가 가지고 간다."

김창수는 겉으로는 태연자약하게 행동했으나 마음속으로 매우 불안했다. 만약 동네사람들이 가지 못하게 막거나 자신이 출발한 뒤에라도 동네사람들이 뒤쫓아 와서 붙든다면 사실을 설명할 기회도 없이 사람들에게 살해당할지도 모르는 일이었다. 그리하여 그는 위계를 쓰기로 했다. 그는 서경장이 써준 의병좌통령(義兵左統領) 첩지를 꺼내 보이며, 일행 수백명이 곧 도착할 테니까 짚신 등 물건을 미리 준비하라고 이화보에게 지시했다.[9)]

출발하려고 보니까 의복이 말이 아니었다. 옷은 온통 피로 물들어 있

8) 《백범일지》, pp. 93~97 ; "海州居 金昌洙 年二十一 初招" 1896년 8월31일, 《白凡金九全集(3)》, p. 251.

9) "金昌洙 再招" 1896년 9월5일, 《白凡金九全集(3)》, pp. 256~257.

었다. 다행히 벗어 걸어 두었던 두루마기가 있어서 그것을 입고 허리에 칼을 찼다. 김창수는 늠름한 태도로 여행자들과 동네사람 수백명이 모여 쳐다보는 가운데 준비된 당나귀를 타고 귀로에 올랐다.10)

김창수가 신천읍(信川邑)에 도착하자 마침 신천 장날이었다. 장터 곳곳에서 치하포 이야기를 하는 것이 들렸다. 그들은 김창수의 행적을 과장해서 이야기하고 있었다.

“오늘 새벽 치하포나루에 어떤 장사가 나타나서 일본사람을 한 주먹으로 때려 죽였다지.”

“그래. 그 장사하고 같이 용강에서부터 배를 타고 갔다는 사람을 만났는데, 나이 스물도 채 못되어 보이는 소년이더라는군. 강 위로 얼음덩이가 몰려와서 배가 그 사이에 끼어 다 죽게 되었는데, 그 소년장사가 큰 얼음덩이를 손으로 밀어내고 배에 탄 사람들을 다 살렸다더군. 게다가 그 장사는 밥 일곱 그릇을 눈깜짝할 사이에 다 먹더라는 걸.”

김창수는 이런 말을 듣다가 신천 서부에 사는 동학 친구 유해순(柳海純)을 찾아갔다. 유해순은 김창수를 맞아들인 뒤에 얼마쯤 있다가 말했다.

“형의 몸에서 피비린내가 나오.”

그러면서 그는 김창수의 행색을 자세히 훑어보았다.

“의복에 웬 피가 이다지 많이 묻었소?”

“길에 오다가 왜가리 한 마리를 잡아 먹었더니 피가 묻었소이다.”

김창수는 신천장터에서 사람들이 하는 말을 듣고 마음에 여유가 생긴 것이었다. 유해순은 다시 물었다.

“그 칼은 웬 것이오?”

“형이 동학접주 노릇할 적에 남의 돈을 많이 강탈하여 두었다는 말을 듣고 내가 강도질하러 왔소.”

10) 《백범일지》, p. 99.

그러나 유해순은 사실 이야기를 하라고 다그쳐 물었다.

“동학접주가 아니고서 그런 말을 해야 믿지요. 어서 사실대로 말해 보시오.”

김창수는 유해순 형제에게 사건의 경위를 대강 들려주었다. 그들은 놀라면서 김창수의 행동이 쾌남아다운 행동이라고 말했다. 그러나 집으로는 돌아가지 말고 빨리 다른 곳으로 피신하라고 강권했다. 김창수는 절대로 그렇게 할 수 없다고 힘주어 말했다.

“사람의 일은 모름지기 밝고 떳떳해야 하오. 그래야 사나 죽으나 값이 있지, 세상을 속이고 구차히 사는 것은 사나이 대장부가 할 일이 아니오.”

이렇게 말하고 그는 곧장 집으로 돌아왔다. 아버지에게 그동안에 있었던 일을 상세히 보고하자 김순영 내외 역시 피신할 것을 권했다. 그러나 김창수는 자신이 왜놈을 죽인 것은 사사로운 감정으로 한 일이 아니라 국가적 수치를 씻기 위해 행한 일이므로 정정당당하게 대처하겠다고 말했다.

“피신할 마음이 있었다면 애시당초에 그런 일을 하지 않았을 것입니다. 이미 실행한 이상 자연히 법사(法司)에서 조치가 있을 터이니, 그에 따르도록 하겠습니다. 이 한몸 희생하여 만인을 교훈할 수 있다면 죽어도 영광된 일입니다. 제 소견으로는 집에 앉아서 마땅히 당할 일을 당하는 것이 의로운 일이 되리라고 생각합니다.”

모든 일에 아버지의 의견대로 행동해 온 김창수였으나 이때는 단호히 자신의 소신을 굽히지 않았다. 김순영도 더 이상 강권하지 않고 이렇게 말했다.

“내 집이 흥하든 망하든 네가 알아서 하여라.”[11]

치하포사건은 순간적 의분에서 나온 돌발적 행동이었다. 그러나 그것

11) 《백범일지》, pp. 99~100.

은 '국모보수'를 위해서 목숨을 건 행동이었다. 그리고 친구나 부모의 권유에도 불구하고 김창수가 피신하지 않은 것은 재판과정을 통하여 조정대신들을 각성시키고 일본인들을 질타하겠다고 결심했기 때문이었다.

2. 외교문제가 된 김창수 체포

집에서 대기한 지 석 달이 지나도록 김창수를 찾아오는 사람이 없었다. 길에 방을 써붙이고 주막집 주인으로 하여금 안악군수에게 보고하도록 하고 왔는데도 김창수의 체포가 이처럼 늦어진 것은 그만큼 안악군이나 해주부가 치하포사건의 수사에 적극적이지 않았기 때문이다.

쓰치다와 동행한 젊은이는 평안도 용강 출신의 통역 임학길(林學吉)이었다. 그는 사건 현장에서 도망하여 3월12일 저녁에 평양에 도착했고, 그곳에 와 있던 경성 일본영사관의 히라하라 아쓰다케(平原篤武) 경부에게 쓰치다 살해의 전말을 알렸다. 히라하라 경부는 이튿날 일본순사 두명과 조선 순검 다섯명을 데리고 평양을 출발하여 15일에 현장에 도착했다. 그는 핏자국이 낭자한 사건 현장을 확인했으나, 이화보는 이미 도피하고 없었다. 그는 엽전을 비롯한 쓰치다의 소지품을 수거하고, 이화보의 아내와 선원 등 동네사람 일곱명을 데리고 평양으로 돌아갔다. 이화보의 집 담벽에 붙여 둔 포고문은 이미 누군가가 떼어 없애버려서 히라하라의 눈에 띄지 않았던 것 같다. 동네사람들로부터 투숙객의 범행이었음을 확인한 히라하라는 각 지방관에게 범인의 체포를 요청했다.[12]

일본 공사 고무라 주타로(小村壽太郎)는 3월31일에 외부대신(外部大臣) 이완용에게 즉시 평양관찰사와 당해 군수에게 엄중히 지시하여 범

---

12) "仁川萩原事務代理發信 原外務次官宛公信要旨" 1896년 4월6일, 《白凡金九全集(3)》, pp. 199~200.

인을 빨리 체포해서 의법 처단할 것을 요구했다. 이에 따라 외부에서는 평양부와 개성부와 해주부에 차례로 치하포사건의 범인을 빨리 체포하라고 지시하고, 그러한 사실을 일본 공사관에 통보했다.[13] 그러나 보고를 올린 곳은 해주부뿐이었다. 해주부는 안악군수의 보고를 토대로 하여 4월19일자로 치하포사건의 범인이 김창수라는 것을 확인하는 보고를 올렸다. 이 보고서는 김창수가 장연 산포수 거사혐의로 수배 중인 인물이라는 사실도 언급했다.[14] 그러나 보고를 올린 해주부나 안악군도 수사를 적극적으로 하지 않았다. 아관파천으로 정국이 급변하자 해주부에서는 관찰사들이 스스로 사직을 원하는 사품에 관찰사의 교체가 빈번했다. 4월1일에 이명선(李鳴善)이 자신의 능력으로는 난국을 감당할 수 없다는 이유로 관찰사를 사직했고, 신임 윤길구(尹吉求) 역시 같은 이유로 임기를 한 달도 채우지 못하고 4월17일에 사직했다. 4월21일에 윤길구의 후임으로 임명된 이건창(李建昌)은 고종의 즉시 환궁 등을 건의하는 상소를 거듭 올리며 관찰사직을 사양하다가 6월23일에 유배되고, 그 후임으로 7월15일에 민영철(閔泳喆)이 임명되었다. 이렇게 해주부 관찰사가 바뀌는 동안에 참서관(參書官) 김효익(金孝益)이 관찰사 서리로 직무를 대행했다.[15] 외부대신 이완용은 평양부와 해주부에 거듭 범인을 빨리 체포하라고 지시했으나 해주부는 별다른 조치를 취하지 않았다.[16]

---

13) "日本人 土田讓亮의 被殺事件과 犯人逮捕要求件" 1896년 3월31일 및 "土田讓亮의 被殺事件과 犯人逮捕要求에 대한 照覆" 1896년 4월4일, 《駐韓日本公使館記錄(9)》, pp. 4~5, p. 272.

14) "報告 제2호: 海州府觀察使署理 海州府參書官 金孝益이 外部大臣께" 1896년 4월19일, 《白凡金九全集(3)》, pp. 202~204.

15) 《日省錄》 建陽元年 2월20일조, 2월29일조, 2월30일조, 3월5일조, 3월9일조, 3월17일조, 3월30일조, 5월9일조, 6월5일조.

16) "指令 제1호: 外部大臣 李完用이 海州府觀察使署理 參書官 金孝益에게" 1896년 5월1일, 《白凡金九全集(3)》, p. 205.

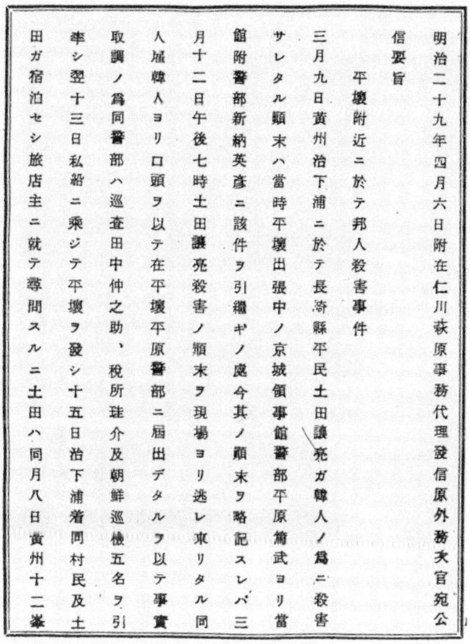

明治二十九年四月六日附在仁川萩原事務代理發信原外務次官宛公
信要旨
平壤附近ニ於テ邦人殺害事件
三月九日黃州治下浦ニ於テ長崎縣平民土田讓亮ガ韓人ノ爲ニ殺害
サレタル顚末ハ當時平壤出張中ノ京城領事館警部平原篤武ヨリ當
館附警部新納英彥ニ該件ヲ引繼ギノ處今其ノ顚末ヲ略記スレバ三
月十二日午後七時土田讓亮殺害ノ顚末ヲ現場ヨリ逃レ來リタル同
人雇韓人ヨリ口頭ヲ以テ在平壤平原警部ニ屆出デタルヲ以テ事實
取調ノ爲同警部ハ巡査田中仲之助、稅所珪介及朝鮮巡檢五名ヲ引
率シ翌十三日私船ニ乘ジテ平壤ヲ發シ十五日治下浦着同村民及土
田ガ宿泊セシ旅店主ニ就テ尋問スルニ土田ハ同月八日黃州十二峯

치하포사건을 맨 먼저 본국정부에 보고한 인천 일본영사 사무대리 하기와라의 전문.

범인 체포가 지연되자 인천 일본영사관은 6월5일에 와타나베 타카지로(渡邊鷹次郎) 등 영사관 소속 순사 세 사람을 치하포사건 조사와 평양 부근의 일본인 정황 시찰을 위해 평양으로 파견했다.17) 그들은 3주 동안이나 활동을 하고 돌아왔다. 그들은 평양부 관찰사 정경원(鄭敬源)을 찾았으나, 그 역시 아관파천으로 정국이 바뀌자 사표를 제출하고 성밖에서 숨어 지내고 있어서 만나지 못했다. 일본 순사들은 참서관을 만나서 범인 수색을 소홀히 한다고 항의했으나, 참서관은 사건을 관할부인 해주부로 이첩했다고 대답할 뿐이었다. 일본 순사들은 평양부로부터 순검 두 명을 지원받아 해주부로 가서 관찰사 서리 김효익을 만나고 범인 수색을 위한 해주부 순검의 지원을 부탁했다. 해주부 순검 네명을 추가로 지원받은 일본 순사들은 6월18일에 치하포로 갔다. 이들은 6월21일 새벽에 사건현장에 도착했으나 이화보는 기미를 눈치채고 도피한 뒤였다. 일본 순사들은 이화보의 가족들을 어르고 달래어 이화보를 데려오게 해서 체포한 다음, 조선 순검들로 하여금 이화보의 집을 수색하게 하여 관련서류를 수거하고, 이화보와 사건을 잘 알고 있는 집강(執綱) 오용점(吳龍占)을 연행했다. 이들은 6월26일에 배편으로 인천으로 돌아왔다.18)

17) "仁川萩原事務代理發信 小村外務次官宛公信要旨" 1896년 6월29일, 《白凡金九全集(3)》, p. 220.
18) "仁川萩原事務代理發信 小村外務次官宛公信要旨" 1896년 6월29일, 《白凡

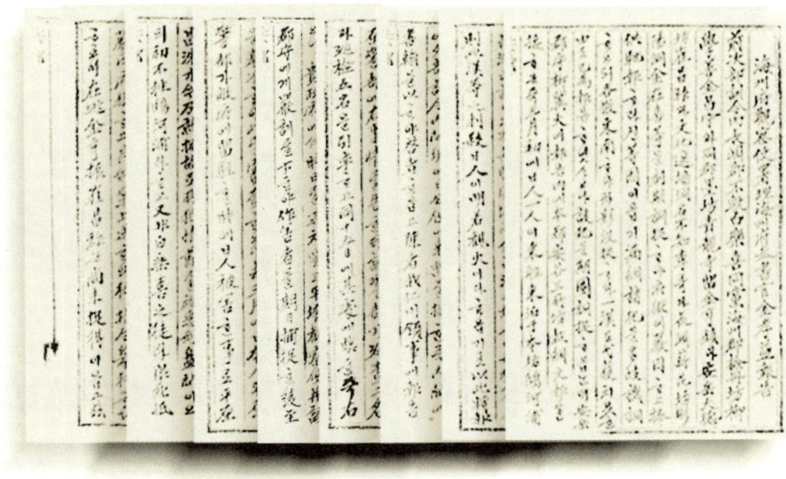

치하포사건에 대한 해주부 관찰사 서리 김효익의 보고서.

드디어 김창수는 6월21일(음력 5월11일)에 체포되었다. 사건이 있은 지 석 달이나 지난 때였다. 잠자리에서 일어나기도 전인 이른 아침이었다. 어머니가 급히 사랑문을 열고 말했다.

"애, 우리집 앞뒤에 보지 못하던 사람들이 무수히 와서 둘러싸누나."

이 말이 끝나자마자 수십명이 쇠채찍과 쇠몽둥이를 들고 들이닥쳤다.

"네가 김창수냐?"

"나는 그렇거니와 당신들은 무엇하는 사람들인데, 이같이 요란하게 인가에 침입하는가?"

그제야 그들은 "내부훈령 등인(內部訓令等因)"이라고 적힌 체포장을 보이고, 김창수를 해주감영으로 연행했다. '등인'이란 조선시대에 공문의 내용을 요약하고 결론을 지을 때에 쓰는 용어였다. 김창수를 체포하러 온 순검과 사령은 30명가량이나 되었다. 그들은 쇠사슬로 김창수의 몸을 여러 겹으로 묶었다. 그런 다음 몇 명은 앞뒤에 서서 쇠사슬 끝을

金九全集(3)》, pp. 224~225.

잡고, 나머지 사령들은 좌우로 에워싸고 길을 걸었다.[19]

김창수를 체포하기 위해 그처럼 많은 순검과 사령이 동원되고 그를 쇠사슬로 겹겹이 결박한 것은 그의 힘을 두려워했기 때문이었을 것이다. 한 동네에 있는 20여호 전부가 문중 사람들이었으나, 겁에 질려서 한 사람도 감히 내다보지 못했다. 이웃동네 강씨네와 이씨네들은 김창수가 동학을 한 죄로 붙잡혀 가는 줄 알고 수군거렸다.

김창수는 이틀 만에 해주감옥에 수감되었다. 김순영 내외는 해주로 와서 아들의 옥바라지를 했다. 곽씨 부인은 밥을 빌어다가 사식을 넣어 주었고, 김순영은 전에 알던 사령청, 영리청, 계방 사람들에게 아들의 서방을 교섭하고 다녔으나, 세태가 이전과 달라졌고 사건이 워낙 중대하여 아무 소용이 없었다.

김창수는 6월27일에 신문을 받았다. 그는 대전목(大全木) 칼을 목에 찬 채 선화당(宣化堂) 뜰로 들어갔다. 신문 내용은 세가지였다. 첫째는 동학농민봉기 때에 동산평(東山坪) 농장에 일본인들이 쌓아 둔 미곡을 탈취한 것 등의 행적이었고, 둘째는 장연 산포수 거사사건이었으며, 셋째가 치하포사건이었다. 김창수는 미곡 탈취와 장연 산포수 거사 모의는 인정했으나 정작 치하포사건은 부인했다.[20] 김구는 이때에 자기를 신문한 관리가 감리 민영철이었다고 기억했으나,[21] 궁내부 특진관이던 민영철이 해주부 관찰사로 임명된 것은 앞에서 보았듯이 7월15일이었다. 게다가 민영철은 8월 하순까지도 부임하지 않았다. 그러므로 신문은 관찰사 서리 참서관 김효익이 했을 것이다.[22] 이때에 김효익은 해주

---

19) 《백범일지》, pp. 100~101.

20) "海州 白雲面居 金昌洙 年二十一 供案" 1896년 6월27일, 《白凡金九全集(3)》, pp. 235~236.

21) 《백범일지》, p. 101.

22) "海州府觀察使署理 海州府參書官 金孝益 報告: 法部大臣께" 1896년 6월 30일, 《白凡金九全集(3)》, pp. 226~236.

재판소 검사도 겸하고 있었다.[23]

"네가 안악 치하포에서 일본사람을 살해하고 도적질을 했다는데, 사실이냐?"

"그런 일 없소."

"네 행적의 증거가 분명한데 부인하느냐?"

김창수가 사실을 부인하자 김효익은 김창수의 주리를 틀라고 했다. 갑오개혁 이후로 근대적 사법제도가 시행되었으나 잔혹한 고문은 그대로 자행되었다. 대번에 정강이뼈가 허옇게 드러났다. 김창수는 입을 꾹 다물고 아픔을 참다가 마침내 기절했다. 그러자 잠시 고문을 중지하고 얼굴에 찬물을 끼얹어 정신을 들게 하고는 다시 고문을 가했다. 김구의 왼쪽다리 정강이에는 이때에 받은 고문의 흉터가 일생 동안 없어지지 않았다.

"본인의 체포장을 보면 '내부훈령등인(內部訓令等因)'이라 하였은즉, 본 관찰부에서 처리할 수 없는 사건이니 내부에 보고만 하여 주시오."

모진 고문에도 불구하고 김창수는 끝내 해주감영에서 자신이 일본인을 살해한 사실을 자백하지 않았다. 그 이유는 내부로 이송되어 조정 고관들 앞에서 그들을 꾸짖으면서 일본인 살해동기를 밝히고 싶었기 때문이다.[24]

해주부는 김창수가 치하포사건의 주범이라는 사실을 입증하기 위해서는 일본 순사들이 인천으로 압송해 간 이화보와의 대질이 필요하다고 보고 내부와 법부와 외부에 이화보를 해주부로 보내 줄 것을 건의했다.[25] 외부는 이 건의를 받아들여 7월7일에 "이화보와 대질하여 김창수

---

23) 安龍植 編, 《大韓帝國官僚史研究 ―1895년 4. ~1896년 7.》, 延世大學校 社會科學研究所, 1996, p. 42.

24) 《백범일지》, pp. 101~102.

25) "報告 제 3호: 海州府觀察使署理 參書官 金孝益이 外部大臣께" 1896년 6월 28일, "海州府觀察使署理 參書官 金孝益 報告: 法部大臣께" 1896년 6월30

의 죄악을 모두 밝혀 법부로 보고하라"라고 해주부에 지시하는 한편, 인천부에는 "일본영사와 협의하여 이화보를 해주로 압송하라" 라고 지시했다.[26)]

그러나 이 지시는 인천 일본영사관의 반대로 이행되지 않았다. 일본영사관의 하기와라 슈이치(萩原守一) 영사대리는 인천부 관찰사에게, 이 사건은 일본인을 살해한 중대한 안건이므로 자신이 입회할 필요가 있다면서, 오히려 김창수를 인천으로 압송하여 신문하는 것이 마땅하다고 주장했다.[27)] 결국 일본 쪽의 강력한 요구로 김창수는 인천 감리서 순검과 인천 일본영사관 경찰서 순사에 의하여 인천으로 압송되었다.[28)] 김창수가 인천으로 이송된 것은 황해도 일대의 재판관할권이 인천항재판소에 소속되어 있었기 때문이기도 했다.

김순영 내외는 고향에 있는 집과 세간을 다 팔아서 아들을 따라다니며 뒷바라지하기로 결심했다. 김순영은 가산을 정리하기 위해 집으로 돌아갔고, 곽씨 부인은 인천으로 압송되는 아들을 따라 나섰다.[29)]

일행은 연안읍(延安邑)에서 하룻밤 자고, 이튿날 나진포(羅進浦)를 향해 걸었다. 연안읍에서 5리쯤 되는 길가에 있는 한 무덤 곁에서 잠시 쉬게 되었다. 날씨가 몹시 더웠으므로 순검들은 참외를 사서 먹으면서 길가에 앉아 쉬었다. 무덤 앞에 있는 비 앞면에 "효자 이창매지묘(孝子李

일, "照會: 內部大臣 朴定陽이 外部大臣 李完用에게" 1896년 7월12일, 《白凡金九全集(3)》, pp. 216~217, pp. 226~234, pp. 244~246.

26) "指令: 外部大臣 李完用이 海州府觀察使署理 參書官 金孝益에게" 1896년 7월9일, "訓令 제 25호: 外部大臣 李完用이 仁川府觀察使署理 參書官 任午準에게" 1896년 7월9일, 《白凡金九全集(3)》, pp. 237~238, pp. 241~243.

27) "在仁川萩原事務代理發信 小村外務次官宛公信要旨" 1896년 7월18일, 《白凡金九全集(3)》, p. 249.

28) "報告 제 1호: 仁川港裁判所判事 李在正이 法部大臣 韓圭卨께" 1896년 9월13일, 《白凡金九全集(3)》, p. 273.

29) 《백범일지》, p. 102.

광복 뒤에 귀국한 김구는 효자 이창매의 무덤을 찾아 옛일을 회상했다.

昌梅之墓)"라고 새겨져 있고, 비석 뒷면에는 어느 임금이 이창매의 효성에 감복하여 효자 정문(旌門: 국가에서 효자, 열녀 등을 표창하기 위하여 그 집앞이나 마을 앞에 세우던 붉은 문)을 내렸다는 내용이 적혀 있었다. 이창매의 무덤 옆에는 이창매 부친의 무덤이 있었다. 무덤 근처 사람과 순검들이 창수에게 들려 준 이창매의 이야기는 이러했다.

이창매는 연안의 통인(通引: 지방 관아에서 수령의 심부름을 하던 사람)이었는데, 그는 부친 장례 뒤에 비바람을 맞으면서 지성으로 산소를 모셨다. 얼마나 극진하게 무덤을 모셨던지 무덤 앞의 신 벗은 자리에서부터 절하는 자리까지 한 발자국 한 발자국 걸어갔던 자국들과 두 무릎을 꿇었던 자국과 향로와 향합을 놓았던 자리에 풀이 나지 않았다. 만일 사람이 그 움쑥움쑥 패인 자리를 흙으로 메우면 당장 천둥소리가 진동하고 큰 비가 내려 그 흙들을 씻어내곤 했다.

효자 이창매의 사연을 듣자 김창수는 어머니에 대한 연민의 정을 억제할 수 없었다. 이때의 안타까웠던 심정을 김구는 다음과 같이 적었다.

> 눈으로 그 비문을 보고 귀로 그 이야기를 듣는 나는 순검들이 알세라 어머님이 알세라 피 섞인 눈물을 흘리며 이창매에게 대죄(待罪)했다.
>
> 다 같은 사람의 자식으로 태어나서 이창매는 부모 죽은 뒤까지 저렇듯 효도한 자취가 있으니, 그 부모 생전에는 어떠했을지를 알 것 같았다. 나의 뒤를 허둥지둥 따라다니시느라 넋이 다 빠져서 내

> 옆에 앉아 하염없이 한숨만 짓고 계시는 어머님을 차마 뵐 수 없었다. 이창매가 무덤 속에서 다시 살아 나와서 나를 보고, 너는 나무는 조용히 있고 싶어하나 바람이 그치지 않는다는 구절을 읽지 못했느냐고 책망하는 듯싶었다. 일어나서 출발할 때에 이창매의 무덤을 다시금 되돌아보며 마음속으로 수없이 절했다.[30]

"나무는 조용히…"의 시구는 "나무는 조용히 있고 싶어 하나 바람이 그치지 않고, 자식은 모시고자 하나 어버이가 기다려주지 않는다(樹欲靜而風不止/子欲養而親不待)" 라는 《한시외전(韓詩外傳)》의 구절로서, 어버이가 살아계실 때에 효도하지 못함을 탄식한 것이다.[31] 정강이뼈가 드러나는 심한 고문을 받으면서도 '국모보수'를 위해 변복한 일본인을 살해했다는 자긍심을 잃지 않았던 김창수가 다시 인천감영으로 끌려가면서 길가의 효자비를 보고 자신의 불효를 눈물로 통탄하고 있는 데서 우리는 김구의 효성의 극치를 느낄 수 있다. 김구는 이때에 이창매의 묘를 보고 느낀 감동을 일생 동안 기억했다.

나진포에서 육로는 끝나고 거기서부터는 배를 탔다. 밤이 되었다. 달빛도 없고 사방이 온통 캄캄한 속에 잔잔한 물결소리와 뱃사공의 노젓는 소리만 귓전에 와 닿았다. 강화도(江華島)를 지날 무렵 종일 뜨거운 햇빛을 받으며 걸어왔던 순검들은 모두 지쳐서 잠이 들었다. 이때에 곽씨 부인이 뱃사공도 듣지 못할 만큼 낮은 목소리로 아들의 귀에 대고 속삭였다.

"얘야, 네가 이제 가면 왜놈 손에 죽을 터이니, 맑고 맑은 이 물에 너와 나와 같이 죽어서 귀신이라도 모자 같이 다니자."

이렇게 말하고 나서 곽씨 부인은 아들의 손을 끌고 뱃전으로 나가려했다. 순간 눈물이 핑 돈 김창수는 황급히 어머니를 위로했다.

---

30) 《백범일지》, pp. 102~103.

31) 《백범일지》, p. 103 주 69).

“어머님은 자식이 이번에 가서 죽는 줄 아십니까? 결코 죽지 않습니다. 자식이 국가를 위하여 하늘에 사무치게 정성을 다해서 원수를 죽였으므로 하늘이 도우실 것입니다. 분명히 죽지 않습니다.”

그러나 곽씨 부인은 아들의 말을 곧이들으려 하지 않았다. 그저 자기를 위로하느라고 하는 말인 줄만 알고, 다시 아들의 손을 잡아끌었다. 김창수는 거듭 왜 자식의 말을 안 믿으시냐고 간곡하게 말했다. 그제야 곽씨 부인은 투신할 것을 단념했다.

“너의 아버지와도 약속했다. 네가 죽는 날이면 우리 둘도 같이 죽자고.”

곽씨 부인은 아들의 단호한 말을 듣고서야 어쩌면 아들이 죽지 않을지도 모른다고 생각했던 것이다. 하늘을 향하여 두 손을 비비고 알아듣지 못할 낮은 목소리로 축원을 하는 어머니의 모습을 옆에서 지켜보는 김창수는 가슴이 미어질 듯했다.[32]

3. 인천감리서의 세 차례 신문

김창수는 8월13일에 인천에 도착했다.[33] 감옥에 들어가자마자 김창수는 도적죄수방의 9인용 차꼬 중간에 채워져 꼼짝할 수 없게 되었다. 한 달 전에 잡혀와 있던 이화보는 김창수를 보자 자기의 무죄를 입증해 줄 줄 알고 매우 반겼다. 몹시 불결한 감옥 환경에다가 찌는 듯한 무더위 때문에 김창수는 곧 장티푸스에 걸렸다. 고통을 견디지 못한 김창수는 자살을 기도했다. 그는 동료 죄수들이 잠든 틈을 타서 이마에 손톱으로 ‘충(忠)’자를 새기고 허리띠로 목을 졸라매어 의식을 잃었다. 그러

32) 《백범일지》, pp. 103~104.

33) “京 제 37호: 仁川港情況報告” 1895년 8월25일, 《駐韓日本公使館記錄(10)》, 國史編纂委員會, 1994, p. 265, p. 514.

나 같은 차꼬에 채워진 죄수들이 소란을 피워서 다시 깨어났다. 그러는 사이에 열은 내렸으나 보름 동안이나 먹지 못했다.[34]

이화보와 참고인 오용재(吳龍在)는 김창수의 신문이 있기 전에 별도로 인천 일본영사관 경찰의 입회 아래 인천부의 신문을 받았는데, 이들의 신문결과를 기록한 인천 일본영사관의 보고서에서 김창수를 '의병대장(義兵大將)'이라고 지칭하고 있는 것이 눈길을 끈다. 이 보고서는 "이화보 등의 관련진술에 애매한 것이 많으나… 쓰치다의 가해자는 강서군(江西郡)을 습격한 의병대장 김창수 외 4명이고 이화보가 쓰치다의 소유재산과 한전(韓錢) 몇 섬을 맡은 일은 전적으로 김 장군의 강제명령에서 나온 것만은 판명되었다"라고 적고 있다.[35] 김창수를 의병대장이라고 한 것은 사건 당시의 김창수의 행동과 함께 그가 '의병좌통령'이라는 첩지를 보여 주었다는 이화보의 말에 근거한 것이었을 것이다.

얼마 뒤에 김창수는 인천 감리서(監理署)에서 신문을 받았다. 개항장의 감리서는 강화도조약 이후로 개항장의 늘어나는 통상업무를 전담하고 개항장 안의 대외관계 사무를 신속히 처리하기 위하여 1883년 8월19일에 인천(仁川)과 원산(元山)과 부산(釜山)에 설치되었던 것인데, 1895년 5월의 지방제도 개편에 따라 폐지되었다가 이듬해 8월7일에 다시 설치되었다.[36] 개항장의 최고책임자인 감리는 행정과 치안은 물론 사법까지 관할하고, 개항장 안에 거류하는 외국인의 인명과 재산의 보호와 함께 외국인과 조선인 사이의 사송[詞訟: 민사소송]을 각국 영사와 상호 심시하는 권한을 가지고 있었다.[37] 감리서와 함께 개항장의 치안

34) 《백범일지》, p. 106.

35) "機密 제 10호: 仁川港情況 追加報告" 1896년 7월10일, 《駐韓日本公使館記錄(10)》, p. 212, p. 468.

36) 李鉉宗, 《韓國開港場硏究》, 一潮閣, 1975, pp. 29~41 참소.

37) "勅令 제 50호: 各開港場監理署 復設官制 및 規則" 建陽 元年 8월7일조 및 "各開港場監理가 該地方府尹을 兼任하는 件" 建陽 元年 8월7일 조, 宋炳基 外 編著, 《韓末近代法令資料集(II)》, 國會圖書館, 1971, pp. 141~145.

업무를 담당하도록 1896년 8월10일에 각 개항장에 경무서(警務署)가 설치되었다. 경무서의 최고책임자는 경무관(警務官)인데, 경무관은 해당 감리의 지휘를 받았다.[38]

갑오개혁으로 각 도와 개항장에 근대적 재판소가 설치되기는 했으나, 이처럼 행정과 사법이 완전히 분리된 것은 아니었다. 그리하여 각 도의 관찰사는 재판소 판사를 겸임했고, 각 개항장의 감리는 개항장재판소 판사를 겸임했다. 이 무렵의 인천감리는 이재정(李在正)이었다. 탁지부협판이던 이재정이 인천부윤(仁川府尹)으로 발령받은 것은 1896년 8월6일이었는데, 이튿날 감리서가 설치되자 그는 인천부윤으로서 인천감리를 겸임하게 되었다.[39] 이 무렵 감리들은 외교문제가 얽힌 사건을 다루기를 꺼려했는데,[40] 이재정은 부임한 지 한 달도 되지 않아서 치하포사건과 같은 복잡한 사건을 맡게 된 것이었다.

김창수는 세 차례 신문을 받았다. 그런데 신문의 내용과 심리과정의 분위기에 대해서 《백범일지》와 신문조서 등 당시의 공식기록 사이에는 많은 차이가 있다. 그것은 치하포사건이 '국모보수'라는 대의와 일본인 살해라는 외교적으로 미묘한 문제가 겹쳤던 것이었므로 당시의 상황에서 공식기록들이 사실대로 적지 못했거나 생략되었을 개연성이 없지 않고, 반면에 《백범일지》는 사건이 있은 지 30여년 뒤에 상해의 임시정부 청사에서 회고한 것이므로 주관적으로 서술된 점이 없지 않기 때문일 것이다.

경무관의 이름부터 《백범일지》와 신문조서에는 다르게 기록되어 있

---

38) 《日省錄》 建陽 元年 (1897년) 7월2일조.

39) 安龍植 編, 《大韓帝國官僚史硏究 — 1895. 4. ~1896. 7.》, pp. 587 ~588.

40) "仁川港情況報告" 1896년 8월25일, 《駐韓日本公使館記錄(10)》, p. 264, p. 513.

다. 김구는 김윤정(金潤晶)이라고 기억했으나 이는 착오이다. 이때의 경무관은 김순근(金順根)이었다. 김윤정은 1897년 3월에 학부 유학생으로 미국에 유학하여 1903년에 콜로라도 대학교(University of Colorado)를 졸업하고 바로 주미공사관에 채용되어 서기생, 참서관(參書官), 대리공사를 차례로 지냈다. 그가 귀국한 것은 1905년 을사조약으로 주미공사관이 폐쇄된 뒤이며, 귀국한 뒤에 태인(泰仁) 군수를 거쳐 인천부윤으로 전임된 것은 1906년 11월의 일이었다.[41] 그는 일본의 한-일합병 뒤에는 중추원 참의와 고문 등을 역임하며 친일의 길을 걸었다. 김구는 《백범일지》를 쓸 시점에 김윤정은 친일파로서 경성부의 참여관(參與官)이 되어 있다면서, 인천경무청에서의 신문과 관련하여 "그 역시 그때는 의협심이 좀 생겼다가 날이 오래되는 대로 마음도 따라 변한 것으로도 볼 수 있다"[42] 라고 적고 있는 것을 보면, 일생 동안 이때의 경무관을 김윤정으로 잘못 기억하고 있었음을 알 수 있다.

경무관의 인품에 대한 설명도 의아스럽다. 《백범일지》에 따르면, 김창수를 신문한 경무관은 의협심이 강하고 인정이 많은 사람으로서, 신문하는 동안 김창수에게 여러 가지 감동적인 호의를 베풀었다. 그러나 당시의 기록에 보이는 이때의 경무관 김순근은 전혀 다른 성품의 인물이었다. 김순근은 김창수의 재판이 있기 한 달 전인 1896년 7월19일에 부부싸움을 한 인천부민을 문초하다가 잘못하여 한 사람을 치사시켰다. 이 때문에 인천항 주민 5, 6백명이 관찰부에 몰려가서 거세게 항의했고, 관찰사는 일본영사관에 신변보호를 요청하여 일본영사관 경찰이 동원되는 소동이 벌어지기까지 했다.[43] 또한 "김순근은 자신의 직무를 돌

---

41) 《大韓帝國官員履歷書》, 國史編纂委員會, 1972, p. 155 ; 安龍植 編, 《大韓帝國官僚史研究(III) —1904. 3. ~1907. 7.》, p. 115.

42) 《백범일지》, p. 111.

43) "仁川警官의 過失致死로 因한 港民騷擾鎭壓日警派援通報" 1896년 7월19일조 및 후속 왕복 문서, 《舊韓國外交文書(三) 日案(3)》, pp. 466~468.

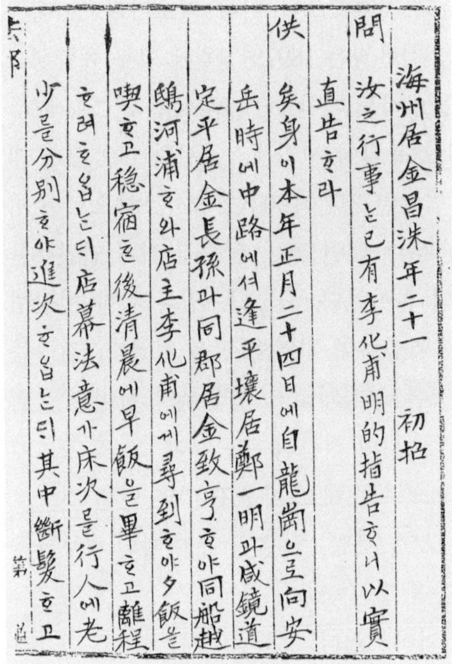
海州居金昌洙年二十一 初招
問 汝之行事는已有李化甫明的指告ᄒᆞ니以實
直告ᄒᆞ라
供 矣身이本年正月二十四日에自龍岡으로向安
岳時에中路에셔逢平壤居鄭一明과咸鏡道
定平居金長孫과同郡居金致亨ᄒᆞ야同船越
鵄河浦ᄒᆞ와店主李化甫에게尋到ᄒᆞ야夕飯을
喫ᄒᆞ고穩宿ᄒᆞᆫ後淸晨에早飯을畢ᄒᆞ고離程
ᄒᆞ려ᄒᆞᆸᄂᆞᆫᄃᆡ店幕法意가床次를行人에老
少를分別ᄒᆞ야進次ᄒᆞᆸᄂᆞᆫᄃᆡ其中斷髮ᄒᆞ고

김창수의 첫 번째 신문기록.

보지 않고 청루주가(淸樓酒家)에 다니면서 술과 요리나 먹고, 경무서에 재판소를 설치하였는지 백성들을 유무죄 간에 매를 때린다"라고 호소하는 인천항 주민들의 탄원 편지가 《독립신문》에 실리기도 했다.[44] 그러한 김순근이었으나, 일본영사관 경찰과의 알력도 있고 하여 어쩌면 김창수에게는 특별히 호의적이었는지 모른다.

1차 신문은 1896년 8월31일 오후 1시에 경무청 마당에서 열렸다.[45] 김창수는 장티푸스를 심하게 앓고 있어서 간수의 등에 업혀 경무청으로 나갔다. 김구는 이 첫 신문 때의 상황을 아주 자세히 기억했다.

김창수는 경무청에 나가면서 비장한 결심을 했다. '내가 해주에서 정강이뼈가 드러나는 악형을 당하고 죽게 되었으면서도 사실을 부인한 것은 내부에까지 가서 대관들을 대하여 말하려 한 것이었다. 그러나 불행히 병으로 죽게 되었으므로 부득불 여기에서라도 왜놈 죽인 취지를 말하고 죽으리라' 는 것이었다.

경무청 안에는 죄인을 고문하는 형구를 삼엄하게 설비해 놓고 있었

44) 《독립신문》 1896년 9월5일자, "잡보".

45) "仁川港監理 李在正이 外部大臣 李完用께" 1896년 9월12일, 《白凡金九全集(3)》, p. 271.

다. 간수가 김창수를 업어다가 문 밖에 앉히자 경무관이 물었다.

"어찌하여 저 죄수의 형용이 저렇게 되었느냐?"

열병으로 그렇게 되었다고 간수가 보고하자 경무관은 김창수에게 물었다.

"네가 정신이 있어서 족히 묻는 말에 대답할 수 있겠느냐?"

"정신은 있으나 성대가 말라붙어서 말이 나오지 않으니 물을 한 잔 주시면 마시고 말을 하겠소."

그러자 경무관은 청지기더러 바로 물을 가져다주게 했다.

경무관은 김창수의 이름과 나이와 주소를 물은 다음 사실심리를 시작했다.

"네가 안악 치하포에서 모월 모일에 일본인을 살해한 일이 있느냐?"

"본인이 그날 그곳에서 국모의 원수를 갚기 위해 왜구 한명을 때려죽인 사실이 있소."

김창수의 이 말에 경무청 안이 갑자기 조용해졌다. 김창수 옆으로 의자에 앉아서 신문을 지켜보던 와타나베(渡邊)라는 일본순사가 의아해하며 옆 사람에게 갑자기 조용해지는 이유를 묻는 것 같았다. 그것을 보자 김창수는 온 힘을 다하여 "이놈!" 하고 호령했다.

"지금 소위 만국공법(萬國公法)이니 국제공법(國際公法)이니 하는 조규 가운데 국가와 국가가 통상통화조약(通商通和條約)을 체결한 뒤에 그 나라 임금을 살해하라는 조문이 있느냐. 개 같은 왜놈아. 너희는 어찌하여 우리 국모를 살해하였느냐. 내가 죽으면 귀신이 되어, 살면 몸으로 너희 임금을 죽이고 왜놈을 씨도 없이 다 죽여서 우리 국가의 치욕을 씻으리라!"

그러자 와타나베는 "칙쇼, 칙쇼" 하면서 대청 뒤쪽으로 사라졌다. '칙쇼(畜生)'라는 일본말은 "빌어먹을" 또는 "개자식"이라는 뜻의 욕이다. 이때의 김창수의 이러한 호통은, 이마에 손톱으로 '충'자를 새기고 자결하려고 했던 행동과 함께, 주목할 만한 가치가 있다. 그것은 그만큼 그가 유교적 충의사상(忠義思想)이 투철했고, 군왕(君王)의 권위가 갖는 정치적 비중을 크게 생각하고 있었음을 말해 주는 것이다. 그리고 김창수의 이러한 사상은 개화파가 된 뒤에도 크게 달라지지 않았다. 뒷날 이봉창(李奉昌)이나 윤봉길(尹奉吉)의 의거가 다 일본 천황과 관련된 것이었던 사실도 결코 우연한 일이 아니었다.

이날의 신문에 배석한 와타나베는 치하포사건이 발생하자 가해자 수사와 일본 행상인 사정을 알아보기 위해 평양으로 급파했던 인천 일본영사관 소속의 순사 와타나베 타카지로(渡邊鷹次郎)[46]였다. 와타나베는 1882년에 일본영사관 소속 경관으로 한국에 온 이래 1921년에 조선총독부 경무국 고등경찰과 통역관으로 퇴임할 때까지 제국주의 일본의 한국지배의 첨병으로서 악랄한 공작을 자행했다.[47] 김구와는 17년 뒤의 안악사건과 105인 사건 때에 다시 만나게 된다.

정내의 공기가 긴장되자 관원 하나가 경무관에게 와서 말했다.

"사건이 너무도 중대하니 감리 영감께 말씀드려 직접 신문하시도록 해야겠습니다."

몇 분 뒤에 감리 이재정이 들어왔다. 경무관은 그때까지 신문한 것을 감리에게 보고했다.

김창수는 이재정을 보고 힐문했다.

"본인은 시골의 일개 천민이지만 신민된 의리로 국가가 수치를 당하고 백일청천 아래 내 그림자가 부끄러워서 왜구 한명을 죽였소. 그러나 내가 아직 우리 사람으로 왜황(倭皇)을 죽여 복수했단 말을 듣지 못하였거늘 지금 당신들은 몽백〔蒙白: 국상을 당하여 흰 갓을 쓰고 소복을 입는 것〕을 하였으니, 춘추대의(春秋大義)에 군부(君父)의 원수를 갚지 못하

---

46) "仁川萩原事務代理發信 小村外務次官宛公信要旨" 1896년 6월30일, 《白凡金九全集(3)》, p. 220.

47) 朝鮮公論社 編, 《紳士名鑑》, 朝鮮公論社, 1917, p. 146; 朝鮮中央經濟會 編, 《京城市民名鑑》, 朝鮮中央經濟會, 1921, p. 100.

면 몽백을 아니한다는 구절도 읽어 보지 못하고 한갓 부귀와 국록을 도적질하는 더러운 마음으로 임금을 섬기시오?"

김창수의 추상 같은 호령에 이재정과 경무관 김순근을 비롯하여 참석한 관리들 수십명의 얼굴이 홍당무가 되었다. 이재정이 마치 하소연하듯이 말했다.

"창수의 지금 하는 말을 들은즉, 그 충의와 용기를 흠모하는 반면에 내 당황스럽고 부끄러운 마음도 비할 데 없소이다. 그러나 상부의 명령대로 신문하여 위에 보고하려는 것뿐이니, 사실이나 상세히 공술하여 주시오."

김순근은 창수의 병세가 아직 위중한 것을 보고 감리와 귓속말을 하고는 신문을 중단하고 그를 옥으로 데려가게 했다.[48]

그러나 당시의 신문조서(訊問調書)에는 이때의 상황이 전혀 다르게 기록되어 있다. 김순근이 주관한 1차 신문의 기록은 매우 간단하다.

"너의 한 일은 이미 공범인 이화보가 명확하게 진술했으니 감추지 말고 모든 것을 이실직고하라."

김순근의 이러한 신문에 김창수는 다음과 같이 대답했다는 것이다.

"저는 본년 정월24일에 용강에서 고향인 안악으로 가다가 중도에서 평양에 사는 정일명(鄭一明)과 함경도 정평(定平)에 사는 김장손(金長孫)과 김치형(金致亨)을 만나 같은 배로 치하포까지 갔습니다. 이화보의 주막집에서 저녁을 먹고 잠을 잤으며, 새벽 일찍 아침밥을 먹고 길을 떠나려고 했습니다. 주막집 법도가 노소(老少)를 분별하여 차례로 상을 내어오는 법인데, 유숙객 중에 머리를 깎고 칼을 차고 있는 수상한 자가 앉아서 먼저 밥을 달라고 한즉 주인이 먼저 밥상을 내었습니다. 심기가 뷰역하여 유심히 그 자의 행색을 살펴보았더니 과연 일본인이기에 불구대천의 원수란 생각이 들자 심장이 끓어올랐습니다. 곧바로 마

48) 《백범일지》, pp. 107~109.

당으로 내려가 일본인이 밥값을 계산하는 틈을 타서 발로 차 넘어뜨린 다음 손으로 때려죽이고 시체는 강물에 던져버렸습니다. 동행한 세 사람에게 돈을 가져오게 하여, 주막집 주인에게 800냥을 맡기고 그 나머지 돈은 동행인 세 사람이 노자를 청하기에 나누어 주어서 보냈습니다. 그리고 저는 일본인의 칼을 빼앗고 당나귀 한 필을 75냥을 주고 사서 혼자서 재령으로 갔습니다. 5월에 집에 돌아와 있다가 해주 순포에게 체포되어 이곳까지 왔습니다."[49]

이러한 신문조서의 내용은 사건의 의미를 일부러 축소해서 기록한 것일 개연성이 없지 않다. 한편 《백범일지》에는 치하포에 혼자 갔고 쓰치다를 살해한 것도 혼자였다고 했으나, 신문조서에 따르면 이처럼 동료 세 사람과 함께 갔다. 이는 쓰치다의 동행인과 마을 사람들의 증언을 토대로 작성한 히라하라의 보고서나 이화보의 공초와도 일치한다.[50] 문제는 그 동행인들이 누구였는가 하는 점인데, 김창수는 이들이 여행 중에 우연히 만난 사람들이라고 진술했다. 한편 해주부 관찰사 서리 김효익이 4월19일에 외부대신에게 올린 보고서에는 이때의 동행인이 장연 산포수 봉기를 같이 모의했던 김형진(金亨鎭)과 최창조(崔昌祚)였다고 했다.[51] 그런데 김형진의 《노정약기》에는 치하포사건에 대한 서술은 전혀 없다.

---

49) "海州居 金昌洙 年二十一 初招" 1896년 8월31일, 《白凡金九全集(3)》, pp. 250~252.

50) "公文 제20호: 日本人 土田讓亮의 被殺事件과 犯人逮捕要求件" 1896년 3월31일, 《駐韓日本公使館記錄(9)》, pp. 4~5, p. 272; "安岳郡鴟河浦店主 李化甫 年四十八 初招" 1896년 8월31일, 《白凡金九全集(3)》, pp. 253~255.

51) "報告 제2호: 海洲府觀察使署理 參書官 金孝益이 外部大臣께" 1896년 4월19일, 《白凡金九全集(3)》, p. 203.

경무청의 신문 장면 이야기는 이내 바깥에까지 알려졌다. 김창수는 간수의 등에 업혀 경무청을 나오다가 어머니가 서 있는 것을 보았다. 간수가 곽씨 부인을 보고 말했다.

"안심하시오. 어쩌면 이렇게 호랑이 같은 아들을 두셨소."

감옥으로 돌아온 김창수는 옥중에서도 한바탕 큰 소동을 일으켰다. 왜냐하면 여전히 자신을 도적죄수방에 가두고 차꼬를 채웠기 때문이다. 김창수는 소리를 벽력같이 지르며 관리들을 호통쳤다.

"지금까지는 내가 아무 의사를 드러내지 않았으므로 나에 대한 대우를 강도로 하나 무엇으로 하나 잠잠히 입을 다물고 있었다. 하나 오늘은 정당하게 내 뜻을 발표하였거늘 아직도 나를 이다지 홀대하느냐. 땅에 금을 그어놓고 그것이 감옥이라 하여도 그 금을 넘을 내가 아니다. 내가 당초에 도망하여 살고자 하는 생각이 있었다면, 왜놈을 죽인 그 자리에 내 주소와 성명을 갖추어 포고하고, 또 내 집에 와서 석 달여나 잡으러 오기를 기다리고 있었겠느냐. 너희 관리놈들이 왜놈을 기쁘게 하기 위해 내게 이런 홀대를 하느냐!"

김창수가 얼마나 크게 요동을 쳤든지 같은 차꼬에 발목이 채워져 있던 죄수들이 일제히 발목이 다 부러졌다고 고함을 치고 야단법석을 떨었다. 소동을 듣고 온 김순근은 애꿎은 간수를 책망하면서 김창수를 다른 방으로 옮기고 차꼬도 풀게 했다.

이 소동이 있고 나서야 김창수에 대한 대우가 달라졌다. 《백범일지》는 "이때부터 나는 옥중왕(獄中王)이 되었다"라고 적었다.52) 얼마 뒤에 아들을 면회 온 곽씨 부인은 비록 추췌한 얼굴이었으나 희색이 돌았다. 곽씨 부인은 감리서 문 밖에 있는 개성 출신의 물상객주 박영문(朴永文)의 집에 매일 세 끼 아들에게 사식을 들여 주는 조건으로 식모로 들어가서 일을 했다.

52) 《백범일지》, p. 110.

"아까 네가 신문을 받고 나온 뒤에 경무관이 돈 150냥을 보내어 네 보약을 먹이라고 하더라. 오늘부터는 주인 내외는 물론이고 사랑 손님들도 나를 매우 존경하며 대하고, 또 옥중에 있는 아드님이 무슨 음식을 자시고자 하거든 말만 하면 다 해주마고 한다."

그러면서 또 곽씨 부인은 아들이 깜짝 놀랄 이야기를 했다.

"일전에는 어떤 뚜쟁이 할미가 와서, 당신이 아들을 위하여 이곳에서 고용살이하는 것보다는 내가 중매를 서서 돈 많고 권력도 많은 남편을 얻어줄 터이니 그리 가서 옥에 밥도 마음대로 해서 가져가고 일도 주선하여 속히 나오도록 하여 주는 것이 어떠냐 하기로, 나는 남편이 있고 며칠 안에 이곳에 온다고 말한 일도 있다."

이 말을 듣자 김창수는 천지가 아득했다. 그는 어머니를 보고 말했다.

"그것이 다 이놈의 죄올시다."[53]

이튿날부터 김창수를 보려고 면회를 신청하는 사람들이 하나 둘 생기기 시작했다. 이화보의 과장된 선전으로 김창수에 대한 소문은 감옥 안팎에서 더욱 큰 화제가 되었다. 인천항의 유력자들과 노동자들까지도 아는 관리에게 김창수를 신문할 때에 알려 달라는 부탁을 하기도 했다.

닷새 뒤인 9월5일에 2차 신문이 열렸다. 2차 신문도 경무관 김순근이 주재했다. 김창수는 이날도 간수의 등에 업혀 감옥문을 나섰는데, 경무청으로 가는 길에는 김창수를 구경하려고 나온 사람들로 가득했다. 경무청 안에는 각 관청의 관리와 인천항의 유력자들이 다 모인 것 같고, 담장 꼭대기와 지붕 위에까지 경무청 뜰이 보이는 곳은 어디나 사람들이 올라가 있었다.[54]

그런데 2차 신문내용에 대해서 《백범일지》는 "나는 전에 다 말했으므로 다시 할 말이 없다"하고 말을 끝냈다고 적고 있으나, 신문조서에 따

---

53) 《백범일지》, pp. 109~110.

54) 《백범일지》, pp. 111~112.

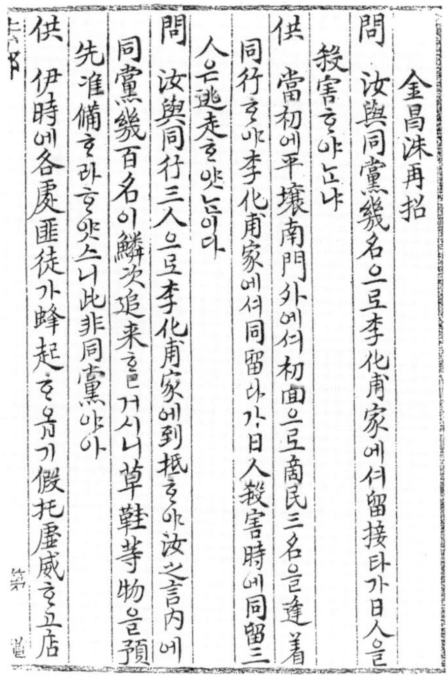

金昌洙再招
問 汝與同黨幾名으로李化甫家에서留接타가日人을
殺害ᄒᆞ야ᄂᆞ냐
供 當初에平壤南門外에셔初面으로商民三名을逢着
同行ᄒᆞ야李化甫家에셔同留타가日人殺害時에同留三
人은逃走ᄒᆞ얏ᄂᆞ이다
問 汝與同行三人으로李化甫家에到抵ᄒᆞ야汝之言內에
同黨幾百名이鱗次追來ᄒᆞᆯ거시니草鞋等物을預
先準備ᄒᆞ라ᄒᆞ얏스니此非同黨이야
供 伊時에各處匪徒가蜂起ᄒᆞ옵기假托虛威ᄒᆞ고店

김창수의 두번째 신문기록.

르면 2차 신문에서는 동행인의 범행가담 여부, 범행에 사용한 흉기, 쓰치다를 살해한 뒤에 빼앗은 금전의 액수와 사용처 등을 집중적으로 추궁받았다.

경무관은 김창수더러 배 안에 돈과 재물이 있는 것을 미리 알고 쓰치다를 살해한 것이 아니냐고 추궁했고, 김창수는 쓰치다를 살해한 뒤에야 배 안에 돈이 있는 것을 알았다고 대답했다. 그러나 '국모보수'라는 동기에 대해서는 언급이 없는데, 이는 1차 신문에서 이미 밝혔으므로 재론하지 않았거나 아니면 서기가 고의로 생략했을 수도 있다.

쓰치다에게서 빼앗은 금전의 액수에 대하여 김창수는 1차 신문 때에는 800냥이라고 했던 것을 2차 신문 때에는 엽전 100냥가량이었다고 대답했다. 이 점을 김순근이 추궁하자 김창수는 처음 신문에서는 졸지에 잘못 진술했으며, 800냥을 이화보에게 맡긴 일이 없다고 답변했다. 그러나 1차와 3차 신문, 이화보의 신문, 그리고 《백범일지》에서는 한결같이 쓰치다에게서 빼앗아 이화보에게 맡긴 금전의 액수가 800냥이었다고 하고 있다.

더욱 중요한 것은 금전의 처분문제였다. 《백범일지》와 그 밖의 공식 기록에는 모두 김창수가 쓰치다에게서 빼앗은 금전을 자신이 가지지 않고, 동행인들에게 노자로 조금씩 나누어 준 것과 자신이 타고 갈 당나귀 한 필을 산 것 말고는 나머지 800냥 전부를 어음을 받고 주막 주인에게 맡겼다고 했다. 특히 《백범일지》에서는 맡긴 800냥을 이화보로 하여금 불쌍한 마을사람들에게 나누어주게 했다고 했다.[55] 김창수가 이화보에게 맡긴 800냥은 사건 직후 현장을 조사한 일본 순사들이 가져가서 인천 일본영사관으로 옮겼다.[56] 또한 경무관은 김창수의 '좌통령'이라는 첩지의 출처도 추궁했고, 김창수는 그것이 서경장으로부터 받은 것임을 강조했다.

2차 신문이 있고 나서는 김창수를 면회 오는 사람이 더욱 많아졌다. 면회 오는 사람들은 대개 이런 말들을 했다.

"나는 인천항에 거주하는 아무개올시다. 당신의 의기를 사모하여 신문장에서 얼굴을 뵈었소이다. 설마 오래 고생하시려구요. 안심하고 지내십시오. 출옥 후에 한 자리에서 반가히 뵈옵시다."

면회 오는 사람들은 음식을 한 상씩 준비하여 들여보내 주었다. 김창수는 그 사람들의 정성에 감동하여 보는 데서 몇 점씩 먹고는 죄수들에게 차례로 나누어 주었다. 그때의 감옥제도는 음식물을 규칙적으로 끼니마다 나누어 주는 것이 아니라 죄수라도 짚신을 삼아서 간수가 인솔하고 길거리에 나가서 팔아다가 죽이나 쑤어 먹는 형편이었다. 면회 오는 사람들이 들여주는 음식은 정성스럽게 준비한 것이었으므로 죄수들은 말할 나위도 없고 김창수도 처음 먹어보는 음식이 많았다. 그는 음식들이 들어올 때마다 앉은 차례대로 죄수들에게 나누어 주었다.[57]

3차 신문은 다시 닷새 뒤인 9월10일에 1, 2차 신문 때와는 달리 감리서에서 열렸다. 이날 신문은 감리 이재정이 인천항 재판소 판사 자격으

---

55) 《백범일지》, p. 98.

56) "公文 제 20호: 日本人 土田讓亮의 被害事件과 犯人逮捕要求件" 1896년 3월31일, 《駐韓日本公使館記錄(9)》, pp. 4~5, p. 272.

57) 《백범일지》, p. 112.

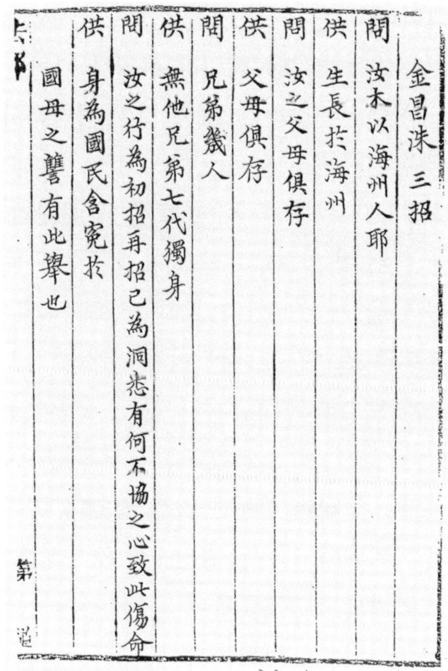

金昌洙 三招
問 汝本以海州人耶
供 生長於海州
問 汝之父母俱存
供 父母俱存
問 兄弟幾人
供 無他兄弟七代獨身
問 汝之行為初招再招已為洞悉有何不協之心致此傷命
供 身為國民含寃於國母之讐有此擧也

김창수의 세번째 신문기록.

로 직접 했다. 김구는 3차 신문 때에는 일본인이 보이지 않았다고 했으나,[58] 신문조서와 이재정이 외부에 올린 보고서에는 인천 일본영사관의 경부 가미야 기요시(神谷淸)가 회동심리(會同審理)했다고 기록되어 있다.[59] 이재정은 일본영사관의 경찰관들이 지켜보는 가운데 차분하게 신문했다. 김창수는 쓰치다를 죽인 동기가 '국모보수'라는 것을 거듭 주장했다. 뒷날 김구는 이때에 이재정이 "매우 친절하게 말을 묻고, 나중에 신문조서 꾸민 것을 보여 주면서 고칠 것은 고치게 하고 서명시켰다"라고 회고했다.[60]

김창수는 1, 2차 신문에서는 쓰치다를 혼자서 살해했다고 했으나, 3차 신문에서는 동행한 세 사람과 주막에 묵고 있던 사람들이 모두 협력했다고 진술했다. 감리 이재정은 그 말이 1, 2차 신문 때의 진술내용과 맞지 않음을 지적하면서 사실 여부를 다그쳐 물었다. 이화보는 2차 신문에서 동행한 세 사람이 김창수와 함께 범행에 참가했다고 진술했다.

58) 위와 같음.
59) "金昌洙 三招" 1896년 9월10일 및 "仁川港 監理 李在正이 外部大臣 李完用께" 1896년 9월12일, 《白凡金九全集(3)》, pp. 264~267, p. 271.
60) 《백범일지》, p. 112.

그러나 그는 또 같은 신문에서 당시의 상황을 "지척을 분간하기 어려운 칠흑같이 어두운 밤이라 흉기를 판별할 수 없었습니다"라고 진술하기도 했다.[61] 그러나 "제가 먼저 시작하자 여러 사람들이 힘을 합쳐 끝을 냈습니다"라고 한 김창수의 3차 진술과 1, 2차 진술, 《백범일지》의 서술내용으로 볼 때에, 동행한 세 사람과 주변사람들은 쓰치다 살해과정에 직접 참여하지는 않았고 김창수가 쓰치다를 살해한 다음에 마무리하는 일을 거들었던 것 같다. 한편 사건 직후에 현장을 조사한 히라하라 경부의 보고를 토대로 인천 일본영사관의 사무대리 하기와라가 본국정부에 보고하기로는, 한국인 4, 5명이 쇠막대기로 쓰치다를 살해했다고 했다.[62]

이렇게 하여 신문은 모두 끝났다. 며칠 뒤에 일본인들이 김창수의 사진을 찍겠다고 해서 김창수는 경무청으로 또 업혀 나갔다. 그날도 경무청 안팎으로 구경꾼들이 인산인해를 이루었다. 경무관이 슬쩍 김창수의 귀에 들리게 말했다.

"오늘 저 사람들이 창수의 사진을 박으러 왔으니까, 주먹을 쥐고 눈을 부릅뜨고 찍으시오."

그러면서 감리청은 청사 안에서 김창수를 촬영하는 것은 허락하지 않았다. 결국 길에서 사진을 찍게 되었는데, 일본인들은 죄인의 표시로 김창수에게 수갑을 채우든지 포승으로 결박을 해달라고 요구했다. 그러나 김순근은 "이 사람은 계하죄인〔啓下罪人: 임금의 재가를 받아 담당 관아에 내려진 죄인〕이므로 대군주 폐하의 분부가 없는 이상 그의 몸에 형구를 댈 수 없소"하고 거절했다. 그러나 일본인은 쉽사리 단념하지 않았다.

"정부에서 형법을 만들어 사용하면, 그것이 곧 대군주의 명령이 아니오?"

---

61) "李化甫 再招" 1896년 9월5일, 《白凡金九全集(3)》, pp. 262~263.

62) "仁川萩原事務代理 發信 原外務次官宛公信要旨" 1896년 4월6일, 《白凡金九全集(3)》, p. 200.

경무관은 갑오개혁 이후에 형구는 모두 폐지했다고 대답했다. 일본인은 다시 말했다.

"귀국의 감옥 죄수들이 쇠사슬을 찬 것과 칼을 쓴 것을 내가 보았소."

경무관은 화가 나서 일본인을 꾸짖었다.

"죄수의 사진에 대해 조약에 정한 의무는 없소. 단지 상호간에 참고자료로 삼으려는 것에 불과한 작은 일로 이같이 내정간섭을 하는 것은 받아들일 수 없소."

구경꾼들은 경무관이 명관이라고 웅성거렸다.

옥신각신 끝에 길에서 김창수가 앉은 옆에 포승을 놓아두고 사진을 찍게 되었다. 이때에 김창수는 웬만큼 기운이 돌아와 있었다. 그는 큰 소리로 일본인들을 꾸짖고 나서, 몰려든 사람들을 향해서 소리쳤다.

"이제 왜놈이 국모를 시해했으니 온 백성들의 대치욕일 뿐만 아니라 왜놈의 독해는 궐내에만 그치지 않고 당신들의 아들과 딸이 필경은 왜놈의 손에 다 죽을 터이니, 나를 본받아서 왜놈을 보는 대로, 만나는 대로 다 죽입시다!"

그러자 와타나베 순사가 직접 창수에게 물었다.

"네가 그러한 충의(忠義)가 있을진대 어찌 벼슬을 못 하였느냐?"

"나는 벼슬을 못 하는 상놈이기 때문에 작은 놈밖에 죽이지 못했거니와 벼슬하는 양반들은 너희 임금의 목을 베어 원수를 갚을 것이다."

그러자 김순근이 일본인은 죄수에게 직접 신문할 권한이 없다면서 와타나베를 제지했다.[63]

이재정은 3차 신문을 끝내자 바로 9월12일과 13일에 외부대신과 법부대신에게 치하포사건의 경과와 조속한 사건처리를 요망하는 보고서를 올렸다.[64] 이재정의 보고내용은 9월22일자 《독립신문》에 다음과 같

63) 《백범일지》, pp. 112~114.

64) "仁川港 監理 李在正이 外部大臣 李完用께" 1896년 9월12일 및 "仁川港裁判所判事 李在正이 法部大臣 韓圭卨께" 1896년 9월13일, 《白凡金九全集

이 간략하게 보도되었다.

> 인천감리 이재정씨가 법부에 보고하였는데, 해주 김창수가 안악군 치하포에서 일본 장사 토전양량을 때려 죽여 강물 속에 던지고 환도와 은전을 많이 뺏었기로 잡아서 공초를 받아 올리니 조율처판(照律處辦) 하여 달라고 하였더라. 65)

정부는 공식적 판결을 빨리 내리지 않았다. 그리하여 김창수는 미결수로서 기약 없는 감옥생활을 시작했다.

4. 쓰치다는 누구인가?

김구가 변복한 일본인을 보자마자 대뜸 민비를 시해한 일본공사 미우라이거나 그 공범일 것이라고 생각했다는 것은 그만큼 그의 순진성과 동시에 국모시해에 대한 조건반사적 반일감정을 보여 주는 것이었다. 중요한 것은 쓰치다의 소지품을 조사해 보니까 그가 일본군 육군 중위였다고 한 대목이다. 그러나 쓰치다가 일본군 육군 중위였음을 증명하는 소지품이 어떤 것이었는지에 대해서는 《백범일지》에도 언급이 없다. 해주부에서나 인천감리서에서의 세 차례에 걸친 신문에서도 쓰치다의 신분과 관련된 이야기는 없었다.

이 무렵에 조선에 파견된 일본군 중위는, 동학농민군의 해주성 공략 때의 경우에서 보았듯이, 상당한 지휘권을 가진 장교였다. 그러한 신분의 일본군 중위가 변복하고 혼자서 벽지를 여행했을 개연성은 희박해 보인다. 다만 이 무렵 지방 정황을 탐색하기 위하여 하사관급의 군인들

---

(3)》, pp. 270~272, pp. 273~275.

65) 《독립신문》 1896년 9월22일자, "잡보".

이나 밀정들이 상인이나 승려 등의 행색으로 벽지를 여행하는 경우는 없지 않았다. 그러나 그러한 경우라면 그렇게 많은 돈을 가지고 다니지는 않았을 것이다.

사건이 발생하고 나서 가장 먼저 현장에 도착하여 쓰치다의 소지품을 챙긴 일본 경찰은 쓰치다가 나가사키(長崎) 현 쓰시마(對馬島)의 이즈하라(嚴原) 항 사람으로서 조선에 장사하러 온 상인이었다고 보고했다. 이 보고에 따르면, 쓰치다는 이즈하라 항의 무역상 오쿠보 키이치(大久保機一)의 고용인으로서, 1895년 10월에 진남포에 도착하여 11월4일에 장사하러 황주로 갔고,[66] 사건 당시에 그는 황주 십이포(十二浦)에서 조응두(趙應斗)의 배를 세내어 통역을 대동하고 인천으로 돌아가던 참이었다.[67]

개항 직후부터 조선에 침투한 일본상인들은 개항장 밖의 지역에도 상설 점포를 설치하는 등 조약을 위반하고 내륙 깊숙이 침투하여 상행위를 함으로써 조선인들로부터 비난의 대상이 되었다. 특히 청-일전쟁 이후로는 청국상인 대신에 일본상인의 진출이 급증했다. 통계에 따르면, 1893년 현재 서울을 제외한 개항장에서 활동하던 일본상인은 8,048명이었는데, 1899년에는 1만 3,473명으로 증가했다.[68] 이 때문에 조선상인들은 많은 피해를 입었고, 여러 곳에서 조선상인과 일본상인이 충돌하는 일이 빈번했다.[69] 특히 을미사변과 단발령으로 반일감정이 전국적으로 고조되면서 이들 일본상인이 조선인의 일차 공격목표가 되어 피살자가 생겨났다. 일본인의 피해가 잇따르지 일본의 요구로 고종은 일본인

66) "仁川萩原事務代理 發信 原外務次官宛公信要旨" 1896년 4월6일, 《白凡金九全集(3)》, pp. 200~201

67) "報告 제2호: 海州府觀察使署理 參書官 金孝益이 外部大臣께" 1896년 4월19일, 《白凡金九全集(3)》, p. 202.

68) 《독립신문》 1899년 10월30일자, "잡보: 한국체류 일인".

69) 愼鏞廈, 《獨立協會研究》, 一潮閣, 1976, pp. 529~550 참조.

피살에 대한 경참(驚慘)의 칙어를 내렸고, 외부에서도 3월28일에 군부에 조회를 보내어 각 지역의 군인들로 하여금 일본인의 보호와 비적(匪賊)에 대한 경계를 강화하도록 했다.[70)]

한편 일본정부는 조선 내륙지방에서 장사하는 일본상인의 안전을 위하여 1896년 2월22일자로 훈시를 내려 내륙지방에 들어가 있는 일본인의 철수를 명령했다. 이 철수령에 따라서 많은 일본상인이 인천으로 철수했다. 일본상인들은 신변의 위험을 느껴 변복하고 조선사람으로 위장하기도 했는데,[71)] 쓰치다도 이때에 변복하고 인천으로 철수하던 길이었을 것으로 생각된다.

일본 공사관은 3월24일에 그때까지의 피살자 18명의 신분과 피해상황을 상세히 조사하여, 조선정부에 일본인 살해자의 조속한 체포와 처벌을 요구하는 공한을 보냈다.[72)] 그리고 5월30일에는 늘어난 피해자의 명단과 함께 조선정부에 피해배상을 요구할 것을 본국정부에 건의했다.[73)] 이 보고서에는 피해 일본인이 62명(피살자 43명, 부상자 19명)으로 집계되어 있다. 피살자 43명을 직업별로 구분하면 어민 19명, 전신공부(電信工夫) 9명, 상인 7명, 군속 3명, 육군측량수 2명, 역부(役夫) 1명, 촉탁 1명, 의사 1명이었다. 어민의 숫자가 많은 것은 불법어로를

---

70) "義兵들의 日人傷害에 대한 勅語特下通報" 1896년 2월11일, 《舊韓國外交文書(三) 日案(3)》, 高麗大學校 亞細亞問題硏究所, 1967, p. 400; "照會 제11호: 外部協辦 高永喜가 軍部協辦 白性基에게" 1896년 3월28일, 《軍部去來案(제2책)》, 도진순, "1895~96년 金九의 聯中義兵活動과 치하포사건", 《韓國史論》 38, 서울大學校 國史學科, 1997, p. 152.

71) "公 제33호: 吉州地方의 賊徒狀況報告" 1896년 4월4일, 《駐韓日本公使館記錄(8)》, p. 260, p. 541.

72) "公文 제19호: 日本人殺傷者의 逮捕處罰要求件" 1896년 3월24일, 《駐韓日本公使館記錄(9)》, pp. 1~3, pp. 269~270.

73) "機密 제41호: 我國人民被害에 관한 件" 1896년 5월30일, 《駐韓日本公使館記錄(9)》, pp. 18~22, pp. 283~286.

하다가 울진에서 조난당한 어부 15명과 강원도 고성군에 정박한 어부 3명이 의병들에게 집단으로 살해되었기 때문이었다.[74)]

이 보고서에는 쓰치다가 '매약상(賣藥商)'으로 분류되어 있다.[75)] 피해 일본인 가운데에서 매약상은 세 사람이었는데, 이 무렵 황해도는 일본인 매약 행상이 많은 곳이었다.[76)] 일본약품은 개항 직후의 수입품목에서 큰 비중을 차지하지는 않았으나, 조선내륙에서 행상하는 일본상인들에게 매력 있는 품목이었다. 근대적 의료시설이 없던 상황에서 일본약품은 조선인들 사이에서 평판이 좋아서 잘 팔렸다. 이 때문에 일본도매약 상인 가운데에는 품질이 떨어지는 약을 함부로 속여 팔아서 신용을 잃게 되므로 단속해야 한다는 그들 자체의 논의가 있을 정도였다.[77)]

흥미 있는 것은 그렇게 빈번했던 테러 가운데에서 일본인 이외의 외국인 피해는 한 건도 없었다는 사실이다. 가령 강릉 의병 민용호(閔龍鎬)가 일본인을 습격한다는 것을 다른 외국공사들에게 알리면서 일본인 이외의 외국인에 대해서는 다른 뜻이 없음을 표명한 것은 그러한 상황을 짐작하게 한다.[78)]

---

74) "公文 제 21호: 蔚珍地方에서의 日本人 15명 被殺事件에 대한 眞相糾明과 加害者嚴罰要求" 1896년 4월4일 및 "公文 제 23호: 高城地方에서의 日本人殺害事件에 대한 眞相糾明과 加害者嚴罰要求" 1896년 4월9일, 《駐韓日本公使館記錄(9)》, pp. 6~7, pp. 273~274.

75) "機密 제 41호: 我人民被害에 관한 件" 1896년 5월30일, 《駐韓日本公使館記錄(9)》, p. 21, p. 285.

76) "公信 제 36호: 平壤開城地方 情況視察報告件" 1896년 9월16일, 《駐韓日本公使館記錄(8)》, p. 304, p. 577.

77) "公信 제 36호: 平壤開城地方 情況視察報告件" 1896년 9월 11일, 《駐韓日本公使館記錄(8)》, p. 307, p. 580 ; "京 제 38호: 仁川領事館 所屬 巡査의 出張報告書" 1896년 9월1일, 《駐韓日本公使館記錄(10)》, pp. 271~272, p. 519.

78) "機密 제 7호: 露國人과 日本人에 대한 暴徒의 態度" 1896년 4월29일, 《駐韓

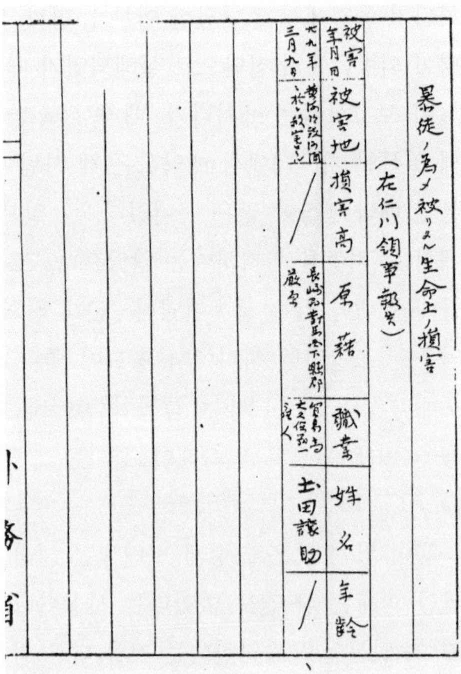

暴徒ノ為メ被リタル生命上ノ損害

(在仁川領事報告)

被害年月日	被害地	損害高	原籍	職業	姓名	年齢
廿九年三月九日	[illegible]	/	[illegible]	[illegible]	土田讓助	/

쓰치다에 대한 배상내용을 기록한

오지에서 철수하여 인천항에 집결한 일본 상인들은 5월에 이르러 상권을 되찾는다는 명분 아래 계림장업단(鷄林奬業團)을 조직했다.[79] 치하포사건이 있은 지 두 달 뒤의 일이다. 쓰치다가 이 계림장업단과 어떤 관련이 있었는지 생각해 볼 수 있다. 비록 계림장업단이 일본 관리들의 적극적인 비호 아래 결성되기는 했으나, 철수령 이전에 그것을 준비한 것 같지는 않다. 설령 그러한 준비가 일부에서 추진되었다고 하더라도, 오지에 가 있는 매약상인 쓰치다가 장업단 결성준비에 관여했을 개연성은 거의 없다.

조선인으로부터 피해를 입은 일본인에 대한 배상문제는 사건발생 직후부터 중요한 외교문제가 되었다. 이러한 일본의 요구가 알려지자 독립협회는 만민공동회를 통하여 일본인 피해자 배상금 요구를 강력히 규탄했다.

그 뒤로도 일본은 한국정부에 대해 자국인 피해자들에 대한 배상을 지속적으로 요구했으나, 한국정부는 명확한 답변을 하지 않았다. 그러다

日本公使館記錄(8)》, p. 268, p. 547.

79) 韓哲昊, "鷄林奬業團(1896~1898)의 조직과 활동", 《史學硏究》제 55-56合集, 韓國史學會, 1998, pp. 629~650 참조.

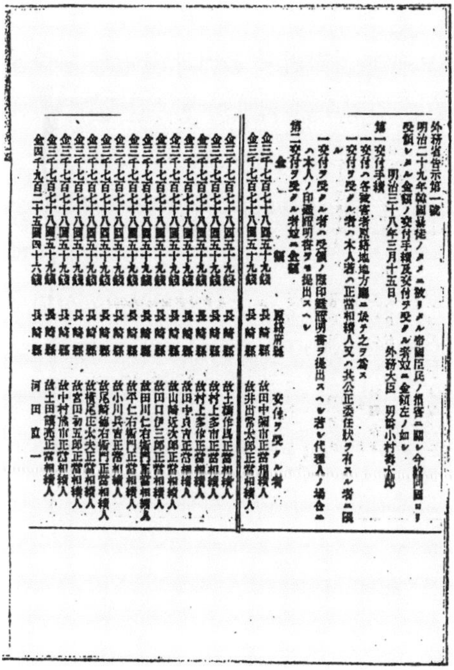

外務省告示第一號

明治二十九年韓國暴徒ノ爲メニ殺サレタル帝國臣民ノ損害ニ關シ今般同國ヨリ受領シタル金額ノ交付手續及交付ヲ受クル者竝ニ金額左ノ如シ

明治三十八年三月十五日　外務大臣　男爵小村壽太郎

第一　交付手續

一　交付ハ各被害者原籍地地方廳ニ於テ之ヲ爲ス

一　交付ヲ受クル者ハ本人若ハ正當相續人又ハ其公正委任狀ヲ有スル者ニ限ル

一　交付ヲ受クル者ハ受領ノ際印鑑證明書ヲ提出スヘシ若シ代理人ノ場合ニハ本人ノ印鑑證明書ヲモ提出スヘシ

第二　交付ヲ受クル者竝ニ金額

金額	原籍府縣	交付ヲ受クル者
金三千七百七十八圓五十九錢	長崎縣	故田中涌市正當相續人
金三千七百七十八圓五十九錢	長崎縣	故井出常太郎正當相續人
金三千七百七十八圓五十九錢	長崎縣	故土橋作馬正當相續人
金三千七百七十八圓五十九錢	長崎縣	故村上多市正當相續人
金三千七百七十八圓五十九錢	長崎縣	故村上多作正當相續人
金三千七百七十八圓五十九錢	長崎縣	故田中貞吉正當相續人
金三千七百七十八圓五十九錢	長崎縣	故山崎近次郎正當相續人
金三千七百七十八圓五十九錢	長崎縣	故田口伊三郎正當相續人
金三千七百七十八圓五十九錢	長崎縣	故田川仁右衛門正當相續人
金三千七百七十八圓五十九錢	長崎縣	故平仁右衛門正當相續人
金三千七百七十八圓五十九錢	長崎縣	故小川兵吉正當相續人
金三千七百七十八圓五十九錢	長崎縣	故尾崎總右衛門正當相續人
金三千七百七十八圓五十九錢	長崎縣	故横尾庄太夫正當相續人
金三千七百七十八圓五十九錢	長崎縣	故宮田初五郎正當相續人
金三千七百七十八圓五十九錢	長崎縣	故中村旅市正當相續人
金三千七百七十八圓五十九錢	長崎縣	故土田讓助正當相續人
金四千九百二十五圓四十六錢	長崎縣	河田直一

일본 외무성 소장 자료.

가 사건이 발생한 지 9년이 지난 1905년 2월에 이르러 한국정부는 배상금을 지불하고야 말았다. 이때는 한국이 이미 일본의 '보호국(保護國)'으로 전락하고 있던 때였다. 이때에 한국정부는 배상금 액수를 감해 줄 것을 요청하여 청구액에서 4분의 1을 감한 18만 3,750원(圓)을 황실금고에서 지불했다.[80] 외교문제가 타결되자 1905년 3월에 일본인 피해자들은 개별적으로 보상을 받았다. 이때에 피해보상 대상자는 피해자의 직계가족인 정상상속인(正常相續人)과 공정위임장(公定委任狀)을 가진 사람으로 제한했는데, 쓰치다의 유가족은 정상상속인으로서 다른 피해자들과 같이 3,778원59전의 배상금을 지급받았다.[81]

치하포사건은 당시에 빈번했던 일본인에 대한 테러와 다른 중요한 특징이 있다. 우선 김창수가 쓰치다를 살해한 뒤에 그가 소지한 거액의

80) "往電 제35호: 損害賠償問題解決件" 1905년 1월25일, "損害賠償金減額裁可에 대한 陳謝 및 本國政府通報件" 1905년 1월25일, "公文 제15호: 賠償問題解決에 대한 謝意轉奏要請件" 1905년 2월5일, "公文 제15호: 賠償金支拂通告" 1905년 2월7일, 《駐韓日本公使館記錄(9)》, pp. 42~43, pp. 46~47, pp. 305~306, pp. 309~310.

81) 日本外務省外交史料館 소장, 《外務省記錄》, "外務省告示 제1호" 1905년 3월15일. 이 자료에는 쓰치다의 이름이 土田讓助로 되어 있다.

금전을 확인하고도 금전에 거의 손을 대지 않았던 점이다. 뿐만 아니라 김창수는 그 금전을 그대로 이화보에게 맡기면서 동네의 불쌍한 사람들에게 나누어 주라고 지시했다. 또한 김창수는 국모의 원수를 갚기 위해 서라는 쓰치다 살해동기와 자신의 주소까지 떳떳이 밝혔다. 이것은 일본인을 살해한 뒤에 금품을 탈취하고 잠적한 다른 사건들의 경우와는 전혀 다른 점이다. 또 한가지 주목되는 것은 김구가 일생 동안 쓰치다를 일본군 장교로 믿고 있었다는 사실이다. 김구는《백범일지》상권을 1928년 3월에 쓰기 시작하여 이듬해 5월에 탈고했는데, 이때에는 쓰치다를 일본군 중위였다고 적었다. 그랬다가 1932년 4월에 윤봉길(尹奉吉)의 홍구공원(虹口公園) 폭파사건이 있고 난 직후에 발표한 "홍구공원 작탄사건 진상(虹口公園炸彈事件眞相)"에서는 쓰치다를 일본군 대좌(大佐)였다고 적었다.[82]

82) 秋憲樹 編,《資料 韓國獨立運動(2)》, 延世大學校 出版部, 1972, p. 56.

일간지시대를 열다

1. "한국사람만으로 제작되는 첫 신문"

이승만은 졸업한 뒤에도 계속해서 배재학당에 나와서 초등반 영어를 가르치는 한편 협성회(協成會) 활동에도 열성을 쏟았다. 그는 토론회에서 가장 자주 연설자나 토론자로 선정되었고, 연설 예정자가 다른 일로 불참할 때에는 연설을 대신하기도 했다. 토론의 주제에 따라 결론이 찬성쪽으로 나든 반대쪽으로 나든 이승만이 참가하는 쪽이 토론을 잘한 것으로 평가되는 경우가 많았다. 가령 "재정(財政)과 군권(軍權)을 남에게 맡기는 것은 곧 나라를 남에게 파는 것으로 결정함"(42회)이라는 주제의 토론에서 이승만은 반대쪽 연사로 토론했는데, 결론은 가편〔可便: 찬성쪽〕으로 결정되었으나 토론은 부편〔否便: 반대쪽〕이 잘한 것으로 판정된 것이 그러한 보기이다.[1] 그것은 이승만의 연설이 그만큼 뛰어났기 때문이었을 것임은 말할 나위도 없다. 토론회 제목은 이 무렵의 외교현안이었던 러시아인 재정고문과 군사교관의 철수문제에 관한 것이었다.

협성회 회원들은 자신들의 토론회가 회를 거듭할수록 사회적 관심이

---

1) 金東冕, "協成會 활동에 관한 고찰—토론회와 기관지 발행을 중심으로", 《韓國學報》 25호, 一志社, 1981. 12, pp. 49~51.

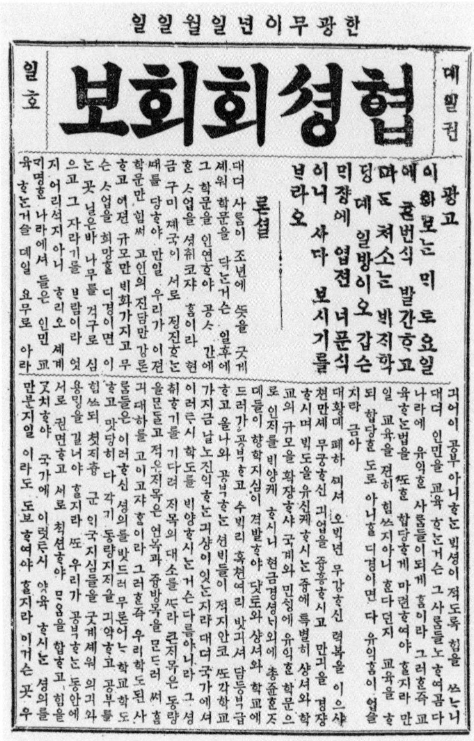
한광무이년일월일일

협셩회회보

뎨일권 일호

광고

이 회보는 ᄆᆡ 토요일에 ᄒᆞᆫ번식 발간ᄒᆞ고 파ᄂᆞᆫ 쳐소ᄂᆞᆫ ᄇᆡ직학당 대일방이오 갑슨 ᄆᆡ쟝에 엽젼 너픈식이니 사다 보시기를 ᄇᆞ라오

론셜

대뎌 사ᄅᆞᆷ이 조년에 ᄯᅳᆺ을 굿게 셰워 학문을 닥ᄂᆞᆫ거ᄉᆞᆫ 일후에 그 학문을 인연ᄒᆞ야 공ᄉᆞ 간에 ᄒᆞᆫ ᄉᆞ업을 셩취코쟈 ᄒᆞᆷ이라 현금 구미 제국이 서로 졍진ᄒᆞᄂᆞᆫ 때를 당ᄒᆞ야 만일 우리가 이젼 학문만 힘써 고인의 진담만 강론ᄒᆞ고 어젼 규모만 비화가지고 무ᄉᆞᆫ ᄉᆞ업을 희망ᄒᆞᆯ 디경이면 이ᄂᆞᆫ 곳 닐은바 나무를 거구로 심으고 그 자라기를 ᄇᆞ람이라 엇지 어리석지 아니ᄒᆞ리오 세계 ᄆᆡ명ᄒᆞᆫ 나라에셔 들은 인민 교육ᄒᆞᄂᆞᆫ거ᄉᆞᆯ 뎨일 요무로 아라 귀어이 공부 아니ᄒᆞᄂᆞᆫ ᄇᆡᆨ셩이 적도록 힘을 쓰ᄂᆞ니 대뎌 인민을 교육 ᄒᆞᄂᆞᆫ거ᄉᆞᆫ 그 사ᄅᆞᆷ들노 ᄒᆞ여곰 다 나라에 유익ᄒᆞᆫ 사ᄅᆞᆷ들이 되게 ᄒᆞᆷ이라 그러ᄒᆞᆫ즉 교육ᄒᆞᄂᆞᆫ 법을 ᄯᅩᄒᆞᆫ 합당ᄒᆞ게 마련ᄒᆞ여야 ᄒᆞᆯ지라 만일 교육을 젼혀 힘쓰지 아니ᄒᆞᆫ다던지 교육을 ᄒᆞ되 합당ᄒᆞᆫ 도로 아니ᄒᆞᆯ 디경이면 다 유익ᄒᆞᆷ이 업슬지라 금아 대황뎨 폐하 ᄭᅴ셔 오ᄇᆡᆨ년 무강ᄒᆞ신 력복을 이으샤 천만셰 무궁ᄒᆞ신 긔업을 즁흥ᄒᆞ시고 만긔을 경쟝ᄒᆞ시며 ᄇᆡᆨ도을 유신케 ᄒᆞ시ᄂᆞᆫ 즁에 특별히 샹셔와 학교의 규모을 확쟝ᄒᆞ샤 국계와 민심에 유익ᄒᆞᆫ 학문으로 인지를 비양케 ᄒᆞ시니 현금 경셩ᄂᆡ외에 총쥰ᄒᆞᆫ ᄌᆞ뎨들이 향학지심이 격발ᄒᆞ야 댓토와 샹셔와 학교에 드러가 공부ᄒᆞ고 수ᄇᆡᆨ리 혹쳔여리 밧긔셔 담등븍급ᄒᆞ고 올나와 공부ᄒᆞᄂᆞᆫ 션비들이 적지안코 ᄯᅩ각학교가 지금 날노 진익ᄒᆞᄂᆞᆫ 긔상이 잇ᄂᆞᆫ지라 대뎌 국가에셔 이러ᄐᆞ시 학도를 비양ᄒᆞ시ᄂᆞᆫ 거ᄉᆞᆫ 다름아니라 그 셩취ᄒᆞ기를 기다려 재목의 대소를 ᄯᅡ라 큰 재목은 동량을 만ᄃᆞᆯ고 적은 재목은 연목과 즁방목을 만ᄃᆞ러 ᄡᅥ 흠긔 대하를 고이고쟈 ᄒᆞᆷ이라 그러ᄒᆞᆫ즉 우리 학도된 사ᄅᆞᆷ들은 이러ᄒᆞᆫ 셩의를 밧드러 무론 어ᄂᆞ 학교 학도ᄒᆞ고 맛당히 다 각기 동량지재을 긔약ᄒᆞ고 공부를 힘쓰되 쳣재ᄂᆞᆫ 군이국지심들을 굿게 셰워 의긔와 용밍을 길너야 ᄒᆞᆯ지라 ᄯᅩ 우리가 공부ᄒᆞᄂᆞᆫ 동안에 서로 권면ᄒᆞ고 서로 칙션ᄒᆞ야 ᄆᆞᄋᆞᆷ을 합ᄒᆞ고 힘을 ᄀᆞᆺ치ᄒᆞ야 국가에 이러ᄐᆞ시 양육ᄒᆞ시ᄂᆞᆫ 셩의를 만분지일 이라도 도보ᄒᆞ여야 ᄒᆞᆯ지라 이거ᄉᆞᆫ 곳 우

협성회의 기관지 《협성회회보》 창간호.

높아짐에 따라 토론회의 내용과 결과를 회원들은 말할 것도 없고 일반 국민과 정부관료들에게도 알릴 필요가 있음을 느꼈다. 그리하여 제 29회 토론회는 "우리 중에 일주일간 회보를 발간함이 가함"이라는 주제를 두고 토론한 끝에, 회보를 발간하기로 결정했다. 제 33회 토론회는 "신문국을 각처에 배설하여 인민의 이목을 넓힘이 가함"이라는 주제로 신문의 중요성을 더욱 폭넓게 토론했다.

신문의 중요성에 대한 인식은 개화파 지식인 사회에서 보편화하고 있었다. 독립협회도 1897년 12월의 토론회에서 "인민이 귀로 듣고 눈으로 보는 것을 열리고 밝게 하려면 본 나라와 다른 나라들의 신문지를 널리 발표하는 것이 제일 긴요함"이라는 주제로 토론했다.[2] 국내신문뿐만 아니라 외국신문들도 많이 보급시켜야 한다는 것이었다. 그리하여 1898년 1월1일을 기하여 주간신문 《협성회회보》(당시의 표기는 《협셩회회보》)가 발간되었다.

《협성회회보》의 발행으로 토론회는 더욱 활기를 띠었다. 토론회의

2) 《독립신문》 1897년 12월23일자, "잡보".

주제는 2주일 전에 결정하고 1주일 전에 《협성회회보》에 게재하여 회원들 모두가 사전에 알도록 하고, 또 토론회가 끝난 다음에는 그 결과를 보도했다. 이렇게 하여 회원수도 급속히 불어났다. 《협성회회보》 창간호에는 회원 138명의 이름과 준회원 격인 '찬성원' 54명의 이름이 실려 있는데, 이 숫자는 1898년 8월까지에는 정회원 218명, 찬성원 111명으로 늘어나서 회원수는 모두 329명이 되었다.[3] 찬성원 가운데에는 안창호(安昌浩)의 이름도 보인다. 찬성원은 배재학당 재학생이나 졸업생이 아닌 사람으로서 협성회의 취지에 찬동하여 가입하는 사람들을 말하는 것이었다. 이 무렵 안창호는 서울의 구세학당(救世學堂: 원두우학교)을 졸업하고 독립협회에도 가입하여 독립협회의 평양지회 결성을 위해 노력하고 있었다.

《협성회회보》의 발행에 대해 아펜젤러(Henry G. Appenzeller, 亞扁薛羅)가 발행하던 영문잡지 《코리언 리포지터리(*The Korean Repository*)》가 다음과 같이 보도하고 있는 것이 주목된다.

> 새해 들어 서울에 또 하나의 새로운 주간신문이 나타났다. 배재학당의 협성회는 200여명의 회원들 사이의 유대를 더욱 강화해야 할 필요성을 느껴 소형의 주간신문을 발행하기로 결정했다. 한국에서 발행되는 모든 신문들이 외국인의 지원과 감독을 받고 있으나, 이 신문은 오로지 한국인의 손에 의해 발행되었다. 이 신문의 이름은 《협성회회보》이다. 신문은 모두 4면으로서 규격과 모양은 《대한그리스도인 회보》와 비슷하다. 1면에는 일반적 사안과 당면문제에 대한 편집자의 논설을 싣고, 2면과 3면에는 국내외 뉴스, 그리고 4면에서는 주로 사회의 관심사를 다루었다. 편집진은 아홉 사람으로 구성되어 있는데, 그것은 한국정부의 각 부를 연상시킨다.[4]

---

3) 洪性俊, "開化期 協成會運動에 관한 연구", 《崇實史學》 제14집, 崇實大學校 史學會, 2001. 2, p. 7.

4) "Another Weekly Newspaper", *The Korean Repository*, January 1898,

이 기사에서 언급된 편집진 아홉 사람이 누구였는지는 밝혀져 있지 않다. 《협성회회보》에는 이승만과 함께 최병헌(崔炳憲), 신용진(辛龍鎭), 이익진, 오긍선(吳兢善), 홍정후(洪正厚), 김만식이 기명논설을 썼는데, 이들은 다 편집진이었을 것이다. 회보의 총책임자는 물론 협성회 회장이었고, 창간 당시에는 이익채(李益采)가 회장이었다. 회장과 별도로 신문을 전담하는 회보장(會報長)을 두고 양홍묵(梁弘默)이 회보장을 맡았다. 논설을 쓴 일곱 사람과 이 두 사람을 합하면 모두 아홉 사람이 된다. 이 무렵 정부의 대신이 아홉 사람이었는데,[5] 《협성회회보》 편집진이 아홉 사람이라고 해서 《코리언 리포지터리》가 정부의 각 부를 연상시킨다고 한 것은 매우 흥미롭다.

《협성회회보》 창간호의 "논설"은 학생신문답게 먼저 교육의 중요성을 강조하고 나서, 《회보》 발간의 동기를 다음과 같이 천명했다.

> 우리가 지금 배운 학문이 넉넉해서 전국 동포를 가르치자 하는 것이 아니라, 우리는 오늘날 천은(天恩)을 입어 학교에서 몇 해씩 공부하는 고로 혹 깨달아 아는 것이 더러 있는지라. 우리 배운 대로 유익한 말이 있으면 전국 동포에게 같이 알게 하고, 또한 우리의 작은 정성으로 전국 동포를 권면하야 서로 친목하고 일심으로 나라를 위하고 집안을 보호하여 가자는 주의라. …[6]

이러한 구절은 협성회 회원들이 얼마나 엘리트 의식과 사명감에 차 있었는지를 보여 준다. 《협성회회보》는 협성회의 기관지이기는 했으나

---

p. 34.

5) 이때의 대신은 궁내부대신(宮內府大臣), 의정부의정(議政府議政), 내부대신(內部大臣), 외부대신(外部大臣), 탁지부대신(度支部大臣), 법부대신(法部大臣), 학부대신(學部大臣), 군부대신(軍部大臣), 농상공부대신(農商工部大臣)의 9명이었다(한국정신문화연구원 편, 《한국민족문화대백과사전(26) 직관변천표》, 1991, pp. 114~120).

6) 《협성회회보》 1898년 1월1일자(제 1호), "논설".

편집체제와 내용은 완전히 일반종합지였다. 실제로 발간취지도 일반 국민을 대상으로 한 것이었음은 다음과 같은 "논설"로도 짐작할 수 있다.

> 한번 발간하기에 십여원씩 밑져 가며 이 회보를 발간하는 것은 전국 동포의 이목을 열어 내외국 형편이 어떻게 될 줄을 대강 알게 하고, 우리 이천만 동포가 일심협력하여 우으로 임금과 나라를 받들고 아래로 우리 동포의 집안들을 보호하여 가자고 발론하여 시작한 것이러니. …[7]

이러한 발간 취지는 《독립신문》의 그것과 비슷한 것이었다. 한글전용을 한 것도 마찬가지였다. 체제도 《독립신문》과 똑같이 1면에는 "논설", 2면과 3면에는 "내보"와 "외보"를 싣고, 4면에는 협성회 소식인 "회중잡보"를 실었다. 이 "회중잡보"도 협성회의 사회적 비중으로 보아서 일반에게 뉴스의 가치가 충분히 있었다.[8] 그리고 《코리언 리포지터리》가 《협성회회보》를 "한국인의 손에 의해서 만들어지는 최초의 신문"이라고 한 것은 《독립신문》의 발행인 서재필(徐載弼)이 미국시민권을 가진 사람이고 한국정부의 지원을 받아서 신문을 발행하고 있는 사실을 빗대어 한 말이었다. 이승만은 뒷날 《협성회회보》를 발행한 일과 관련하여 자서전 초록에서 다음과 같이 술회했다.

> 나는 몇몇 청년들의 도움을 받으면서 신문을 시작했는데, 《협성회회보》는 한국사람들만으로 제작되는 신문으로서는 우리나라에서 최초의 것이었다. 작은 신문이기는 했으나 나는 그 지면을 통하여 자유와 평등이라는 위험한 사상을 나의 힘을 다하여 역설했다. 아펜젤러씨나 그 밖의 사람들이 내가 급진적 행동을 계속하다가는 목을 잘리게 될 것이라고 여러번 충고해 주었으나, 그 신문은 친러파

---

7) 《협성회회보》 1898년 2월19일자(제 8호), "논설".

8) 鄭晋錫, 《한국언론사》, 나남출판, 1990, p. 175.

> 정부와 러시아 공사관의 위협으로 생겨난 여러 가지 재난과 위험을 겪으면서도 계속 발간되었다.[9]

이처럼 이승만은 《협성회회보》를 완전히 자기가 주동해서 발행한 것이라고 적었다. 그러나 그가 말한 친러파 정부와 러시아 공사관의 위협과 그에 따른 재난이 어떤 것이었는지는 알려진 것이 없다. 그것은, 뒤에서 보는 바와 같은, 《매일신문》에 대한 러시아 공사관의 외교적 압력을 잘못 적은 것 같다.

《협성회회보》가 창간될 때에는 서울에서 네 가지 신문이 발간되고 있었다. 일본인들이 1895년 2월17일부터 발행하던 《한성신보(漢城新報)》, 1896년 4월7일에 서재필이 창간한 《독립신문》, 그리고 기독교신문으로 1897년 2월2일에 아펜젤러가 창간한 《조선크리스도인회보(*The Christian Advocate*)》(12월8일자 제45호부터 《대한크리스도인회보》로 개제)와 두 달 뒤인 4월1일에 언더우드(Horace G. Underwood, 元杜尤)가 창간한 《그리스도신문(*The Christian News*)》이 그것이었다. 《한성신보》는 일본정부의 보조를 받아서 대판 네 면 가운데에서 세 면은 한글, 한 면은 일본어로 발행하고 있었는데, 이 신문은 한국의 국체(國體)를 모독하는 글을 싣는가 하면 러시아 공사관에 머물던 고종을 비웃는 글〔동요〕을 실어 한국정부와 국민들을 격분시키기도 했다. 또한 한성신보사는 민비를 시해한 일본인들의 비밀 본거지가 되기도 했다.

한국의 근대적 신문의 효시는 1883년(고종 20년) 10월1일(양력 10월31일)에 정부기관인 박문국(博文局)에서 발행한 《한성순보(漢城旬報)》였

---

9) "Autobiography of Dr. Syngman Rhee", George A. Fitch Papers, Yenching Institute, Harvard University, p. 6; "청년 이승만 자서전", 이정식 지음, 권기붕 옮김, 《초대대통령 이승만의 청년시절》, 동아일보사, 2002, p. 274.

다. 박영효(朴泳孝), 유길준(兪吉濬) 등 개화당의 노력으로 탄생한 이 신문은 비록 정부가 발행하는 것이기는 했으나 국내외의 시사를 비롯하여 서양의 신문화를 소개하는 데 큰 구실을 했다. 이듬해에 일어난 갑신정변으로 발행이 중단되었다가 1885년 12월21일(양력 1886년 1월25일)에 속간되면서 열흘에 한번씩 발행하던 것을 1주일에 한번씩 발행하게 되어, 제호도 《한성주보(漢城周報)》로 고쳤다. 그러나 《한성주보》도 재정난으로 박문국이 1888년 6월6일(양력 7월14일)에 통리교섭통상사무아문(通理交涉通商事務衙門) 소속으로 되었다가 다음 달에 폐지됨으로써 폐간되고, 그 뒤 수구파의 득세 속에서 8년 동안이나 신문 없는 암흑시대가 계속되었다. 그러한 상황에서 창간된 일본인들의 《한성신보》가 얼마나 왜곡된 영향을 끼치고 있었을지는 짐작하기에 어렵지 않다. 그러므로 《독립신문》의 창간은 획기적 의의를 지니는 일이었다.

《독립신문》의 인기와 영향력은 놀라웠다. 서울의 관료와 지식인들 사이에서는 말할 나위도 없고 시골 장터에서까지 널리 읽혔다. 군수가 장터에 사람을 모아놓고 글 잘 읽는 사람으로 하여금 장꾼들에게 《독립신문》을 읽히어 들려주는 일도 있었다.[10] 그리하여 한 부가 최소한 200명에게 읽혔다고 뒷날 서재필은 술회했다.[11]

《협성회회보》는 이러한 《독립신문》을 의식하면서 발행되었다. 그런데 《독립신문》이 정부로부터 4,400원(圓)의 보조금을 받아서 발간된 것[12]과는 대조적으로 《협성회회보》는 순전히 회원들의 출연금과 유지들의 찬조금으로 발간되었다는 것은 눈여겨 볼 만하다. 《협성회회보》

---

10) 《독립신문》 1898년 11월9일자, "신문 없지 못할 일".

11) F. A. McKenzie, *Korea's Fight for Freedom*, 1920, AMS Press, Inc. rep. 1970, p. 67.

12) 愼鏞廈, 《獨立協會硏究》, 一潮閣, 1976, p. 16, 정진석, "독립신문 창간의 역사적 배경과 의미", 《독립신문과 한-중-일 근대신문의 생성》, 한국언론학회, 1996, pp. 4~7, 韓哲昊, 《親美開化派硏究》, 國學資料院, 1998, pp. 171~180 참조.

창간호는 제호 바로 밑의 "논설"란 앞에 본문보다 훨씬 큰 2호 활자로 "이 회보는 매 토요일에 한번씩 발간하고, 파는 처소는 배재학당 제일방이오, 값은 매장에 엽전 너푼씩이니 사 보시기를 바라오"라는 "광고"를 내고, 또 "회중잡보"란에는 1897년 12월30일까지 협성회에서 의연금 수입한 금액이 138원11전이며 지출된 금액이 86원7전으로서 현재 52원3전8리가 남았다고 보도하고 있다.

협성회는 기부금을 계속 모금했는데, 《협성회회보》 창간호부터 제12호(1898년 3월19일자)까지 "회중잡보"란에는 기부금 기탁자의 이름과 금액이 매호마다 게재되어 있다. 금액은 적게는 4전에서부터 많게는 2원에 이르기까지 다양했다. 1원50전에서 2원까지의 비교적 액수가 큰 돈은 회원보다는 주로 협성회에 협조적인 찬성원이나 정부관료 등이 희사했다. 이승만은 40전을 출연했다.[13]

창간 때부터 논설과 그 밖의 기사를 열심히 쓴 이승만은 《협성회회보》 3월5일자(제 10호)에 "고목가"라는 시를 발표했다. 어려서 어머니로부터 지도받은 그의 시작(詩作) 재능과 함께 이 무렵의 그의 시국관을 잘 드러낸 작품이다. "Song of an Old Tree"라는 영문제목까지 달아 놓은 것도 흥미롭다. 그것은 외국사람들에게 보이기 위한 것이었을 것이다.

일. 슬프다 저 나무 다 늙었네
병들고 썩어서 반만 섰네.
심악(甚惡)한 비바람 이리저리 급히 쳐
몇백 년 큰 남기〔나무가〕 오늘 위태.

이. 원수의 딱작새 밑을 쪼네
미욱한 저 새야 쪼지 마라
쪼고 또 쪼다가 고목이 부러지면
네 처자 네 몸은 어디 의지.

13) 《협성회회보》 1898년 2월5일자(제 6호), "잡보".

삼. 버티세 버티세 저 고목을
뿌리만 굳박혀 반근(盤根) 되면
새 가지 새 잎이 다시 영화 붐 되면
강근이 자란 후 풍우불외(風雨不畏).

사. 쏘아라 저 포수 딱작새를
원수의 저 미물 나무를 쪼아
비바람을 도와 위망(危亡)을 재촉하여
넘어지게 하니 어찌할꼬.[14]

이 시는 뒤이어 여러 신문이나 잡지에서 유행하는 애국시의 효시였다. 그러나 《협성회회보》나 이를 계승한 《매일신문》, 그리고 그보다 앞서 창간된 《독립신문》 등 당시의 신문에는 이승만의 이 시 말고는 게재된 것이 없다. 이 시에서 이승만은 대한제국을 고목에, 친러파 관료들을 딱작새〔딱따구리〕에, 러시아의 위협을 비바람에, 독립협회나 협성회와 같은 개화파 지식인들을 포수에 비유한 것이다.[15] 말하자면 이 시는 러시아의 위협에 직면하여 조국의 운명은 생각하지 않고 저들의 앞잡이가 되어 날뛰는 관료들을 제거하고 대한제국의 기반을 굳건히 해야 한다는 내용의 시였다. 그것은 이 시기의 개화파 지식인들의 보편적인 위기의식을 보여 주는 상징적인 작품이었다.

그런데 뒷날 이승만이 옥중에서 《제국신문》(당시의 표기는 《뎨국신문》)에 기고한 한 논설의 끝 부분에 이 "고목가"를 인용하고 있는 것이 눈길을 끈다. 《제국신문》의 논설은 "고인이 시를 지어 말하기를, 쪼고 쪼는 딱작새야 다 썩은 고목을 쪼고 쪼지 마라 일조에 풍우가 이르러 그 나무가 쓰러지면 너희가 어디서 깃들려고 하느냐 하였으니, 짐승을 경계한 글로 족히 사람을 깨우칠만 하도다"라고 했는데,[16] 자신이 지은

14) 《협성회회보》 1898년 3월5일자(제 10호), "고목가".

15) 주진오, "청년기 李承晩의 언론-정치활동 해외활동", 《역사비평》 33호, 1996, p. 166.

시를 인용하면서 "고인이 시를 지어 말하기를"이라고 했다면 아무리 수사(修辭)라고 하더라도 어이없는 작위가 아닐 수 없다. 그렇지 않다면 말 그대로 이 시의 원전이 따로 있었는지 알 수 없다.

《협성회회보》 1898년 3월19일자(제 12호)에 실린 "논설"은 이승만이 기명으로 집필한 최초의 논설이었다. 내용은 러시아가 요구한 부산 절영도(絶影島)의 조차(租借) 문제에 관한 것이었다. 삼국간섭(三國干涉) 뒤에 러시아는 절영도의 조차를 요구했는데, 그것은 부동항(不凍港)을 얻기 위한 러시아의 전통적 남하정책의 일환인 동시에 일본의 대륙침략을 저지하기 위한 거점을 확보하려는 의도였다.

절영도는 1885년에 이미 각 외국 상인들의 거류지로 내정된 뒤로 일본이 자국 함대의 석탄저장고로 사용하고 있었다. 절영도 조차문제가 다시 거론된 것은 아관파천(俄館播遷)을 계기로 러시아의 정치적 입지가 강화되면서부터였다. 1897년 8월에 러시아 공사 베베르(Karl I. Weber, 韋貝)가 한국정부에 절영도 조차를 요구한 데 이어, 그의 후임으로 온 스페이에르(Alexis de Speyer, 士貝耶)도 10월에 같은 요구를 해 와서 친러파 정부는 이를 허여하려고 했다.[17] 그러나 이 요구는 독립협회를 중심으로 한 한국민중의 강력한 저항에 부딪쳤다. 1898년 2월 22일에 국권수호와 내정개혁을 강력히 촉구하는 상소를 올린 독립협회가 가장 먼저 문제삼은 것도 이 러시아의 절영도 조차요구였다.

상소를 올리고 나서 닷새 뒤인 2월27일에 열린 독립협회의 통상회는 임원 개선을 한 다음 새로 제의(提議)에 선출된 정교(鄭喬)로부터 절영

16) 《제국신문》 1902년 10월8일자, "논설: 군명을 청탁함이 신하의 큰 죄".

17) "絶影島內의 露貯炭地要求를 둘러싼 外部協辦과 露副公使와의 會談抄", 1897년 9월22일, 《舊韓國外交文書(十七) 俄案(1)》, 高麗大學校 亞細亞問題硏究所, 1969, pp. 464~466.

도 조차문제에 대한 보고를 듣고, 그의 제안에 따라 이 사안에 대한 정부의 방침을 묻는 편지를 이튿날 외부대신 서리 민종묵(閔種默)에게 발송했다. 독립협회는 러시아의 요구를 거절하기 위해서는 이미 허여된 일본의 석탄고 부지도 철거시켜야 한다고 주장했다. 이어 3월7일에 열린 독립협회 특별회는 단호한 결의에 차 있었다. 이날 독립협회는 절영도 일본 석탄고 부지의 철거를 요구하는 편지를 외부에 발송했다.

이승만의 "논설"은 이러한 상황에서 집필된 것이었다. 이승만은 "논설"에서 러시아가 요구하는 절영도의 조차를 허락해서는 안 된다고 역설했다. 그는 몇 가지 논쟁점을 하나씩 반박했다. 이승만은 이미 일본에 절영도 안에 석탄저장고를 짓도록 허락했으므로 러시아에도 허락해야 한다는 주장에 대해 다음과 같이 논박했다.

> 대저 대한정부에서 대한 땅을 가지고 임의로 하는 권리가 있은즉, 누구는 주고 누구는 아니 주는 것이 정의에 고르지 못하다고는 할지언정 경계〔經界: 옳고 그름이 분간되는 한계〕에 틀리다고 할 수는 없는지라. 또한 전에 어찌하여 일본에 땅을 좀 빌려주었다고 동맹제국을 다같이 대접하자면 영국, 미국, 프랑스, 독일, 러시아, 오스트리아, 이탈리아, 일본제국에 다 공평히 빌려주어야 할 터이니 삼천리 강산이 몇 조각이나 남겠으며, 겸하여 그 후에는 세계 각국이 다 토지를 바라고 대한과 통상약조를 청할 터이니, 누구와는 약조하고 누구와는 아니하면 또 공평치 못하다 할 디인즉, 동서 칠십여국을 무엇을 가지고 고루 정답게 대접하리오. …

또 땅을 아주 할양하라는 것이 아니라 조차하자는 것이므로 괜찮지 않느냐는 말에 대해서는 다음과 같이 재치 있는 비유로 비판했다.

> 땅을 아주 주는 것이 아니라 빌리는 것인즉 관계치 않다고 하니, 이는 전국을 다 주어도 빌리는 것인즉 관계치 않다 하는 말이라. 만일 남이 나와 정 있다고 내 물건을 달라는 사람은 내 친구가 아니

> 라 곧 나를 꾀어 물건을 탈취하자는 도적이라. 내것이 다 없어져서 더 가져갈 것이 없기까지만 정다운 친구이니, 그런 친구는 없느니만 못한지라. …

그리고 연전에 일본에 조차해 줄 때에는 말이 없다가 러시아가 요구하자 이를 문제 삼는 것은 불공평하지 않느냐는 주장에 대해서는 다음과 같이 반박했다.

> 이는 우리가 일본에 후하고 러시아에 박하게 하는 듯하나, 연전에는 우리가 적연〔的然: 정확〕히 몰랐고 지금인들 정부에서 특별히 백성에게 광고하여 우리를 알게 하여 준 것은 아니로되, 요행히 황천이 묵우〔默祐: 말없이 도움〕하심을 힘입어 국중에 신민이 생긴 후로 그 중에서 새로 배운 것도 많거니와, 첫째 내 나라 정부 시세와 국중 소문과 외국 형편을 소상히 알아 상하 원근이 정의를 상통하여 각히 이산(離散) 한 마음이 적이 합심할 만하게 된지라. …

그래서 문제를 삼게 된 것이므로 불공평 문제와는 관계없다는 것이었다. 그러면서 그는 다음과 같이 국민들의 각성을 촉구했다.

> 우리가 특별히 국은(國恩) 을 남보다 더 입어 독히 충성이 갸륵하다는 것이 아니라. 일을 알고 본즉 진실로 애닯고 원통한 중 당초에 우리가 내 나라 일을 남의 일 보듯 하는 까닭에 이런 일이 생겼은즉, 다만 말로만 시비할 뿐 아니라 장차 목숨을 결단코 이런 일을 눈으로 보지 않기로 작정할지라. 그런즉 우리가 암만 말하여도 실효가 없으니 말하는 우리나 말 아니 하는 남이나 조금치도 다른 것이 없다 할 듯하나, 말만 하여도 국중에 백성이 있는 것을 보임이요, 또한 전국 백성이 우리와 같이 일심으로 한마디씩 반대할 만하게 되었으면 당초에 남의 토지를 달랄 리도 없거니와 설사 달라더라도 그동안 대한 일천이백만명 백성 중에서 무슨 거조〔擧措: 무슨 일을 꾀하거나 처리하기 위한 조치〕가 있을는지 모를지라. …

이승만은 다음과 같은 훈계조의 말로 논설을 끝맺었다.

> 그런고로 지금 우리가 내 물건 달라는 친구를 시비함이 아니라 이 백성 중에 몰라서 아는 체 못하는 자와 알고도 모르는 체 하는 자의 죄와 책망이 더 큰지라. 우리는 바라건대 우리 동포들은 무슨 일을 물론하고 대한 일이라 하거든 다만 내 나라 일로만 알 것이 아니라 내 집안 일로 아시고 각히 생각가는 대로 서로 모여 쓸데없는 공론과 시비라도 좀 하여 보시오.[18]

대한(大韓)의 일이라 하거든 "내 나라 일"로만 알 것이 아니라 "내 집안 일"로 여기라고 강조한 것이 인상적이다. 그것은 이때까지만 해도 국가보다는 가문(家門)을 훨씬 더 소중히 생각하는 씨족주의 내지 가족주의 가치관을 의식한 말일 것이다. 《협성회회보》에 게재된 모든 논설들이 모두 조금은 훈계조이기는 했으나 이승만의 이 문투는 유별나다. 그러나 지적 우월감에서 자칫하면 현학적(衒學的)이게 마련인 젊은 나이에 이처럼 쉬운 말로 대중을 설득하는 문장을 쓸 수 있었다는 것은 이승만의 또 다른 재능을 보여 주는 것이다. 이에 앞서 3월10일에는 독립협회 주최로 종로에서 러시아인 탁지부고문 및 교련교관의 해고와 절영도 조차요구를 거절할 것을 촉구하는 이 나라 초유의 대규모 대중집회가 열렸고 이승만은 이 집회에서 연설을 했는데, 위의 논설은 이때에 한 연설의 내용이었을 것이다.

협성회는 《협성회회보》의 발행과 보급에 매우 열성적이었다. 《협성회회보》 1월15일자(제 3호)의 "회중잡보"에는 "회원은 회보를 친히 찾아다 보고 그 외 회보 보는 사람에게는 갖다주기로 작정되었더라"라는 기사가 실려 있다. 이는 우리나라에서 처음으로 구독자들에게 신문을 배달하기로 결정했음을 말해 준다. 회보제작을 맡은 임원들은 매 수요일

---

18) 《협성회회보》 1898년 3월19일자(제 12호), "논설".

오후 6시 30분에 모임을 가졌고, 회보는 토요일의 토론회에 맞추어 발행되었다. 수요일의 모임은 기사마감과 다음 호 편집회의를 위한 모임이었을 것이다. 이 모임에 빠지는 사람에게는 벌금 30전을 물리고, 세 번 빠지면 회원에서 제명하기로 결의했다. 이러한 일은 이승만을 비롯한《협성회회보》제작진이 회보제작에 얼마나 열성적이었는가를 말해준다. 그리고 1월30일자(제 5호) 부터는 "광무 이년 일월 이십륙일 농샹공부 인가"라고 제호 바로 밑에 정부의 정식 인가를 받은 신문임을 밝히고 있다.

또한《독립신문》의 "광고"난에는 1월18일자부터 다음과 같은《협성회회보》의 광고가 실렸다.

> 《협성회회보》는 대한 학도들이 주장하여 출판하는 것인데, 학문과 시국에 유조한 논설과 본국에 긴요한 소문과 외국형편과 회중잡보와 각처 광고가 있으니, 학문상에 유의하는 이들은 그 회보를 정동 배재학당 제일방으로 가서 사 보시오.

이 "광고"는《협성회회보》가 4월9일에《매일신문》으로 바뀔 때까지 매호에 빠지지 않고 실렸다.

2. 최초의 일간지《매일신문》

《협성회회보》가 사회적으로 큰 호응을 얻자 협성회는 마침내 야심적인 일간지 발행을 단행하기에 이르렀다. 그것은《협성회회보》를 창간하고 석 달도 되지 않은 때였다. 선구자들의 행동은 언제나 이처럼 모험적인 것이다. 협성회는 3월19일의 토론회에서 "일주일간에 한번씩 내는 회보를 매일 한번씩 발간하자고 작정"했다.[19] 그리하여《협성회회보》는 4월2일자의 제 14호로 마감하고, 제 15호 발행 날짜인 4월9일에 우리나라 최초의 일간지인 《매일신문》(당시의 표기는 《미일신문》)을 창간한 것이다. 《독립신문》은 그때까지 일주일에 세번씩 발행되고 있었다. 《매일신문》은 창간호 "논설"에서 창간동기를 다음과 같이 천명했다.

> 우리 협성회 회원들이 일심 합력하야 금년 정월 일일부터 매 토요일에 일차씩 회보를 발간하야 지나간 토요일까지 십사호가 났는데, 대략 본 회중 사무와 내외국 시세 형편이며 소문 소견의 학문에 유조할 만한 것을 기재하야 국가 문명 진보에 만분지 일이라도 도움이 하나님의 도우심과 회원들의 극진한 성의로 지금 이 회보가 거의 천여 상이 나가니, 우리 회보 보시는 이들에게 감사함을 치하하는 중, 일주일에 한번씩 내는 것을 기다리기에 매우 지리한지라. 회원 중 유지각하신 몇몇 분이 특별히 불석신고(不惜辛苦)하고 열심으로 주선하였거니와 아울러 회원들이 일심으로 재력을 모아 오늘부터 매일 신문을 내는데, 내외국 시세형편과 국민에 유조한 말과 실적한 소문을 많이 기재할 터이니 ….

그러면서 이 "논설"은 우리나라에서 처음으로 일간지를 발행하는 것을 다음과 같이 자부했다.

> 대범 서양제국서는 국중의 신문 다소를 가지고 그 나라 열리고 열리지 못함을 비교하거늘 돌아보건대 우리나라에 신문이 얼마나 되느뇨. 과연 부끄러운 바라. 다행으로 《독립신문》이 있어 영자로 발간하매 외교상과 나라 권리 명예에 크게 관계되는 영광이라. 그 외 《한성신보》와 두세가지 교중(敎中) 신문이 있으나 실상은 다 외국사람의 주장하는 바요, 실로 우리나라 사람이 자주하여 내는 것은 다만 《경성신문》과 우리 신문 두가지뿐인데, 특별히 매일신문(‘일간지’라는 뜻)은 우리가 처음 시작하니, 우리나라 사천년 사기(史記)에 처음 경사라 어찌 신기하지 않으리오. 아무쪼록 우리 신

19) 《협성회회보》 1898년 3월26일자(제 13호), "회중잡보".

대한광무이년ᄉᆞ월구일

ᄆᆡ일간

ᄆᆡ일신문

일호

광무 이년 일월 이십륙일 농샹공부 인가

론셜

대한 광무 이년 셔역 일쳔팔빅 구십 팔년 삼월구일에 우리 ᄆᆡ일 신문이 대한 일쳔이빅만 동포의몸밧은 태극 국긔를 되ᄒᆞ야 처음으로 인ᄉᆞ를 드리고 또ᄒᆞᆫ 동셔양 약됴 졔국 졍부를 되신ᄒᆞᆫ 긔호들을 되ᄒᆞ야 경례ᄒᆞ니 일국에 참 희한ᄒᆞᆫ 경ᄉᆞ라 우리는 일심으로 대 황뎨 폐하의 셩덕을 찬양ᄒᆞ며 만셰을 부르고 황태ᄌᆞ 폐하를 위ᄒᆞ야 쳔셰를 부르며 우리 나라와 신문샤를 위ᄒᆞ야 무강ᄒᆞᆫ 복을비노라 당초의 우리 협셩회 회원들이 일심합력 ᄒᆞ야 금년 졍월 일일 붓허 ᄆᆡ토요 일에 일ᄎᆞ식 회보를 발간 ᄒᆞ야 지나간 토요일ᄭᆞ지 십ᄉᆞ호가 낫는ᄃᆡ 대략 본회즁 ᄉᆞ무와 ᄂᆡ외국 시 셰형편이며 쇼문 소견에 학문의 유조ᄒᆞᆯ만 ᄒᆞᆫ거슬 긔ᄌᆡᄒᆞ야 국가 문명 진보에 만분지 일이라도 도음이 하ᄂᆞ님이 도으심과 회원들에 극진ᄒᆞᆫ 셩의로 지금 이 회보가 거의 쳔여쟝이 나아가니 우리 회보 보시는 이들게 감ᄉᆞᄒᆞᆷ을치하 ᄒᆞ논즁 일쥬일에 ᄒᆞᆫ번식 나는것을 기다리기에 ᄆᆡ우 지리ᄒᆞᆫ지라 회원즁 유지각 ᄒᆞ신 몃몃분이 특별이 불셕신고 ᄒᆞ고 열심으로쥬션 ᄒᆞ엿거니와 병ᄒᆞ여 회원드리 일심으로 져역을 모하 오ᄂᆞᆯ붓터 ᄆᆡ일신문을 ᄂᆡ는ᄃᆡ ᄂᆡ외국 시셰형편과 국민에 유죠ᄒᆞᆫ말과 실젹ᄒᆞᆫ 소문을 만히 긔지 ᄒᆞᆯ터이니 목젹도 극히 즁대 ᄒᆞ거니와 우리 회원이 일심 ᄋᆡ국ᄒᆞ는 지극ᄒᆞᆫ 츙셩의 간담을 합ᄒᆞ여 이 신문샹에 드러ᄂᆡ노라 대범 셔양 졔국져은국즁에 신문다소를 가지고 그나라열니고 열니지 못ᄒᆞᆷ을 비교ᄒᆞ거ᄂᆞᆯ 도라보건ᄃᆡ 우리 나라에 신문이 얼마나 되는뇨 과연 붓그러온 바라 만힝으로 독립신문이 잇셔 영자로 발간 ᄒᆞᆫ니 외교상과 나라권리 명예에 크게 관계 되는 영광이라 그외 한셩신보와 두세가지 교즁신문이 잇스나 실샹은 다 외국사ᄅᆞᆷ에 쥬쟝ᄒᆞ는 비요 실노히 우리나라 사ᄅᆞᆷ이 조쥬ᄒᆞ여 ᄂᆡ는것은 다만 경셩신문과 우리신문 두가지 뿐인ᄃᆡ 특별히 ᄆᆡ일신문은 우리가 쳐음 시쟉ᄒᆞ니 우리 나라 ᄉᆞ쳔년 ᄉᆞ긔에 쳐음 경ᄉᆞ라 엇지 신긔ᄒᆞ지 안으이오 아모조록 우리신문이 문명 진보에 큰 긔초가 되기를 우리는 간절히 바라 노라

한국 최초의 일간지 《매일신문》 창간호. 이승만은 사장 겸 기재원이었다.

문이 문명 진보에 큰 기초가 되기를 우리는 간절히 바라노라.[20]

"논설"은 이러한 일간지를 발행하는 자신들의 포부를 "우리 회원이 일심 애국하는 지극한 충성의 간담을 합하여 이 신문상에 드러내노라"라고 패기에 찬 말로 천명했다. 이 "논설"은 이승만이 직접 집필한 것이거나 적어도 그의 주장이 많이 반영된 것이었을 것이다.

이어 4월12일자(제3호) "논설"은 두 면에 걸쳐서 신문의 중요성을 특별히 강조하고 있다. 이 "논설"은 "신문이라 하는 것이 나라에 크게 관계가 되는 것으로 세가지 목적이 있으니 첫째 학문(學問)이요, 둘째 경계(經界)요, 셋째 합심이라"라고 전제하고, 그 세가지를 구체적으로 설명했다. 첫째의 학문이란 신문의 계도(啓導)의 기능을 말하는 것이고, 둘째의 경계는 비평과 고발의 기능을, 셋째의 합심은 국민적 통합의 기능을 뜻하는 것이었다. 이러한 주장은 이승만을 비롯한 협성회 간부들이 신문의 기능에 대한 인식이 얼마나 투철했는지를 말해 준다. 그런데 이승만이 《매일신문》

20) 《매일신문》 1898년 4월9일자, "논설".

의 창간 경위에 대해서 다음과 같이 술회한 것은 《협성회회보》의 논지와 관련하여 아펜젤러 등 배재학당의 경영진과 협성회 간부들 사이에 알력이 없지 않았음을 시사해 준다.

> 나는 배재학당에서 다른 학생들과 《협성회회보》를 시작하였고, 그 주필이 되었다. 작은 학생신문이 정부고관들을 비판하게 되자 곧 세상 사람들의 관심을 끌었다. 그래서 아펜젤러 교장은 우리에게 논설을 검열받으라고 했다. 그렇지 않으면 학교 신문으로는 발간할 수 없다는 것이었다. 독립정신이 강한 유영석(柳永錫)과 나는 학교를 나와서 한국 최초의 일간지를 내기 시작했다. 사람들은 우리더러 외국의 보호를 받지 않고 그런 신문을 발간하면 위험하다고 했으나, 《매일신문》은 아주 호평을 받게 되어, 서재필 박사는 우리 신문 때문에 자기의 신문을 팔 수 없다고까지 하게 되었다.[21]

서정주와 올리버는 다같이 이때의 일을 자세히 기술하고 있으나, 사실과 다른 점이 많다. 《협성회회보》의 비판을 못마땅하게 여긴 정부가 아펜젤러와 알렌(Horace N. Allen, 安連) 공사를 통하여 압력을 행사했고, 그래도 듣지 않자 그 신문을 폐간시켰다는 등의 내용이 그러한 보기이다.[22] 이는 《매일신문》을 발행하는 데 혼신의 노력을 기울였던 이승만의 과장된 기억에 따른 것일 것이다. 그만큼 이승만은 《매일신문》을 창간했던 일을 생애를 두고 자랑스럽게 여기고 있었다. 그것은 올리버가 《매일신문》의 발행과 관련하여 "그(이승만)의 수제는 정부와 사회의 개혁을 위한 정열적이고 반복적인 요구였다. 이 작은 신문은 새 한국의 실질적 탄생이었다. … 그것은 곧 이승만의 정치경력의 참된 시작이었다"[23] 라고 표현하고 있는 것으로도 짐작할 수 있다.

---

21) "Autobiography of Dr. Syngman Rhee", p. 6 ; "청년 이승만 자서전", 이정식 지음, 권기붕 옮김, 앞의 책, p. 256.

22) 徐廷柱, 《李承晩博士傳》, 三八社, 1949, pp. 150~153.

실제로 《매일신문》의 발간은 이제 스물세 살이 된 이승만이 개화파 지식인 사회에서 주목받는 계기가 되었다. 이승만은 해방 뒤에 귀국한 직후인 1945년 10월23일에 열린 전조선 신문기자대회와 11월28일에 정동예배당에서 열린 임시정부 영수 환영회 등에서 50년 전에 《매일신문》을 발행했던 일을 아주 자랑스럽게 회고했다.[24)]

그런데 배재학당 안에 있는 삼문출판사(三文出版社)의 활판을 이용하여 주간으로 찍어내던 《협성회회보》를 학교에서 나와서 일간지로 발행하면서 어떻게 《협성회회보》의 발행예정 날짜에 맞추어 《매일신문》을 창간할 수 있었는지는 퍽 궁금한 일이다. 협성회가 일간지를 발행하기로 결정한 것이 3월19일인데, 4월9일에 《매일신문》이 다른 인쇄시설을 이용하여 창간되었다는 사실은 그 전에 별도의 준비가 있었음을 말해 준다.

위에서 본 대로 이승만은 자서전 초록에서 유영석과 함께 학교를 나와서 《매일신문》을 발행했다고 했는데, 이 무렵 유영석은 협성회 회장이었다. 유영석은 《협성회회보》를 창간한 1월부터 《협성회회보》와는 별도로 일간신문 발행을 위해 노력하고 있었다. 내부의 주사(主事)를 지내고 독립협회에 참여하면서 이문사(以文社)라는 인쇄소에 관여했던 이종일(李鍾一)은 유영석이 자기를 찾아와서 신문발행을 제의했다고 적고 있다.[25)]

이 비망록에 따르면, 이종일과 유영석은 이문사 관계자인 이종면(李鍾冕), 이종문(李鍾文), 장효근(張孝根) 등과도 신문발행 문제를 논

---

23) Robert T. Oliver, *Syngman Rhee — The Man Behind the Myth*, Dodd Mead and Company, 1960, p. 20.

24) 《自由新聞》 1945년 10월25일자, "眞正한 言論自由는 全朝鮮福利增大에"; 雩南實錄編纂會, 《雩南實錄(1945~1948)》, 悅話堂, 1976, p. 342.

25) 李鍾一, 《沃坡李鍾一先生論說集(三), 沃坡備忘錄》, 1898년 1월10일조, 敎學社, 1984, p. 294.

의했다. 이문사는 원산항 지사 겸 덕원(德源) 군수, 외부 교섭국장, 중추원 의관 등을 역임한 김익승(金益昇)이 일본에서 수입한 활판인쇄기를 가지고 1896년 말경에 설립한 인쇄소였다. 이 이문사와 협성회의 합작으로 《매일신문》의 발행이 가능했던 것이다.[26] 이문사에서 인쇄시설과 함께 300환(圜)의 운영자금을 《매일신문》에 투자했다는 기술도 있다.[27] 뒷날 《제국신문》은 《매일신문》을 창간할 때에 유지 인사들이 300원을 연조하여 그 돈으로 이문사의 활판을 세내었던 것이라고 설명했다.[28] 그리고 활판인쇄기를 가지고 있던 김익승은 해방 뒤에 남조선과도입법의원(南朝鮮過渡立法議院) 의장이 된 독립운동가 김규식(金奎植)의 숙부였다.[29] 어렵게 이문사의 활판인쇄기를 확보한 협성회 임원들은 남대문 안의 싸전 도가이던 집을 빌리고 인쇄기를 옮겨서 《매일신문》을 발행하게 된 것이었다.

《협성회회보》가 《매일신문》으로 바뀌면서는 협성회와는 별도로 신문사 조직을 갖추게 되었는데, 이내 경영과 제작의 주도권 문제와 관련한 사내분규가 일어나서 제작진의 변동이 잦았다. 창간되고 사흘 뒤인 4월12일자(제 3호) 《매일신문》의 "협성회 회중잡보"란에는 "이 신문 사장은 본회 회장이 예겸할 줄로 작정되었더라" 라고 하여 협성회 회장이 《매일신문》 사장을 겸하기로 결정했다고 밝히고 있는데, 《매일신문》 창간 당시의 협성회 회장은 유영석이었다. 그리고 한 달 뒤인 5월14일(토)에 열린 협성회 통상회는 이승만을 회장, 양홍묵을 부회장으로 선출하고, 협성회의 기금 60원을 매일신문사로 넘겨주기로 의결했다.[30]

26) 崔起榮, 《大韓帝國時期新聞研究》, 一潮閣, 1991, pp. 14~16.

27) 崔埈, 《韓國新聞史》, 一潮閣, 1960, p. 84.

28) 《제국신문》 1902년 2월19일자, "본사 사적이라".

29) Edward W. Wagner, "The Three Hundred Year History of the Haeju Kim(海州金) Chapkwa-chungin(雜科中人) Lineage", 《宋俊浩敎授停年紀念論叢》 별쇄, 1987, pp. 19~20; 《雩南實錄(1945~1948)》, p. 342.

30) 《매일신문》 1898년 5월21일자, "협성회 회중잡보".

그런데 이승만이 협성회 회장이 되었으므로 당연히 사장을 겸해야 했을 터인데도 불구하고 5월21일자 《매일신문》에는 편집인 최정식(崔廷植), 저술인 이승만, 발행겸 인쇄인 유영석이라고 기재되어 있어서 의아스럽다. 최정식은 협성회의 찬성원이었으나 독립협회 활동에도 열성을 보인 과격한 성품의 사람이었다. 그랬다가 1주일 뒤인 5월27일자에야 회장인 이승만이 사장과 기재원〔記載員: 기자 내지 주필〕을 겸한다는 기사가 실렸다.[31]

이승만이 협성회 회장이 되고 나서 사흘 뒤인 5월16일자 《매일신문》은 1면 전면과 2면에 걸쳐서 러시아와 프랑스가 한국정부에 이권을 요구한 외교문서의 내용을 폭로하여 큰 파문을 일으켰다. 국가기밀과 국민의 알 권리의 마찰이라는 언론의 본질적 논제의 하나가 한국 언론사상 처음으로 등장한 것이었다. 러시아의 요구는 목포(木浦)와 진남포(鎭南浦) 조계지에 인접한 사방 10리 안의 땅을 섬들까지 빼지 않고 사겠다는 것이었고,[32] 프랑스의 요구는 평양의 석탄광산을 채굴하여 경의선(京義線) 철도 부설공사에 사용하겠다는 것이었다.[33] 프랑스는 이미 경의선 철도 부설권을 획득해 놓고 있었다. 《매일신문》은 이러한 사실을 폭로하면서 기사 끝머리에 다음과 같은 선동적인 말을 덧붙였다.

> 이 말을 들음에 치가 떨리고 기가 막히어 분한 마음을 억제할 수 없는지라. 우선 기재만 하거니와 이는 참 대한신민의 피가 끓을 소문이라. 대소 인민 간에 대한의 신민된 이들이야 이런 소문을 듣고

31) 《매일신문》 1898년 5월27일자, "협성회 회중잡보".

32) "露領事館基址로 租界外十里以內의 陸地만을 購買할 수 있다는 照會" 1898년 5월14일, 《舊韓國外交文書(十七) 俄案(1)》, pp. 566~567.

33) "法國京義鐵路會社에 許施하기로 한 炭鑛의 確定促求件" 1898년 5월5일, 《舊韓國外交文書(十九) 法案(1)》, pp. 387~388.

> 잠시인들 어찌 가만히 앉았으리오. 우리 동포들은 일심으로 발분(發憤)하여 속히 조치할 도리를 생각들 하시오.

이러한 폭로와 선동으로 국민들에게 큰 충격을 준 이 기사는 이승만이 쓴 것이었다. 그리고 그것은 이 문제에 대한 독립협회의 격렬한 반대운동을 반영한 것이기도 했다. 이 기사가 보도된 것과 같은 날인 5월 16일에 독립협회는 회의를 소집하고 이승만, 정항모(鄭恒謨), 박치훈 세 사람을 총대위원〔대표자〕으로 지명하여 외부대신 조병직(趙秉稷)에게 사실의 선밀과 그에 대한 대책을 묻는 강경한 편지를 작성하여 보내도록 했다.[34)]

《매일신문》의 기사는 당장 외교문제로 비화했다. 러시아와 프랑스의 이권요구 사실은 《한성신보》에도 보도되었는데, 그것은 물론 일본인들의 관심을 반영한 것이었다. 러시아 공사 마튜닌(N. Matunine, 馬丢寧)은 그날로 《매일신문》과 《한성신보》를 첨부한 조회공문을 외부에 보내어 외교기밀이 누설된 데 대하여 항의하면서 앞으로 이런 일이 없도록 하라고 요구했고,[35)] 프랑스 공사 플랑시(V. Collin de Plancy, 葛林德)는 관련자를 처벌할 것을 요구하는 조회공문을 보냈다.[36)] 그리하여 외부에서는 이튿날 《매일신문》의 그 기사 책임자를 소환했다. 사장 겸 기재원인 이승만이 외부에 출두했다. 전날 독립협회의 총대위원으로 외부를 항의방문했던 이승만은 《매일신문》 기자로서 다시 외부에 소환되어 간 것이었다.

외부의 관리들은 이승만에게 《매일신문》이 정부가 외국과 비밀로 공문 거래하는 일을 신문에 기재하여 반포함으로써 중대한 공사(公事)가

---

34) 《매일신문》 1898년 5월17일자.

35) "露側公文內容이 新聞에 漏洩된 데 대한 抗議", 1898년 5월16일, 《舊韓國外交文書(十七) 俄案(1)》, pp. 570~571.

36) "平壤礦事의 新聞發表에 대한 抗議", 1898년 5월16일, 《舊韓國外交文書(十九) 法案(1)》, pp. 392~393.

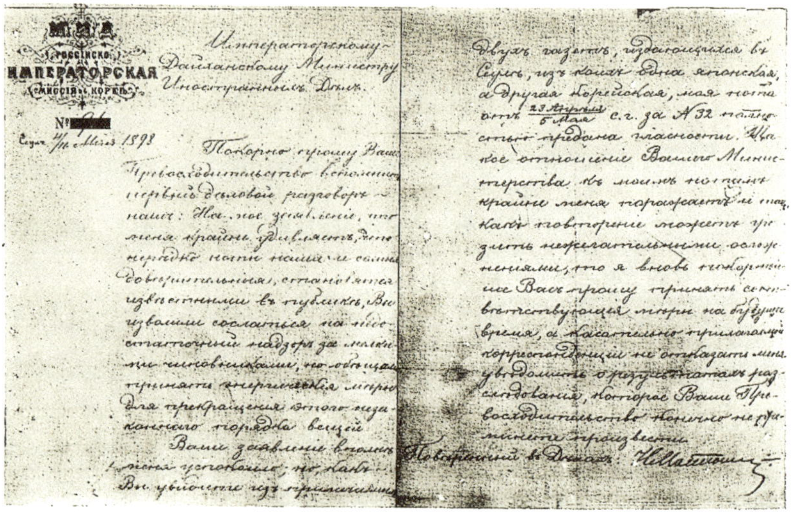

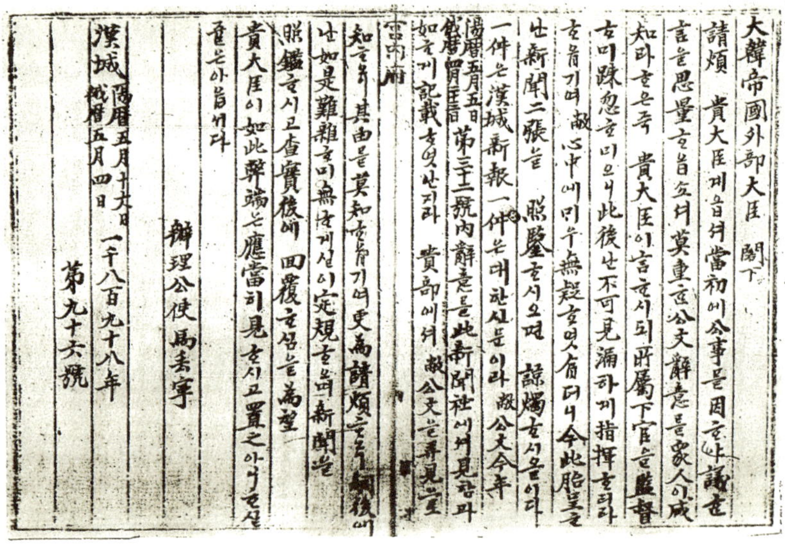

大韓帝國外部大臣 閣下
請煩 貴大臣게옵셔當初에公事를因호야議定
言을思量호옵소셔莫重호公文辭意를衆人이咸
知라호온즉 貴大臣이言호시되所屬下官을監督
호미踈忽호미오니此後난不可見漏하게指揮호리라
호옵기여 敝心中에미우無疑호엿삽더니今此胎呈호
난新聞二張을 照鑒호시오면 諒燭호시올이다
一件은漢城新報一件은대한신문이라 敝公文今年
陽曆五月五日 陰曆三月十五日 第三十二號內辭意를此新聞社에서見탐파
如호게記載호엿산지라 貴部에셔 敝公文을尋見호
宮內府
知호옵 其由를莫知호옵기여更爲請煩호오니此後에
난如是難雜호미無케게실이定規를호오며新聞을
照鑑호시고查實後에 回覆호심을爲望
貴大臣이如此弊端은應當히見호시고置之아니호실
줄은아옵나이다
辦理公使 馬秀寧
漢城 陽曆五月十六日 陰曆五月四日 一千八百九十八年
第九十六號

러시아와 프랑스의 이권요구를 폭로한 기사에 대해 주한 러시아 공사 마튜닌이 한국정부에 보낸 항의공문의 원문(위)과 한국정부의 번역문(아래).

부질없이 누설될 염려가 있다고 질책했다. 양국 공사관에서 조회한 내용이 신문에 보도된 데 대해 양국 공사가 무수히 힐문하므로 견딜 수 없다는 것이었다. 외부 관리들의 이러한 지적에 대해 이승만은 다음과 같이 신랄하게 반박했다.

"대신이 외국사람이 아니고 외부가 외국관청이 아니거늘 나라 일을 외국 공령사와는 몰래 의논하면서 그 백성을 모르게 할 이유가 어디 있소? 이같이 어려운 때에 나라를 위해 일을 하면서 이만한 일을 어렵다고 하면 설령 남이 군사를 내어 나라를 침노하면 국가를 위해 의리로써 죽으려는 생각이 어떻게 나겠소? 또한 신문 때문에 괴로운 일이 있다고 나를 불러가지고 걱정으로 말씀하시니, 우리가 신문을 나라를 위하지 말고 외국을 도와 말을 해야 옳단 말이오!"

그러자 외부 관리들은 "우리가 《매일신문》을 책망하자는 것이 아니라 당장 두 공사관에 회답을 해야 하는데, 어떻게 대답해야 좋을지 의논하고자 불렀을 뿐이오"라고 한발 물러섰다.

이승만은 "이렇게 말하면 될 것 아니오"하고 외부의 관리들에게 설유조로 말했다.

"우리는 대한신하요 신문기자는 대한의 백성인즉 대한 토지는 신하와 백성이 같이 관계되는 일이니, 우리가 신문사에 알렸든지 신문사에서 탐지하여 냈든지 다 내 나라를 위하여 하는 일이니 신민 간에 자기 나라를 위하여 하는 일을 기공사가 말라고 할 권리가 없다, 하고 말이오."

외교기밀의 누설문제를 질책하기 위하여 이승만을 소환했던 외부 관리들은 그의 논리정연한 반박에 할 말이 없었다. 이승만은 외부 관리들이 배짱이 없다고 분개하면서 자리를 박차고 나왔다. 이 일은 일본 신문에까지 보도되었다.37)

《매일신문》의 5월20일자 "논설"은 이 기자 소환사실을 보도하면서 위

37) 《万朝報》, "韓國特信", 方善柱, 《在美韓人의 獨立運動》, 翰林大學校 아시아文化研究所, 1989, p. 191.

의 대화내용까지 소상히 소개하고 나서 다음과 같은 말로 끝맺고 있다.

> (외국 외교관들이) 아무리 나라를 위하더라도 남의 땅을 공문을 가지고 사려함도 공법(公法)에 보지 못한 말이오, 백성이 저희 나라를 위한다고 벌주라고 하는 것도 공문 거래상에 못 할 말이라. 지금 대한에 관인과 백성이 이만치라도 열려 가는 모양이니, 외국 친구들은 대한을 좀 달리 대접하여 교제상에 서로 정의 있게 지내어 가기를 우리는 힘써 바라노라.38)

러시아 공사는 5월19일에 다시 《매일신문》이 러시아 사관을 모함했다면서 5월18일자 신문을 첨부하여 항의하는 조회공문을 외부에 보내왔다.39) 《매일신문》은 5월7일자, 11일자, 18일자의 세 차례에 걸쳐서 원산에서 있었던 러시아 사관(士官)의 행패와 이를 규탄하는 주민들의 동향을 잇달아 보도했었다. 5월7일자 기사는 다음과 같았다.

> 원산항에서 러시아 사관이 대한 사람 둘이 자는 것을 죽인 까닭에 항구 백성 수천명이 감리영을 에워싸고 원수갚아 달라고 소동이 대단하다고 전보가 왔다니 우리 듣기에 이런 놀라운 일이 없는지라. 다시 탐문하여 자세히 속보하려 하거니와 그 항구 백성들은 참 동포의 의를 이같이 생각하고 일심으로 보수(報讎)하려 함은 진실로 고마운 일이라. 들으니 감리사가 그 소동된 백성들을 정돈하려고 매우 애를 쓴다니, 이 일을 속히 조처하여 백성의 마음들만 상쾌하게 하여 줄 것 같으면 소동은 자연 정돈될러라.40)

또한 러시아 공사가 새로 문제 삼은 5월18일자 기사는 다음과 같은

---

38) 《매일신문》 1898년 5월20일자, "논설".

39) "露國士官을 誣毁한 韓國新聞에 對한 解明要求", 《舊韓國外交文書(十七) 俄案(1)》, pp. 578~579.

40) 《매일신문》 1898년 5월7일자, "잡보".

것이었다.

> 러시아 사관 둘이 하사와 병정 약간 명과 통사〔통역〕 등을 데리고 함경북도로부터 들어온다는 말은 이미 기재하였거니와, 또 들은즉 그 사관들이 원산항에 이르러 감리영(監理營)에 방 하나를 빌려 있는데, 저희 나라 국기를 꽂으매 감리사가 말하기를 남의 나라 공해에 국기를 함부로 꽂는 것은 공법에 마땅치 않은 일이라고 금단하여도 그냥 꽂음에 그 일로 서울 있는 러시아공사한테 조회하였더니, 그 공사도 그 일이 마땅치 않은 줄로 말하야 그 사관들이 지금은 감세관리의 집에 나와 있는데, 국기는 여전히 꽂고 있음에 그 주의를 알지 못할 일이라고 한다더라.41)

한편 협성회는 5월23일에 특별회를 소집하여 프랑스 공사가 기재원의 처벌을 요구해 온 문제를 논의한 뒤에 양홍묵 등 다섯 사람을 총대위원으로 선정하여 외부대신에게 편지를 보내기로 결의했다.42) 이에 따라 양홍묵 등은 25일에 외부대신 조병직에게 편지를 보내어 만일《매일신문》기재원이 죄가 있거든 의율징치〔依律懲治: 의법처단〕하고 죄가 없으면 프랑스 공사에게 죄 없는 이유를 설명해서 양국 교제상 체례〔體禮: 관리들 사이의 예절〕에 서로 손상이 없게 하라고 촉구했다.43)

러시아와 프랑스의 공사들과 한국정부 사이의 조회공문은 그 뒤에도 여러 차례 오갔다. 프랑스 공사는 외교공문이 신문에 게재되는 것을 막기 위해서 앞으로는 공문용어를 한문으로 번역하지 말고 프랑스어로만 사용하자고 제의하기도 했다.44)

한국정부와 은밀히 교섭하여 이권을 챙기려 했던 열강으로서는《매

41) 《매일신문》1898년 5월18일자, "잡보".

42) 《매일신문》1898년 5월24일자, "잡보".

43) 《독립신문》1898년 5월28일자, "잡보".

44) "往來公文의 新聞揭載를 避하기 위한 法文使用件",《舊韓國外交文書(十九) 法案(1)》, pp. 400~402.

일신문》이 여간 부담스러운 존재가 아니었다. 그것은 《제국신문》이 이때의 상황을 "외국 공영사도 이 무세(無勢)한 종이조각을 꺼리기를 군사 몇만명보다 어렵게 여기고…"[45] 라고 표현하고 있는 것으로도 짐작할 수 있다. 정부와 러시아 및 프랑스는 마침내 당초의 계획을 변경할 수밖에 없었는데, 이것은 신문과 독립협회가 거둔 최초의 외교적 승리였다.

이때의 러시아 공사의 항의조회에는 신문을 규제할 법을 제정하라는 요구도 포함되어 있었는데, 10월에 이르러서는 일본 공사 가토 마스오(加藤增雄)도 주한 외교사절 대표자격으로 외교문서를 신문에 보도하지 못하게 하라는 조회를 외부에 보내왔다. 그리하여 한국정부에서 신문관계법의 제정문제가 논의되기 시작했다. 그러나 그것은 독립협회의 드센 자주민권운동의 전개 속에서 보류되다가 독립협회가 해산되고 난 직후인 1899년 초에 한국 최초의 언론법인 「신문지조례(新聞紙條例)」[46] 가 제정되었다. 말하자면 이승만이 러시아와 프랑스의 비밀 외교문서를 폭로한 것이 「신문지조례」를 제정하는 계기가 되었던 셈이다. 그러나 이 「신문지조례」는 시행되지 않은 채 폐기되고, 1907년에 가서야 흔히 「광무신문지법(光武新聞紙法)」으로 일컬어지는 「신문지법」이 제정되었다.

《매일신문》이 일간으로 발행된 것은 다른 신문에도 큰 자극이 되어 《독립신문》도 7월1일부터 일간으로 발행되었고, 뒤이어 8월10일에는 《제국신문》이, 9월5일에는 《황성신문(皇城新聞)》이 일간신문으로 창간되어 마침내 한국에도 일간지 시대가 열리게 되었다.

---

45) 《제국신문》 1898년 8월15일자, "논설".

46) 이 「신문지조례」의 내용은 鄭晋錫, "대한제국 최초의 「신문지조례」 제정과 그 내용", 제 7회 위암 장지연 기념 학술세미나, 2001, pp. 25~31 참조.

3. 《매일신문》의 내분과 《제국신문》 창간

그러나 이승만은 곧 사내분규로 《매일신문》의 사장직에서 물러나게 되었다. 이승만이 사장과 기재원을 겸임하기로 되었다는 보도가 나가고 사흘 뒤인 5월30일자(제 44호)와 31일자(제 45호) 《매일신문》에 연달아 협성회에 긴급한 일이 있어서 31일 오후 4시에 부회장 양홍묵의 집에서 특별회를 개최한다는 공고가 났다.[47] 그리고 6월4일자(제 49호)에는 다음과 같은 기사가 실렸다.

> 전 화요일 특별회에 회원들이 모여 난상히 의론하고 매일신문사를 본회 회원 중으로 고본금(股本金)을 수합하야 회사로 소식하고, 사장은 양홍묵씨요, 기재원은 최정식, 이승만 두씨를 인용하고, 회계는 유영석, 박신영 두씨로 정하고, 간독(看督)은 현제창, 현덕호 두씨로 작정되다.[48]

말하자면 협성회 회장과 《매일신문》 사장 자리가 분리된 셈이었다. 그리고 협성회 회원들 사이에서 고본〔주식〕을 모아 신문사를 회사체제로 개편한 다음 사장에 양홍묵을 선출하고, 기존의 직책 이외에 회계와 간독을 추가했다는 것이었다. 또한 사장 겸 기재원이었던 이승만은 기재원으로서 제작에만 관여하게 한다는 것이었다. 그런데 이 특별회는 양홍묵의 사저에서 열린 것이었으므로 정상적인 회의였다고는 할 수 없다.

이러한 움직임에 대한 기존 제작진의 입장은 7월7일자(제 77호) 《매일신문》에 실린 장문의 "사중고백"에 표명되어 있다. 이 "사중고백"은 활판과 회계의 책임을 맡은 유영석의 부탁으로 기재원 최정식이 내부대신으로부터 13도에 구독을 권유하는 공찰(公札)을 받아냈고, 이에 따라

47) 《매일신문》 1898년 5월30일자 및 31일자, "협성회 특별회 공고"(영인편에는 없음).

48) 《매일신문》 1898년 6월4일자, "협성회 회중잡보".

신문 발행부수가 1,000여장이 늘어나자 "몇몇 사람이 나서서 본회를 배반하야 신문회사라 칭하고 사장이니 간독이니 내어, 그 사업하여 놓은 것을 은근히 권리를 앗으려 하는 까닭에" 분란이 생겼다고 말하고 있다. 협성회 회장이 겸하는 사장직을 양홍묵이 비정상적 방법으로 탈취했다는 것이었다.

그러나 이튿날 신문에는 완전히 반대되는 내용의 기사가 실렸다. "근일에 기재원 이승만씨가 유고하야 최정식씨로 잠시 대리하였더니" 최정식이 허위사실을 기재했다는 것이었다. 그리고 《매일신문》은 협성회 회원이 회사를 조직하여 발행하는 것이 규칙인데, 유영석과 최정식이 "회원 밖의 사람을 부동하여 본사 제원(諸員)을 도리어 내어 보내고 신문을 독(獨)히 주장하여 발간하려 하니" 본사 규칙에 위배되므로 해임했다고 해명했다.[49] 그런데 이보다 앞서 6월23일자에 기재원 최정식이 물러나고 윤하영(尹夏榮)이 그 후임이 되었다는 기사가 있는 것으로 미루어 보면, 기존 제작진과 새로 구성된 임원들 사이의 마찰이 신문사 안에서 계속되고 있었던 것 같다.

유영석과 최정식과 함께 《매일신문》의 제작에 열중했던 이승만이 내분과정에서 구체적으로 어떻게 행동했는지는 자세히 알 수 없다. 7월1일에 다시 양홍묵의 집에서 사원총회가 열린 다음,[50] 7월8일자(제78호) 기사에서 "기재원 이승만씨가 유고하여…"라고 한 것을 보면, 이때의 사원총회에서 이승만을 해임하기로 결의했던 것 같다. 내분은 경영권과 신문제작의 주도권을 둘러싼 싸움이었는데, 이문사 쪽과 연계된 이승만, 유영석, 최정식 등이 양홍묵 그룹을 신문제작에서 배제했기 때문에 일어났던 것으로 짐작된다. 앞의 "사중고백"은 "우리 몇몇 사람이 이 일을 주장하야 수삭을 지내는 바 한 달에 몇백원씩 밑져 들어가는 고

49) 《매일신문》 1898년 7월8일자, "잡보".
50) 《매일신문》 1898년 7월1일자, "잡보".

로 한 사람도 찾아와 걱정하는 것을 볼 수 없이 남의 일 보듯들 하니…" 하고 양홍묵 그룹을 비난하고 있다.

그러나 양홍묵 그룹이 신문제작에 적극적으로 참여하지 않았던 것은 아마 협성회 회장인 이승만이 최정식과만 의기투합하여 배재학당의 같은 교사이면서 아홉 살이나 연장인 부회장 양홍묵을 신문제작에서 소외시켰기 때문이었던 것 같다.

1897년 7월에 독립협회의 위원으로 선임되었던 양홍묵은 1898년 3월에는 새로 마련된 사법위원(司法委員) 서기에 선임되는 등으로 독립협회 활동에도 열성을 쏟고 있었다. 그리고 7월16일에 열린 협성회 통상회의는 "매일신문사를 다시 조직할 일로 임원을 다시 선정했다"면서, 임원은 사장 1인, 총무원 1인, 기재원 2인, 회계 1인으로 정했다고 발표했다. 그러나 새로 선임한 사람들의 이름은 밝히지 않았다.51)

이승만은 회장으로서 마땅히 이때의 통상회의를 주재하는 입장에 있었으나, 회의에 참석했는지조차 분명하지 않다. 그리고 다시 1주일 뒤인 7월23일의 통상회의에서는 회장 이승만을 출회〔黜會: 제명〕 조치하고, 부회장 양홍묵은 의원 사임했다. 새 회장에는 한치유(韓致愈), 부회장에는 윤창렬(尹昌烈)이 선출되었다.52) 이승만과 양홍묵은 《매일신문》 내분의 양쪽 책임자로서 인책된 것이었을 것이다.

《매일신문》의 내분은 신문사의 분립을 가져왔다. 역사적인 일간지로 창간한 지 석 달 만의 일이었다. 《매일신문》에서 해임된 유영석과 최정식이 이문사로부터 세내었던 주자와 기계 등의 인쇄시설과 《매일신문》의 사옥을 장악하고 7월10일경부터 《일일신문(日日新聞)》이라는 신문을 발간하기 시작한 것이었다. 이승만도 《일일신문》 제작에 참여했을 것이다.53) 이들이 인쇄시설과 사옥을 장악할 수 있었던 것은 처음에

51) 《매일신문》 1898년 7월19일자, "협성회 회중잡보".
52) 《매일신문》 1898년 8월17일자, "협성회 회중잡보".
53) 정진석, 《歷史와 言論人》, 커뮤니케이션북스, 2001, p. 40.

이문사로부터 인쇄시설을 임대할 때에 협성회 회장이던 유영석과 서기이던 김연근의 명의로 임대했기 때문이었다.

《일일신문》의 발간에 대해 《독립신문》은 "《일일신문》이 또 발간이 되었으니 세상에 유익할 일을 우리는 기약하노라"라고 보도했다.[54] 한편 《매일신문》은 7월9일부터 휴간하고 사옥을 전 선혜청 앞 균역청 도가였던 집으로 옮겨서 18일부터 속간했다. 뒤이어 《매일신문》과 협성회가 주자와 기계를 소유주 김익승으로부터 샀다면서 가져가 버리자 《일일신문》 쪽에서 소송을 제기하는 사태가 벌어졌고, 7월22일에 열린 재판은 《일일신문》의 승소로 끝나서 주자와 기계는 《일일신문》이 도로 가져갔다.[55] 7월16일에 김익승이 협성회에 입회했다고 하는 것을 보면,[56] 《매일신문》과 협성회가 주자와 기계를 김익승으로부터 샀다는 말은 사실이 아니었을 것이다.

그리하여 《매일신문》은 8월21일부터 열흘 동안 다시 정간했다가 임시 사무소를 남대문 안 대평동(大平洞)의 전 서서(西署)였던 집으로 옮겨서 8월10일부터 속간했다. 인쇄시설을 되찾은 《일일신문》은 그러나 몇 호 발행되지 못하고 중단되었다. 그 인쇄시설을 이용하여 《제국신문》이 창간되었기 때문이다.

《제국신문》은 《매일신문》이 속간된 8월10일에 창간되었다. 《제국신문》을 처음 준비한 사람들은 《매일신문》 창간에도 참여했던 이문사 그룹이었는데, 이들 신흥 상공업자들은 4, 5천원의 자본[57]으로 경영을

54) 《독립신문》 1898년 7월12일자, "잡보: 신문신설".

55) 두 신문의 재판 관계기사는 《독립신문》 1898년 7월19일자, "잡보: 두 신문 재판", 7월23일자, "잡보: 두 신문사 재판", 8월22일자, "잡보: 신문사 소식".

56) 《매일신문》 1898년 8월17일자, "협성회 회중잡보".

57) 《제국신문》 1899년 12월27일자, "제국신문 중간사실".

맡고 이종일, 이승만, 유영석 세 사람이 편집을 맡는 형태로 출발한 것이었다. 이문사 명의로 신문발간 인가를 받은 다음 사장은 이종일이 맡았고, 이승만은 주필로서 주로 "논설"을 집필했다.[58] 《제국신문》은 창간사 격인 "고백"을 통하여 다음과 같이 발간취지를 설명했다.

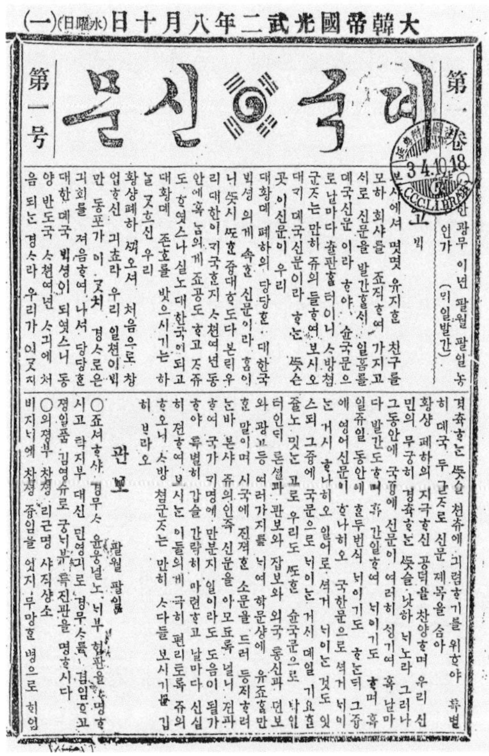
大韓帝國光武二年八月十日(水曜日)(一)

第一号 뎨국신문 第一号

광무 이년 팔월 팔일 농[상공부] 인가 (미일발간)

고ᄇᆡᆨ

본사에서 몃몃 유지ᄒᆞᆫ 친구를 모하 회샤를 죠직ᄒᆞ여 가지고 ᄉᆡ로 신문을 발간ᄒᆞᆯ새 일홈를 뎨국신문 이라 ᄒᆞ야 슌국문으로 날마다 츌판ᄒᆞᆯ 터이니 ᄉᆞ방쳠군ᄌᆞ는 만히 쥬의들ᄒᆞ여 보시오 대개 뎨국신문이라 ᄒᆞᄂᆞᆫ 뜻슨 곳 이신문이 우리 대황뎨 폐하의 당당ᄒᆞᆫ 대한국 ᄇᆡᆨ셩의게 속ᄒᆞᆫ 신문이라 홈이니 뜻시 ᄯᅩᄒᆞᆫ 즁대ᄒᆞ도다 본릭우리 대한이 기국ᄒᆞᆫ지 ᄉᆞ천여년 동안에 혹 남의게 죠공도 ᄒᆞ고 ᄌᆞ쥬도 ᄒᆞ엿스나 실노 대한국이 되고 대황뎨 존호를 밧으시기는 하ᄂᆞᆯ ᄀᆞᆺᄒᆞ신 우리 황샹폐하 ᄭᅴ오셔 처음으로 창업ᄒᆞ신 긔쵸라 우리 일쳔이ᄇᆡᆨ만 동포가 이 ᄀᆞᆺ치 경ᄉᆞ로운 긔회를 져음ᄒᆞ여 나서 당당ᄒᆞᆫ 대한 뎨국 ᄇᆡᆨ셩이 되엿스니 동양 반도국 ᄉᆞ쳔여년 ᄉᆞ긔에 처음 되는 경ᄉᆞ라 우리가 이ᄀᆞᆺ치 격츅ᄒᆞᄂᆞᆫ 뜻슬 천츄에 긔렴ᄒᆞ기를 위ᄒᆞ야 ᄐᆞᆨ별히 뎨국 두 글ᄌᆞ로 신문 제목을 숨아 황샹 폐하의 지극ᄒᆞ신 공덕을 찬양ᄒᆞ며 우리 신민의 무궁히 경츅ᄒᆞᄂᆞᆫ 뜻슬 낫하ᄂᆡ노라 그리나 그동안에 국즁에 신문이 여러히 싱기여 혹 날마다 발간도 ᄒᆞ며 혹 간일ᄒᆞ여 ᄂᆡ이기도 ᄒᆞ며 혹 일쥬일 동안에 ᄒᆞᆫ두번식 ᄂᆡ이기도 ᄒᆞᄂᆞᆫᄃᆡ 그즁에 영어신문이 ᄒᆞ나히오 국한문으로 셕거 ᄂᆡ이는 거시 ᄒᆞ나히오 일어로 셕거 ᄂᆡ이는 것도 잇스되 그즁에 국문으로 ᄂᆡ이는 거시 ᄆᆡ일 기요ᄒᆞᆫ 쥴노 밋는 고로 우리도 ᄯᅩᄒᆞᆫ 슌국문으로 박일터인ᄃᆡ 론셜과 관보와 잡보와 외국 통신과 뎐보와 광고등 여러가지를 ᄂᆡ여 학문샹에 유죠ᄒᆞᆯ만ᄒᆞᆫ 말이며 시국에 진젹ᄒᆞᆫ 소문을 드러 등재ᄒᆞ려ᄂᆞᆫ바 본샤 쥬의인즉 신문을 아모됴록 널니 젼파ᄒᆞ여 국가 기명에 만분지 일이라도 도음이 될가ᄒᆞ야 특별히 갑슬 간략히 마련ᄒᆞ고 날마다 신실히 젼ᄒᆞ여 보시는 이들의게 극히 편리토록 쥬의ᄒᆞ오니 ᄉᆞ방 쳠군ᄌᆞ는 만히 ᄉᆞ다들 보시기를 깁히 ᄇᆞ라오

관보 팔월 팔일

○죠셔ᄒᆞ샤 경무ᄉᆞ 윤웅렬노 ᄂᆡ부 협판을 명ᄒᆞ시고 학지부 대신 민영기로 경무ᄉᆞ를 겸임ᄒᆞ고 졍일품 김영슈로 궁ᄂᆡ부 특진관을 명ᄒᆞ시다

○의정부 찬졍 리근명 샤직샹소

비지ᄂᆡ에 찬졍 즁임을 엇지 무망ᄒᆞᆫ 병으로 히업

이승만이 주필을 맡았던 《제국신문》 창간호.

> 본사에서 몇몇 유지한 친구를 모아 회사를 조직하여 가지고 새로 신문을 발간할 새 이름을 제국신문이라 하야 순국문으로 날마다 출판할 터이니, 사방 첨군자(僉君子)는 많이 주의들 하여 보시오. 대개 제국신문이라 하는 뜻은 곧 이 신문이 우리 대황제 폐하의 당당한 대한국 백성에게 속한 신문이라 함이니, 뜻이 또한 중대하도다. 본래 우리나라 대한이 개국한 지 사천여년 동안에 혹 남에게 조공도 하고 자주도 하였으나, 실로 대한국이 되고 대황제 존호를 받으시기는 하늘 같으신 우리 황상(皇上) 폐하께오서 처음으로 창업하신 기초라. 우리 일천이백

58) 金榮熙, "李鍾一의 言論觀과 제국신문의 性格에 관한 一考察", 《仁石朴有鳳博士華甲紀念論叢》, 傳藝苑, 1981, pp. 410~411 및 崔起榮, 앞의 책, pp. 12~24 참조.

> 만 동포가 이같이 경사로운 기회를 즈음하여 나서 당당한 대한제국 백성이 되었으니, 동양반도국 사천여년 사기에 처음되는 경사라. …

대한제국의 선포를 경축하는 뜻으로 제호를 《제국신문》으로 삼았다는 것이었다. 그리고 지면제작 방향을 다음과 같이 천명했다.

> 그동안 국중에 신문이 여럿이 생겨 혹 날마다 발간도 하며, 혹 간일(間日)하여 내기도 하며, 혹 일주일 동안에 한두 번씩 내기도 하는데, 그중에 영어신문이 하나이오 국한문으로 섞어서 내는 것이 하나이오 일어로 섞어 내는 것도 있으되 그중에 국문으로 내는 것이 제일 긴요할 줄로 믿는 고로 우리도 또한 순국문으로 박일 터인데, 논설과 관보와 잡보와 외국통신과 전보와 광고 등 여러 가지를 내어 학문상에 유조할 만한 말이며 시국에 진적〔眞的: 사실 그대로임〕한 소문을 들어 등재하려는 바, 본사 주의인즉 신문을 아무쪼록 널리 전파하여 국가 개명에 만분지 일이라도 도움이 될까 하야, 특별히 값을 간략히 마련하고 날마다 신실히 전하여 보시는 이들에게 극히 편리하도록 주의하오니…[59]

이처럼 《제국신문》의 주된 발행목적도 《독립신문》이나 《매일신문》의 그것과 마찬가지로 국민계몽에 있었다. 다른 신문들과 마찬가지로 한글전용을 한 것도 그 때문이었다. 특히 신문값을 다른 신문에 비하여 싸게 매긴 것은 서민층과 부녀자들에게까지 읽히겠다는 의도에서였다. 그런데 뒷날 을사조약이 강제된 뒤에 《제국신문》이 다음과 같이 특별히 한글의 중요성을 강조하고 있는 것은 한글전용이 오직 널리 읽히기 위한 것만이 아니었음을 말해 준다.

> 제 나라 글을 숭상하지 아니하고 남의 나라 글을 배우되 제 나라에

59) 《제국신문》 1898년 8월10일자, "고백".

> 글이 없는 고로 인민생활상에 제일 필요되는 내 나라 역대 사적이 없어서 중원〔中原: 곧 中國〕 역사부터 가르치고 배운즉 … 그런 고로 자기 나라는 소홀히 알고 남의 나라 위하는 사상이 팽창하여, 사람마다 독립사상이 없고 의뢰심만 남아서 남에게 의뢰하기를 좋아하다가 오늘날 이 지경이 된 것은 확실한 사실이로다.[60]

《독립신문》의 창간 때와 마찬가지로 《제국신문》에도 배재학당 출신의 한글연구가 주시경(周時經)이 잠시 참여했으나, 이 무렵의 한글신문 제작이 오식 주시경의 주장에 따른 것만은 아니었다. 서정주는 《매일신문》을 창간할 때에 이승만이 친구들의 반대를 무릅쓰고 한글전용을 고집하여 실현시켰는데, 그것은 민주주의 혁명을 성취하기 위해서는 먼저 무지한 일반 민중이 깨어야 한다고 생각했기 때문이었다고 적었다.[61] 실제로 이승만이 일찍부터 한글전용 주장자였다.[62]

그런데 《제국신문》의 창간호가 어차피 경쟁지일 수밖에 없는 《독립신문》이나 심지어 《매일신문》에 대해서조차 우호적인 "광고"를 게재하고 있는 것은 눈여겨 볼 만한 일이다. 《독립신문》에 대해서는 "우리 대한에 매우 긴요한 신문이니 많이 사다들 보시오" 라고 했는가 하면, 《매일신문》에 대해서도 "그동안 몇 호 정지되었더니 요사이 회사를 다시 조직하고 오늘부터 신문이 다시 발간되었는데, 요긴한 소문과 유익한 말이 많더라"라고 복간 사실까지 알리면서 구독을 권하고 있다. 《제국신문》의 이러한 태도는 《매일신문》이 8월12일자부터 23일자까지 10여 차례에 걸쳐 "근일에 《제국신문》이 새로 났는데, 우리 《매일신문》과는 노무지 상관이 없으니 혹 신문 보시는 군자들이 《제국신문》을 《매일신문》으로 그릇 아실 듯하기로 자에 광고하노이다" 라는 사고(社告)를 내

60) 《제국신문》 1907년 9월17일자 "논설: 국문을 경하게 여기는 까닭에 국세가 부패한 이유".

61) 徐廷柱, 앞의 책, pp. 154~155.

62) 김인선, "개화기 이승만의 한글운동 연구", 연세대학교 박사학위논문, 1999 참조.

고 있는 것과는 매우 대조적이다. 이는《매일신문》쪽에서《제국신문》의 창간을 매우 못마땅하게 여겼음을 말해 준다.

이승만은《제국신문》주필로서 정력적으로 활동했다.《매일신문》에서 해임되고《일일신문》창간에 참여했던 최정식은《제국신문》창간에는 관여하지 못했다. 그는 1898년 8월 초에 독립협회회의에서 한 발언이 문제가 되어 투옥되어 있었기 때문이다. 이승만은 예리한 논리와 기발한 비유와 절묘한 풍자로 독자들을 설득하고 선동함으로써《제국신문》의 성가를 급속히 제고시켰다. 그 대표적인 것이《한성신보(漢城新報)》와의 논쟁이었다.

4.《한성신보》와의 논쟁

《제국신문》이 창간되고 나서 2주일이 채 되지 않은 시점에서 이승만이《한성신보》와 벌인 논쟁은 그의 초기 언론활동의 백미였다. 논쟁은《제국신문》8월16일자 기사에서 비롯되었다. 한국 병정 하나가 군복을 입은 채 일본인 전당포 주인에게 손찌검을 당하는 모습을 보고 길가던 사람이 분을 참지 못하여 그 이유를 따지자 일본인 전당포 주인이 그 사람에게까지 욕설을 퍼부었는데, 이러한 사실을 일본경찰에 고발했는데도 일본경찰은 아무런 조처를 취하지 않는다는 내용의 기사였다.[63]

이어 8월29일자에는 한 일본인이 한국사람을 칼로 찌른 사건과 관련하여 한국사람 여럿이 일본경찰소에 끌려가서 매를 맞고 갇혔다는 기사가 실렸다. 사건의 내용은 다음과 같은 것이었다. 전날 저녁 8시에 수교〔水橋: 수표교〕앞에서 장사하는 일본인 집에서 한 일본인이 배를 깎고 있는데, 옆에 앉아 있던 한 한국사람이 침을 잘못 뱉어서 일본인 옷에 떨어졌다. 일본인이 배 깎던 칼로 침 뱉은 사람을 찔러 유혈이 낭

63)《제국신문》1898년 8월16일자, "잡보".

漢城新報

隔日發刊

일본정부의 보조를 받아 일본인이 발행하던 《한성신보》.

자하자 사람들이 지소에 가서 신고했다. 그러나 순검은 움직이지 않았다. 일본인 집 앞에 수백명이 모였다. 칼질한 일본인은 그 집안으로 숨었고, 달려온 일본순사는 한국사람들을 해산시키려 했다. 일본순사들과 한국사람들 사이에 소란이 벌어지고, 많은 사람이 일본경찰에 연행되었다. 경무청에 가서 호소했으나 소용이 없었다. 사람들은 울분을 참지 못하며 헤어졌다.64)

이승만은 "대한사람 봉변한 사실"이라는 장문의 기사로 이 사실을 상세히 보도했다. 모두 네 면의 지면 가운데에서 1면 머리부터 두 면 반에 걸친 이 기사는 한국인들이 한국경찰에 항의하는 모습을 실감나게 묘사했다.

64) 《제국신문》 1898년 8월29일자, "잡보".

나라가 위태하니까 한데 모여 저희끼리나 보호하려는 것을 어찌 헤쳐서 각기 따로 가서 남에게 매 맞고 칼질 받으란 것이니, 장차 나라를 어찌 하잔 말이오, 왜 백성들을 업신여기려 하오, 왜 백성들 연설 못 하게 하오, 백성들이 모여 저의 몸을 보존하고 나라에 힘이 생기면 외국사람에게 방해로울까 그리하오, 순검이 백성들이 낸 돈으로 매삭 칠팔원씩 먹고 이 백성 보호하려는 것이 직책이 아니라 백성을 약하도록 만드는 것이 직책으로 아오 하며 말하기를, 우리가 이런 일을 밤낮 모여서 의논하여야 쓸 터이니, 이 나라 경무청에서 또 잡아 가두더라도 내일 다시 모여 의논들 하자고 하고 울분함을 이기지 못하여 헤어졌으니, 백성들은 모여서 생명들을 차리시오.65)

《제국신문》이 연달아 일본인들의 행패를 폭로하자 《한성신보》가 《제국신문》을 비판하고 나섰다. 《한성신보》는 9월11일자에서 위의 《제국신문》 기사는 "기자 이승만이 그날 신문 채울 말이 없어서 스스로 꾸며 한 폭의 그림을 그렸다" 라고 비방했다. 일본인에 의한 구타사건은 있지도 않았고, 사소한 일을 이승만이 침소봉대하여 기사화했다는 것이었다.

적반하장격의 공격에 대해 이승만은 두 면이 넘는 장문의 "논설"을 통하여 통렬히 반박했다. 그는 《한성신보》가 "제국신문 기자 리승만이라고 성명을 들어 책망하였으니, 리승만이가 이런 일에 책망을 듣는 것은 나라를 위하여 대단한 영광으로 아노라" 라고 응수하고, 또 그날 신문 채울 말이 없어서 스스로 꾸며 한 폭의 그림을 그렸다는 비난에 대해서는, "스스로 그림 그린 것이 아니라 적확한 사실을 비추어 사진 박은 것으로 우리는 생각하노라" 라고 위트 있게 받아넘겼다.

이승만의 이 "논설"은 이 무렵의 그의 일본에 대한 인식을 보여 주는

65) 《제국신문》 1898년 8월30일자, "잡보".

글이기도 하여 자세히 톺아볼 만한 가치가 있다. 그는 먼저《한성신보》에 대해 비꼬는 말로 시작했다.

> 우리가《한성신보》에 대하여 감사함을 치하할 계제가 없어 항상 서어〔鉏鋙: 서먹한 것〕함을 면치 못하더니 지금 이런 좋은 기회를 만나 한마디 치하함이 없지 못하겠기로 대강 말하거니와, 이《신보》가 우리나라에 설시된 지 다섯 해 동안에 긴요한 소문과 양국 교제에 관계되는 말이며 개명에 유조(有助)한 사건을 들어 국중에 보고하여 주었으매 우리가 깊이 감사히 여기노라.

그러고 나서, 이승만은 그러나 이 신문에 대하여 "두어 마디 변론함을 마지못할 일이 있도다"라면서 다음과 같이 지적했다.

> 본월 십일일《한성신보》중에 하였으되 성내에서 발간하는 신문 중에 일본사람에게 소간한 사건을 간간 그 사실을 잃고 혹 붓으로 희롱하야 타국 관청의 행위를 손상코자 하는 바, 팔월 십육일에 발간한《제국신문》에 회동 벽문 일인의 전당집에서 대한 병정을 무수히 구타하였다 한 말은 결단코 구타한 사실은 없는 것을《제국신문》에 짐짓 내었다 하며 무수히 발명〔發明: 잘못이 없음을 밝힘〕하고, 또 그 아래 말하였으되 이런 조그마한 일을 바늘로 기둥을 만들어 기재하였다고 하였으니, 당초에 바늘도 없었으면 무엇으로 기둥을 만들었으리오. 이것만 보아도 바늘만치라도 구타한 사실이 있는 것은 가히 짐작하겠도다. …

그리고《한성신보》가 무슨 마음으로 일본경찰을 시비하느냐고 한 데 대해서는 다음과 같은 말로 반박했다.

> 우리가 일본관리를 시비할 것도 없거니와 설사 시비를 하였다 하더라도 본래 신문이라 하는 것은 춘추필법(春秋筆法)으로 동 세계에 어떤 사람이든지 지위와 권리를 거리끼지 않고 혹 실수와 그른 행

> 위하는 자는 평론하는 권리가 다같이 있는 고로, 근일로만 말하여도 팔월 십구일과 이십삼일 《한성신보》에 경부철도사건을 인연하야 대한정부를 모두 시비하였으니, 이것은 또한 무슨 뜻인지. 원청강 일본신문은 대한정부를 시비하는 권이 있고 대한신문은 독히 일본관인을 시비하는 권이 없을 리는 만무한 줄로 우리는 확실히 믿노라. …

그러고는 위의 사건과 관련한 《한성신보》의 주장의 모순점을 날카롭게 지적했다.

> 지난달 이십구일과 삼십일 《제국신문》에 기재한 바 대한사람이 봉변한 사건에 대하야, 수교에서 배 사먹던 일인이 대한 사람이 침을 뱉어 무례히 함에 놀라 우연히 물리치려 하다가 가졌던 칼에 다쳐 약간 피가 흘렀다 하였으니, 그것은 매우 소상한 듯하나, 그 아래 말하기를 여러 사람들이 성군작당하여 일본영사관 앞에 모여 크게 작경〔作梗: 못된 행실을 부림〕하려 하는 것을 위급히 여겨 일본 경찰관이 그 격동하는 자들을 잡음에 무리가 점점 흩어졌다고만 하였고 그 사람들을 잡아 들여다가 어찌 하였단 말은 없으니, 그 말을 좀 자세히 들었으면 좋을 듯하나, 그날 우리 신문에 그 사람들을 잡아들여다가 무수히 때렸다고 하였거늘 그 말은 발명치 아니하였으니 더 듣지 아니하여도 소상히 짐작할 일이오. …

이승만은 그러면서 《한성신보》의 오만한 태도를 이렇게 꾸짖었다.

> 또 하였으되 일본 사정을 모르는 고로 일본영사의 행동에 대하야 시비할뿐더러 이따금 이웃나라 관원과 관청을 향하야 외람히 조롱하고 꾸짖는다고 하였으니, 어느 날 몇 호 신문에 어느 일본 관원을 무슨 일로 꾸짖었는지는 자세히 설명치 아니하였은즉 우리가 스스로 깨닫기 어렵거니와, 을미년 납월분에 《한성신보》에서 우리나라 대황제 폐하께 대하야 무례한 말로 크게 실례한 까닭에 우리나

> 라 신민들이 그 신문을 아니 본 일이 있었는 줄은 세상이 거반 아는 바이니, 이는 대한 사정을 자세히 알고 한 일인지. 우리는 일본에 대하야 이같이 심하게 한 적도 없거니와 근자에 두 나라 교제가 점점 친밀하여 가는 터인즉, 구태여 적은 허물을 인연하여 피차 틈이 나게 되는 것은 본사에서 진실로 원치 아니하는 바로라.

이승만은 논설의 결론으로 한-일-청 3국의 우호관계의 중요성을 강조하고, "일본 하등인들"의 경거망동 때문에 그러한 큰 목적에 지장을 주지 않도록 일본 외교관들은 거류 자국민을 단속하여 양국 백성들이 "한 나라 사람같이 친밀히 지내게" 하라고 《한성신보》 아닌 일본 외교관들에게 다음과 같이 점잖게 타일렀다.

> 대저 대한과 일본과 청국은 서로 친밀히 지낼 수밖에 없는 형편인데, 이 형편을 일본에서 더욱 밝게 깨닫고 힘써 주선하야 아무쪼록 대한 인민이 속히 개명하야 세계에 동등 백성이 되기를 일심으로 바라는 터이기로, … 설사 일본사람들에게 조금 관계되는 일이 있더라도 대한 백성이 되어 일호라도 이전 수치를 면하고 남과 동등 권리를 찾으려고 하는 것은 동양 삼국이 함께 바라는 공번된 큰 일이오, 아래 백성들의 잠시 격분한 일로 정의를 손상하는 것은 사사 조그마한 일이라. 연래로 일본 하등인들이 그 큰 목적을 잃고 대한 백성들을 혹 무리히 대접한 일이 바히 없었다고는 못할 터이라. 이런 행위가 없어지지 않고 본국 백성끼리 항상 울분한 마음을 품어 교제가 손상할 염려가 있는 중 지금은 대한 백성들도 차차 이런 행위를 받지 아니할 생각들이 생기는 터인즉, 일본 외교관원들이 더욱 그 아래 백성들을 단속하야 이런 폐단이 막혀 한 나라 사람같이 친밀히 지내게 하는 것이 동양삼국의 큰 목적을 생각하는 의리로 믿고 바라노라.[66]

66) 《제국신문》 1898년 9월14일자, "논설".

이러한 동양3국 연대론은, 안경수(安駉壽)의 "일-청-한 동맹론(日淸韓同盟論)"에서 보듯이, 개화파 지식인들의 보편적인 주장이었다. 한국의 개화파 지식인들뿐만 아니라 중국의 지도적 지식인들도 이른바 범아시아주의에 긍정적이었다. 손문(孫文)은 많은 연설에서 "아시아 연합"을 주장했다.[67]

이 글에서 이승만이 《한성신보》가 발행된 지 5년이 되었다고 한 것은 착오이다. 위에서 본대로 《한성신보》가 창간된 것은 1895년 2월이었으므로 이때는 3년 반쯤 된 때였다.

이 무렵 한국에서는 정치적으로는 러시아가 압도적 영향력을 행사했으나 경제적으로는 일본이 여전히 한국 시장을 지배하고 있었다. 1896년 현재 한국에 있는 외국상사 258개 가운데에서 210개가 일본상사였다.[68] 따라서 한국에 와 있는 외국인 가운데서도 일본인이 1898년 현재 1만 5,062명으로 압도적으로 많았다. 청국인은 2,530명, 그 밖의 나라 사람들은 220명에 지나지 않았다.[69] 그리고 이때에 와 있던 일본인 가운데에는 이승만의 말대로 "하등인들"이 많아서 한국인들과 곧잘 마찰을 빚었다. 그리고 일본인들의 신문과 논쟁을 벌인 이 글에서도 우리는 이승만이, 가령 러시아에 대해서와는 대조적으로, 일본에 대해서 기본적으로는 우호적 인식을 하고 있음을 알 수 있다.

이승만의 반박에 대해 《한성신보》는 연달아 두 차례나 《제국신문》을 비난했다. 이승만은 《제국신문》 9월 21일자 "논설"을 통하여 이를 다시 반박했다. 이 제2차 논쟁은 사실여부에 대한 논란보다는 언론의 본질문제에 관한 논쟁이었다. 《한성신보》는 《제국신문》이 사실보도를 넘

---

67) Andre Schmid, *Korea Between Empires 1895~1919*, Columbia University Press, 2002, p. 88.

68) 러시아財務部 編, 崔璇-金炳璘 譯, 《國譯 韓國誌》, 韓國精神文化硏究院, 1984, p. 553.

69) 細川嘉六, 《植民史》(細川嘉六著作集, 第二卷), 理論社, 1972, p. 210.

어 여론을 선동하고 있다고 비난했는데, 이에 대해 이승만은 "본래 신문이 국민의 개명(開明)을 주장함인즉 자기 뜻을 나타내어 시비를 분석하게 하는 것이 가장 귀한지라" 하고 계도의 기능의 중요성을 강조했다.

또 《한성신보》는 이승만이 신문의 비평의 기능을 춘추필법에 비유하여 강조한 것에 대해 "기재인이 공부자(孔夫子) 같은 성인이뇨?" 라면서 "망령되고 참람(僭濫: 분수에 맞지 않게 과함)하다" 고 비판했는데, 이에 대해 이승만은 이는 한문에 병든 말이라고 일축했다. 《춘추(春秋)》는 공자가 편찬한 것으로 전해지는 고대 중국 노(魯)나라의 역사를 기록한 책이며, 춘추필법이란 《춘추》와 같이 엄격한 비판적 태도로 사실을 기술한다는 뜻으로 흔히 쓰는 말이다. 이승만은 다음과 같은 말로 이 반박 "논설"을 마무리했다.

> "논설"은 소견을 베푸는 것이라 하였는데, 근래 《한성신보》에 "논설" 보기가 매우 드무니 아마 소견을 다 베푼 모양이요, "잡보"는 사실을 곧 기록하는 것이라 하였는데, 근래 일본친구의 다치는 말을 잘 볼 수 없으니 이는 마치 이로운 말만 들리고 해로운 말은 아니 들린다는 속담과 흡사하고, 또 우리는 우리보다 용렬한 자에게 비하면 좀 낫다 하였으니 이는 을축년(乙丑年)에 난 아이가 갑자년(甲子年)에 난 아이보다 한 살 덜 먹었다는 말과 같은지라. 이것이 다 자미로운 말이 아니뇨. 이는 다 일시 웃음거리 말이어니와 《한성신보》는 대한과 일본 사이에 현날 신문이니 관계가 더욱 큰지라. 이 신문이 양국 교제에 매우 수의한다 함은 크게 감사히 여기노라.[70]

이승만의 이러한 비유법과 풍자는 그의 특출한 재능을 드러내 보이는 것이었다. 이승만은 《제국신문》이 창간되고 나서 얼마 지나지 않아서 독립협회의 만민공동회 활동에 적극적으로 참여했으므로 이 무렵의 《제국신문》의 논설은 바로 독립협회의 여러 가지 자주민권운동이 기본

---

70) 《제국신문》 1898년 9월21일자, "논설".

정신이 표명된 것이었다.[71]

한국의 일간신문의 효시가 된 《매일신문》은 1899년 1월에 이승만이 투옥된 뒤에도 계속 발행되다가 그해 4월 초에 경영권이 보부상(褓負商)들의 모임인 상무공사(商務公社)로 넘어가서 4월14일부터 경제와 산업문제를 다루는 《상무총보(商務總報)》로 바뀌어 발간되었다. 이 신문사의 사장은 아이러니컬하게도 독립협회 탄압에 앞장섰던 길영수(吉永洙)였다. 그러나 이 신문은 일반의 호응을 받지 못하여 곧 없어지고 말았다.

길영수는 한국 언론사상 처음으로 신문을 고발하여 재판을 받게 한 사람이기도 했다. 1898년 7월에 《대한황성신문(大韓皇城新聞)》(《황성신문》의 전신)이 경기도 과천군청의 관리 김성표(金聲杓)의 투서로 군수 길영수의 비위사실을 폭로했는데, 길영수는 그것이 사실무근이라고 하여 한성재판소(漢城裁判所)에 제소하고 공판 날에 과천군 주민 수백명을 서울로 데리고 와서 재판소 앞에서 위협적인 분위기를 조성했다. 《대한황성신문》 쪽에서는 주필 유근(柳瑾)이 재판정에 출두했고, 유근은 길영수의 요구로 투서한 사람이 김성균임을 밝히고 말았다. 이러한 사실을 보도한 《매일신문》의 "논설"은 취재원을 보호하지 못한 《대한황성신문》 주필 유근에 대해 "이렇게 투서한 사람의 성명을 경솔히 발설하고 보면 종금 이후로 투서통이 비기가 쉽고 투서하려는 사람들이 각 신문사를 다 일반으로 알까 저어하노라" 라고 신랄하게 비판했다.[72] 그것은 한국언론사상 취재원보호 논란의 효시이기도 했다.

이승만은 뒷날 옥중에 있으면서도 2년 3개월 동안이나 비밀히 《제국신문》의 논설을 써서 내보냈고, 출옥하고 나서도 미국으로 떠날 때까지 석 달 동안 《제국신문》의 논설을 집필했다. 그것은 그가 떠날 때에 《제

---

71) 金榮熙, 앞의 글, pp. 414~415.

72) 《매일신문》 1898월 7월30일자, "논설".

국신문》이 "본사 사원 리승만씨가 미국으로 떠났다" 라고 하고, 또 이를 보도한 《대한매일신보》도 "《제국신문》 주필하던 리승만씨" 라고 한 것으로도 짐작할 수 있다.[73] 이승만은 또 뒤에서 보듯이 미국으로 가는 배 안에서 《제국신문》에 항해도중의 견문기를 "편지"로 적어 보내고 있다. 《제국신문》은 우여곡절을 겪으면서 일본의 침략에 저항하다가 제호의 연원이 된 대한제국과 운명을 같이하여 1910년 8월2일에 폐간되었다.

올리버가 이승만이 《매일신문》을 창간한 일을 가리켜 "새 한국의 실질적인 탄생"이었다고 말하고, 그것은 "이승만의 정치 경력의 참된 시작이었다"고 한 것은 이승만 자신이 《매일신문》 창간을 주도한 것을 역사적인 일이었다고 자부하고 있었음을 보여 주는 것이다. 실제로 1898년에 시작된 일간지시대의 개막은 한반도가 크나큰 지구규모의 세계로 편입되는 획기적인 계기가 되었다. 신문들은 한반도와 그 주변의 변화를 설명하고 그것을 독자들의 일상생활의 일부로 만들었다. 신문들은 이제 "한국 민족을 재정의(再定義) 하는 일에 종사한 가장 눈에 띄는 공적 기관"이 되었다.[74]

베네딕트 앤더슨(Benedict Anderson)은 민족의 진정한 기원은 출판자본주의의 발흥과 대중적인 자국어 신문의 출현까지 거슬러 올라갈 수 있다고 말했는데,[75] 그러한 설명에 따르면 1898년의 한국의 상황은 근대적 한국 민족의 탄생이었다. 그리고 이승만은 그러한 역사적 작업을 앞장서서 추진했던 것이다.

이승만의 언론활동은 1898년 한 해에 집중되었다. 그러나 이때의 언

73) 정진석, 앞의 책, p. 52.

74) Andre Schmid, *op. cit.*, p. 54.

75) Benedict Anderson, *Imagined Communities: Reflections on the Origin and Spread of Nationalism*, Verso, 1991, pp. 37~46, 베네딕트 앤더슨 지음, 윤형숙 옮김, 《상상의 공동체—민족주의의 기원과 전파에 대한 성찰》, 나남출판, 2007, pp. 65~76 참조.

론활동의 경험은 뒤이은 옥중생활과 독립운동의 전 과정에서 이승만이 무엇보다도 언론을 통한 선전활동에 가장 큰 비중을 두고 열성을 기울이는 바탕이 되었다.

독립협회의 급진과격파

1. 첫 만민공동회의 연사

1898년 3월10일 오후 2시에 종로 네거리에서 한국 최초의 근대적 대중집회가 열렸다. 이날 《독립신문》은 "오늘 오후 2시에 종로에서 유명한 유지각한 이들이 좋은 연설을 한다고 뜻있는 군자들을 청하였다더라"라는 예고기사를 실었다. 이 집회는 서재필(徐載弼)과 이완용(李完用)이 은밀히 계획한 것이었다. 이완용은 정변모의사건으로 일본에 망명한 안경수(安駉壽)의 뒤를 이어 2월27일에 독립협회 회장이 되어 있었다.[1] 윤치호(尹致昊)는 대중집회의 위험성을 염려하여 반대했으나, 이날의 집회에 독립협회 간부들은 전면에 나서지 않고 배재학당(培材學堂)과 경성학당(京城學堂)의 젊은 교사와 학생들을 연사로 내세우는 조건으로 찬성했다.[2]

이승만은 현공렴(玄公廉), 홍정후(洪正厚) 등과 함께 이 역사적 대중집회의 연사로 선정되었다. 이승만과 홍정후는 배재학당 대표였고, 현공렴은 경성학당 대표였다. 현공렴은 개화파 사학자 현채(玄采)의 아들

---

1) 鄭喬, 《大韓季年史(上)》, 國史編纂委員會, 1957, p. 183.

2) 尹致昊, 《尹致昊日記(五)》 1898년 3월10일조, 國史編纂委員會, 1975, pp. 140~141.

1890년대의 서울 종로거리.

로서, 일본에 유학한 뒤에 경성학당에 다니면서 광무협회(光武協會)를 조직하고 그 회장을 맡고 있었다. 협성회를 주도하던 이승만이 독립협회와 직접적 관련을 맺게 된 것은 이때부터였다.

집회에는 주최 쪽이 기대한 것 이상으로 많은 사람들이 운집했다. 《독립신문》과 정교(鄭喬)는 이날 모인 군중이 1만여 명에 이르렀다고 했고,[3] 집회를 참관한 외국사람들도 8,000명가량의 인파로 추산했다.[4] 이 무렵의 서울의 인구가 19만 6,000명 가까이 되었던[5] 점을 감안하면 엄청난 규모의 군중이 모인 것이었다.

집회는 먼저 미전(米廛)의 쌀장수 현덕호를 집회의 회장으로 선출했

3) 《독립신문》 1898년 3월12일자, "잡보"; 鄭喬, 위의 책, p.182.

4) "Right about face", *The Korean Repository*, March 1898, p.114.

5) 서울의 인구는 1891년에 19만3,159명, 1900년에 19만6,898명이었다(권태환 - 전광희 - 은기수, 《서울의 전통 이해 — 인구와 도시화》, 서울시립대학교 서울학연구소, 1997, p.85).

는데, 그것은 일반대중의 참여를 과시하기 위한 배려에서였다. 연사들은 백목전(白木廛) 다락 위에서 연설을 했다. 집회의 목적은 외교현안인 러시아의 군사교관과 재정고문을 철수시키자는 여론을 조성하고, 이 집회의 이름으로 그러한 주장을 담은 편지를 정부에 보내기 위한 것이었다. 연사들은 대한이 자주독립국임을 강조하고 러시아의 군사교관과 재정고문관의 철수를 주장했다.[6] 그것은 독립협회가 2월22일에 올린 상소문과 같은 내용이었다. 청중들은 박수를 치고 "옳소" 하고 외치면서 "사람마다 대한이 자주 독립하는 것을 원하는 것"을 표시했다.[7] 이어 대회는 외부대신에게 보내는 회중의 일치된 뜻을 밝힌 편지를 채택하고 이승만, 현공렴, 장붕(張鵬) 세 사람을 총대위원으로 선출하여 그들의 이름으로 이 편지를 외부(外部)에 전달하도록 했다.[8]

대회는 큰 성공이었다. 독립협회가 이 집회를 계획할 때에는 특별한 이름이 없이 '민회(民會)'라고만 했었으나, 모인 사람들이 1만여명이 되었다고 하여 이날 이후로는 대중집회를 가리켜 '만민공동회(萬民共同會)'라고 일컫게 되었다. 이날의 집회는 질서정연했고 연사들의 연설기조도 침착했다.[9] 그리고 외국인들도 많이 참관했는데, 개중에는 러시아 공사 스페이에르(Alexis de Speyer, 士貝耶)도 공사관원들과 함께 그 자리에 나와 있었고, 배재학당 교장 아펜젤러(Henry G. Appenzeller, 亞扁薛羅) 등 미국인들도 와서 지켜보았다. 이날의 집회는 정부와 서울의 외교계에 큰 충격을 주었고, 독립협회의 간부들은 대회가 질서정연하게 진행된 것에 만족했다.[10]

이승만 등 총대위원 세 사람은 다음과 같은 편지를 써서 외부대신 민

---

6) 《독립신문》 1898년 3월15일자, "잡보".
7) 鄭喬, 앞의 책, p. 182.
8) 《협성회회보》 1898년 3월12일자, "백성이 백성된 직분을 한다".
9) "People's Mass Meeting", *The Independent*, Mar. 12, 1898.
10) 《尹致昊日記(五)》 1898년 3월10일조.

종묵(閔種默)에게 전했다.

> 경계자(敬啓者)는 아라사〔러시아〕 공사가 외부에 조회한 사건에 대하야 일만백성이 공동회의하와 대한에서 아라사에 고빙한 탁지부 고문관과 군부의 교련사관을 일병 해고하야 대한의 자주권을 튼튼케 할 일로 가하다는 의논을 결정하야 이에 앙포하니 조량하옵서 만민의 동심 옹망하는 것을 맞추게 하심을 바라나이다.[11]

민종묵은 이튿날 세 총대위원 앞으로 “공동한 의론을 알았으며 러시아 고문관과 사관을 보낼 일은 탁지부와 군부의 소관이요 또한 정부에서 어떻게 결정하는가를 기다릴 것이라”라는 답장을 보내왔다.[12] 이날 이완용은 전라북도 관찰사로 임명되었다.[13]

이승만은 3월12일에 민종묵의 답장을 종로 네거리에 내다 붙였다. 종로 네거리에는 이틀 전에 만민공동회가 열렸던 자리에서 독립협회와는 관계없는 시민들의 자발적인 만민공동회가 다시 열리고 있었다. 남촌에 사는 사람들이 나서서 독립협회의 만민공동회 때와 같은 취지의 연설을 하는가 하면, 어떤 북도사람 네 명과 시위대 사관 두 명이 반대연설을 하려다가 시민들에게 제지당하기도 했다. 이승만이 내다붙인 민종묵의 답장을 보고 또 어떤 사람이 외국 세력을 끼고 임금에게 불충하는 자를 규탄하는 연설을 했고, 모인 사람들은 박수를 치며 호응했다.[14]

1898년은 독립협회의 자주민권운동(自主民權運動)이 절정을 이룬 해였다. 독립협회는 조선이 청국으로부터 독립한 것을 기념하여 영은문(迎恩門) 자리에 독립문을 세우고 그 주변에 독립공원을 조성할 것을

---

11) 《독립신문》 1898년 3월12일자, “잡보.”
12) 《독립신문》 1898년 3월15일자, “잡보”; 鄭喬, 앞의 책, p. 183.
13) 《高宗實錄》 光武2년 3월11일; 《독립신문》 1898년 3월15일자, “잡보”.
14) 《독립신문》 1898년 3월15일자, “잡보”; 《협성회회보》 1898월 3월19일자, “내보”.

중국사신을 맞이하던 영은문. 1896년 11월12일의 독립문 기공 직전에 헐렸다.

독립협회가 영은문 자리에 1897년 11월20일에 준공한 독립문. 앞은 영은문 기둥.

사업목적으로 표방하고 1896년 7월2일에 결성된 사업단체였으나, 실제로는 서재필 등 개화파들이 처음부터 이 나라 최초의 근대적 정당을 목표로 하여 결성한 정치결사였다. 독립협회는 서재필의 계몽적 강연회에 이어 1897년 8월29일부터는 배재학당의 협성회(協成會)와 같은 토론회를 정례적으로 개최함으로써 정치결사로서의 협회의 역량을 배양할 뿐만 아니라 자주민권운동의 대중적 기반을 급속히 확대해 나갔다. 그리고 1898년에 접어들어서는 상소와 정부 각부에 보내는 편지와 만민공동회라는 대중집회를 통하여 열강의 이권침탈 저지와 의회설립 요구 등의 운동을 세차게 전개했다.

독립협회의 자주민권운동의 기폭제가 된 것은 2월21일에 올린 구국선언상소였다. 중추원 1등의관이자 독립협회 회장인 안경수를 소수(疏首)로 한 이 상소의 내용은 밖으로는 자주독립을 주장하고 안으로는 입헌정치를 주장하면서 부패한 탐관오리의 처단과 대대적인 내정개혁을 요구한 것이었다.[15)]

3월10일의 만민공동회는 놀라운 결과를 가져왔다. 협회의 회원수도 급속히 늘어났고, 공주(公州), 평양(平壤), 대구(大邱), 선천(宣川), 의주(義州), 목포(木浦), 인천(仁川) 등 각지에 지회가 설립되었다.[16)] 정부는 독립협회의 주장대로 3월12일에 러시아에 재정고문과 군사교관의 철수를 요구했고, 17일에는 러시아정부도 군사교관과 재정고문의 철수를 통보해 왔다.[17)] 뿐만 아니라 부산 절영도(絶影島)의 저탄장부지 조차요구도 철회하고, 3월1일에 설립한 한러은행도 철폐했다.

러시아의 이러한 조치는 때마침 러시아의 극동정책이 한국문제보다

15) 愼鏞廈, 《獨立協會硏究》, 一潮閣, 1976, pp. 285~287.

16) 위의 책, pp. 106~112.

17) "露士官顧問官의 撤收 및 韓國大使特派를 拒絶하는 照覆" 1898월 3월17일, 《舊韓國外交文書(十七) 俄案(1)》, 高麗大學校 亞細亞問題硏究所, 1967, pp. 526~527 ; 《尹致昊日記(五)》 1898년 3월18일조.

도 만주문제에 '모험적 진출'[18] 을 도모하던 때이기 때문이었다. 그리하여 4월25일에 일본 외상 니시 도쿠지로(西德二郎) 와 주일 러시아 공사 로젠(Romanovich R. Rosen) 사이에 체결된 니시-로젠협정에는 "앞으로 오해를 초래할 우려를 피하기 위하여 러-일 양제국정부는 한국이 러시아나 일본에 조언 및 원조를 요구할 때에는 군사교관 또는 재정전문가의 임명에 대해서는 사전에 서로 협상을 하지 않고는 아무런 조치를 취하지 않을 것을 약정한다"(제 2항) 는 조항이 들어 있었다.[19] 이러한 기묘한 타이밍이 독립협회로 하여금 자신들의 영향력을 과대평가하게 만들었나. 이승만 자신도 뒷날 옥중에서 집필한 《독립정신》에서 이때의 일에 대하여 "우리 백성들이 정부를 도와 관민이 일심으로 국권을 보호하는 처음 일이었다"[20] 라고 그 성과를 높이 평가했다. 독립협회는 승리감에 넘쳤다.[21]

정부는 독립협회의 격렬해지는 자주민권운동에 대한 견제를 시도했다. 종로에서 첫 만민공동회가 열리고 나서 며칠 지나지 않은 3월15일에 황제의 특명으로 독립협회 회원 이원긍(李源兢), 여규형(呂圭亨), 지석영(池錫永), 안기중(安沂中) 네 사람을 갑자기 구속했다. 정교도 절영도 문제와 관련하여 체포하려 했으나 그것을 미리 안 정교는 피신했다. 독립협회는 3월20일에 이건호(李建鎬)를 총대위원으로 선출하여 경무사 김재풍(金在豐)에게 항의편지를 보냈다. 편지의 내용은 (1) 작

18) ベ・ア・ロマーノフ 著, 山下義雄 譯, 《滿洲に於ける露國の利權外交史》, 1934, 原書房影印版, 1973, pp. 243~291 참조.

19) 日本外務省 編, 《日本外交年表竝主要文書 1840~1945(上)》, 原書房, 1965, p. 186.

20) 《독립정신》, 《梨花莊所藏雲南李承晚文書 東文篇(一) 李承晚著作 1》, 延世大學校 現代韓國學研究所, 1998, p. 195.

21) 독립협회의 러시아에 대한 인식과 대응에 대해서는 金淑子, "獨立協會의 斥俄思想 — 民族自主意識의 視覺", 《人文科學研究》 제 1집, 誠信女子大學校 人文科學研究所, 1981, pp. 101~120 참조.

년 11월2일에 반포한 법률 제 2호의 제 11조 규정에는 사람을 체포할 때에는 어떤 혐의로 누구의 명령에 의한 것임을 밝히고 체포된 뒤 24시간 안에 재판소로 이송하도록 되어 있는데도 불구하고, 근일에 경무청이 사람을 체포하여 여러 날 구금하고도 재판소로 이송하지 않는 것은 칙령과 법률 위반이며, (2) 독립협회 회원 몇 사람이 체포되었는데, 그 이유가 무엇인지 묻는 것이었다.[22] 그러나 고종은 이날로 이원긍 등이 "마음가짐이 음험하고 멋대로 유언비어를 퍼뜨려 인심을 선동하고 현혹시킨다"는 애매한 유언비어 유포 죄목으로 10년의 유배에 처한다는 조칙을 내렸다.[23] 독립협회는 특별회와 토론회를 잇달아 열어 정부의 횡포를 격렬하게 규탄하고 항의편지를 보내는 등의 투쟁을 벌여, 결국 6월28일에 이들을 석방시켰다.[24] 그러나 어핍지존〔語逼至尊: 말로써 임금을 핍박함〕의 불경죄로 8월에 체포된 과격파 최정식(崔廷植)은 끝내 석방되지 않았다.

3월10일의 만민공동회 이후로 독립협회의 소장파 활동가로 두각을 나타내게 된 이승만은 《매일신문》을 펴내는 데 열중하는 한편으로 독립협회의 대중운동의 향도 역할을 하게 되었다. 4월30일에 숭례문(崇禮門) 안에서 열린 서재필의 재류를 요청하는 만민공동회는 독립협회 회장 대리 일을 맡고 있던 윤치호의 동의도 받지 않고 열린 것이었는데, 이승만은 이 집회에서도 주동적 역할을 했다.

독립협회가 대중적 기반을 확대하면서 자주독립을 강조하고 열강의 이권침탈을 규탄하는 동시에 고급관료들의 무능과 부패를 고발하는 운동을 강력히 전개하자, 친러 수구파 정부와 러시아, 일본 등 열강은 서

22) 鄭喬, 앞의 책, p. 185.

23) 《高宗實錄》 光武2년 3월20일조.

24) 《日省錄》 光武2년 5월10일(양력 6월28일) 조.

재필을 해고하여 추방함으로써 독립협회의 활동을 저지시키고자 했다. 러시아 공사 스페이에르는 한국정부와 미국 공사 알렌(Horace N. Allen, 安連)에게 계속해서 서재필의 추방을 요구했다. 서재필은 워싱턴에 있던 주미 러시아 공사 케시니 백작이 루스벨트(Theodore Roosevelt) 대통령에게 자신의 소환을 요구했다고 말하고 있다.[25] 러시아쪽에서 서재필의 소환을 미국 당국에 요구한 것은 서재필이 법률상 미국시민이기 때문이었다. 일본 공사 고무라 주타로(小村壽太郞)는 서재필이 귀국하자마자 은근히 그를 협박하기도 했고, 일본정부는 미국인 고문 윌리엄스(Williams)를 통하여 미국정부에 계속해서 서재필의 소환을 요청했다.[26] 고종과 수구파 정부도 서재필이 독립협회를 부추겨 정부를 비판한다고 보고, 미국 공사에게 서재필의 추방을 교섭했다.

서재필과 수구파 정부의 갈등도 심각해졌다. 고종이 1897년 2월20일에 러시아 공사관으로부터 환궁한 직후까지만 해도 서재필과 정부의 관계는 우호적이었다. 그리하여 3월16일의 조칙에 따라 3월23일에 교전소(校典所)가 발족하자[27] 서재필은 이에 열성적으로 참여했다. 교전소는 의정(議政) 김병시(金炳始)의 건의에 따라 신구법의 절충과 그에 따른 법전을 편찬하기 위해 중추원 안에 설치된 기관이었다. 총재대원(總裁大員), 부총재대원 등에는 보수적 인물들이 임명되었으나 위원과 지사원(知事員) 등 실무직은 한국정부의 고문으로 와 있는 외국인들과 서재필 자신을 포함하여 그가 추천한 개화파 인물들이 맡았다.

서재필은 교전소를 통하여 제도와 법률을 대폭 개혁하고 군주권에 제한을 가하여 민권을 신장시키려고 했다. 《독립신문》이 교전소 관계뉴스를 계속해서 크게 보도했던 것은 교전소 활동에 대한 서재필의 큰 의욕을 반영한 것이었다.[28] 그는 교전소가 독립협회의 이념을 구현해 줄 수

25) 金道泰, 《徐載弼博士自敍傳》, 首善社, 1948, p.219.

26) 위와 같음.

27) 宋炳基 外 編著, 《韓末近代法令資料集 II》, 國會圖書館, 1971, p.224.

서재필로부터 《독립신문》을 인계받고 그의 뒤를 이어 독립협회를 이끌었던 윤치호.

있을 것으로 기대했다. 그러나 보수적 원로대신들의 외면과 러시아 군사교관 고빙을 둘러싼 미국인 법부고문 그레이트하우스(Clarence R. Greathouse, 具禮)와의 의견대립 등으로 말미암아 교전소는 아무런 결실도 보지 못한 채 이내 흐지부지되고 말았고,[29] 그러자 서재필은 정부와의 협력을 단념한 채 《독립신문》 발행과 독립협회 운동에 전념했다. 러시아 재정고문과 교련교관이 해고되어 출국하게 되자, 정부는 외국인고문 해고를 빙자하여 1897년 12월13일에 서재필을 중추원 고문관에서 해임하고, 그 사실을 알렌 공사에게 통보하면서 출국을 요청했다.[30]

독립협회는 4월25일에 그러한 조치는 부당한 일이라고 극력 반대하면서 서재필의 재고빙을 요청하는 편지를 정부에 보냈다. 그러나 정부는 사흘 뒤에 “서재필은 이미 해고되었으므로 재류여부는 본인의 의사에 달린 것”이라고 사실상 거절하는 답장을 보내왔다. 정부와 계약한 서재필의 임기는 7년 10개월이나 남아 있었으나, 정부는 미국 공사 알렌과의 교섭 끝에 서재필이 출국조건으로 요구한 남은 임기 분의 급여 2만 8,800원에서 《독립신문》을 창간할 때에 빌려 준 3,000원과 가옥 구

28) 《독립신문》 1897년 3월30일자, 4월24일자, 4월27일자, 5월1일자.

29) 韓哲昊, 《親美開化派硏究》, 國學資料院, 1998, pp. 211~220 참조.

30) “中樞院顧問徐載弼의 件”, “同上回答”, 《舊韓國外交文書(十一) 美案(2)》, pp. 291~293.

입대금으로 선불한 1,400원을 공제하고, 2만 4,400원을 지급했다.[31] 숭례문 안 만민공동회는 이러한 상황 속에서 열린 것이었다.

이날의 만민공동회는 정부에 서재필의 재고빙을 요청하는 편지를 다시 보냄과 동시에 서재필에게도 재류를 요청하는 편지를 보내기로 결의하고, 이승만, 최정식, 정항모(鄭恒謨) 세 사람을 총대위원으로 선출했다. 이들이 서재필에게 보낸 장문의 편지는 다음과 같이 협박에 가까운 말로 끝맺고 있다.

> 지금 각하의 가고 머묾은 각하의 자유권에 달린 바이오며, 각하가 이 부모 나라를 버리고 어디 가서 천고에 썩지 않을 이름을 세우고자 하느뇨. 이리하나 저리하나 간에 각하의 총명과 덕으로 반드시 깊이 헤아림이 있을 터이라. 만일에 각하가 고집하야 돌이키지 못할 지경이면 우리 이천만 동포 중에 반드시 강개격앙(慷慨激昻)할 자가 있어서, 각하가 다만 일신만 위하여 꾀하며 뭇 사람의 의논을 돌아보지 않는다 할지라. 하물며 오늘날 우리의 공동회가 특별히 각하의 수레를 멈추고자 함이니, 오직 각하는 세 번 생각하시오.[32]

서재필은 이 민중집회에 감격했으나, 정부가 재고빙을 하기 전에는 재류할 수 없음을 시사하는 답장을 5월2일자로 이승만 등 총대위원 앞으로 보냈다.

서재필의 출국이 기정사실이 되면서 《독립신문》의 인수문제가 대두되었다. 서재필은 신문사의 모든 시설을 현금 5,000원에 내놓고, 윤치호가 인수해 주기를 바랐다.[33] 러시아쪽에서는 서재필이 내놓은 값의

31) 愼鏞廈, 앞의 책, p.310, 주 133).

32) 《매일신문》 1898년 5월3일자, "서씨에게 한 편지"; 《독립신문》 1898년 5월 5일자, "서재필씨에게 한 편지"; 鄭喬, 앞의 책, pp.188~189.

33) 《尹致昊日記(五)》 1898월 3월27일조.

두배인 1만원에 인수하겠다고 했으나 합의가 이루어지지 않았다. 서재필은 윤치호에게 "러시아인에게 파는 것보다는 굶는 편이 낫다"고 말했다고 한다.[34] 그러면서도 서재필이 독립협회와 《독립신문》을 못마땅하게 생각하고 궁극적으로는 없앨 방안을 모색하던 일본공사 가토 마스오(加藤增雄)와 4,000원에 매도하기로 합의한 것은 의아스러운 일이다. 그것은 서재필을 비롯한 독립협회 간부들의 러시아와 일본에 대한 인식이 얼마나 일본에 편향되어 있었던가를 보여 주는 것이다. 그러나 그 약속은 한국정부로 하여금 《독립신문》을 매입하여 폐간하게 하려고 한 일본정부의 간계에 따라 실현되지 않았다.[35]

한국정부에서도 《독립신문》 매입문제가 논의되었으나, 서재필이 추방되면 《독립신문》은 자연히 폐간될 것으로 예상한 정부는 매입에 나서지 않았고, 서재필도 정부에 넘기는 것은 폐간을 뜻하는 것이라고 보고 교섭하지 않았다.[36]

결국 서재필은 《독립신문》을 자기 소유로 남겨둔 채 윤치호에게 경영을 맡기고 떠날 수밖에 없었다. 윤치호는 국문판의 "논설"과 영문판의 "Molayo's Reports"라는 칼럼을 직접 쓰고 주 3회 발행하던 《독립신문》을 7월1일부터 일간으로 발행하면서 크게 발전시켰다.

서재필은 5월14일에 다시 고국을 떠났다. 그가 떠나던 날 용산 강변 정자에는 독립협회 회원들, 협성회 회원들, 정부관리들, 남녀 외국인 등 많은 사람들이 전송하러 나왔고, 서재필과 여러 전송객이 "눈물들이 흘러 강물을 보태는 듯"[37] 할 정도로 감동적인 작별연설을 했다. 그러나

34) 《尹致昊日記(五)》 1898년 5월6일조.
35) 愼鏞廈, 앞의 책, pp. 61~62.
36) Philip Jaisohn, "A Parting Word", *The Independent*, May 17, 1898.
37) 《독립신문》 1898년 5월19일자, "잡보".

수구파 정부가 기대했던 것과는 반대로, 서재필이 출국한 뒤에도 독립협회의 자주민권운동은 오히려 더욱 격렬하게 전개되었다. 5월16일에 이승만이 주재하던 《매일신문》과 일본인 신문인 《한성신보》가 러시아와 프랑스가 한국정부에 이권을 요구한 외교문서를 폭로하자, 독립협회는 진상을 밝힐 것을 요구하는 편지를 외부대신에게 보내기로 하고, 그 기초위원 겸 총대위원으로 이승만, 정항모, 박치훈(朴治勳) 세 사람을 선정했다.[38] 그 편지의 다음과 같은 사뭇 명령조의 문투는 이제 독립협회가 정부로서도 그 요구를 거부할 수 없을 만큼 두려운 정치단체가 되어 있었음을 말해 준다.

> 내저 본국의 땅은 선왕(先王)의 강토요 인민의 생업하는 땅이라. 귀대신의 고명하신 식견으로 마땅히 참작하야 판단하실 터이오나, 본회에서도 이 일에 대하야 부득불 참예하야 들을 의(義)가 있삽기로 이에 앙포(仰哺)하오니, 조량하옵서 즉시 자세히 회시하심을 바랍니다.[39]

이때의 러시아의 요구는, 앞에서 보았듯이, 목포와 진남포 조차지에 인접한 사방 10리 안의 땅을 섬들까지 빼지 않고 사겠다는 것이었고 프랑스의 요구는 평양 근교의 석탄광산 채굴권이었는데, 독립협회의 격렬한 압력에 따라 정부는 결국 그 요구를 거절했고, 러시아와 프랑스도 요구를 철회했다. 독립협회는 이보다 앞서 2월28일에는 러시아의 부산 절영도 조차요구를 반대하는 편지를 외부에 보내어 정계에 큰 충격을 주었고, 러시아로 하여금 그 요구를 철회하게 했었다. 또한 일본도 6월 29일에 1895년과 1896년 두 해 동안 한국에서 의병에게 살상당한 일본인의 손해배상으로 9만 7, 146원의 배상금을 지불할 것을 한국정부에 요구했는데,[40] 독립협회는 7월16일에 숭보에서 반민공동회를 열어, 일본

38) 《독립신문》 1898년 5월19일자, "잡보".

39) 《매일신문》 1889년 5월17일자 ; 《독립신문》 1898년 5월19일자, "잡보".

중국 사신들을 영접하던 모화관은 1896년에 독립협회가 개수하여 독립관으로 썼다.

에 대한 경부철도 부설권 양여에 항의하고, 일본인 피해자 배상금 요구를 규탄하면서 이를 어떻게 조치할 것인지 묻는 편지를 외부에 보냈다. 외부대신 서리 유기환(兪箕煥)은 이러한 중대한 문제는 외부에서 독단하지 않을 것이며 정부에서 협의해서 조치하겠다고 회답하고, 배상금 지불을 거절하는 답장을 일본공사에게 보냈다.

정국이 이처럼 급박하게 돌아가는 속에서 독립협회 초대 회장이던 안경수의 황제양위음모사건이 발생했다. 춘생문사건으로 3년형을 선고받았던 안경수는 고종의 아관파천 뒤에 특사로 풀려나서 경무사와 중추원 1등 의관 등을 역임했다. 그는 일찍이 춘생문사건을 주동했던 이충구(李忠求)와 김재풍(金在豊) 등과 함께 친위대 병력을 동원하여 고종을 폐위시키고 황태자를 옹립하려고 모의하다가 7월9일에 적발된 것이었다.

---

40) "暴徒義兵으로 因한 日人被害賠償請求", 1898년 6월29일, 《舊韓國外交文書(四) 日案(4)》, p. 69.

이승만의 배재학당 시절의 지기였던 이충구는 유배지에서 풀려난 뒤에 법부민사국장 겸 고등재판소 판사 등을 역임하고 1897년 12월에는 경무사에 임명되었다가 1898년 2월27일에 해임되었고,[41] 이충구의 후임으로 경무사에 임명된 중추원 의관 김재풍도 3월22일에 해임되어 있었다.[42] 이 사건으로 내부대신 박정양(朴定陽)과 궁내부 특진관 민영준(閔泳駿)이 체포되고, 안경수는 일본으로 망명했다.

이 음모는 황태자를 잠시 왕위에 앉혀 두었다가 일본에 있는 고종의 다섯째 아들 의화군〔義和君: 뒤에 義親王에 진봉된 李堈〕을 국왕으로 옹립한다는 것이었는데, 이 음모의 뒤에는 일본에 망명해 있는 박영효(朴泳孝)의 사주가 있었다.[43]

철종(哲宗)의 부마〔駙馬: 임금의 사위를 뜻하는 駙馬都尉의 준말〕로서 김옥균(金玉均), 서광범(徐光範) 등과 함께 갑신정변을 일으켰다가 실패하고 일본으로 망명했던 박영효는 10년 만인 1894년 8월에 귀국하여 내부대신에 임명된 다음 근대적 내각제도와 새로운 경찰 및 군사제도의 확립 등 제 2차 갑오개혁을 의욕적으로 추진했었다.[44] 그러나 1895년 7월6일에 민비 폐비음모를 기도했다는 혐의로 체포령이 내려지자 이튿날로 황철(黃鐵), 이규완(李圭完) 등 심복들과 함께 다시 일본으로 망명했다.

이 무렵 일본에는 아관파천 직후에 망명한 유길준(兪吉濬), 조의연(趙義淵), 장박(張博) 등 갑오경장 때에 대신을 지낸 인물들과 왕실의

---

41) 安龍植 編, 《大韓帝國官僚史硏究(Ⅰ) — 1896. 8. 1. ~1901. 7. 31.》, 延世大學校 社會科學硏究所, 1994, p. 630.

42) 《高宗實錄》 光武2년 2월27일조, 3월22일조.

43) 黃玹, 《梅泉野錄》, 國史編纂委員會, 1955, p. 225; "讓位事件ニ關スル疑獄結了ノ件", 1898년 9월19일, 日本外務省 編, 《日本外交文書 31 2》, 國際聯合協會, 1954, pp. 389~392.

44) 柳泳益, "甲午乙未年間(1894~1895) 朴泳孝의 改革活動", 《國史館論叢》 제 36집, 國史編纂委員會, 1992, pp. 1~30 참조.

의화군과 이준용(李埈鎔) 및 그 추종자 등 수십명이 머물고 있었다.

러시아 공사관에 머물던 고종이 1897년 2월20일에 환궁하자 박영효는 국내정국의 추이를 예의 주시하면서 귀국방안을 탐색하고 있었고, 국내에서도 그의 귀국이 큰 관심사가 되고 있었다. 6월20일자 《매일신문》이 "근일 풍설을 들은 즉 박대신 영효씨가 환국하였단 말이 낭자하니, 우리는 참 믿을 수 없는 말로 여기노라"라고 보도하고 있는 것은 저간의 사정을 짐작하게 한다.[45]

이 사건을 빌미로 그동안 실정(失政)과 탐학으로 지탄의 대상이 되었던 의정부 참정(參政) 조병식(趙秉式)은 독립협회 회원들을 안경수의 도당으로 몰아서 협회 지도자들을 살해하고 독립협회를 해산시켜 황제의 신임을 얻으려 획책했고,[46] 격분한 독립협회는 7월17일에 조병식에게 사직을 권고하는 편지를 보낸 것을 시작으로 그의 파면운동을 맹렬히 전개했다. 그리하여 마침내 황제는 7월21일에 조병식을 면직시켰다.[47]

2. 외국인 용병부대 설치와 독다사건(毒茶事件)

9월 들어 느닷없는 일이 벌어졌다. 고종이 황실을 호위할 외국인 용병부대를 설치하기 위하여 비밀리에 상해(上海)에서 외국인 30명을 데려온 것이었다. 고종이 법부 고문 그레이트하우스와 황실을 호위할 외국인 용병부대의 설치를 계획한 것은 독립협회를 중심으로 한 개혁세력이 친위대의 지지까지 받아 불안을 느끼게 되었기 때문이었다. 민비 시

45) 《매일신문》 1898년 6월20일자, "잡보".

46) 鄭喬, 앞의 책, pp. 207~208.

47) 《日省錄》 光武2년 6월3일(양력 7월21일) 조; 《독립신문》 1898년 7월22일자, "별보".

해 이후로 고종이 황실을 호위하는 한국인 순검 등을 신임하지 않고 항상 불안해하는 것을 기화로 장봉환(張鳳煥), 주석면(朱錫冕) 등이 그레이트하우스의 건의라면서 궁내부대신 서새순(徐載純), 군부대신 심상훈(沈相薰), 탁지부대신 민영기(閔泳綺) 등의 동의를 얻어서 고종에게 외국인 용병부대의 설치를 상주한 것이었다. 고종은 이를 받아들여서 그레이트하우스, 장봉환, 주석면 세 사람을 상해에 밀파했고, 이들은 퇴역군인 등의 외국인 30명(영국인 9명, 미국인 9명, 독일인 5명, 프랑스인 5명, 러시아인 2명)을 모집하여 인천을 거쳐서 9월15일에 서울에 도착했다.[48]

독립협회는 9월17일에 급히 특별회를 열고, 외국인을 고용하여 황실을 보호하는 것은 나라의 수치라면서 각부에 총대위원을 보내어 항의질문을 하기로 결의했다. 이승만은 궁내부(宮內府)에 보내는 총대위원으로 선정되었다. 이 무렵 이승만은 이종일(李鍾一), 유영석(柳永錫)과 함께 8월에 창간한 《제국신문》의 주필로서 신문제작에 열중하고 있었는데, 9월 19일자 《제국신문》은 장문의 "논설"로 외국인 용병부대 설치를 비판했다. 이 논설의 다음과 같은 냉소적인 문장은 이승만이 고종을 얼마나 경멸하고 있었는가를 보여 준다. 그는 이 일을 "상하가 함께 부끄러운 큰 괴변"이라고 말했다.

> 슬프도다, 우리의 처세함이여. 동양 경계(經界)로 말하여도 삼강오륜(三綱五倫)에 벗어난 사람들이오 서양 경세로 말하여도 의리에 틀린 사람들이라. 아프리카 인종 같은 야만이나 되었으면 오히려 용서나 하련마는 우리 입으로 동방예의지국이라 하는 나라에 나서 성인의 경서도 읽고 인의예지(仁義禮智)와 효제충신(孝悌忠信)을 안다는 사람들이 되어, 이때 서양의 문명개화도 짐작들 하는 시

48) "Our View of It", *The Independent*, Sept. 17, 1898 ; 鄭喬, 앞의 책, pp. 236~238.

대에 목하의 당장 당하고 앉은 정형을 볼진대 어디다 비할 데 없는 사람들이 되고 있으니, 어찌 세상에 용납하기를 도모하리오. …

임금이 그 백성을 믿지 못하여 외국사람을 청하여다가 대궐을 보호하는 일이 세계에 나라되고서야 어디 있으리오. 이는 신하도 없고 군사도 없고 백성도 없음이니, 상하가 함께 부끄러운 큰 괴변이라. 이런 일은 마땅히 신민이 일심으로 주선하여 결단코 시행이 못되도록 하는 것이 도리에 합당한 일이라. …

연전에 외국 고문관을 해고시킬 적에 당당히 말하기를 지금은 우리나라 사람이 외국의 교훈을 받지 않아도 능히 지낼 만하다고 하였더니, 그동안에 한 사업들이 무엇이오. … 아무리 생각하여도 이 사람들의 힘으로는 따로 설 수가 없는 모양이라. 우리는 생각건대 … 새로이 대소관인들과 지방관들이며 병정 순검까지도 모두 외국의 학문 있고 개명한 사람들을 청하여 사무를 맡겨 나라이나 개명하게 만들고 백성 교육이나 시켜 탐학이나 면하게 할 도리가 있으면 오히려 나을 듯하도다. 이것은 세상에 사람이 할 일이 아닌즉, 그 후에는 세계에서 야만으로 대접할 터이니, 야만이야 누가 책망인들 하며 삼강오륜이 있고 없는 것을 누가 부끄러이 여기리오. 참아 절통하여 하는 말이니 짐작들 하여 보시오.[49]

정부 대신들은 항의방문한 독립협회 총대위원들에게 외국인 용병 반대 주청을 하겠다고 응답했다. 그러나 9월18일 오후가 되도록 정부에서 구체적 통보가 없자, 독립협회는 외부의 문 앞에서 항의집회를 열고 외국인 용병을 즉각 추방할 것을 요구했다. 집회는 이튿날에도 열렸다. 이에 정부 대신들도 이 계획을 철회할 것을 고종에게 주청했고, 고종도 독립협회의 압력에 굴복하여 9월20일에 외국인 용병부대 설치계획을 포기했다. 외국인들은 1년치 급료 840원씩을 받고 9월27일에 상해로 돌아갔다.[50]

---

49) 《제국신문》 1898년 9월19일자, "논설".

외국인 용병부대 설치문제와 때를 같이하여 발생한 김홍륙(金鴻陸) 독다사건(毒茶事件)은 다시 한 번 정국을 뒤흔들었다. 김홍륙은 러시아 공사관 통역으로서 고종이 러시아 공사관에 머물 때에 러시아 세력을 업고 온갖 전횡을 자행했고 환궁한 뒤에도 고종의 측근에서 인사권을 비롯한 온갖 농간을 부렸던 사람으로서, 3월11일에는 한성부 판윤(漢城府判尹)에 임명되었다가[51] 3월27일에 사직하는 등 물의를 일으켰으나, 독립협회의 국정감시로 정사에 간섭하지 못하게 되었고, 고종도 8월25일자로 그를 해임하여 지도군(智島郡) 흑산도(黑山島)로 종신유배를 보내게 되었다.[52] 이에 앙심을 품은 김홍륙은 그의 심복 공홍식(孔洪植)에게 아편 한냥쭝을 주어 고종이 마시는 차에 타게 했고, 공홍식은 하수인을 시켜 9월11일에 고종과 황태자에게 아편을 탄 커피를 올렸다. 고종은 구토를 하고 황태자는 인사불성이 되는 큰 위난을 당했다.[53]

그런데 이 사건을 조사하면서 경무사 민영기(閔泳綺)는 죄인을 잔악하게 고문했고, 9월24일에 열린 중추원은 의관 34명의 이름으로 신법을 개정하여 이미 폐지된 나륙법(拏戮法)과 연좌법을 부활시킬 것을 정부에 요구하는가 하면, 법부대신 겸 중추원 의장 신기선(申箕善) 등은 이를 주청하는 상소를 올렸다. 나륙법이란 대역죄인은 참형하여 시체를 나누어서 각 지방에 보내어 백성들에게 경각심을 주고, 죄인의 가족을 노비로 만들던 형법을 말한다.

독립협회는 9월25일의 통상회에서 반역사건을 규탄하고 사건의 철저한 조사를 촉구하면서도, 한편으로 죄인을 악형으로 고문한 사실과 중추원의 나륙법과 연좌법 부활 기도는 국민의 생명과 재산의 자유를 침

50) "How to Prevent Conspiracies", *The Independent*, Sept. 29, 1898.

51) 《高宗實錄》 光武 2년 3월11일조.

52) 《高宗實錄》 光武 2년 8월25일조.

53) 《高宗實錄》 光武 2년 9월12일조 ; "Away with Whispers!", *The Independent*, Sept. 20, 1898.

해하는 것이며 신법을 개악하는 것이라고 결의하고, 이에 대한 반대운동을 벌이기로 했다. 그것은 독립협회가 그만큼 정치적으로 성숙해 있었음을 말해 준다.

독립협회는 10월1일에 중추원 문 앞에서, 이튿날에는 고등재판소 문 앞에서, 10월6일에는 다시 고등재판소 문 앞에서, 그리고 10월7일에는 고종이 거처하는 경운궁(慶運宮)의 인화문(仁化門) 앞에 나아가 상소를 올리고 악법의 부활 기도를 강력히 반대했다.

그러나 고종과 수구파 각료들은 독립협회의 요구를 받아들이려 하지 않았다. 그러자 독립협회는 인화문 앞에서 집회를 해산하지 않은 채 시대착오적 악법의 부활 기도에 찬성하는 수구파 7대신〔신기선, 이인우(李寅祐), 심순택(沈舜澤), 윤용선(尹容善), 이재순(李載純), 심상훈, 민영기〕의 규탄과 전면적 개각요구로 투쟁을 확대했다. 독립협회는 10월8일에 인화문 앞에서 연좌농성을 하면서 7대신의 탐학을 낱낱이 들어 규탄하고 그들의 파면을 요구하는 두번째 상소를 올렸다. 이 철야투쟁은 이내 광범위한 민중의 호응을 얻어서, 서울 시내와 전국 각 지방에서 보내 온 의연금이 600여원에 이르렀다.[54] 독립협회는 밤에는 50명의 대표를 남겨 인화문을 떠나지 않게 하고 낮에는 다시 모여 민중대회를 열면서 자신들의 요구를 승낙하는 고종의 비답(批答)을 기다렸다. 고종이 7대신에게 경고는 하되 교체는 않겠다고 하자, 독립협회는 집회를 더욱 확대하면서, 10월10일에 다시 7대신 파면과 전면개각을 강력히 요구하는 세번째 상소를 올렸다.[55] 이날 독다사건 관련자들에 대한 처형이 있었다. 김홍륙 등 세 사람은 교수형에 처해졌다.[56]

한편 외국공사들도 신임 러시아 공사 마튜닌(N. Matunine)의 주동

---

54) 鄭喬, 앞의 책, p. 248.

55) 《皇城新聞》 1898년 10월11일자, "別報: 獨立協會三疏".

56) 《日省錄》 光武 2년 8월25일(양력 10월10일) 조 ; 《독립신문》 1898년 10월 12일자, "잡보".

으로 독다사건의 처리에 공동으로 항의하기로 하고 각 공사관별로 항의 공문을 외부에 보내왔다.[57] 그것은 국제적으로도 여간 수치스러운 일이 아니었다.

인화문 앞 농성집회에는 각 학교 학생들과 철시를 한 시전 상인들도 참석하여 날이 갈수록 규모가 더욱 커졌다. 경무청에서는 강제로 시전을 열게 하려 했으나, 상인들은 "우리도 자유권리로 하는 일이니 다시는 이따위 수작을 말라"면서 이를 거부했다.[58]

독립협회와 시민들의 강경한 개각요구와 집회의 대규모화 추세를 도저히 막을 수 없음을 감지한 고종은 마침내 10월10일과 12일에 걸쳐 7대신을 모두 면직시키고, 독립협회가 신임하는 박정양을 서리의정사무(署理議政事務), 민영환(閔泳煥)을 군부대신 등으로 하는 새 각료를 임명했다. 그것은 10월1일부터 열이틀 동안 궁궐을 에워싸고 철야시위를 벌인 끝에 쟁취한 독립협회의 승리였다. 그리고 그것은 민중의 힘으로 개혁파 내각을 탄생시킨 획기적인 일이었다. 독립협회 회원들과 시민들은 10월12일 저녁에 만세를 부르면서 해산했다.[59] 각국의 외교관들도 이러한 사태에 경탄했다. 미국 공사 알렌이 '평화적 혁명(a peaceful revolution)'[60]이 이루어졌다고 본국정부에 보고한 것은 그 대표적 보기였다.

그러나 고종과 수구파의 반격도 만만치 않았다. 닷새 뒤인 10월17일에 고종은 독립협회의 규탄을 받고 물러난 조병식을 의정부 찬정(贊政)

---

57) "置毒關聯囚人酷刑施行에 대한 抗議", 1898년 9월30일, 《舊韓國外交文書(十一) 美案(2)》, pp. 422~423; "毒茶事件犯의 酷刑取招에 대한 忠告", 1898년 10월1일, 《舊韓國外交文書(十四) 英案(2)》, pp. 16~17; "金鴻陸等處刑狀況에 대한 反省促求", 1898년 10월19일, 《舊韓國外交文書(四) 日案(4)》, pp. 161~162.

58) 《독립신문》 1898년 10월13일자, "잡보: 진위춍부".

59) 《독립신문》 1898월 10월13일자, "잡보: 천은망극".

60) 愼鏞廈, 앞의 책, p. 352.

으로, 21일에는 역시 독립협회의 비판을 받고 물러난 전 의정부 참정 윤용선을 내각수반인 의정부 의정(議政)으로 다시 기용하여 개혁파와 일부 수구파의 절충내각을 구성했다. 그리고 20일에는 독립협회의 토론은 정치문제 이외의 것에만 한정하며 그 집회는 독립관에서만 허용하고 이차집회〔離次集會: 원래 정한 장소를 떠나서 집회를 여는 것〕는 금지한다는 조칙을 내렸다. 독립협회는 이미 7월 초순부터 집회장소를 서대문 밖의 독립관에서 도심의 명동 장악원(掌樂院)으로 옮겼고, 8월3일의 연설을 문제삼아 장악원 집회소의 사용을 금지하자 대광교(大廣橋) 북쪽의 지전도가로 사무소를 옮겨 집회를 열고 있었다. 그러므로 고종의 이러한 조칙은 독립협회와 시민들의 인화문 앞 상소시위의 결과를 부인하려는 의도에서 나온 것이었다.

이에 독립협회는 10월22일부터 경무청 문 앞에 나아가 대죄(待罪) 형식의 항의농성을 시작했다. 이미 정한 장소가 아닌 곳에서 집회를 열어서 칙명을 위반했으므로 처벌을 받겠다는 것이었다. 그러면서 독립협회는 언론과 집회의 자유를 강력히 요구하는 상소를 올렸다. 그들은 "독립협회는 … 직언으로 죄를 지었으나 한명이 죽으면 열명이 그 뒤를 잇고, 열명이 죽으면 백명, 천명이 그 뒤를 이을 것"이라고 단호한 결의를 보였다. 이에 대해 고종은 "언로(言路)를 열고 어려움을 책(責)하여 진보할 것은 이미 정산(定算)이 있으니" 물러가서 기다리라는 비지(批旨)를 내렸다.61)

이러한 와중에서 독립협회는 황국중앙총상회(皇國中央總商會)의 요청으로 총대위원 3명씩을 각각 선정하여 외부에 외국 상인들의 조약위반행위를 금지하고 한국 상인들의 권익을 보호하는 조치를 취할 것을 촉구하는 편지를 보내기로 했는데, 이승만은 독립협회의 총대위원으로 선정되었다. 이승만이 총대위원으로 선정된 것은 그가 외교문제에 통달

---

61) 《日省錄》 光武 2년 9월9일(양력 10월23일) 조.

한 인물로 평가되고 있기 때문이었을 것이다. 중앙총상회는 외국 상인들의 상권침략에 대응하여 시전상인(市廛商人)들이 1898년 여름에 서울에서 창립한 단체였다. 중앙총상회는 그동안 만민공동회가 열릴 때에는 철시를 하는 등으로 독립협회의 자주민권운동에 적극적으로 참여하고 있었다.

이승만 등 총대위원들은 외부에 가서 통상조약과 각군에 산재한 외국 상인들의 실태를 알아본 다음 10월18일에 다음과 같은 편지를 외부대신 박제순(朴齊純)에게 보냈다. 8월22일에 외부협판에 임명된 박제순은 10월9일에 외부대신으로 승진되어 있었다.

> 동서양 모든 나라의 개명한 인민은 통상교섭에 서로 거리낌이 없으나 만일에 개명하지 못한 인민으로서 제한을 두지 않으면, 무성한 수풀 가운데에서 가는 풀이 자라지 못함과 같이 토종 인민은 쇠잔하여 모두 없어질 것이니, 이는 세계상의 자연스러운 이치와 형세입니다.

이렇게 전제한 다음 편지는 통상조약체결 이후의 실상을 다음과 같이 설명했다.

> 우리나라에서 애당초 외국 사람과 통상조약을 정할 때에, 각 항구 연안의 조계(租界)를 명확히 정하여, 어느 나라 상인이든지 조계 10리 밖으로는 넘어갈 수 없도록 했습니다. … 그러나 최근 몇년 이래로 정해진 조약 규정 등은 모두 버려 두어 부(府), 군(郡) 각 지방의 정해진 경계 밖에서 외국 사람들이 토지를 사 모으고 집을 빌려서 점포를 만드니, 상인들의 권리와 농가의 산업은 나날이 없어지고 다달이 손상되고 있습니다. 땅을 외국인들이 소유해 버리고 집을 외국인들이 점유해 버리면, 비록 나라의 이름은 있더라도 국가 경영은 진실로 공허하게 될 것입니다. …
>
> 본 협회에서 분수에 지나친 근심으로, 불에 타고 물에 빠진 듯한

상황을 차마 좌시할 수 없어서 이에 우러러 아룁니다.

귀 대신께서 조약을 살피시어 각 부, 군의 조계 밖에 거류하는 외국 상인들을 낱낱이 통상 항구 연안으로 옮겨 보내고 외국인들이 토지를 사 모으는 폐단을 막고 금함으로써 우리나라 백성으로 하여금 농업과 상업을 보존하게 하소서.

또 한성으로 말할지라도 서울과 양화진(楊花津)이 비록 조약 규정 제4관(款)의 통상하는 장소에 들어 있으나, 외국인들이 땅을 사고 집을 사서 앉은장사로 가게를 여는 일이 날로 더욱 늘어나고 있으니 만약 여기서 그치지 않으면, 연곡(輦轂) 아래의 약간의 땅이나마 우리 백성이 부지할 가망은 없어지게 될 것입니다.

조약 규정 제11관 가운데, 응당 고쳐야 할 곳이 있으면 참작하여 더하든지 덜하든지 한다는 구절이 있습니다. 그런즉 마땅히 고칠 곳을 고치는 것도 또한 조약입니다. 일년 전에 앞서 미리 성명(聲明)을 내어, 서울 인민의 급급한 정황을 특별히 바로잡아 구제하여 주시기를 삼가 바라나이다.[62]

이러한 상황의 심각성은 정부도 인식하고 있었다. 외부는 이튿날로 각도 관찰사와 각 항구 감리(監理)에게 훈령을 내려 각국과의 통상조약의 규정을 위반하여 상설점포를 개설하거나 토지와 가옥을 매입하고 있는 외국인을 통상 항구의 조계로 철수시킬 것을 명령했다.

이 훈령은 당시의 정부 조치로서는 민족적 요청을 받아들인 매우 중요한 것이었다.[63] 외부대신 박제순은 그날로 독립협회와 중앙총상회에 답장을 보내어 훈령을 내린 사실을 알렸다.[64] 이 훈령은 각도의 관찰사로부터 바로 각 군으로 시달되었으나 잘 시행되지는 않았다. 그러한 사정은 1899년 1월10일자로 재훈령을 내려 시행을 거듭 촉구하고 있는 것

---

62) 鄭喬, 앞의 책, pp. 264~265 ; 《독립신문》 1898년 10월19일자, "양회 편지".

63) 愼鏞廈, 앞의 책, p. 567.

64) 鄭喬, 앞의 책, p. 265 ; 《독립신문》 1898년 10월22일자, "잡보: 외부 답장".

으로도 짐작할 수 있다.[65]

10월24일에 속개된 집회에서 군중은 상소문과 고종의 비지를 읽었다. 비지를 들은 군중은 승리감에 차서 해산하려고 했다. 그러자 한 청년이 군중 앞으로 나아가 해산을 막으면서 대죄투쟁을 계속해야 한다고 강력히 주장했다. 이승만이었다.

"지금까지 황제의 조칙이 한두번으로 그친 것이 아닌데, 그 봉행하는 것을 보지 않고 물러나는 것이 어찌 죄가 없다 할 수 있겠소이까. 그러므로 계속 대죄하여 본 회의 언로에 대한 인허를 받은 뒤에 물러나는 것이 가하오이다."[66]

이승만의 이러한 선동은 결정적 영향을 끼쳤다. 그의 제의에 따라 독립협회는 철야 대죄농성을 계속하기로 하고, 이튿날 더욱 공격적인 내용의 상소를 다시 올렸다. 드디어 고종은 집회에 대해서는 언급하지 않은 채 언론의 자유를 허락한다는 비지를 내렸고, 독립협회 회원들은 25일 오후에 만세를 부르면서 나흘 동안의 대죄농성을 풀고 사무소로 돌아갔다. 고종이 언로를 열 정산이 있다고 한 것은 중추원(中樞院)을 새로 개설할 것을 시사하는 말이었다. 이때는 한편으로 개혁파 관료들과 독립협회 간부들 사이에서 중추원을 개편하여 의회(議會)를 설립하는 문제를 두고 벌여 온 협상이 타결된 시점이었다.

65) 愼鏞廈, 앞의 책, p. 568.

66) 鄭喬, 앞의 책, p. 272.

3. 의회설립 직전에 좌절되다

독립협회가 추진한 민권운동의 목표는 의회를 설립하고 전제군주제를 입헌군주제로 개혁하는 일이었다.[67] 그러므로 1898년에 들어와서 본격적인 정치투쟁을 벌이게 되면서 의회설립운동도 구체적으로 전개되었다. 4월3일에 열린 독립협회의 제 25회 토론회는 "의회원을 설립하는 것이 정치상에 제일 긴요함"을 주제로 삼아 회원들과 국민들에게 의회설립의 필요성을 계몽했다. 4월30일자 《독립신문》의 장문의 "논설"은 의회를 설립하는 것이 황제와 내각과 인민에게 얼마나 유익한 것인가를 자세히 설명했다. "논설"은 의회와 행정부의 관계를 인체의 두뇌와 수족의 관계 같은 것이라고 설명했다.

> 이것(인체의 기능)을 본받아서 세계 개화 각국이 정부를 조직하였는데, 각색 일을 생각하여 의사와 경영과 방책을 생각하여 내는 관원들이 있고, 그 생각을 시행하여 세상에 드러나게 하는 관원들이 있는지라. 생각하고 방책내는 마을〔'정부기관'이라는 뜻의 옛말〕은 외국서는 말하되 의회원이라 하며, 의회원에서 작정한 방책과 의사를 시행하는 마을을 내각이라 하는 것이라. … 일국 사무를 행정관이 의정관의 직무를 하며 의정관이 행정관의 직무를 하려고 하여서는 의정도 아니 되고 행정도 아니 될 터이라. 그런 고로 대한도 차차 일정 규모를 정부에 세워 이 혼잡하고 규칙 없는 일을 없애려면, 불가불 의정원이 따로 있어서 국중의 가장 학문 있고 지혜 있고 좋은 생각 있는 사람들을 뽑아 그 사람들에게 행정하는 권리를 주지 말고 의논하야 작정하는 권리만 주어 좋은 생각과 좋은 의논을 날마다 공평하게 토론하야 이해 손익을 공변되게 토론하야 작정하야, 대황제 폐하께 이 여러 사람의 토론하야 작정한 뜻을 품하야

---

67) 愼鏞廈, 앞의 책, p. 361.

재가를 물은 후에는 그 일을 내각으로 넘겨 내각서 그 작정한 의사를 가지고 규칙대로 시행만 할 것 같으면 두가지 일이 전수히 되고 내각 안에 복잡한 일이 없을 터이라. …[68]

"논설"의 주장은 형식은 입헌군주제를 표방한 것이었으나, 실제 운영에서는 행정부의 법안 제출권마저도 인정하지 않는 의회 우위의 엄격한 권력분립을 실시하는 미국식 의회제도를 염두에 둔 것이었다.

이러한 《독립신문》의 주장에 이어 독립협회는 7월3일에 윤치호 등의 이름으로 의회설립을 정식으로 제의하는 상소를 올렸다. 이 상소문은 한문전용의 관습을 깨뜨리고 역사상 처음으로 국한문 혼용으로 작성한 것이었다. 그러나 이 상소에 대하여 고종은 "진술한 바가 비록 나라를 걱정하고 백성을 사랑하는 마음에서 나온 것 같으나, 조정의 일에 대해 직분을 넘어 망령되게 논해서는 안 될 것이다"라고 비답했다.[69] 그러나 독립협회는 이러한 고종의 비답을 무시하고, 7월12일에 다시 상소를 올려, 「홍범 14개조」를 실행하고 현신(賢臣)을 새로이 뽑으며 민의를 널리 채용하라고 거듭 주장했다.

독립협회의 의회설립 구상은 갑오개혁 때에 내각의 자문기관으로 설치되었다가 유명무실해진 중추원을 개편하여 의회를 설립하자는 것이었다. 그리고 그것은 처음부터 하원(下院)을 설립하는 것이 아니라 먼저 독립협회 회원을 중심으로 하여 상원(上院)을 개설한 다음에 점차로 하원까지 개설하자는 것이었다.[70] 상원을 먼저 설립해야 한다는 독립협회의 주장의 근거는 《독립신문》의 다음과 같은 논설에 잘 표명되어 있다.

---

68) 《독립신문》 1898월 4월30일자, "논설".

69) 《日省錄》 光武 2년 5월21일(양력 7월9일)조; 《尹致昊日記(五)》 1898년 7월3일조.

70) 《尹致昊日記(五)》 1898년 8월2일조.

하의원이라 하는 것은 백성에게 정권을 주는 것이라. 정권을 가지는 사람은 한 사람이든지 몇만명이든지 지식과 학문이 있어서 다만 내 권리만 알 뿐 아니라 남의 권리를 손상치 아니하여 사사를 잊어버리고 공무를 먼저하며 작은 혐의를 보지 않고 큰 의리를 숭상하여야 민국에 유익한 정치를 시행할지니, 무식하면 한 사람이 다스리나 여러 사람이 다스리나 국정이 그르기는 마찬가지요 무식한 세계에는 군주국이 도리어 민주국보다 견고함은 고금 사기와 구미 각국 정형을 보아도 알지라. …

일본사람은 서양 개화를 모본하기 전에도 우리보다 백배나 문명한 사람들이요, 서양 정치와 풍속을 배우고 시작한 후에 주야로 힘써서 삼십년 동안에 세계가 놀라게 진보하였으되 명치(明治) 원년에 상하의원을 배설하지 않고 겨우 명치 23년에서야 국회를 시작하고, 또 상하의원을 설시하기 전에 오히려 미흡한 일이 있을까 하여 극히 총명한 위원들을 구미 각국에 파송하야 상하의원의 제도와 장정(章程)과 사정을 자세히 관찰하야 채용하였으니, 일본으로도 이같이 삼가서 하의원을 배설하였거늘 우리는 외국사람과 통상 교제한 후에 몇 해 동안에 배운 것이 지권연(紙卷煙) 먹는 것 한가지 밖에는 없으니, 무슨 염치로 하의원을 어느새 꿈이나 꾸리오. …

안으로 학교를 도처에 설시하야 젊은 사람들을 교육하며 또 밖으로는 학도를 구미 각 국에 파송하야 유익한 학문을 배워다가 인민의 지식이 쾌히 열려 사오십년 진보한 후에야 하의원을 생각하는 것이 온당하겠도다.71)

이러한 주장은 독립협회의 엘리트의식과 함께 일본을 근대화의 본으로 생각한 그들의 정치의식을 잘 드러내 보이는 것이었다. 그리고 그것은 인민주권에 대해서는 부정적인 논리였다.72)

---

71) 《독립신문》 1898년 7월27일자, "하의원은 급지 않다".

72) 朱鎭五, "19세기 후반 開化改革論의 構造와 展開 — 獨立協會를 중심으

독립협회의 의회설립 운동은 10월 들어 인화문 앞의 철야상소 시위로 7대신이 해임되고 박정양 내각이 성립되면서 급진전되었다. 독립협회는 10월13일에 박정양에게 편지를 보내어 의회설립에 대한 정부와의 연석회의를 제의했고, 정부는 이 제의를 받아들여 이틀 뒤에 연석회의가 열렸다. 그러나 협의는 시작되자마자 곧 중단되었다. 10월16일에 황국협회(皇國協會) 회원들이 박정양 집으로 몰려가서 황국협회도 민회(民會)인데 왜 정부는 독립협회만 상대하여 협의하느냐고 항의하면서 그의 사임을 요구했기 때문이다.[73)]

황국협회란 독립협회에 대항하기 위하여 수구파가 주동이 되어 보부상(褓負商)들을 회원으로 하여 6월30일에 급작스럽게 조직한 단체였다. 회장은 법부 민사국장 이기동(李基東)이 맡았고, 황실에서는 경비조로 1,000원을 하사했다.[74)] 황국협회가 갑자기 하의원(下議院) 설립을 주장하고 나온 경위는 자세히 알 수 없다. 황국협회가 "민선의원(民撰議員) 설립건 백서"를 제출했고, 정부로부터 아직 민도가 유치하여 불가하다는 회답을 받았다는 일본 쪽의 기록이 보인다.[75)] 그러나 《승정원일기》나 《일성록》 등 정부 공식문서에는 그러한 사실을 확인할 만한 기록이 보이지 않는다. 다만 10월16일에 황국협회 회원들이 박정양의 집으로 몰려가서 항의하는 가운데 "본 회에서 하의원을 설치할 것을 청하였는데, 무슨 구애되는 일이 있어서 허락하지 아니하시오"하고 따졌고, 이에 대해 박정양은 "정부와 중추원이 있은즉 인민 사이의 불편한 일이나 국계(國計)상의 유익한 일은 마땅히 의논하여 행하는 것이고, 또 관제에 없는 하의원을 허락하는 것은 불가하다"고 대답했다는 것이

로", 延世大學校 博士學位論文, 1995, p. 184.

73) 《독립신문》 1898년 10월18일자, "잡보".

74) 조재곤, 《한국 근대사회와 보부상》, 혜안, 2001, pp. 176~179.

75) "韓國ニ於ケル紛擾事件概要差進ノ件", 日本外務省 編, 《日本外交文書 31-2》, 國際聯合協會, 1954, p. 441.

다.[76]

황국협회의 하의원 개설 주장은 황국협회의 결성 자체가 급작스러웠던 것처럼, 독립협회의 상원 성격의 의회설립운동에 대항하기 위한 의도에서 급작스럽게 나온 주장이었고, 따라서 인민주권 개념과는 상관없이 정략적인 고려에서 나온 것이었을 것이다. 실제로 이 시기에 전국 규모의 보통선거를 통하여 하원을 구성한다는 것은 불가능한 일이었다. 황국협회는 이때 이후로는 하의원 개설문제를 거론하고 있지 않다. 고종이 독립협회에 활동제한 조칙을 내린 것은 이러한 상황에서였다.

경무청 앞 철야 대죄농성이 진행되는 동안 고종은 다시 마음을 바꾸어 10월23일에 의정부 찬정 박정양을 참정으로 승진시키고 중추원 의장에 한규설(韓圭卨), 부의장에 윤치호를 임명하여, 이들로 하여금 중추원 관제를 개정하게 했다. 독립협회는 24일에 새로운 중추원 관제개정안을 정부에 제출했는데, 개정안에는 의관(議官) 50명 가운데 관선(官選)과 민선(民選)을 25명씩으로 하고 민선 25명은 독립협회가 회원 중에서 투표로 선출한다는 항목이 들어 있었다. 이에 대하여 정부는 고종의 조칙으로 황국협회도 동등하게 처우해야 한다면서 민선의관 25명 가운데에서 17명을 독립협회에 허락한다고 통고했다. 그러나 독립협회는 이에 반대하여 그럴 바에는 민선의원 전원을 황국협회에서 선출하게 하라고 정부에 통보했고, 황국협회는 단독으로 중추원을 운영할 자신이 없었으므로 "불능(不能)"이라는 회답을 보냈다.[77] 그리하여 정부는 독립협회에 민선의원 전원의 추천을 의뢰할 수밖에 없게 되었다.

독립협회는 역사적인 의회원 개설을 앞두고 관(官)과 민(民)이 공동

---

76) 《皇城新聞》 1898년 10월18일자, "雜報: 長橋消息"; 鄭喬, 앞의 책, p. 263.
77) 鄭喬, 앞의 책, p. 276.

으로 국정개혁의 대강을 결의하는 대규모의 대중집회를 열기로 했다. 그렇게 함으로써 의회 개설에 의한 입헌정치(立憲政治)의 대중적 기반을 확고히 할 수 있을 것으로 생각했던 것이다.[78] 독립협회는 10월27일에 광교 사무소에서 회의를 열었다. 회의에서는 이튿날 종로에서 관민공동회(官民共同會)를 개최할 것을 결의하고 현직 및 전직 고위 관료들과 각계각층의 사람들에게 초청장을 보냈다. 그러나 그러한 중대한 결정을 하면서 정부관료들과 사전에 아무런 협의도 하지 않은 것은 독립협회의 오만이었다.

이튿날 종로에서 열린 대회장에는 3, 4천명가량의 군중이 모였다.[79] 하오 1시가 되자 독립협회 간부들이 도착하여 대회가 시작되었다. 이승만도 이 대회에 참석했다. 대회장으로 선출된 윤치호는 우리나라는 단군 이래로 전제정치하는 나라임을 강조하면서 참석자들이 다른 나라에서 시행하는 민주정치나 공화정치에 대해서 언급하거나 관료들과 외국인을 비방하는 연설은 하지 못하게 하는 등 고종과 정부뿐만 아니라 외국인들에게도 의구심을 사지 않도록 세심한 주의를 기울였다. 참석자들은 길고 열광적인 환호성으로 윤치호의 제의를 받아들였다.[80] 그러나 정부관료들은 대회에 참석하지 않은 채 원래 정해진 장소에서 개최하면 참석하겠다고 통보했다. 독립협회는 이번 대회는 독립협회의 토론회가 아니라 관민이 서로 모여 국정과 민생문제를 상의하자는 본의이므로 장소를 옮겨서 열면 독립협회의 회의가 아니라고 주장했다. 장소문제로 밤중까지 몇 차례 연락이 오가다가 새벽녘에 이르러 의정부 참정 박정양과 찬정 이종건(李鍾健)이 와서, 대회의 목적을 듣고 귀가시키라는

78) 尹致昊, “獨立協會의 活動”, 《東光》 1931년 10월호 참조.

79) 《제국신문》 1898년 10월29일자 “잡보”; “獨立協會大臣排斥ニ關スル詳報ノ件”, 1898년 11월8일, 《駐韓日本公使館記錄(12)》, 國史編纂委員會, 1995, p. 511.

80) 《독립신문》 1898년 10월29일자, “별보: 대공동회”.

황제의 특명이 있었다고 말하고, 해산할 것을 종용했다. 그러나 군중은 정부 관인의 참석을 요구하며 밤을 새웠다.

이튿날 독립협회는 정부에 다시 대관들의 참석을 요망하는 편지를 보냈고, 정부 쪽에서도 독립협회의 주장을 받아들여 하오 2시에 이윽고 역사상 처음으로 관민공동회가 열렸다. 정부가 태도를 바꾼 것은 윤치호가 입궐하여 고종을 설득했기 때문이었다. 두세 명을 제외한 모든 대신들을 비롯한 관리들과 황국협회, 순성회〔順成會: 북촌에 거주하는 부인들 모임〕, 황국중앙총상회 등 각종 사회단체, 각 학교 학생들, 시전 상인들, 승려, 맹인, 재설군〔宰設軍: 백정〕 등 다양한 계층의 사람들이 초청을 받고 참석했다.

대회는 오후 3시쯤에 개회했다. 먼저 대회장 윤치호가 경과를 보고했다. 이어 정부대표 박정양이 등단했다.

"어젯밤 이곳에 와서 칙어(勅語)를 전하고 돌아가서 상주하자, 성상께서 인민이 노천에서 날을 보내니 오늘이라도 정부 대신들이 일찍 나아가서 참석하여 그 이국편민(利國便民)의 방책을 들으라 하셨소이다. 그러니 협의 후 모두 해산하면 곧 입궐하여 협의내용을 상주하겠소."

만세와 박수소리가 잇따랐다.

군중 가운데에서 누구든지 나와서 연설을 할 수 있었다. 모두들 머뭇거리고 있는데 박성춘(朴成春)이라는 백정이 나와서 연설을 했다. 대신들 앞에서 백정이 연설한다는 것은 일찍이 상상도 할 수 없는 일이었다.

"나는 대한의 가장 천한 사람이고 무지 몰각합니다. 그러나 충군애국의 뜻은 대강 알고 있습니다. 이에 이국편민의 길인즉 관민이 합심한 연후에야 가하다고 생각합니다."

이렇게 서두를 꺼낸 그는 둘러쳐져 있는 차일을 가리키며 말을 이었다.

"저 차일에 비유하건대 한 대의 장대로 받친즉 역부족이나 많은 장대로 합한즉 그 힘이 매우 공고합니다. 원컨대 관민합심하여 우리 대황제 폐하의 성덕에 보답하고 국조〔國祚: 국운〕로 하여금 만만대를 누리게 합시다."[81]

백정은 갑오개혁 때에 전빈신분에서 해방되있다. 군중은 이 백정의 연설에 박수갈채를 보냈다. 그의 연설에 대한 평판은 박성춘을 새로운 시민으로 등장시켰다. 그가 공중 앞에 나서서 연설을 한 것이나 그것에 대한 신문보도는 신분이 미천한 백정도 국가를 위한 운동에 참여할 수 있다는 것을 말해 주는 숨은 메시지였다.[82]

박성춘에 이어 몇 사람이 의견을 개진한 다음 11개 조의 의안이 상정되었고, 먼저 6개 조를 만장일치로 의결했다. 그것이 유명한 「헌의6조(獻議六條)」였다. 그 내용은 (1) 전제황권(專制皇權)의 공고화, (2) 외국에 대한 이권양여나 조약체결 등에는 각부 대신과 중추원 의장이 합동으로 날인, (3) 전국의 재정과 조세는 탁지부(度支部)에서 관장하고 예산 결산은 인민에게 공개, (4) 모든 중범죄도 공판을 하되 피고의 자백이 있어야 형을 집행, (5) 칙임관(勅任官)은 황제가 정부의 과반수 동의를 얻어서 임명, (6) 장정〔章程: 법률 또는 규정〕의 실천이었다. 6항의 장정 실천의 촉구는 갑오개혁 이후로 새로 제정한 법률과 각 부의 장정을 정부가 제대로 실천하지 않고 있었기 때문에 문제가 된 것이었다.

참석한 대신들도 모두 이 「헌의 6조」에 "가(可)"자를 적어 서명했다. 이어서 중추원 의장 한규설과 박정양이 대회를 치하하는 연설을 했다. 대신들은 「헌의 6조」를 "황제에게 상주하여 내일 하오 1시까지 군중에게 반포하겠다"고 약속하고 돌아갔다. 군중은 기쁨에 넘쳐서 만세를 부르며 해산했고, 50명만 남아서 밤을 새웠다.[83]

이튿날은 일요일이었다. 독립협회는 사무소에서 통상회를 열고 회장 윤치호로부터 중추원 민선의관 25명을 독립협회에서 내게 된 경과보고

---

81) 鄭喬, 앞의 책, p. 282.

82) Andre Schmid, *op. cit.*, p. 39.

83) 위의 책, pp. 282~283.

를 들은 다음, 중추원 관제의 개정이 공포되는 대로 25명 의관의 선거를 실시하기로 했다.

「헌의 6조」의 공포여부를 알려 줄 시한인 하오 1시가 지나자 독립협회는 총대위원을 정부에 보냈다. 그리고 오후 8시에 관민공동회를 종로에서 속개하고 「헌의 6조」의 재가를 기다렸다. 정부는 「헌의 6조」는 모두 마땅히 실시할 것이고 그밖에 몇 조항을 첨가하여 조칙으로 공포하고 관보에 올릴 터이니 추운 날씨에 밖에 있지 말고 해산하여 기다리라는 뜻을 전해 왔다. 군중은 돌아가서 기다리기로 하고 50명만 남아서 밤을 새웠다.

고종은 10월31일 새벽에 30일자로 「헌의 6조」의 공포와 함께 「조칙 5조(詔勅五條)」를 내렸는데, 조칙은 첫 조항에 "(갑오개혁으로) 간관〔諫官: 司諫院과 司憲府의 관리〕을 폐지한 뒤로 언로가 막히어 상하가 권면경려(勸勉警勵)의 뜻이 없기로 중추원 장정을 정하여 실시할 것"을 천명했다. 그것은 중추원 개편을 실질적 의회개설로 생각하고 있던 독립협회의 기대와는 상당한 간극이 있는 내용이었다. 농상공부 대신 김명규(金明圭)가 나와서 「헌의 6조」가 재가되고 그것에 더하여 「조칙 5조」까지 내린 것을 알리자 군중은 이를 환영하고 만세를 불렀다.

이때에 이승만이 군중 앞에 나와 군중을 제지하면서 다음과 같이 외쳤다.

"무릇 국사에 매번 조칙이 있어서 정부가 조치하도록 하여도 그 실시를 본 적이 없소이다. 이는 우리가 강력히 간(諫)하지 않았기 때문이오. 그러므로 본 회는 경솔히 해산할 것이 아니라 대신들이 만일에 이를 실시하지 않으면 쟁론(爭論)하여 그 실시를 보는 것이 옳을 줄 아오."[84]

군중은 이승만의 주장에 찬동했다. 그리하여 그들은 해산하지 않고 관민공동회를 더 계속하기로 했다. 이처럼 이승만은 이제 대중집회의

---

84) 같은 책, p. 285.

선동가로 전면에 나서고 있었다. 관민공동회는 이튿날에도 속개하여 「헌의 6조」의 실시를 위한 정부의 조치를 기다렸다. 공동회는 11월2일에 총대위원 3명을 선정하여 정부에 「헌의 6조」를 조속히 실행할 것을 촉구하는 편지를 보냈고, 정부에서도 고무적인 회답을 보내왔다. 그리하여 관민공동회는 엿새 동안의 집회를 마치고 오후 4시에 해산했다.

드디어 11월4일에 11월2일자로 된 중추원 신관제가 공포되었다. 신관제에 따르면, 중추원은 "법률과 칙령의 제정과 폐지 또는 개정에 관한 사항"과 "의정부에서 상주(上奏)하는 일체사항" 등을 "심사의정(審査議定)하는"(제1조) 기관이었다. 그것은 이 나라에서 처음으로 국민대표가 참가하는 근대적 입법기관의 출범을 뜻하는 것이었다. 이날 정부는 독립협회에서 25명의 의관을 선거하여 그 명단을 보내 달라는 편지를 보내왔고, 독립협회도 이튿날(11월5일) 독립관에서 중추원 의관 선거를 실시한다고 공고했다.[85)]

그러나 이 역사적인 의회설립의 기회는 자신들의 입지에 위협을 느낀 수구파들의 모함으로 말미암아 어이없이 무산되고 말았다. 중추원 신관제가 공포된 바로 그날 밤에 궁중에 머물던 의정부 찬정 조병식은 군부대신 서리 유기환, 법부협판이자 황국협회 회장인 이기동 등과 밀모하고, 잡배들을 시켜 광화문 밖과 성내 몇몇 요소에 독립협회쪽에서 작성한 듯이 꾸민 익명서를 몰래 내다 붙이게 했다.[86)] 익명서의 내용은 조선왕조는 이미 쇠퇴했으므로 만민공동하여 윤치호를 대통령으로 선출하면 정부와 시민이 모두 승복하고 국민이 각성하여 개명진보를 이룰 것이라는 것이었다.[87)] 이 익명서는 당연히 경무청에 발견되어 황제에

85) 《日省錄》 光武 2년 9월19일(양력 11월2일) 조; 《독립신문》 1898년 11월5일자, "잡보: 정부공찰" 및 "잡보: 투표특별회".

86) 鄭喬, 앞의 책, p. 289.

조병식 등이 독립협회를 모함한 익명서.

게 보고되었고, 조병식 등은 고종에게 독립협회가 날이 밝으면 독립관에서 대회를 열어 박정양을 대통령, 윤치호를 부통령, 그 밖의 독립협회 간부들을 각부 대신과 협판으로 선출하고 국체를 공화정으로 바꾸려 한다고 무고했다.[88]

고종은, 이렇게 상식으로는 도무지 생각할 수 없는 중대한 일을 확인해 보려고 하지도 않고, 격노하여 즉각 독립협회 간부 20명에 대해 체포령을 내렸다. 그것은 의회개설에 의한 황권의 제약을 우려하던 고종의 배신적 기습이었다. 11월4일 밤부터 5일에 걸쳐서 부회장 이상재(李商在)를 비롯한 간부 17명이 체포되었다. 20명 가운데에서 체포되지 않은 세 사람은 회장 윤치호와 최정덕(崔廷德)과 안영수(安寧洙) 뿐이었다.

윤치호는 5일 새벽 5시쯤에 일어나서 독립협회에 배정된 중추원 의관

87) 尹致昊, "獨立協會의 始終", 《新民》 1926년 6월호, p. 59.

88) 鄭喬, 앞의 책, p. 289.

선거의 준비를 하다가 순검들이 자기 집을 포위하고 있는 것을 보고 몰래 만들어 둔 뒷문으로 탈출하여 아펜젤러 집으로 피신했다. 관민공동회에 참석하여 "가"자로 서명한 박정양 등 대신들은 이날로 파면되고, 조병식이 의정부 참정에 임명되었다. 그리고 이날 독립협회를 비롯한 모든 민간단체의 해산을 명하는 조칙이 내렸다. 조병식 등 수구파들은 독립협회 지도자 20명을 일거에 체포하여 구명운동을 할 겨를을 주지 않고 사형에 처해 버릴 계획이었으나, 가장 중요한 인물인 윤치호를 체포하지 못하여 계획에 차질이 생기고 말았다. 고종의 독립협회에 대한 이러한 탄압 뒤에는 러시아와 일본의 지원도 있었다.89) 이때의 배신감을 윤치호는 그의 일기에서 다음과 같이 적고 있다.

> 오늘의 관보는 독립협회의 해산과 「헌의6조」에 서명한 대신들을 면관시킨 칙령을 공포했다. 이것이 국왕이라니! 거짓말을 능사로 하는 배신적인 어떤 비겁자라도 대한의 대황제보다 더 천박한 일을 하지 못할 것이다. 이제 정부는 친일노예 유기환과 친러노비 조병식의 수중에 있다. 러시아인들과 일본인들이 이 사건에 개입해서 의심할 여지없이 모종의 알짜 이권을 위하여 그들의 노예들을 지원하고 있다. …90)

이승만은 4일 오후에 윤치호를 만났던 것 같다. 이날 이승만이 배재학당의 수업을 마치고 독립신문사에 들렀을 때에 윤치호는 입궐하라는 통지를 받고 불안해하고 있었다고 한다.91) 또한 윤치호의 이 날짜 일기에 따르면, 그는 밤 9시경에 입궐했는데, 고종은 독립협회의 중추원 의관 선거방법 등을 묻고 나서 윤치호가 독립협회 사무실에서 잠을 자는

---

89) "獨立協會示威運動ニ關スル件", 1898년 11월16일조, 《駐韓日本公使館記錄(12)》, pp. 443~446; 《尹致昊日記(五)》 1898년 11월5일조.

90) 《尹致昊日記(五)》 1898년 11월5일조.

91) 徐廷柱, 《李承晩博士傳》, 三八社, 1949, p. 161.

지를 물었다.[92] 한편 윤치호의 공식전기는 이날 밤 고종은 윤치호에게 "너 요사이 어디서 자느냐?" 하고 묻고, "나가다가 조병식을 보고 가거라" 라고 말했다고 적고 있다.[93]

4. 보부상패의 만민공동회 습격

청천벽력과 같은 소식에 독립협회 회원들과 서울시민들은 술렁이기 시작했다. 이승만은 양홍묵(梁弘默)과 함께 급히 아펜젤러의 집으로 윤치호를 찾아갔다. 세 사람은 서둘러 군중을 동원하기로 합의했다.[94] 양홍묵과 이승만은 학도 4, 50명을 이끌고 독립협회 간부 17명이 구금된 경무청 앞으로 갔다. 뒤이어 배재학당을 비롯한 여러 학교의 학생들과 중앙총상회 상인들, 찬양회〔贊襄會: 부인회〕 회원들 등 많은 시민들이 몰려왔다. 군중은 집회를 열고 구속인사 17명의 석방을 강력히 요구했다. 그들은 17명을 석방하든지 그렇지 않으면 자신들도 함께 체포하라고 주장했다. 군중은 경찰의 제지를 무시하고 강경한 연설을 번갈아 가며 했다. 밤이 되어도 군중은 해산하지 않고 철야농성을 시작했다. 화톳불의 불빛이 대낮같이 비추고, 장국밥 300그릇을 보내는 사람 등 많은 시민들이 음식과 금품 등을 보내와서 군중의 사기는 드높았다.

이때부터 이승만의 급진 과격파의 진면목이 남김없이 드러났다. 그는 이때의 일을 자서전 초록에서 다음과 같이 적었다.

> 만민공동회가 밤낮으로 계속되었다. 나의 선친이 오셔서 나더러 "너는 6대 독자다" 라고 강조하셨다. 때때로 아펜젤러 교장은 구석에

---

92) 《尹致昊日記(五)》 1898년 11월4일조.

93) 金永羲 編, 《左翁尹致昊先生略傳》, 基督教朝鮮監理會總理院, 1934, p. 123.

94) 《尹致昊日記(五)》 1898년 11월5일조.

> 서서 만민공동회의 상황을 구경하곤 했는데, 그는 배재의 학생들이 이 운동의 지도적 역할을 하고 있는 것을 매우 자랑스럽게 여기는 듯했다. 그때에 별의별 풍문이 나돌았다. 정부는 병정들을 보내어 우리에게 총격을 가하여 공동회를 해산시킬 것이라느니, 또는 정부는 나에게 높은 관직을 주어 회유할 것이라느니 등등 걷잡을 수 없는 말이 돌았다. 실제로 고영근(高永根)과 김종한(金宗漢)이 밤중에 은밀히 나를 만나러 배재학당에 나타났다. 화톳불이 밤새도록 타오르고 있었고, 나는 계속해서 연설을 해야 했다. 제일 힘들 때는 동트는 새벽이었다. 그때는 사람들이 얼마되지 않았고, 모두들 지쳐 있었으며, 춥고 졸렸다.95)

예기치 않은 민중의 기세에 고종과 수구파들은 당황했고, 정부 안에서는 수구파와 개혁파 사이에서 치열한 공방이 은밀히 전개되었다. 신문들은 만민공동회의 일을 연일 자세히 보도했다. 조병식 등 수구파 각료들은 《독립신문》, 《황성신문(皇城新聞)》, 《제국신문》, 《매일신문》이 모두 독립협회와 관계가 있다고 해서 폐간을 검토했다. 그러나 쉽사리 결론을 내지 못했다. 법부에서는 모여 있는 사람 전원을 체포하라고 경무청에 지시했으나, 그것은 불가능한 일이었다.

구속된 17명이 7일 아침에 경무청에서 고등재판소로 이송되자 군중도 공동회장을 재판소 앞으로 옮겼다. 경찰의 힘으로 군중을 해산시키기가 어렵게 되자 조병식 등 수구파들은 군대를 동원할 것을 검토했다. 외부대신 민종묵은 각국 공사관을 순방하면서 군대동원에 대한 양해를 구했다. 그러나 영국 공사와 미국 공사의 강력한 반대에 부딪혀 군대동원 계획은 어렵게 되었다.96)

95) "Autobiography of Dr. Syngman Rhee", George A. Fitch Papers, Yenching Institute, Harvard University, p. 6 ; "청년이승만자서전", 이정식 지음, 권기봉 옮김, 《초대대통령 이승만의 청년시절》, 2002, 동아일보사, p. 257.

만민공동회의 철야시위가 벌어졌던 경운궁(덕수궁)의 정문 인화문. 지금은 없어졌다.

농성 나흘째인 11월8일부터 차가운 겨울비가 내렸다. 그러나 군중은 흩어지지 않고 철야농성을 계속했다. 이날 밤 공동회는 익명서 사건은 모함이며 군중은 체포된 17명과 생사를 같이하겠다는 상소를 올렸다. 찬비에 옷이 흠뻑 젖으면서도 해산하지 않는 군중과 이에 호응하는 시민들을 보고 구경하러 나왔던 외국인들도 감탄했다. 어떤 일본사람은 술을, 어떤 청국사람은 떡을 공동회장으로 보내오기도 했다.[97] 외국공사들은 외부를 방문하여 만민공동회에 대한 지지와 동정을 표시했다.[98]

그러나 군부 서리대신 유기환은 군대동원의 미련을 버리지 못했다. 그는 11월9일 오전 9시에 친위대 제 3대대의 병정 2개 중대를 공동회장

96) 鄭喬, 앞의 책, p.302.

97) 《매일신문》 1898년 11월10일자, "잡보".

98) 《독립신문》 1898년 11월11일자, "잡보: 외부견모".

에 보내어 군대에 의한 농성군중 해산 가능성을 시험해 보았다. 병정들은 군영으로부터 고등재판소 앞으로 행군하여 지나치는 척하다가 다시 옆 걸음으로 공동회장 한가운데를 뚫고 들어갔다. 이것은 군중이 흥분하여 병정들과 충돌하면 이를 기화로 군대를 동원하려는 계책이었다.[99] 이때의 일을 이승만은 자서전 초록에 다음과 같이 적었다.

> 이른 아침에 칼을 빼어 든 한 무리의 병정들이 나팔수와 북 치는 병정들을 앞세우고 우리가 있는 쪽으로 행진해 왔다. 우리쪽 사람 가운데에는 비실비실 피해서 도망치려는 사람들이 생기기 시작했다. 나는 사람들이 질서를 지키도록 계속 연설을 하고 있었다. 병정들은 우리 있는 곳까지 와서는 군중 속을 뚫고 행진하려고 했다. 나는 그들에게 달려가서 북 치는 병정들에게 대들어 힘껏 걷어찼다. 그러자 그들은 우리를 괴롭히지 않고 조용히 방향을 돌려 천천히 돌아서 행진했다. 신문이 이 광경을 그대로 보도해서 사람들은 나를 물불 안 가리는 사람(fire-eater)이라고 불렀다.[100]

고종은 다시 태도를 바꾸었다. 11월10일 오후 5시쯤에 "민원이 무엇인지 자세히 알아서 주달하라"면서 한성부 판윤 정익용(鄭益鎔)을 공동회장에 보냈다. 군중은 첫째, 모함을 일삼는 대신들의 충역(忠逆)을 밝힐 것, 둘째, 「헌의 6조」와 「조칙 5조」를 즉각 실시할 것, 셋째, 독립협회를 부활시킬 것을 요구했다.[101] 하오 7시에 고종은 법부대신 겸 고등재판소장 한규설을 불러서 17명의 재판을 끝낼 것을 지시했고, 이어 열린 재판에서는 17명에게 각각 '태(笞) 40'이 선고되었다. 극형을 각오했던 피고인들에게 그것은 뜻밖의 가벼운 형벌이었으나, 이상재를 비롯

---

99) 愼鏞廈, 앞의 책, p. 420.

100) "청년이승만자서전", 이정식 지음, 권기봉 옮김, 앞의 책, pp. 257~258.

101) 《皇城新聞》 1898년 11월11일자, "別報: 萬民共同會錄續"; 鄭喬, 앞의 책, p. 313.

한 피고인들은 큰 소리로 불복을 외쳤다. 한규설은 입궐하여 판결 결과를 보고하고 "형을 면한다"는 특명을 받았다. 석방된 17명이 만민공동회 군중 앞에 모습을 나타내자 군중은 서로 붙들고 울면서 만세를 불렀다.[102] 조병식과 민종묵은 해임되고, 유기환은 주일공사로, 이기동은 수원지방 참경(參徑)으로 전임되었다. 그것은 이 나라에서 근대적 대중시위를 통하여 정치적 목적을 달성한 최초의 사례였다. 시위를 주동한 이승만은 자서전 초록에서 이때의 일을 다음과 같이 자부했다.

> 17명이 드디어 석방되었다. 그날 밤이야말로 나는 득의충천하였다. 민주주의의 대의를 위한 위대한 승리가 달성된 것이었다.[103]

의기양양해진 군중은 17명이 석방된 뒤에도 해산하지 않고 공동회장을 재판소 앞에서 종로로 옮겨 철야농성을 계속했다. 공동회는 11월12일에 다시 상소를 올려, (1) 독립협회를 모함한 대관 5명〔조병식, 민종묵, 유기환, 이기동, 김정근(金禎根)〕을 재판에 회부할 것, (2) 「헌의 6조」를 즉각 실시할 것, (3) 독립협회를 부활시킬 것, (4) 정부대관을 임명할 때에는 백성들이 가하다는 사람만을 쓸 것, (5) 조병식과 민종묵이 집권한 이후의 대외관계문서를 공개하여 인민의 의혹을 풀 것을 요구했다.[104]

외교문서의 공개요구는 공동회를 이끌었던 양홍묵과 이승만이 윤치호의 의견에 따라 강력히 주장한 것이었다. 윤치호는 수구파들이 만민공동회를 탄압하는 데 지원을 얻기 위해 비밀히 외국에 이권을 양여하지 않았나 의심했던 것이다.[105] 한편 정부는 이날 시행도 해보지 않은

---

102) 《독립신문》 1898월 11월12일자, "선고 방청"; 鄭喬, 앞의 책, pp. 315~316.

103) "Autobiography of Dr. Syngman Rhee", pp. 7~8; "청년이승만자서전", 이정식 지음, 권기붕 옮김, 앞의 책, p. 258.

104) 《高宗實錄》 光武 2년 11월12일조; 《독립신문》 1898년 11월9일자 "잡보: 만민강론", 14일자 "만민재소", 15일자 "만민재소(전호련속)".

중추원 신관제를 다시 개정하여 공포했는데, 그 주요 내용은 의관(議官) 반수를 민선으로 한다는 규정을 고쳐 전원을 관선으로 하고, 민선 의관은 당분간 독립협회에서 선출한다는 규정을 삭제한 것이었다.[106]

공동회 열흘째인 11월14일부터 형세가 갑자기 달라졌다. 그동안 수구파들은 보부상패를 동원하여 만민공동회를 분쇄할 준비를 은밀히 추진했는데, 이날 이기동의 통문을 받은 보부상패가 동대문 밖에 집결하기 시작한 것이었다. 보부상패는 목화송이를 꽂은 패랭이를 쓰고 몽둥이를 들고 집결하고 있었다. 집결의 표면상의 이유는 민간단체 해산령으로 독립협회와 함께 해산된 황국협회의 부활과 「상무규칙(商務規則)」의 인가를 요구하는 것이었으나, 실제로는 독립협회가 주도하는 만민공동회를 폭력으로 격파하기 위한 것이었다. 이들에게는 고종의 비밀지시로 탁지부에서 경비가 지급되었다.

독립협회는 보부상의 내부사정을 잘 아는 고영근을 만민공동회 회장으로 추대하여 급박한 사태에 대비했다. 고영근은 원래 황국협회의 부회장이었으나, 황국협회가 수구파의 폭력단체가 되는 것을 보고 이를 탈퇴하고 만민공동회에 참여하고 있었다. 이승만이 자서전 초록에서 고영근과 김종한이 밤중에 배재학당으로 자기를 찾아왔다고 한 것은 고영근이 황국협회에 관여하고 있을 때의 일이었다. 만민공동회의 상소시위와 고종의 모호한 답지가 되풀이되었다.

만민공동회는 11월15일에는 대회장소를 종로에서 경운궁의 인화문 밖 시종원(侍從院) 앞으로 옮겼는데, 그것은 보부상패를 의식했기 때문이었을 것이다.

드디어 11월16일에 만민공동회가 처벌을 요구하는 조병식 등 5명에 대한 체포령이 내렸다. 그러나 그것도 역시 실제로는 형식적 조치였다.

105) 《尹致昊日記(五)》 1898년 11월11일조.

106) 《日省錄》 光武 2년 9월29일(양력 11월12일)조 ; 《高宗實錄》 1898년 11월 12일조.

조병식과 민종묵은 각각 러시아인 집과 프랑스인 집으로 피신했고, 이기동은 잠시 피신했다가 보부상들이 행동을 개시한 19일에 스스로 나타나서 체포된 다음에 옥중에 앉아서 보부상패를 조종하는 형국이었다. 이들 수구파들은 앞에서 본 익명서와 같은 수법으로 각국 공사관에 만민공동회 총대위원 윤치호 등의 명의로 공동회가 어떤 거사를 할 터인데 간섭하지 말아 줄 것을 요청하는 것처럼 꾸민 거짓 편지를 보내는 한편,[107] 고종에게는 만민공동회가 대궐을 둘러싸고 반드시 프랑스혁명〔당시 표현은 '법국민변(法國民變)'〕과 같은 난을 일으킬 것이라고 모함하는 상소를 밤낮으로 올렸다.[108]

농성 13일째인 11월17일에 공동회 군중은 각부 대신과 협판 등이 공동회에 나와서 함께 국사를 논의할 것을 제의했다. 그러나 정부는 모든 관원에게 공동회에 가는 것을 엄금했다. 그러면서 공동회에 편지를 보내어 중추원 의관 50명 전원을 관선으로 하기로는 되었으나 공동회에서 30명을 선정해 보내면 그 가운데에서 25명을 임명하겠다고 말했다. 분격한 공동회는 총대위원을 보내어 "우리 회는 1인 아닌 반신(半身)도 선정하여 보낼 수 없다"고 통보했다.[109]

각 도에서 서울로 모여든 보부상패는 11월19일부터 농상공부 앞에서 집회를 열고, 과천군수 길영수(吉永洙)를 13도 부상도반수(十三道負商都班首)로 추대하고 김옥균 암살자 홍종우(洪鍾宇) 등을 두목으로 삼아 조직을 정비했다. 이들은 「상무규칙」 인가장의 발급을 강력히 요구하면서 연좌시위를 벌였다. 이윽고 고종의 특명으로 인가장이 발급되었는데, 그것은 사실상 황국협회가 부활되고 보부상들에게 폐지된 특권을 허용한 것을 뜻하는 것이었다. 보부상들의 사기가 충천하게 된 것은 말

---

107) 《독립신문》 1898년 11월16일자, "별보: 모해충량", 11월18일자, "잡보: 김씨설명", 11월19일자, "잡보: 三씨설명".

108) 鄭喬, 앞의 책, p. 330.

109) 《皇城新聞》 1898년 11월18일자, "雜報: 實踐章程"; 鄭喬, 앞의 책, p. 331.

할 나위도 없었다.[110] 이튿날 보부상들은 도반수 길영수를 옹위하고 노래를 부르면서 집결장소를 동대문 밖에서 종로로 옮겼다. 그들의 위협에 눌려 재판소에서는 판사와 검사들이 모두 사의를 표명하여 법정이 텅 비는 한심한 사태가 벌어지고 있었다.[111]

11월21일. 만민공동회의 철야시위가 17일째 되는 날이었다. 한성부(漢城府)는 민심을 안정시키기 위한 고시(告示)를 했다. 마침내 보부상들의 습격이 시작되었다. 이날은 이승만의 생애에서 가장 극적인 하루였다. 이날 새벽 2시에 만민공동회의 요청에 따라 회장에 나온 의정 서리 김규홍(金奎弘) 등 정부 대신들은 보부상의 혁파와 만민공동회의 피격 방지를 거듭 약속하고 돌아갔다. 그러나 종로의 보부상패는 아침 일찍 홍종우의 격렬한 선동연설을 들은 다음, 2,000여명이 길영수와 홍종우의 지휘 아래 두 패로 나뉘어 고함을 지르면서 새문고개를 넘어 인화문 밖의 만민공동회를 습격했다. 이승만은 군중이 동요하지 않도록 연단에 올라가서 연설을 계속했다.

"우리가 여기 진복(進伏)하여 풍찬노숙하는 것이 옷을 탐하는 것이오이까, 밥을 탐하는 것이오이까! 다만 하는 일이 모두 나라를 위하고 동포를 사랑함이외다. 지금 들은즉 못된 간세배가 부상패를 불러 우리 만민을 치라고 해서 부상패들이 지금 목전에 당도하였소이다. 우리가 죽더라도 충애〔忠愛: 충군애국〕하는 의리는 가지고 죽을 터이니, 신민의 직분에 죽어도 또한 천추에 큰 영광이외다!"

이때에 큰 몽둥이를 든 길영수의 지휘에 따라 보부상패가 공동회장을 둘러쌌다. 경운궁 주변을 지키던 병정과 순검들은 처음에는 보부상패를

110) "Molayo's Reports", *The Independent*, Nov. 22, 1898.
111) 鄭喬, 앞의 책, p. 337.

제지하는 체했으나, 짐짓 밀리고 말았다. 아무 방비도 없는 공동회 군중은 보부상패의 몽둥이에 맞아 이내 세 사람이 즉사하고 부상자가 속출했다. 어떤 사람들은 바로 옆 프랑스 공사관의 담을 넘어 피신하기도 했다. 격분한 이승만은 길영수를 보자 그를 붙잡고 큰 소리로 외쳤다.

"너도 명색이 국록을 먹는 신하요 소위 대한의 백성이 아니냐! 네 어찌 간세배와 부동하여 부상패를 모집하여 충애하는 우리 만민을 친단 말이냐!"

그러면서 그는 머리로 길영수의 가슴을 들이받으며 "나부터 죽여라!" 하고 소리쳤다. 그러나 길영수는 히죽이 웃고는 몸을 빼어 좌충우돌했다. 누군가가 이승만을 꽉 껴안으면서 말했다.

"이승만씨, 진정하고 빨리 달아나시오."

주위를 살펴보자 이승만은 보부상들 속에 혼자 남아 있었다. 그는 가졌던 작은 지팡이를 휘두르며 보부상들이 계속 밀려오는 쪽으로 나아가, 그들이 길을 막아 놓은 것을 발로 걷어차고 배재학당쪽으로 걸어갔다. 배재학당 앞길로 나서자 이승만은 땅을 치며 울부짖었다. 이때에 이경선이 나타나서 아들을 안고 같이 통곡했다. 어떤 사람이 이경선에게 물었다.

"어찌하여 아들을 그런 위태한 데 다니게 하오?"

이경선은 이렇게 대답했다.

"내 자식이 만일에 도리에 어긋나는 일을 한다면 아비로서 마땅히 엄금하겠으나, 당당한 충애의 의리로 나라를 위하고 동포를 사랑하여 다니는 것을 어찌 금할 수 있소."

《독립신문》은 위와 같은 광경을 자세히 보도하면서 "이승만씨의 충애에 열심하는 것은 고사하고 그 부친의 당당한 의리는 세계에 더욱 드문 줄로 공론이 있다더라" 라고 덧붙였다.[112)]

---

112) 《독립신문》 1898년 11월28일자, "잡보: 부자충애".

고종과 수구파는 이것으로 만민공동회가 해산되었다고 생각했다. 그러나 만민공동회의 기습에 성공한 보부상패가 궁에서 보내온 백반과 고깃국으로 아침을 먹고 의기양양해 있을 때에, 소문을 듣고 정동 골목길에 모인 군중이 돌팔매로 반격을 시작했다. 돌팔매에 쫓긴 보부상패가 영국 공사관으로 피해 들어가자 영국 공사는 이들을 내쫓았다. 보부상패는 서대문 쪽으로 밀렸다. 서대문을 지키던 파수병들은 보부상패만 통과시키고 뒤따르는 군중은 막아서서 뒤쫓지 못하게 했다.

이승만은 배재학당으로 들어가자 쓰러지고 말았다.[113] 보부상패에 쫓겼던 사람들이 배재학당으로 몰려왔다. 이승만의 배재학당 학우 김원근(金瑗根)이 눈물을 흘리면서 뛰어 들어오더니 "이승만이가 길영수에게 맞아죽었다" 하고 외치며 통곡했다. 이승만도 자서전 초록에서 "그날 오후 신문도 내가 길영수에게 덤벼들었다가 그들에게 맞아 죽었다고 보도했다"고 적고 있으나,[114] 현존하는 당시의 신문으로는 확인되지 않는다.

몸을 추스른 이승만은 배재학당에 모인 군중들과 함께 종로쪽으로 걸어갔다. 종로에서 다시 만민공동회가 열렸다. 이때에 모인 군중의 수는 인화문 앞 집회의 갑절이나 되었다. 이승만과 양홍묵 등이 등단하여 정부가 보부상패를 동원하여 군중을 습격했다고 규탄하는 연설을 했다. 이승만이 연설하는 것을 보자 사람들은 그가 죽지 않은 것을 알고 놀랐다. 어떤 사람은 그가 얼마나 상했는가 확인하려고 그에게 다가와서 만져보기도 했다. 흥분한 군중의 일부는 보부상패가 몰려 있는 서대문 밖으로 밀려갔으나, 병정들은 총포로 위협하면서 통과시키지 않았다.

고종과 수구파는 낭패했다. 고종은 경무사 민병한(閔丙漢)과 한성부판윤 이근용(李根瀜)을 만민공동회에 보내어 군중을 회유하며 해산을 종용했다. 그러나 격앙된 시민들이 돌팔매로 응수하는 사품에 민병한은

---

113) 鄭喬, 앞의 책, p. 338.

114) "Autobiography of Dr. Syngman Rhee", p. 9 ; "청년 이승만 자서전", 이정식 지음, 권기봉 옮김, 앞의 책, p. 260.

황급히 민가로 피해 숨어야 했다. 이때에 나무를 팔고 돌아가던 나무장수들이 만민공동회가 습격당했다는 말을 듣고 격분하여 이기동의 집을 쳐부수어 버렸고, 흥분을 이기지 못한 군중도 다투어 달려가서 보부상패를 조종하는 조병식, 민종묵, 유기환, 민영기, 홍종우 등 대관들의 집을 때려부수었다. 각 학교는 문을 닫았고, 학도들은 모두 공동회로 몰려왔다. 공동회에 참가하지 않은 시민들도 의연금과 음식 등을 보내어 공동회를 격려했다. 군부는 병력을 풀어 고종이 기거하는 경운궁 앞을 엄중히 경비했고, 정동 큰길은 통행이 통제되었다.

격정의 긴 하루가 지나고 날이 밝자 이른 아침부터 더 많은 시민들이 종로로 모여들었다. 서대문이 열릴 시간이 되자 군중은 보부상패를 반격하러 서대문 밖으로 몰려갔다. 보부상패는 마포로 물러나 있었다. 그러나 거의 빈손인 군중으로서는 몽둥이로 무장한 보부상패를 당할 수 없었다. 신기료장수 김덕구(金德九)가 사망하고, 부상자 10여명이 생기고, 시민들은 패퇴했다. 그러나 서울 시내는 병정들과 순검들마저 독립협회와 만민공동회를 지지하여 제복을 벗는 등 혁명전야와 같은 분위기였다.[115]

고종은 각국 공사들을 입궐시켜 궐내에 머물게 하면서 민회에 대한 각국의 대책사례를 묻고 무력진압에 대한 자문을 구했다. 각국 공사들의 의견은 일치하지 않았다. 고종은 윤치호를 불러들여 공동회를 해산시킬 것을 종용했으나, 이승만 등 흥분된 과격파들이 이끄는 만민공동회를 해산시키는 것은 이미 윤치호의 능력 밖의 일이었다. 고종은 마침내 독립협회의 부활과 보부상 단체인 상무사를 합법화한 「상무규칙」의 철회를 칙령으로 승낙했다. 만민공동회는 독립협회가 해산당한 뒤 18

115) "Molayo's Reports", *The Independent*, Nov. 24, 1898.

일 동안의 격렬한 철야농성 끝에 마침내 승리한 것이었다.

그러나 그것도 일시적 미봉책에 지나지 않았다. 이날 정부는 외국인에게 의뢰하여 국체를 훼손하는 자를 처벌하는 「의뢰외국 치손국체자 처형례(依賴外國致損國體者處刑例)」라는 법령을 서둘러 공포했다.[116] 대궐에서 하룻밤을 보낸 각국 공사들은 23일 아침에 대궐에서 나오는 길로 회의를 열었다. 그러나 여전히 통일된 견해는 나오지 않았다. 일본 대리공사 히오키 에키(日置益)는 각국 공사들이 고종에게 군대동원을 권고하도록 하려고 획책했으나 뜻을 이루지 못했다.[117] 정부는 한성부 판윤 이계필(李啓弼) 등을 보부상패에 보내어 보부상은 철폐되었으므로 퇴거하라는 칙유를 전했다. 그러나 보부상패는 종로의 만민공동회가 퇴거하지 않았다면서 듣지 않았다. 만민공동회는 잠시 먼저 해산하는 것이 현명하다고 판단하고, 11월23일 오후 8시를 기하여 이틀 동안 해산하기로 했다. 이날 고종은 윤치호를 한성부 판윤에 임명하고, 11월 24일에 박정양, 민영환 등 만민공동회의 지지를 받는 인사들을 주축으로 각료를 개편했다.[118] 한편 만민공동회는 같은 날 사대문과 종로에 다른 사람의 집을 쳐부수는 등의 파괴행동을 다시 하면 법사(法司)에 고발할 것이라는 방을 내다 붙였다.[119] 그러나 보부상패는 여전히 해산하지 않고 마포에 집결해 있었고, 길영수는 가마를 타고 몰래 입궐하기까지 했다.

정부가 약속을 이행할 기미가 보이지 않자 11월26일 아침부터 군중이 다시 종로로 모여들었다. 사태가 다시 심각해지자 고종은 자기가 직접

---

116) 《日省錄》 光武 2년 10월9일(양력 11월22일)조 ; 《高宗實錄》 光武 2년 11월22일조.

117) "使臣會議ニ於テ本官質問一件ニ關スル件" 1898년 12월13일, 《駐韓日本公使館記錄(12)》 pp. 455-456.

118) 《日省錄》 光武 2년 10월10일(양력 11월23일)조, 10월11일(양력 11월24일)조 ; 《高宗實錄》 光武 2년 11월23일조, 11월24일조.

119) 《皇城新聞》 1898년 11월25일자, "雜報: 民會告榜" ; 鄭喬, 앞의 책, p. 348.

나서서 사태를 수습해 보기로 했다. 고종은 하오 1시에 경운궁의 돈례문(敦禮門) 군막(軍幕)에 나아갔다. 이 자리에는 각국의 외교관들과 그들의 부인들도 초대되었다. 고종은 먼저 공동회 대표 200명에게 독립협회의 부활 등 공동회의 요구조건을 대체로 허락하면서 해산을 권유했다. 그러나 "독립협회는 앞으로 국내의 문명진보에 관한 일만을 토론할 것이며, 정부의 조치에 대한 말참견을 불허한다"고 못박았다. 공동회 대표들은 만세를 부르고 나와서 해산했다. 고종은 오후 4시에는 또 보부상 대표 200명을 불러 모호한 약속을 하면서 역시 해산을 종용했다. 보부상들도 만세를 부르고 나와서 해산했다.

11월27일은 독립협회가 부활되고 나서 처음 맞는 일요일이었다. 감격에 넘치는 통상회가 열렸다. 이날의 회의에서는 마포에서 보부상패와 싸우다가 희생된 신기료장수 김덕구의 장례식을 대대적으로 거행하는 문제 등과 함께 협회의 토론회를 정상화시키기로 결의했다. 그리하여 다음 토론회는 주제를 "신(信)과 의(義)를 튼튼히 지키는 것은 본국을 다스리는 데와 외국들을 사귀는 데 제일 요긴함"으로 정하고, 좌의에 이상재와 방한덕(方漢德), 우의에 이승만과 장태환을 선정했다.[120] 부활된 독립협회의 첫 토론회에서 이승만이 부회장 이상재와 동격의 토론자로 선정되었다는 사실은 신진 소장파 이승만이 이제 독립협회 안에서도 중추적 위치로 급부상했음을 말해 준다.

5. 중추원 의관에 선임되었다가 파면돼

고종과 정부는 11월29일에 기정 방침대로 의관 전원을 관선으로 하여 중추원을 새로 구성했다. 선임된 의관 50명은 독립협회 및 만민공동회

---

120) 《독립신문》 1898년 11월29일자, "잡보: 토론문제".

계열이 17명, 황국협회 계열이 32명, 도약소(都約所)가 1명으로서, 수구파가 3분의 2가 되도록 배정한 것이었다.[121] 그리고 이들 의관들에게는 연봉 360원을 지급하기로 했다.[122] 이승만도 종9품의 의관으로 선임되었는데,[123] 독립협회 계열의 의관 가운데에서는 일본에 유학했던 스물두 살의 한성의숙(漢城義塾) 교사 변하진(卞河進) 다음으로 가장 젊었다.[124] 이승만은 스물네 살이었다.

그러나 정부의 이러한 일방적인 중추원 의관 선임은 시국을 수습하는 데 아무런 효력이 없었다. 17명의 독립협회원 가운데에서 만민공동회 의장 고영근과 윤하영, 현제창(玄濟昶) 세 사람은 아예 의관직을 받기를 거부했다. 이들 말고도 이남규(李南珪) 등 전직 관료 네 사람도 의관직을 수락하지 않았다. 일반 국민들의 관심도 끌지 못했다. 신문들도 "관보"나 "잡보"란에 간단히 보도했고, 《황성신문》은 중추원이 "옛 언관(言官)"이라고 해설했다.[125] 독립협회는 정부의 일방적인 중추원 의관 선정 발표에 대해 특별히 이의를 제기하지 않았는데, 그것은 이렇게 설치되는 중추원이 협회가 당초에 주장한 의회와는 너무나 거리가 먼 것이어서 별로 기대를 하지 않았기 때문이다. 그보다는 「헌의 6조」 등 정부가 약속한 사항을 빨리 실시하게 하는 것이 주된 운동목표가 되고 있었다.

12월1일에 거행된 신기료장수 김덕구의 장례식은 그러한 독립협회의 의지를 나타낸 것이었다. 그것은 장례식의 형식을 빈 대규모의 민중시위였다. 빈소로는 이승만이 다른 두 사람과 함께 총대로서 경무청에 교

---

121) 鄭喬, 앞의 책, pp. 361~362.

122) 《독립신문》 1898년 12월12일자, "관보: 중추원 관리 봉급에 관한 건".

123) 《日省錄》 光武 2년 10월16일(양력 11월29일) 조; 《皇城新聞》 1898년 12월2일자, "官報抄錄".

124) 朱鎭五, 앞의 논문, "부표 3" 참조.

125) 《皇城新聞》 1898년 12월5일자, "論說".

섭하여 애오개 너머 쌍용정 근방 땅을 사용했다.[126] 《독립신문》의 다음과 같은 기사는 독립협회가 이 장례식을 얼마나 대대적으로 준비했는지를 말해 준다.

> 명정에다 "대한제국 의사 광산 김공 덕구지구(大韓帝國義士 光山金公德九之柩)"라 써서 상여 앞에 높이 들고 … 각 학교 기호(旗號)와 각 동리 기호는 의기 있게 특별히 들었는데, 동서양 각국의 점잖은 손님들도 김씨가 충의(忠義)에 죽은 것을 모두 흠애하여 다 와서 보며 … 칙주판임관(勅奏判任官)들이며 각 학교 학도들이며 각처 사농공상(士農工商)하는 이들이 서로 다투어 몸소 상여를 메고 전후좌우로 벌여 서고, 또 두 분은 상여 위에 앞뒤로 올라서서 요령을 흔들며 충의 두 글자로 노래를 지어 애국가 일체로 소리를 높이 질러 서로 화답하고 나아가는데, 동양 각국 만고 사기에 처음 있는 일이라. 그 충의로운 기운과 영화로운 광채는 이루 다 형언할 수 없더라. …
>
> 대소인민이 모두 그 상여를 어깨에다 메고 소리를 지르며 서로 화답하는 노래에 가로되
>
> 어화 우리 동포들아 충군애국을 잊지 마라.
> 대한의사 김덕구씨는 나라를 위하고 동포를 사랑하다가
> 옳은 의리에 죽었으니 그런 의리가 또 어디 있느냐.
> 어화 우리 회원들아 의리 두자 잊지 마라.
> 의리로만 죽게 되면 만인 일심 흠모하야
> 김덕구같이 장사하겠노라.
> 어화 우리 만민들은 제몸 하나는 잊어버리고
> 나라 일만 열심하여라.
> 김덕구의 일신은 살아서는 무명타가 죽으니까 의사로다.
> 사는 것을 좋아 말게, 죽어지니 영화로다.

126) 《매일신문》 1898년 12월3일자, "잡보".

김덕구의 의사이름 천추만세에 유전이라.[127]

이러한 장례 행렬을 구경하던 보부상패들 가운데에는 크게 감격하면서 자신들을 동원하여 만민공동회를 치게 한 수구파들을 비판하는 사람도 있었다.[128] 시위운동의 희생자를 공식으로 '의사(義士)'라고 호칭한 것은 이때가 처음이었을 것이다. 사람들은 김덕구의 장례가 영의정의 장례보다 더 영광스럽다고들 말했다.[129]

김덕구 장례식의 효과는 컸다. 황국협회에서는 임시회장 길영수와 회원들 사이에 분규가 일어나고, 그 때문에 황국협회 출신의 중추원 의관들이 일제히 사직하려는 움직임도 보였다.[130]

그러나 정부는 약속한 사항을 실시할 기색이 보이지 않았다. 보부상패가 성내 각처에서 집회를 열고 독립협회 간부들을 암살할 것이라는 풍문이 나돌기조차 했다. 그리하여 윤치호 등 독립협회 간부들은 호신용으로 권총이나 단도를 휴대했다.[131] 이에 독립협회와 시민들은 독립협회 회장 윤치호의 반대에도 불구하고 12월6일 오후부터 종로에 모여 다시 만민공동회를 열고 철야 상소시위를 재개했다. 이날의 상소는 「헌의 6조」와 「조칙 5조」의 실시에 위배되는 인사의 철회, 5흉 재판의 즉각 실시, 보부상패의 해산을 요구한 것이었다.[132] 한편 만민공동회는 상소 시위의 재개가 외국인들의 오해를 살 것을 염려하여, 시위재개의 목적이 외교관들도 입회한 자리에서 황제가 약속한 것을 실행하도록 촉구하는 것임을 해명하는 편지를 각국 공사관에 보냈다. 이 편지는 총대

127) 《독립신문》 1898년 12월2일자, "별보: 의사장례."
128) 《독립신문》 1898년 12월6일자, "잡보: 의리 있는 부상".
129) "A Remarkable Funeral", *The Independent*, Dec. 3, 1898.
130) 《독립신문》 1898년 12월6일자, "잡보: 의관 사직".
131) 鄭喬, 앞의 책, p. 365.
132) 《日省錄》 光武 2년 10월23일(양력 12월6일) 조; 《高宗實錄》 光武2년 12월6일조.

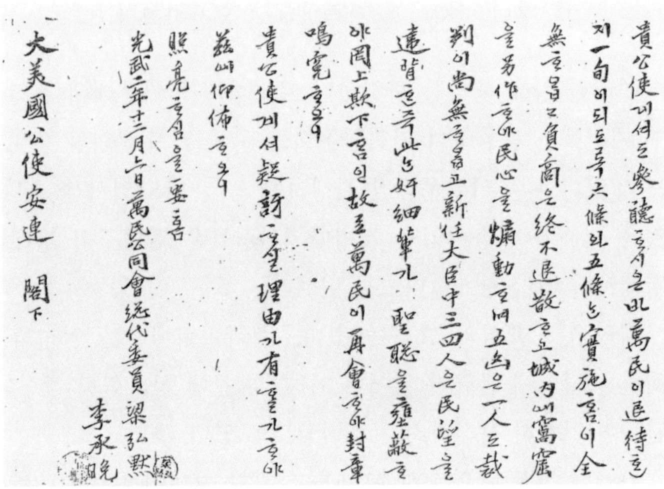

貴公使께셔도參聽ᄒᆞ시온바萬民이退待ᄒᆞ오
지一旬이되도록六條와五條ᄂᆞᆫ實施ᄒᆞᆷ이全
無ᄒᆞ옵고負商은終不退散ᄒᆞ고城內에竄匿
을易作ᄒᆞ야民心을煽動ᄒᆞ며五凶은一人도裁
判이尙無ᄒᆞ옵고新任大臣中三四人은民望을
違背ᄒᆞ온즉此ᄂᆞᆫ奸細輩가 聖聰을壅蔽ᄒᆞ
야罔上欺下ᄒᆞᆷ인故로萬民이再會ᄒᆞ야封章
嗚冤ᄒᆞ오며
貴公使께셔疑訝ᄒᆞ실理由가有ᄒᆞ실가ᄒᆞ야
茲에仰佈ᄒᆞ오며
照亮ᄒᆞ심을要ᄒᆞᆷ
光武二年十二月七日萬民公同會總代委員梁弘默
李承晩
大美國公使安連 閣下

미국 공사 알렌에게 보낸

위원 양홍묵과 이승만의 명의로 된 것이었다.[133)]

12월9일과 10일에는 기독교들도 만민공동회에 참가하여 합세했다. 그러나 고종은 알렌 공사와 아펜젤러에게 압력을 넣어 기독교도들을 철수시켰다.[134)]

만민공동회의 철야농성이 재개되자 조병식과 민영기 등 수구파들은 고종에게 독립협회가 기어이 공화정치를 실현하려 한다고 모함했고, 고종은 길영수와 홍종우 등에게 비밀히 명하여 보부상들을 다시 소집하게 하는 한편 시위대로 하여금 경운궁 호위를 더욱 강화하도록 했다.[135)] 공동회는 보부상패의 습격에 대비하여 용반촌〔庸泮村: 성균관 부근의 마을〕, 왕십리, 안암동 등지의 빈민 1,200여명을 고용하여 군기사 참정을

133) 《皇城新聞》 1898년 12월7일자, “雜報: 輪札各館”.

134) “負商投書에 따른 基督教人의 抗議에 관한 解明”, 1898년 12월12일, 《舊韓國外交文書(十一) 美案(2)》, pp. 468~469.

135) 鄭喬, 앞의 책, p. 368.

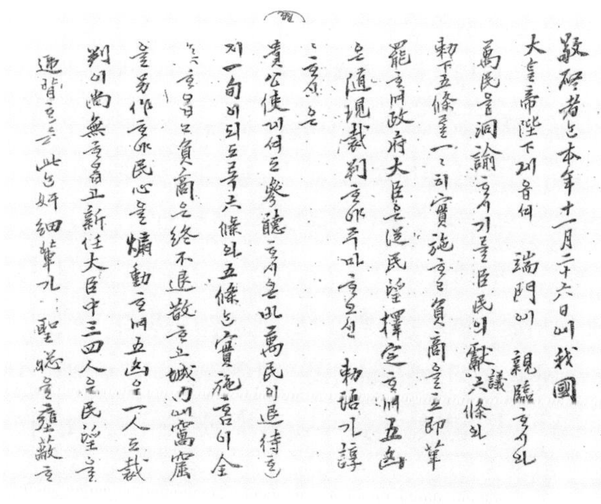

敬啓者는 本年十一月二十六日에 我國
大皇帝陛下게옵서 端門에 親臨하시와
萬民을 洞諭하시기를 臣民의 獻議六條와
勅下五條를 一一히 實施하고 負商을 立即革
罷하며 政府大臣은 從民望擇定하며 五凶
은 適現裁判하시주마 하오신 勅語가 諄
[illegible]
貴公使께셔도 參聽하시온바 萬民이 退待하
지 一旬이 되도록 六條와 五條는 實施함이 全
無하옵고 負商은 終不退散하고 城內에 留屯
을 勇作하며 民心을 煽動하며 五凶은 一人도 裁
判이 尙無하옵고 新任大臣中三四人은 民望을
違背하는 此는 奸細輩가 聖聰을 壅蔽하

양홍묵과 이승만 명의의 편지.

지낸 전규환(田圭煥)의 지휘 아래 몽둥이를 들고 경비하게 했다. 이러한 경호인들의 비용과 군중의 식비 등을 충당하기 위해서는 의연금만으로는 부족하여 공동회는 빚을 지기 시작했다. 서울의 대상인들에게 반강제적으로 빌린 돈을 비롯하여 25일에 강제해산되기까지 17일 동안에 무려 6,000원의 빚을 졌다.[136]

공동회는 칙교(勅教)가 여러번 있어도 정부에서 그것을 이행하지 않으므로 각부대신과 고관들을 공동회에 참여시키자면서, 12월12일부터 대회장소를 종로에서 광화문의 육조(六曹) 앞으로 옮겼다. 그리고 이튿날부터는 각부의 문전을 막고 관리들의 출근을 막으면서 공동회에 참여하라고 강요하고,[137] 전직 관리들을 보부상이라고 지목하여 붙잡아다가 취조하면서 고문을 하기도 했다. 만민공동회가 갈수록 과격해지는 것을 우려한 고종은 12월15일 밤에 윤치호를 다시 한성부 판윤으로, 그

136) 《尹致昊日記(五)》 1898년 12월27일조.

137) 鄭喬, 앞의 책, p. 378

리고 자신의 측근인 장연군수 김영준(金永準)을 경무사로 임명했다. 11월23일에 한성부판윤에 임명되었던 윤치호는 1주일 뒤인 12월1일에 시종원경(侍從院卿) 이채연(李采淵)으로 경질되어 있었다. 이 무렵 고종은 급변하는 정세에 따라 사흘이 멀다하고 대신들을 경질했다.

김영준은 12월16일에 공동회 사무소로 자신과 면담할 대표를 보내 줄 것을 요청해 왔다. 이승만이 대표로 선정되었다. 그가 대표로 선정된 것은, 중추원 의관에 선임된 것과는 관계없이, 재개된 공동회에서도 여전히 주동적인 역할을 하고 있기 때문이었다. 김영준은 이승만에게 보부상패는 반드시 잡아들여서 걱정하지 않아도 되게 할 것이고, 그 대신에 만민공동회가 사흘 안으로 육조 앞에서 개회하지 않으면 일이 모두 잘 될 것이나 그렇지 못하면 모든 일이 낭패할 것이라고 경고했다. 그리고 상소를 하는 경우에도 몇 사람만 모여 올리라고 했다. 그러나 공동회에서는 김영준이 만민공동회를 해산시킨 뒤에 탄압하려는 것이라고 판단했다. 그리하여 군중은 경무청 앞으로 몰려가서 집회를 열고 김영준의 사임을 촉구했다.[138] 이튿날 이승만은 이건호(李建鎬) 등과 함께 다시 김영준을 찾아가서 그의 사직을 권고하는 등으로 사태를 극한상황으로 몰아갔다.[139] 이건호는 일본에 망명해 있는 박영효의 심복이었다.

독립협회와 만민공동회에 대한 탄압의 결정적 계기가 된 것은 12월18일에 있었던 중추원의 대신 임용적임자 추천 결의였다. 고종은 만민공동회를 해산시키기 위한 방안으로 중추원을 개원하여 만민공동회의 요구사항을 논의하게 했는데, 중추원은 개원되자마자 엉뚱한 결의를 해버린 것이었다. 12월15일에 개원된 중추원은 고종의 요청에 따라 윤치호를 부의

138) 《皇城新聞》 1898년 12월17일, "雜報: 警使伝言"; 鄭喬, 앞의 책, pp.380~381.

139) 鄭喬, 위의 책, p.387.

장으로 선출했다. 이튿날 속개된 중추원이 「헌의 6조」와 「조칙 5조」를 빨리 실시할 것을 촉구한 것은 당연한 일이었다. 그러나 이날 중추원이 정부고관에 임용할 인망 있는 인재 11명을 정부에 천거하기로 의결하고 추천자 인선투표까지 한 것은 경솔한 처사가 아닐 수 없었다. 투표결과 민영준(閔泳駿), 민영환, 이중하(李重夏), 박정양, 한규설, 윤치호, 김종한, 박영효, 서재필, 최익현(崔益鉉), 윤용구(尹用求)가 선정되었다.[140] 11명이라는 숫자는 당시의 대신급 직위의 숫자였으므로, 사실상 이들로써 내각을 구성할 것을 요구한 것이었다. 이들 11명은 보수파와 개혁파를 망라한 가장 인망 있는 인물들인 것은 사실이었으나, 이승만 등 주동자들은 권력투쟁에서의 자신들의 힘의 한계를 감안할 줄 몰랐던 것이다. 11명 가운데 박영효와 서재필을 선정한 것은 무모했다. 특히 대역죄인으로 일본에 망명해 있는 박영효를 포함시킨 것은 자신들의 묘혈을 판 행동이었다. 이러한 결의를 제안한 사람은 독립협회 소속의 최정덕(崔廷德)이었는데, 이승만은 이에 적극적으로 동조했던 것이다.

일본에 망명해 있으면서 국내의 정변을 모색하고 있던 박영효.

박영효와 그의 추종자들은 이 무렵에 시모노세키(下關)에 집결하여 국내정세를 주시하면서 독립협회와의 제휴를 도모했다. 그리하여 이 무렵 《독립신문》에는 다음과 같은 뉴스가 보도되기도 했다.

140) 《皇城新聞》 1898년 12월22일자, "別報"; "Molayo's Reports", *The Independent*, Dec. 20, 1898.

> 고베(神戶) 영자신문을 본즉, 박영효씨와 리규환(완)씨와 그 외 대한 사람 일곱이 본월 초십일 쯤에 일본을 떠나서 대한으로 나가랴고 작정하였다고 하였더라.[141]

박영효와 그의 심복인 이규완 등 일곱 사람이 9월10일쯤에 귀국할 예정이라는 것이었다. 실제로 이규완과 황철은 거액의 자금을 가지고 10월에 귀국하여 일본인 거류지에 머물면서 독립협회의 젊은 열성회원들을 상대로 포섭공작을 벌이고 있었다. 이승만도 최정덕, 어용선(魚瑢善) 등과 함께 박영효의 심복인 이건호와 이규완에게 포섭되어 은밀히 추진되던 박영효의 귀국운동에 동참했다.[142] 뒷날 이승만은 이때의 일을 다음과 같이 술회했다.

> 여러 망명객들이 일본에서 돌아와서 서울의 일본인 거주지역에 살면서 돈을 물쓰듯 썼다. 나는 당시에 너무 어리고 천진난만하여 그들의 돈이 어디서 나왔는가 하는 생각을 못 했는데, 뒤에 그들이 미국 영향 아래 있는 한국의 지도자들을 자기네 쪽으로 끌어들이려고 애쓰고 있다는 사실을 깨달았다. 나는 대동합방론(大東合邦論)을 주창하는 사람들과 여러번 비밀회동을 한 일이 있다.[143]

이승만이 쓴 모든 글에는 기회 있는 대목마다 자기과시적 내용이 많은데, 위의 문장과 같은 자괴는 극히 예외이다. 대동합방론이란, 일본의 아시아 침략에 앞장섰던 이른바 대륙낭인(大陸浪人)의 선구자인 다루이 도오키치(樽井藤吉)가 지은 책이름으로서, 그 논지는 먼저 일본과 한국이 대등한 입장에서 합방하여 '대동국(大東國)'을 형성하고, 이어

141) 《독립신문》 1898년 9월13일자, "잡보: 박영효씨".

142) "李圭完黃鐵再ヒ日本亡命ノ件", 1899년 2월7일, 《駐韓日本公使館記錄(13)》, pp. 227~228; 《尹致昊日記(五)》 1898년 12월27일조.

143) "Autobiography of Dr. Syngman Rhee", p. 10; "청년이승만자서전", 이정식 지음, 권기봉 옮김, 앞의 책, pp. 260~261.

청국과 연합하여 서유럽 제국주의에 대항하자는 것이었다. 이 책은 일본의 한국병합을 추진한 사람들뿐만 아니라 양계초(梁啓超) 등 중국지식인들에게도 큰 영향을 끼쳤다.[144] 이승만이 《한성신보》와 논쟁을 벌이면서도 한-일-청 3국의 우호관계의 중요성을 강조하고 일본 외교관들에게 자국민들을 단속하여 양국 백성들이 "한 나라 사람같이 친밀히 지내게" 하라고 강조한 것도, 이 무렵 그가 대동합방론자들의 주장에 적지 않은 영향을 받고 있었음을 말해 준다. 이승만이 급진과격파로서 저돌적 행동을 서슴지 않은 것은 이처럼 박영효 일파의 정변 음모[145]에 깊이 관여하고 있었기 때문이다.

중추원의 11명 천거 결의가 있기 나흘 전인 12월12일에 윤치호는 쓰네야 모리후쿠(恒屋盛服)를 만났다. 쓰네야는 1895년에 일본인 최초로 한국정부의 내각보좌관이라는 직책에 임명되었던 대륙낭인으로서 박영효와 함께 민비폐비 음모를 꾸몄던 인물이었다.[146] 그는 윤치호에게 만민공동회가 박영효의 소환을 제의해 줄 것을 요청했다. 그러나 윤치호는 그의 요청을 거절했다. 최정덕과 이승만이 중추원에서 박영효를 비롯한 11명의 추천 결의를 제의한 것은 이러한 박영효 일파의 공작에 따른 것이었다.[147]

무모했던 것은 중추원 의관들만이 아니었다. 중추원 결의의 사후인준을 요청받은 만민공동회는 박영효를 소환하여 재판에 회부한 다음 죄가 있으면 다스리고 없으면 징계를 사면해서 서용(敍用)하게 하자고 주장하면서 박병응(朴炳應), 이기선(李基善), 윤하영(尹夏榮) 세 사람을

144) 韓相一, 《日本帝國主義의 한 硏究 — 大陸浪人과 大陸膨脹》, 까치, 1980, pp. 26~33.

145) 尹炳喜, "第2次日本亡命時節 朴泳孝의 쿠데타陰謀事件", 《李基白先生古稀紀念韓國史學論叢(下)》, 一潮閣, 1994, pp. 1678~1770 참조.

146) 東亞同文會 編, 《對支回顧錄(下卷)》, 原書房, 1968, pp. 519~521.

147) 《尹致昊日記(五)》 1898년 12월27일조.

고발위원으로 선정했다.[148] 이 무렵 항간에는 박영효가 황제를 폐위시키고 스스로 대통령이 되려 한다는 풍문이 나돌기도 했다.[149] 그러나, 박병응이 고발위원을 사퇴한 것으로도 알 수 있듯이, 박영효의 귀국에 대해서는 만민공동회 안에서조차 의견이 일치하지 않았다. 실제로 박영효의 귀국을 언급한 이후로 공동회에 참가하는 사람들의 수가 크게 줄어들었다.[150]

그러자 공동회는 더욱 과격해졌고, 그런 공동회를 이끄는 이승만도 더욱 과격해졌다. 20일에 종로에서 열린 공동회에서 이승만은 보부상패의 모주는 민영기(閔泳綺)라면서 그를 잡는 데 현상금 1,000원을 걸자고 제안했다. 그는 "정부는 매양 인민을 속이지만 우리는 결코 식언할 리가 없다"라고 소리쳤다. 이승만의 제안은 그대로 채택되었다. 그러나 그것은 법의 권위를 완전히 무시한 행동이었다. 사흘 전에 전라남도 관찰사로 임명된 민영기는 이 소문을 듣고 궁궐로 도망쳐서 밖으로 나오지 못했다.[151]

같은 날 전 내부주사 이석렬(李錫烈) 등 33명이 연명으로 상소하여 박영효를 소환하여 서용할 것을 주장했다.[152] 그러나 고종은 12월21일에 이석렬 등에 대하여 체포령을 내리는 동시에 국외도피자는 죄의 경중을 불문하고 영원히 사면하지 않는다는 조칙을 내렸다.[153]

---

148) 《皇城新聞》 1898년 12월20일자, "雜報: 請願裁判".

149) 《尹致昊日記(五)》 1898년 12월27일조; 菊池謙讓, 《近代朝鮮史(下)》, 鷄鳴社, 1939, p.528.

150) 《尹致昊日記(五)》 1898년 12월27일조.

151) 《皇城新聞》 1898월 12월21일자, "雜報: 民會懸金"; 《독립신문》 1898년 12월21일자, "잡보: 상금 천원"; 鄭喬, 앞의 책, pp.396~7.

152) 《皇城新聞》 1898년 12월21일자. "別報"; 《독립신문》 1898년 12월22일자, "리씨소초".

153) 《日省錄》 光武2년 11월9일(양력 12월21일)조; 《高宗實錄》 光武2년 12월21일조.

드디어 고종은 12월23일에 군대를 동원하여 만민공동회를 강제로 해산시켰다. 이때의 군대동원에는 외국 공사들도 반대하지 않았다. 특히 일본 공사 가토 마스오는 자국의 명치유신(明治維新) 초기의 일을 보기로 들면서 고종에게 군대동원을 강력히 권고했다. 게다가 박영효 소환을 만민공동회가 동의한 사실이 알려지면서 시민들의 호응이 크게 약화된 것도 고종으로 하여금 군대를 동원하는 데 자신감을 갖게 했을 것이다. 고종은 마침내 이틀 뒤인 12월25일에 만민공동회의 열한 가지 죄목을 들어 불법화시키는 조칙을 내렸다. 독립협회를 이미 허락했는데 만민공동회라는 이름으로 집회를 연 것도 죄목의 하나였다.[154] 따라서 이때까지도 독립협회를 해산시킨 것은 아니었다. 그러나 독립협회 자체도 사실상 해산되어 12월31일로 예정되었던 통상회도 유회되고 말았다. 이어 지방의 지회들도 해산되었다. 독립협회와 협력하여 상권수호운동과 자주민권운동을 벌였던 황국중앙총상회도 해산되었다.

신문들도 만민공동회의 자제를 촉구하고 나섰다. 그동안 만민공동회를 적극적으로 지지해 왔던 《독립신문》은 "문답" 형식을 빌려 다음과 같이 적었다.

> 〔문〕 공동회를 파한 후에 시비가 분분하야 혹은 공동회에서 실수를 많이 하였다 하고 혹은 정부에서 잘못하였다 하니 누구의 말이 옳은지.
>
> 〔답〕 내한 사람들은 몇백년 압제에 눌려서 무엇이든지 정부가 하는 일은 감히 평론 못 하는 것을 이지로 아는 고로 정부에서 옳다면 옳은 줄 알고 그르다면 그른 줄 알거니와, 실상으로 말하면 당초부터 정부에서 그 직분을 잘하였으면 공동회가 생겼을 이치로 없고, 공동회 시작한 후에라도 정부에서 잘못한 것을

154) 《日省錄》 光武 2년 11월13일(양력 12월25일) 조 ; 《高宗實錄》 1898년 12월25일조.

깨닫고 민론을 좇아서 황상 폐하의 성칙을 받들어 시행하였더라면 공동회가 근 20일이나 끌었을 리가 없고, 또 만민 모인데서 언어 동작이 실수한 일이 있더라도 몇 해 몇 달을 두고 총명을 옹폐하여 인민을 괴롭게 한 정부의 허물에 비하면 공동회에서 정부보다는 잘못한 일이 없는 것은 삼척동자기로 어찌 모르리요. …

〔문〕 그러하면 공동회를 다시 시작하는 것이 어떠하뇨.

〔답〕 서양말에 좋은 일도 너무하면 멀미난다 하였으니, 지금 공동회를 다시하면 민심이 지리히 여겨서 도리어 괴롭게 알기가 쉬우니 민심만 믿고 하는 회를 어찌 민심을 어기어 하리요. 하물며 황상폐하의 조칙이 내리사 공동회의 충의 목적은 통촉하시고 물러가라 하셨으니, 어찌 또 주저하야 성칙을 받들지 아니하리요.

〔문〕 그러하면 정부에서 무슨 일을 하야 성칙을 받들지 아니하야 일민을 괴롭게 하여도 다시는 만민이 말도 못 하랴.

〔답〕 어느 때든지 정부에서 다시 그른 일로 위로 황실을 위태히 하고 아래로 백성을 괴롭게 하야 민심이 비등하야 시민이 철전〔撤廛: 철시〕하고 학도가 책을 덮고 만구 일성으로 공론을 일으켜 정부에서 잘못하는 죄를 황상부모께 명원하게 될 지경이면 자연히 만민회가 되는 것이니, 그렇지 못하고 다만 구경꾼이나 모여서 시간이나 허비할 것 같으면 다시 회하여 무엇하리오. …[155]

윤치호도 영문판에서 만민공동회가 마지막 기간 동안 많은 실수가 있었음을 인정하고, 민중은 지쳤으며 이 집회는 민중이 스스로 어떤 결과를 가져올 수 있는 능력이 없었음을 보여 주었다면서 당분간 조용히 있을 것을 촉구했다.[156] 《황성신문》도 만민공동회의 민중이 각자 집으로

155) 《독립신문》 1898년 12월28일자, "공동회에 대한 문답".

돌아가서 한두 달만 자숙하면 반드시 정부에서도 각성하여 민중의 요구를 받아들일 것이라고 말하면서 관민의 화합을 촉구했다.[157] 《제국신문》은 만민공동회 해산의 직접적인 계기가 되었던 박영효 소환 요구를 비난하면서 그 주동자들은 "정부에서 죄인이오 인민에 죄인"이라고 규탄했다. 그러면서도 정부의 책임을 논하면서 관민의 협조를 강조했다.[158] 만민공동회를 거듭 신랄하게 비판한 것은 《매일신문》이었다. 《매일신문》은 "논설"난에서 "기서" 형식의 글을 통하여 중추원에서 대신 후보자를 추천한 것은 국민 자유권의 범주를 벗어난 행위라고 말하고, 일본이나 영국이나 미국에서도 의회에서 대신을 선출하는 권한은 없다고 주장했다.[159]

해가 바뀌어 1899년 1월초에 윤치호는 부친 윤웅렬(尹雄烈)의 주선으로 덕원부사(德源府使) 겸 원산감리(元山監理)가 되어 서울을 떠났고, 남은 간부들은 체포되거나 피신했다. 뒷날 윤치호는 이때의 일에 대해 "피신하였던 나로서 원산감리로 내려가게 된 것은 당시 내부협판인가의 중직을 띠고 있던 선친의 비호도 있었겠지만 거의 명령적 회유책으로 볼 수도 있는 것이었다"라고 술회했다.[160]

이승만은 1월3일에 홍재기(洪在箕), 어용선, 변하진, 신해영(申海永) 네 사람의 다른 젊은 의관들과 함께 중추원 의관에서 파면되었다.[161] 그는 만민공동회 회장이었던 중추원 대판의장(代辦議長) 윤시병(尹始炳) 등과 함께 남대문 안 상동(尙洞)의 미국인 주택지로 피신했다.[162] 이승

---

156) "Molayo's Reports", *The Independent*, Dec. 27, 1898.

157) 《皇城新聞》 1899년 12월26일자, "論說".

158) 《帝國新聞》 1898년 12월28일자, "논설".

159) 《매일신문》 1898년 12월23~24일, "논설: 사립 홍화학교 교사 림병구씨 기서".

160) 尹致昊, "獨立協會의 始終", 《新民》 1926년 6월호, pp. 61~62.

161) 《日省錄》 光武2년 11월22일(양력 1899년 1월3일)조; 《高宗實錄》 1899년 1월3일조.

만은 에비슨의 집으로 피신했다.[163]

1896년 7월에 결성된 독립협회가 2년 반 동안 전개한 일련의 개화운동과 자주민권운동은 열강의 이권침탈을 저지하고 근대적 민주주의사상에 입각한 시민적 대중운동의 원형이 되었다는 점에서 획기적인 것이었다. 그러나 그것은 결국 역점을 두고 추진했던 의회개설운동도 실현되기 직전에 좌절되고 운동의 중심체인 독립협회 자체마저 존속될 수 없을 만큼 현실적으로는 실패하고 말았다.[164] 그리고 그 실패는 다른 많은 요인과 함께 이승만으로 대표되는 젊은 급진 과격파들의 모험주의적 행동에 기인한 점이 많았다. 그 자신이 "고목가"에서 노래한 것과 같이 위태로운 처지에 놓여 있던 대한제국의 자주독립을 지키면서 근대적 국민국가로 만들어 나가는 운동을 이끄는 데 필요한 사려깊은 판단력과 신중한 행동은 스무 살 고개를 갓 넘긴 청년 이승만에게는 너무나 벅찬 일이었을 것이다. 그러나 독립협회가 사상적인 면에서나 인맥의 면에서 뒤이은 계몽운동과 독립운동의 원류가 된 것과 마찬가지로, 만민공동회의 정치투쟁 때에 이승만이 보여 준 대중조작의 힘은 그에 대한 전설적인 명성의 원천이 되었다.

---

162) 鄭喬, 《大韓季年史(下)》, 國史編纂委員會, 1957, p. 3.

163) 이광린, 《올리버 알 에비슨의 생애》, 연세대학교 출판부, 1992, p. 131.

164) 李玟源, "大韓帝國의 改革과 그 實態 — 政府와 獨立協會의 皇權認識과 관련하여", 《한국민족운동사연구》 9, 한국민족운동사연구회, 1994년 6월, pp. 3~23 및 주진오, "1898년 독립협회운동의 주도세력과 지지기반", 《역사와 현실》 제15호, 역사비평사, 1995, pp. 173~208 참조.

제10장

위정척사파에서 개화파로
김구의 첫번째 감옥생활

1. 고종의 친칙으로 사형집행 정지

세 차례의 신문이 끝난 뒤에도 김창수에 대한 최종 판결은 빨리 내려지지 않았다. 판결을 재촉한 것은 일본이었다. 3차 신문이 끝난 지 이틀 뒤인 1896년 9월12일에 인천 일본영사대리 하기와라 슈이치(萩原守一)는 감리 이재정(李在正)의 문의에 대해 김창수를 "귀국 법률 대명률(大明律)의 인명모살인조(人命謀殺人條)에 따라 참(斬)으로 처단하는 것이 가하다는 의견을 법부에 올릴 것"을 요청했다.[1] 이튿날 이재정은 법부에 김창수는 조율재처(照律裁處)하고 이화보(李化甫)는 석방할 것을 건의하는 보고서를 올렸다.[2] 이에 앞서 김창수는 감리에게 이화보는 무관하므로 즉시 석방하라고 강력히 요구했었다. 법부의 답변이 지연되자 이재정은 10월2일 오전에 다시 김창수 사건의 조속한 처리와 이화보의 즉시 석방을 요청하는 전보를 법부에 보냈다. 법부는 당일로 답전을 보내어 이화보의 석방은 허락했으나, 김창수에 대해서는 아무런

---

1) "仁府 제150호: 領事代理 萩原守一이 仁川港監理 李在正에게" 1896년 9월12일, 白凡金九先生全集編纂委員會 編, 《白凡金九全集(3)》, 대한매일신보사, 1999, p.268.

2) "報告 제1호: 仁川港裁判所判事 李在正이 法部大臣 韓圭卨께" 1896년 9월13일, 《白凡金九全集(3)》, pp.273~275.

아들에게 넣어 줄 사식을 들고 가는 곽낙원 여사상. 김구의 설명을 토대로 박승구가 제작했다.

지침도 내리지 않았다.[3]

이화보는 이튿날로 석방되었다. 그는 김창수를 찾아와 옥문 밖에서 "말씀을 잘 해주셔서 무사히 석방되었습니다"라고 인사를 하고 갔다.

이 무렵 인천감옥은 인천 내리〔內里: 지금의 중구 내동〕에 있었다. 감옥 바로 뒤쪽으로는 내리교회가 있고, 내리 마루에 감리서, 왼쪽에 경무청, 오른쪽에 순검청이 있었다. 감옥은 순검청 앞에 있었다. 앞에는 노상을 통제하는 2층 문루가 있고 감옥 주위에는 높은 담장이 둘러쳐져 있었다. 감옥은 평옥 몇 칸으로 되어 있었는데, 방들을 반으로 나누어서 한쪽은 미결수와 강도, 절도, 살인 등의 죄수를 수용하고, 다른 한쪽은 민사소송범과 경범죄법 위반범 등의 잡범들을 수용했다. 형사 피고의 기결수에게는 푸른 옷을 입히고, 윗옷 등에 '강도', '살인', '절도' 등의 죄명을 먹으로 써놓았다. 감옥 밖으로 일하러 나갈 때에는 좌우 어깨와 팔꿈치를 한 쇠사슬로 묶고, 2인 1조씩 등 뒤로 자물쇠를 채워 간수가 인솔하고 다녔다.[4]

갑오개혁 이후로 근대적 감옥제도가 도입되면서 감옥규칙이 많이 개혁되었으나, 실제 운영 면에서는 크게 달라진 것이 없었다. 죄수를 신문할 때에는 여전히 고문이 증거 확보의 합법적 수단으로 허용되었고,

3) "仁監 電報"와 法部의 "答電" 1896년 10월2일, 《白凡金九全集(3)》, p. 276.
4) 도진순 주해, 《김구자서전 백범일지》, 돌베개, 1997, p. 104.

기결수와 미결수는 차별 없이 같은 대우를 받았다. 《독립신문》이 한성재판소를 가리켜 "백성의 시비를 법률을 가지고 재판을 아니하고 백성의 가죽을 벗기는 데" 라고 신랄하게 비판하고 있는 것은 그러한 사정을 짐작하게 한다.[5] 또한 범죄를 확증할 만한 증거나 증인도 없이 피의자를 체포해 와서는 미결수로 가두어 두고 고문으로 자백을 강요하기가 예사였으므로 미결수가 늘어날 수밖에 없었다. 1개월 징역에 해당하는 사건의 범죄자를 미결상태로 몇 개월씩 가두어 두는가 하면 100냥 가격의 소송으로 1,000냥의 식비를 소비하게 하는 등으로 민원이 자자했다.[6] 1898년 8월에 법부에서 감옥서의 죄수들을 조사했을 때에 죄명도 모르고 증거도 없는데 재판도 받지 못한 채 갇힌 지 1년이 넘는 수감자가 10여명이나 되었다는 사실[7]은 이 무렵의 행형제도의 실상이 어떠했는지를 짐작하게 한다. 이러한 형편은 인천감옥의 경우도 다르지 않았을 것이다.

판결도 없는 옥중생활을 계속하고 있던 어느 날 김창수는 옥중에서 자신의 사형소식을 보도한 신문기사를 읽었다. 《백범일지》는 "하루는 아침에 《황성신문(皇城新聞)》을 열람한즉, 경성, 대구, 평양, 인천에서 아무 날(지금까지 기억되기는 7월27일로 생각한다) 강도 누구누구, 살인 누구누구, 인천에서는 살인강도 김창수를 교수형에 처한다는 기사가 나 있었다" 라고 비교적 소상히 적고 있다.[8] 그러나 그것은 《독립신문》 1896년 11월7일(음력 10월3일)자의 다음과 같은 기사를 말하는 것

5) 《독립신문》 1897년 4월27일자, "논설".

6) 都冕會, "1894~1905年間 刑事裁判制度研究", 서울大學校 博士學位論文, 1998, p. 158.

7) 《제국신문》 1898년 8월11일자, "잡보".

8) 《백범일지》, p. 118.

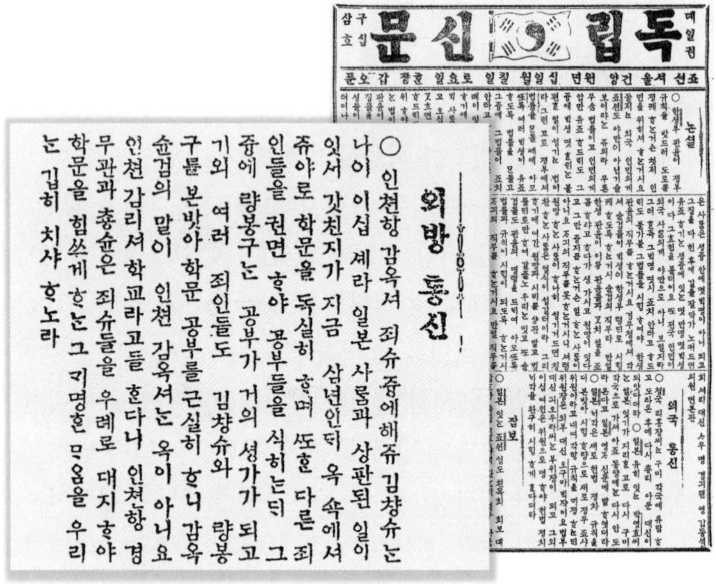

독립 신문

외방 통신

○ 인쳔항 감옥셔 죄슈 즁에 해쥬 김창슈는 나이 이십 셰라 일본 사룸과 상판된 일이 잇서 갓친지가 지금 삼년인디 옥 속에셔 쥬야로 학문을 독실히 ᄒᆞ며 또ᄒᆞᆫ 다른 죄인들을 권면 ᄒᆞ야 공부들을 식히는디 그 즁에 량봉구는 공부가 거의 셩가가 되고 기외 여러 죄인들도 김챵슈와 량봉구를 본밧아 학문 공부를 근실히 ᄒᆞ니 감옥 슌검의 말이 인쳔 감옥셔는 옥이 아니요 인쳔 감리셔 학교라고들 ᄒᆞᆫ다니 인쳔항 경무관과 춍슌은 죄슈들을 우례로 대지 ᄒᆞ야 학문을 힘쓰게 ᄒᆞ는 그 ᄆᆞ명ᄒᆞᆫ ᄆᆞᄋᆞᆷ을 우리는 깁히 치샤 ᄒᆞ노라

김창수의 사형집행을 보도한 1896년 11월7일자 《독립신문》 기사.

이었을 것이다. 《황성신문》은 그보다 2년이나 지난 1898년 9월5일에 창간되었다.

> 이번에 각 재판소에서 중한 죄인 여섯을 명백히 재판하야 교(絞)에 처하기로 선고하였는데, 장명숙, 엄경필, 한만돌이가 무리들을 체결하야 가지고 각각 몽치와 칼을 가지고 각처로 다니면서 재물을 탈취한 죄로 한성재판소에서 교에 처하기로 하고, 그전 인천재판소에서 잡은 강도 김창수는 자칭 좌통령이라 하고 일상(日商) 토전량양(土田讓亮)을 때려 죽여 강에 던지고 재물을 탈취한 죄로 교에 처하기로 하고…9)

그런데 김창수는 자신에 대한 사형판결 기사를 보고도 전혀 마음의

9) 《독립신문》 1896년 11월7일자, "잡보".

동요를 느끼지 않았다고 한다. 김구는 이때에 자신이 그처럼 태연할 수 있었던 것은 청계동에서 고능선(高能善)으로부터 들은 박태보(朴泰輔)와 삼학사(三學士)에 관한 이야기의 영향 때문이있을 것이라고 설명하고 있다.[10] 그의 이러한 태도는, 뒤에서 보듯이 재판도 받기 전에 아버지 이경선(李敬善)에게 세번씩이나 유서를 쓰면서 불안해했던 이승만의 경우와는 퍽 대조적이다.

김창수의 사형집행 기사가 난 신문이 배포된 뒤로 감리서는 술렁거리기 시작했다. 이어 인천항 사람들이 김창수에게 '산 조문'을 하러 감옥으로 몰려왔다. 오는 사람마다 김창수를 보고 "마지막으로 보러 왔소"라든가, "우리는 김 석사(金碩士)가 살아 나와서 상면할 줄 알았는데, 이것이 웬 일이오"라면서 눈물을 흘렸다. 김창수는 찾아온 사람들을 오히려 위로하여 보내고 《대학(大學)》을 읽으면서 자신의 마음을 가다듬었다. 아들에게 사식을 손수 들여 넣어 주는 곽씨 부인의 태도도 평상시와 조금도 다름이 없었다. 그것은 주위 사람들이 김창수의 사형집행 소식을 곽씨 부인에게 알려 주지 않았기 때문이었다.

이 무렵 인천감옥의 사형집행은 오후에 죄수를 끌고 나가서 쇠뿔고개〔牛角峴〕에서 교살하는 것이었다. 김창수는 아침밥과 점심밥도 잘 먹고 사형집행을 기다렸다. 동료 죄수들의 마음 아파하는 모습은 차마 볼 수 없었다. 김구는 그들이 "과연 제 부모 죽을 때에도 그렇게 애통해할지 의문이었다"라고 회고했다. 그리고 자신은 "성현의 말씀에 마음을 가라앉혔다가 성현과 동행할 생각으로 《대학》만 읽고 앉아 있었다"는 것이다.[11]

이윽고 교수대로 끌려나갈 시간이 되었다. 그러나 예정된 시간이 지나도록 아무 소식이 없었다. 그는 또 한 끼 저녁밥을 먹었다. 옆 사람들

10) 《백범일지》, pp. 118~119.
11) 《백범일지》, p. 119.

이 김창수는 특수 죄인이기 때문에 아마 야간집행을 하려는가보다고들 했다. 저녁이 되자 사람들의 발소리와 떠드는 소리가 나더니 옥문 열리는 소리가 들렸다.

"옳지, 지금이 그때로군."

김창수는 드디어 마지막 순간이 왔다고 생각했다. 그의 얼굴을 바라보는 동료 죄수들은 마치 자기가 죽으러 가기나 하는 것처럼 벌벌 떨었다. 안쪽 문이 열리기도 전에 감옥 뜰에서, "김창수 어느 방에 있소?" 하는 소리가 들렸다. 이어서 천만 뜻밖의 소식이 전해졌다.

"아이구, 이제 김창수는 살았소! 아이구, 우리 감리영감과 감리서 전 직원과 각 청사 직원이 아침부터 지금까지 밥 한 술 먹지 못하고 김창수를 어찌 차마 우리 손으로 죽인단 말이냐 하고 서로 말 없이 얼굴만 물끄러미 바라보며 한탄하였소. 그랬더니 지금 대군주(大君主) 폐하께옵서 집무실에서 전화로 감리영감을 불러 계시옵고, 감리영감은 김창수의 사형을 정지하라는 친칙(親勅)을 받잡고 밤중에라도 감옥에 내려가 김창수에게 알려 주라는 분부를 내리셨소. 오늘 하루 얼마나 상심하셨소."

김구는 자신이 목숨을 건지게 된 데에는 기적 같은 우연이 작용했다고 설명하고 있다. 사형은 형식적으로라도 왕의 재가를 받아서 집행하는 것이므로 법부대신이 사형수 한 사람 한 사람의 신문서를 가지고 조회에 들어가서 왕의 친감(親監)을 거쳐야 했다. 그런데 이때에 입시했던 승지 한 사람이 각 죄수의 신문서를 뒤적여 보다가 김창수의 신문서에서 "국모보수(國母報讐)" 넉 자가 눈에 띄어 이상하게 여기고, 이미 재가 수속을 끝낸 안건을 다시 꺼내어 고종에게 보였다. 내용을 본 고종은 즉시 어전회의를 열고 논의한 결과 이 사건은 외국과 관련된 일이기는 하나 일단 생명이나 살리고 보자 하여 고종이 직접 전화로 사형집행정지를 지시했다는 것이었다. 그러면서 《백범일지》는 "여하튼 대군주(이태황)가 친전한 것만은 사실이었다"라고 명기하고 있다.[12)]

그러나 《백범일지》의 위와 같은 술회에는 사실과 다른 점이 있다. 우선 통신수단의 문제이다. 김구는 자신의 사형집행 정지령이 내린 날을 서울에서 인천까지의 전화 가설공사가 완공된 지 사흘째 되는 병신년(丙申年: 1897년) 8월26일이었다고 기억했다. 그것이 음력으로 적은 것이었다면 양력으로는 10월2일이 된다. 그러나 궁내부에 처음으로 전화시설이 가설되어 외아문(外衙門) 등 중앙의 각 아문과 함께 인천과의 사이에 전화가 개통된 것은 1898년 1월18일의 일이었다. 그리고 서울과 인천 사이에 오간 통화내용 가운데에서 공식기록으로 확인되는 것은 1898년 1월28일 하오 3시에 영국 범선 세 척이 입항할 것이라고 인천감리가 외아문에 보고한 것이 처음이었다.[13]

앞에서 본 대로 3차 신문이 있었던 날이 1896년 9월10일이었고, 법부에서 김창수를 포함한 한성부 강도죄인 장명숙(張明叔) 등 11명에 대한 교수형을 고종에게 건의하는 보고서를 상주한 날짜는 10월23일(음력 9월17일)이었다.[14] 이 보고서는 시행일을 10월28일로 예정하고 있다. 그리고 이 사실이 다시 《독립신문》에 보도된 것은 11월7일(음력 10월3일)자였다. 따라서 김창수가 자신의 사형집행 사실을 신문기사를 보고 알았다면 그것은 《독립신문》에 보도된 11월7일 직후의 어느 날이었을 것이다. 그러므로 고종이 사형집행정지를 명령한 날짜가 음력 8월26일이었다고 하더라도 시간적으로 동이 뜬다. 따라서 고종이 전화로 인천감리에게 김창수의 사형집행정지를 지시했을 개연성은 없다. 그런데도 김구가 어떻게 위와 같이 기억하게 되었는지는 적이 궁금한 일이다. 고종은 김창수의 사형집행정지를 전화가 아니라 전보로 명령했을 수는 있다.

---

12) 《백범일지》, p. 121.

13) "外記" 光武2년 1월28일, 電氣通信史編纂委員會, 《韓國電氣通信100年史(上)》, 遞信部, 1985, p. 210.

14) "上奏案件 案 제7호: 法部大臣 韓이 王께" 1896년 10월23일, 《白凡金九全集(3)》, pp. 279~284.

김창수의 사형집행이 고종의 칙명에 따라서 정지된 것은 아마 사실이었을 것이다. 그것은 아관파천 이후로 고종이 빈번히 시행했던 정치사면령의 하나였을 것이다. 이 무렵 국왕은 중요범죄에 대한 최종 판결권을 가지고 있었다. 1896년 4월에 반포된 형률명례(刑律明禮)에 따르면 1) 국사범을 유형(流刑)에 처할 때, 2) 특별법원의 범죄자로서 역형(役刑) 이상을 선고했을 때, 3) 사형을 선고했을 때에는 반드시 국왕에게 상주한 뒤에 국왕의 재가를 받아서 집행하도록 되어 있었다. 갑오개혁 이전에는 사형수를 처결할 때에 국왕에게 세번 보고하는 제도가 있었으나, 이때에는 한 번만 하게 되어 있었다. 이러한 국왕의 판결권은 갑오개혁 뒤로 한동안 폐지되었다가, 아관파천 이후의 군주권 강화를 위한 일련의 구제도 부활의 일환으로 부활된 것이었다. 고종은 강화된 군주권을 바탕으로 잦은 감형과 사면령을 실시했다. 특히 정치적 필요에 따라서 형집행중인 죄수를 사면하는 경우가 많았다.[15)]

감리서에서 내려 온 주사는 김창수에게 이런 말을 들려주었다.

"우리 관리들뿐 아니라 오늘 전 항구의 객주 서른두명이 긴급회의를 하고 통문을 돌리는 것을 보았는데, 항구 안에 있는 집집마다 몇 사람씩이든지 되는 대로 쇠뿔고개로 김창수의 교수형을 구경가되 각 사람이 엽전 한냥씩 준비하여 가지고 오라 하였소. 사람들이 돈을 가지고 오면 거기서 모인 돈으로 김창수의 몸값을 쳐주고, 부족한 액수는 서른두 객주가 담당하고 김창수를 살리자고까지 하였소. 그러나 지금은 천행으로 살았고, 아마 며칠이 못 되어 궐내에서 은명(恩命)이 계실 터이니 아무 염려 마시고 계시오."

밤에 옥문 열리는 소리를 듣고 벌벌 떨던 죄수들은 이러한 소식을 듣고는 좋아서 어쩔 줄을 몰랐다. 신골방망이〔짚신 삼을 때에 쓰는 방망이〕로 자신들의 발목에 채워진 차꼬를 두들기며 온갖 노래를 다 부르고,

---

15) 都冕會, 앞의 논문, p. 164, pp. 182~185.

푸른 바지저고리 바람으로 춤도 추고, 우스꽝스러운 몸짓도 하면서 밤을 지새웠다. 그것은 마치 푸른 옷 입은 배우들의 연극장과 같았다.[16] 김창수는 그만큼 죄수들의 존경을 받고 있었다.

죄수들은 김창수가 정말로 이인(異人)이라면서 경탄했다. 사형을 당할 날인데도 평소와 다름없이 태연하게 행동했던 것은 틀림없이 그가 선견지명이 있어서 자기가 죽지 않을 것을 미리 알았기 때문이었을 것이라는 것이었다. 관리들 가운데에도 그렇게 여기는 사람들이 많았다. 곽씨 부인은 밤에야 감리가 알려 주어서 이러한 사실을 알게 되었는데, 그녀조차도 아들을 이인으로 생각하게 되었다. 곽씨 부인은 김창수가 해주감영에서 인천으로 이송될 때에 같이 바닷물에 빠져 죽자고 하자 김창수가 자기는 결코 죽지 않는다고 단호히 말했던 일을 기억하고, 아들은 자기가 죽지 않는다는 것을 알고 있었다고 확신하는 것 같았다. 김순영(金淳泳) 역시 비슷한 생각을 갖게 되었다.

상감의 친칙으로 김창수의 사형이 정지되었다는 소문이 퍼지자 전날 영결을 고하러 면회왔던 사람들이 이제는 축하면회를 오느라고 줄을 이었다. 그리하여 김창수는 아예 옥문 안에 자리를 잡고 앉아서 며칠 동안이나 손님을 응접했다. 사형정지 전에는 김창수의 젊은 의기를 애석히 여기는 사람들이 찾아왔으나, 이때에 찾아 온 사람들 가운데에는 장차 김창수가 영달하게 될 줄 알고 미리 인사를 해두러 오는 사람들도 있었다. 관리 가운데에도 그런 사람이 있었고, 인천항 내의 인사들 사이에서도 그런 빛이 보였다.[17]

---

16) 《백범일지》, p. 121.

17) 《백범일지》, pp. 121～122.

2. "인천감옥서는 감옥이 아니라 인천감리서 학교"

김창수는 법부의 후속조치를 기다리면서 다른 죄수들을 보살피고 또 그들과 같이 어울렸다. 당시 인천감옥에 수감된 죄수들은 100명 가까이 되었다. 이들 가운데 수시로 드나드는 민사소송사건 피의자 말고는 거의가 절도, 강도, 사전꾼〔私錢꾼: 화폐 위조범〕, 사기, 살인 등의 범죄를 저지른 징역수들이었는데, 이들은 열에 아홉이 문맹이었다. 김창수는 그들에게 글을 가르쳐 주겠다고 자청했다. 그러나 정작 그 제의를 받아들인 죄수들의 마음은 다른 곳에 있었다. 배운 것을 뒷날 요긴하게 활용할 생각보다는 김창수에게 날마다 진수성찬으로 들어오는 사식을 얻어먹는 데 대한 감사의 표시로 배우는 시늉만 하는 죄수들이 많았다.

화개동(花開洞)의 기생서방으로 조덕근(曺德根)이라는 죄수가 있었다. 그는 창기(娼妓)를 중국에다 팔아넘긴 죄로 10년 징역형을 받고 복역하고 있었다. 그는 《대학》을 배우다가 "사람이 나서 8세가 되면 누구나 소학(小學)에 입문한다"라는 뜻의 "인생팔세 개입소학(人生八歲 皆入小學)"이라는 구절을 소리 높여 크게 읽다가 개입(皆入)이라는 말을 잊어버려 "개 아가리 소학"이라고 하는 사품에 한바탕 웃음판이 벌어지기도 했다.[18] 이 구절은 정확하게는 "사람이 나서 8세가 되면 바로 왕공에서 서민의 자식에 이르기까지 다 소학에 들어가(人生八歲 則自王公以下 至於庶人之子弟 皆入小學)…"라는 것인데, 글을 처음 배우는 죄수들에게 《대학》을 교재로 삼아 가르쳤다는 것은 아무리 다른 교재가 없었다고 하더라도 무리한 일이 아닐 수 없다.

《대학》은 김순영이 차입해 준 것인데, 이때에 김창수의 수중에 《대학》 말고는 교재로 삼을 만한 마땅한 책이 없었을 것이다. 사서(四書)의 하나인 《대학》은 공자(孔子)의 손자 자사(子思)가 지은 것으로 전해

18) 《백범일지》, p. 106.

독립신문

○이번에 각 지판소에셔 즁훈 죄인 여셧슬 명빅히 지판 ᄒᆞ야 교에 쳐 ᄒᆞ기로 션고 ᄒᆞ엿는듸 쟝명슉 서경필 한만돌이가 무리들을 쳬결 ᄒᆞ야 가지고 각각 몽치와 갈을 가지고 각쳐로 다니면셔 지물을 탈취훈 죄로 한셩 지판소에셔 교에 쳐 ᄒᆞ기로 ᄒᆞ고○ 그젼 인쳔 지판소에셔 잡은 강도 김챵슈는 조칭 좌통영이라 ᄒᆞ고 일샹 토연량양을 써려 쥭여 강에 더지고 지물을 탈취훈 죄로 교에 쳐 ᄒᆞ기로 ᄒᆞ고○자산군 김셰죵이가 황금쳔의 쳐의게 무례훈 일을 ᄒᆞ다가 무례훈 쓧시 미흡 ᄒᆞ야 그 사내 황금쳔과 홈ᄭᅴ 술을 마시다가 흉훈 ᄆᆞᄋᆞᆷ을 가만히 품고 녯 빗슬 억지로 독촉 ᄒᆞ다가 낫스로 황금쳔을 질너 쥭인 죄로 교에 쳐 ᄒᆞ기로 ᄒᆞ고○ 강원도 지판소에셔 심리훈 지평군 포군 박경식이가 쟉년 섯달에 그 고을 원 밍영지씨를 향 ᄒᆞ야 세번 총을 노흔 죄로 교에 쳐 ᄒᆞ기로 ᄒᆞ고○강화부에셔 심리훈 강도 쥬운쇠 리기불 여샹복 최셩근이가 무리를 쳬결 ᄒᆞ야 강화부 디경에셔

김창수가 죄인들을 가르치는 것을 보도한 1898년 2월15일자 《독립신문》 기사.

지는 책으로서, 《논어(論語)》와 함께 조선의 유생들에게 가장 널리 읽혔던 유학경전(儒學經典)이다. 김창수가 별 생각 없이 《대학》을 교재로 하여 죄수들을 가르칠 마음을 먹은 것은 아마 어려서 서당에서 글공부를 할 때에도 한문 문장을 외우는 것으로 시작했기 때문이었을 것이다.

뒤에서 보듯이, 이승만도 옥중에서 어린 죄수들과 정치범들을 가르치는 일에 열성을 쏟는다. 두 사람의 이러한 행동은 한국에서뿐만 아니라 이 무렵까지 선진 외국에서도 찾아볼 수 없었던 특이한 사실로서 주목할 만한 가치가 있다. 다만 이승만은 김구와 달리 “가갸거겨…”를 써놓고 한글부터 가르친 것이 흥미 있는 대조를 이룬다.

처음에는 어설프게 시작한 김창수의 죄수 교육은 그러나 지속적으로 진행되었고, 시간이 지나면서 김창수 자신의 인격의 성숙과 학식 및 사상의 진전에 따라 내용도 더욱 충실해져 갔던 것은 다음과 같은 《독립신문》의 기사로도 짐작할 수 있다.

> 인천항 감옥서 죄수 중에 해주 김창수는 나이 이십 세라. 일본 사람과 상관된 일이 있어서 갇힌 지가 지금 삼년인데, 옥 속에서 주야로 학문을 독실히 하며 또한 다른 죄인들을 권면하야 공부들을 시키는데, 그 중에 양봉구(梁鳳九)는 공부가 거의 성가〔成家: 학문이나 기술이 한 경지를 이룸〕가 되고 그 외 여러 죄인들도 김창수와 양봉구를 본받아 학문 공부를 근실히 하니, 감옥 순검의 말이 인천 감옥서는 옥이 아니요 인천감리서 학교라고들 한다니, 인천항 경무관과 총순은 죄수들을 우례(優禮)로 대지하야 학문을 힘쓰게 하는 그 개명한 마음을 우리는 깊이 치사하노라.[19]

양봉구가 어떤 인물이었는지는 알 수 없으나, 김창수는 글공부를 열심히 하는 그와 친숙해져서 탈옥을 같이하게 된다. 김구는 위와 같은 기사를 《황성신문》에서 보았다고 기억했으나 이는 착오이다. 앞에서 보았듯이 《황성신문》은 이때에는 아직 발행되고 있지 않았다.

문맹자들에게 글을 가르치는 것 말고도 김창수는 억울하게 갇힌 사람들의 송사(訟事)를 대서해 주기도 했다. 그는 죄수들의 사연을 듣고 무료로 소장(訴狀)을 써주었다. 갑오개혁 이후 새로 도입된 소장제도 때문에 법률에 무지한 일반백성들의 피해는 오히려 더 심해졌다. 갑오개혁 이전에는 특별한 규정이 없이 흰 종이에 내용을 적어서 제출하기만 하면 되었으나, 갑오개혁 이후에는 재판소 이름이 적힌 인찰지(印札紙)를 사용하지 않은 소장이나 군수 또는 지방재판소의 판결을 거치지 않고 고등재판소에 곧바로 올라온 소장은 해당 재판소에서 모두 퇴각시켰다. 그리하여 예전같이 흰 종이에 소장을 써온 무지한 백성들의 피해가 많았다. 이렇게 되자 소장을 직접 쓰지 못하는 일반 백성들을 대상으로 돈을 받고 영업을 하는 대서소가 생겨났고, 글과 법을 모르는 일반 백

---

19) 《독립신문》 1898년 2월15일자, "외방통신".

성들은 이런 대서소에 의지할 수밖에 없었다. 그러나 이러한 사정을 악용한 대서소가 소장을 써주는 대가를 과다하게 받는 등 횡포가 심했다. 《독립신문》은 이러한 대서소의 폐난을 나음과 같이 비판했다.

> 경향간 사는 인민들이 명원할 일이 있어 소지를 제출하려면 각기 소회를 새 격식대로만 스스로 써서 정하면 좋을 터인데, 어찌하여서 서울서는 소장 쓰는 대서소라고 법부 관허를 맡아 가지고 고등재판소와 한성재판소에 소장을 제출하려고 하는 인민들에게 소장들을 써주고 소장 써준 서가(書價)라 칭하고 돈을 많이 토색질들을 하는지, 고등재판소에서 소지 대서소의 큰 폐단되는 줄을 알고 대서소들을 일병 혁파할 줄로 말들을 한다더라.[20]

당시 서울의 대서소가 이런 형편이었으므로 인천과 같은 개항장의 사정이 어떠했을지는 짐작하기에 어렵지 않다. 결국 억울한 일로 감옥에 들어온 일반 백성들은 법률의 횡포에 다시 한번 눈물을 흘려야 했다.

이러한 상황에서 김창수가 무료로 대서를 해주자 감옥 죄수들은 여간 기뻐하지 않았다. 김창수가 써준 소장 덕에 더러 소송에서 이기는 경우도 있었다. 죄수들 가운데에는 감옥 바깥에 연락하여 대서 비용을 써가면서도 효과가 없는 경우가 허다했으나, 김창수와는 서로 상의해서 써 가지고 인지만 사다 붙여 제출하면 되었으므로 우선 편리했다. 또한 김창수는 돈 한푼 받지 않고 성심껏 소장을 써주었기 때문에 그가 소장을 써주면 거의 다 승소한다고 과장되게 전해져서, 옥 안에서는 말할 나위도 없고 심지어 관리의 대서까지 해주기도 했다. 대서뿐만 아니라 김창수는 관리가 백성을 어려움에 빠뜨리고 돈을 상탈하는 사건이 있으면 상급 관리에게 고발하여 관련자를 파면시키기도 했다. 이 때문에 간수들은 김창수가 두려워서 죄수들을 함부로 학대하지 못했다.[21]

---

20) 《독립신문》 1897년 8월28일자, "잡보".

21) 《백범일지》, p. 117.

김창수의 감옥생활 가운데에서 흥미로운 것은 다른 죄수들과 어울려 소리를 배운 것이었다. 그는 시골에서 나고 자랐으나 농군들이 일을 하면서 부르는 "김매는 소리"나 "목동 갈까보다 소리" 같은 노동요 한마디 불러 본 적이 없었고, 기껏 시나 풍월을 읊조린 것이 고작이었다. 이 무렵 인천감옥에는 특이한 규칙이 있었다. 밤에 잠을 재우면 다른 죄수들이 잠든 틈을 타서 도주하는 죄수가 있었기 때문에 낮잠을 허락하는 대신에 밤에는 잠을 재우지 않았다. 그리하여 밤새도록 죄수들에게 소리나 옛이야기 같은 것을 시켰다. 김창수에게는 이러한 규칙이 적용되지 않았으나, 다른 죄수들을 다 그렇게 다루었으므로 김창수도 자연히 밤에 오래 놀다가 잠자리에 들게 마련이었다. 덕분에 시조나 타령 같은 것을 자주 듣게 되어 소리의 운치를 알게 되었다. 특히 조덕근에게서 여러 종류의 시조와 여창지름, 남창지름, 적벽가(赤壁歌), 가세타령〔선유가의 다른 이름〕, 개구리타령 같은 것을 배웠다.[22]

김구가 시골에서 태어나서 농군들과 같이 생활하며 성장했으면서도 '김매는 소리' 하나 익힌 것이 없었다는 것은, 서울의 양반 서당에 다니면서 서당 청지기를 졸라서 혼자 몰래 소리를 배운 이승만의 경우와는 흥미 있는 대조를 이룬다. 그리고 언제 사형집행이 있을지도 모르고 기약도 없는 감옥생활을 하면서 문맹의 죄수들에게 글을 가르치고, 그들을 위해 대서를 해주고, 또 그들과 어울려 소리를 배우고 하는 태도에서 우리는 김구의 대중표출자형 지도자[23]의 바탕을 느낄 수 있다.

---

22) 《백범일지》, pp. 117~118.

23) 제2장 p. 93의 주 50) 참조. 대중표출자는 대중의 막연한 감정이나 충동을 의식하여, 그들의 희망을 구체화하고 그들을 행동하게 함으로써 그들을 지도한다고 했다.

3. 《태서신사(泰西新史)》 읽고 개화파로

김창수의 첫번째 감옥생활에서 무엇보다도 중요한 것은 신서적을 읽고 서양문물에 눈을 뜬 사실이다. 김창수가 신서적을 본격적으로 읽기 시작한 시점은 정확히 알 수 없다. 사형집행 소식을 듣고 마음을 가다듬기 위해서 《대학》을 열심히 읽었다는 것으로 미루어 김창수가 신서적을 알게 된 것은 사형집행 정지령이 내린 1896년 11월 중순 이후였다.

김창수가 투옥되었던 인천은 서양문물과 신사상을 수용하기 좋은 조건을 갖추고 있었다. 개항 이후부터 상해와 일본 등지로 운항하는 서양 상선이 거의 모두 인천에 기항했기 때문에 일찍부터 외국인들이 인천에 진출했다. 1883년에 「인천제물포 각국조계 장정(仁川濟物浦各國租界章程)」이 체결됨에 따라 각국의 조계가 생기고, 이에 따라 외국상인들이 인천에 거주하면서 합법적 무역활동을 하고 있었다.[24] 그리하여 구미 각국에서 들어온 외국인 거주자나 여행자들과 서양선교사들을 통하여 새로운 문명과 서적들이 소개되었다. 또한 조선상인 가운데에도 외국으로 장사하러 나갔다가 신간서적을 들여오기도 했다.

날마다 《대학》을 붙들고 있는 김창수에게 어느 날 감리서 직원 한 사람이 신서적을 읽어보라고 권했다.

"문을 굳게 닫아걸고 자기 것만 지키려는 구지식, 구사상만으로는 나라를 구할 수 없소. 세계 각국의 정치, 문화, 경제, 도덕, 교육, 산업이 어떠한지를 연구해 보고, 내 것이 남의 것만 못하면 좋은 것을 수입하여 우리 것으로 만들어서, 이 나라와 백성의 살림살이를 유익되게 하는 것이 시무(時務)를 아는 영웅의 할 일이오. 한갓 배외사상(排外思想)만으로는 이 나라가 멸망하는 것을 구하지 못하오. 그러니 창수와 같이 의기 있는 남자는 마땅히 신지식을 구하여 장래 국가에 큰 일을 하

24) 《仁川市史(上)》, 仁川市史編纂委員會, 1993, pp. 214~280.

여야 하오."

이런 말을 하고 나서 그는 김창수에게 《세계역사(世界歷史)》, 《지지(地誌)》 등 중국에서 발간된 책들과 국한문으로 번역된 책들을 가져다 주었다.

신서적은 여러 가지 경로를 통해서 개화파 지식인들에게 보급되었다. 초기에는 외국을 방문한 정부관료나 상인들이 외국 여행길에 들여왔다. 이러한 경우에는 이들과 평소에 친분관계가 있거나 서로 뜻이 통하는 소수의 사람들에게만 제한되어 유통될 뿐이었다. 이들 말고도 서양 선교사들을 통하여 많은 신서적이 보급되었다. 선교사들은 선교사업의 일환으로 조직적으로 신서적을 번역하여 보급했다. 중국에 거주하던 선교사들은 상해에 중국성교서회(中國聖教書會), 대영성서공회(大英聖書公會), 미화서관(美華書館), 광학회(廣學會) 등의 출판사를 설립하고 기독교 관계 서적뿐만 아니라 서양에서 간행된 신간들을 한문으로 번역하여 소개했다. 특히 1887년에 영국선교사 윌리엄슨(Alexander Williamson)이 설립한 광학회는 티머시 리처드(Timothy Richard, 李提摩太)가 주간으로 취임한 뒤에 많은 기독교 관계 서적과 서양의 신간서적들을 번역하여 소개했다. 그리하여 광학회에서 발행한 책을 흔히 '광학회본'이라고 불렀다.[25]

신서적의 광범위하고 대중적인 보급은 신문사를 통하여 이루어졌다. 이 무렵의 신문들은 역사에 대한 높은 관심을 보였고, 또 역사와 관련된 출판사업도 벌였다. 《황성신문》은 역사, 지리와 제도 및 실학에 많은 관심을 보였고, 한역(漢譯)된 서양서적이나 일본 서적의 번역 간행에도 힘써서, 1899년에는 현채(玄采)가 번역한 《중동전기(中東戰記)》와 《미국독립사(美國獨立史)》를 출간했고, 이듬해에는 《법국혁신전사(法國革新戰史)》와 《청국무술정변기(淸國戊戌政變記)》를 출간했다. 이들 외국

25) 李光麟, "舊韓末 獄中에서의 基督敎信仰," 《韓國開化史의 諸問題》, 一潮閣, 1986, p. 233.

역사서는 혁명과 전쟁을 주로 다룬 것이었는데, 이러한 서적들의 번역 출간은 외국의 개혁사례를 통하여 한국의 부국강병(富國强兵)과 개화의 필요성을 강조하고자 한 것이었나. 현채가 《중동진기》의 발문에서 스스로 힘을 길러야 할 것을 역설한 '자수자강(自修自强)'의 주장은 그 대표적 보기였다.[26]

개항장의 감리서는 신서적의 보급에도 큰 역할을 했다. 《황성신문》은 "서적의 간행을 각 신문사에 광고하여 모든 백성들이 알 수 있게 하고, 몇백 질은 신문사에 보내어 판매케 하고, 또 몇백 질은 각 항구 감리서에 보내어 판매케 하여, 모든 사람들이 편리하게 이용할 수 있노록 함이 좋을 것이다"[27] 라고 신서적의 보급을 위한 구체적 방법을 제시하기도 했다. 김창수가 감옥 안에서 신사상과 신문화를 소개하는 여러 가지 서적들을 쉽게 접할 수 있었던 것은 이러한 환경 때문이었다. 김구는 감리서 직원들이 이따금 와서 자기가 신서적을 탐독하는 것을 보고는 매우 좋아하는 기색이었다고 했는데,[28] 이는 감리서 직원들이 그에게 개화사상을 주입시키기 위해 노력하고 있었음을 말해 준다.

김구는 이때에 자기는 "아침에 도를 깨우치면 저녁에 죽어도 좋다"는 공자의 말대로 신서적을 열심히 읽었다고 적었다. 김창수는 "죽을 날을 당하는 때까지 글이나 실컷 보리라" 라는 심정으로 손에서 책을 놓을 사이 없이 열심히 글을 읽었다고 한다. 신서적을 읽고 깨달은 것을 김구는 다음과 같이 적고 있다.

> 신서적을 보고 새로 깨달은 것은 고 선생이 전에 조상께 세사지내면서 "유세차(維歲次) 영력(永曆) 이백 몇 년…"이라고 쓴 축문을 읽던

26) 崔起榮, "《皇城新聞》의 역사관련기사에 내한 검도", 《韓國近代啓蒙運動硏究》, 一潮閣, 1997, p. 8.

27) 《皇城新聞》 1899년 1월14일자 "논설".

28) 《백범일지》, p. 115.

> 것이나 안태훈(安泰勳) 진사가 양학(洋學)을 한다고 하여 그와 절교한 일이 그다지 잘한 일로 보이지 않는다는 점이었다. 의리는 유학자들에게 배우고 문화와 제도 일체는 세계 각국에서 채택하여 적용하는 것이 국가의 복리가 되겠다는 생각이 들었다.[29]

근대적 교육을 전혀 받지 못한 김창수가 감옥에서 읽은 몇 권의 책으로 모든 사고와 가치관까지 송두리째 변화되었다고 보기는 물론 어렵다. 그것은 "의리는 유학자들에게서 배우고…"라는 말에서도 짐작할 수 있다. 그러나 그는 서양의 선진문물을 적극적으로 수용하는 것이 나라를 부강하게 하는 수단이라고 확신하게 되었다. 그러한 점에서 그의 사상적 전환은 이승만이 근대적 학교교육과 기독교를 통하여 새로운 사상과 서양적 가치관, 특히 미국식 민주주의에 대한 이해와 신념을 뚜렷이 갖게 된 것과는 다른 측면이 있다. 김구는 이때의 자신의 내면적 변화 과정을 다음과 같이 실감나게 적었다.

> 전에 청계동에서 오로지 고 선생만을 하나님처럼 숭배하던 때에는 나 역시 척왜척양(斥倭斥洋)이 우리의 당연한 천직이라 생각하였다. 이에 반대하는 사람은 사람이 아니고 금수(禽獸)라고 여겼던 것이다. … 고 선생은 오직 우리나라에만 한 가닥 밝은 맥이 남아 있고, 세계 각국이 대부분 피발좌임(被髮左衽)한 오랑캐들이라고 말씀하셨던 것이다. 그런데 《태서신사(泰西新史)》 한 책만 보아도 눈이 움푹 들어가고 코가 우뚝 선 원숭이에서 멀지 않은 오랑캐들로 여겼던 서양인들은 도리어 나라를 세우고 백성을 다스리는 좋은 법규가 사람답다는 느낌이 들었다. 그러나 높은 갓을 쓰고 넓은 요대를 두른 선풍도골〔仙風道骨: 신선의 풍채와 도인의 골격〕의 우리 탐관오리들은 오히려 그와 같은 오랑캐의 칭호조차 받을 수 없다는 사실을 깨닫게 되었다.[30]

---

29) 위와 같음.

매켄지의 《19세기: 한 역사》의 원서와 한문번역본 《태서신사람요》.

신서적을 탐독한 것이 이처럼 그의 인생관과 세계관의 코페르니쿠스적 전환을 가져오는 계기가 된 것이다. 김창수에게 서양문화에 대한 첫 접촉은 그만큼 충격이었다.

김창수가 감옥 안에서 《태서신사》와 함께 다른 어떤 신서적들을 읽었는지는 알 수 없다. 《백범일지》는 《태서신사》에 대해서만 언급하고 있다. 《태서신사》는 이 무렵의 신지식인들에게 가장 큰 영향을 끼친 책이었다. 이 책의 인기는 이승만이 감옥생활을 할 때에 작성된 한성감옥서의 《옥중도서대출명부(獄中圖書貸出名簿)》를 통해서도 확인할 수 있다. 《옥중도서대출명부》는 구한말 신지식인들과 정치범들이 감옥 안에서 빌려 읽은 책 목록을 적어 놓은 것인데, 1903년 1월부터 1904년 8월까지 20개월 동안 장부에 기록된 한문서적 가운데에서 《태서신사》(35

30) 《백범일지》, pp. 115~116.

회)는 《동몽선습(童蒙先習)》(36회) 다음으로 가장 많이 대출된 책이었다.[31]

《태서신사》는 영국인 로버트 매켄지(Robert MacKenzie, 馬懇西)가 1877년에 런던에서 출판한 《19세기 — 한 역사(*The Nineteenth Century — A History*)》를 영국인 선교사 티머시 리처드가 《태서근백년래 대사기(泰西近百年來大事記)》라는 제목으로 한역하여 1894년에 중국의 《만국공보(萬國公報)》에 연재했다가 이듬해 5월에 《태서신사람요(泰西新史攬要)》로 개재하여 광학회에서 출판한 책이었다. 우리나라에서는 1897년 5월에 《태서신사람요》를 학부 편집국에서 중간했고, 거의 동시에 《태서신사》라는 이름으로 국문 번역본이 출판되었다.[32] 《태서신사》는 나폴레옹 전쟁에서 시작하여 프러시아-프랑스 전쟁(1870~1871)까지의 100년 동안의 19세기 유럽사를 다룬 방대한 분량의 개설서이다. 원본은 3권 25장(실제로는 한 권)으로 구성되어 있는데, 이를 한문본으로 번역했을 때에는 각 장을 독립된 체제로 분리하여 24권(8책)으로 출판했다. 이 책이 어떤 목적으로 번역되었는지는 역자의 "서문"에 잘 드러나 있다.

> 이 글은 어두운 집의 등불이요 희미한 나루에 주즙〔舟楫: 배와 노. 천자를 보좌하는 신하〕이니, 질정하여 말하면 또 백성을 구하는 좋은 약이요, 나라를 보전하는 굳은 성이며, 가난함을 부자되게 하는 보배요, 청국을 개화하여 새 세계를 만드는 기계니, 정병(精兵) 십만과 전선(戰船) 천척으로 가히 비할 바가 아니니라.[33]

그러면서 이 "서문"은 청국의 당면한 개혁과제를 다음과 같이 제시했다.

31) 《獄中圖書貸出名簿》 참조.

32) 金秉喆, 《韓國近代飜譯文學史研究》, 乙酉文化社, 1975, pp. 187~188.

33) "서문", 《太西新史 諺譯(元)》, 학부편집국, 1897, p. 1.

또 극히 한 요긴한 일이 있으니, 중국이 금일에 곧 학교의 제도를 고치지 아니하고 다만 중국의 고서만 읽고 자칭 대국이라 하야 거만하게 타국을 업신여기면 타국의 좋은 법을 배우지 못할 뿐 아니라 마침내 중국의 본래 있는 좋은 일도 잃어버릴 것이요. 대저 일언이폐지하고 만 가지 병과 만 가지 악이 다 타국사정 모르는 데서 생김이니, 만일 타인과 같이 신법을 행하야 모르는 것을 변하야 아는 데로 나아가면 중국을 구하는 기틀이 전혀 이에 있을지라. 오호라, 어찌 살피지 아니하리요. …[34]

이 "서문"에서도 보듯이, 《태서신사》는 교육의 중요성을 특별히 강조했다. 유럽이 부강한 원동력이 교육이라면서 부국강병책의 핵심이 '교육입국'임을 강조했다. 이러한 《태서신사》의 내용은 한국정부와 개화파 지식인층에도 큰 영향을 끼쳤다. 신문에서도 국가의 부국강병을 위한 기초로서 교육의 중요성을 주장할 때에 《태서신사》를 인용하는 경우가 많았다. 그리하여 정부는 《태서신사》의 보급에 힘을 기울였다. 《태서신사》는 《공법회통(公法會通)》, 《서유견문(西遊見聞)》, 《중일약사(中日略史)》, 《아국약사(俄國略史)》, 《심상소학(尋常小學)》, 《대한지도(大韓地圖)》, 《소지구도(小地球圖)》와 함께 학부에서 공립학교 교재로 사용할 것을 권장한 책에 포함되어 있었다.[35]

신문들은 《태서신사》의 중요성과 의의를 적극적으로 홍보했다. 11월 5일자 《황성신문》은 아래와 같은 11개의 세계정세에 관한 설문을 내고 "이상의 문제는 《태서신사》를 먼저 읽은 뒤에 하니하나 대답함이 가하다" 라는 주석을 덧붙이고 있다.

(1) 프랑스가 무슨 까닭으로 크게 혼란하며 나폴레옹 1세는 어떤 영웅인가?

---

34) 위의 책, p. 3.

35) 《皇城新聞》 1898년 10월29일자, "雜報: 勸奬學徒".

(2) 영국은 어찌하여 흥성하여 세계 일등국이 되었으며, 정치의 옳고 그름이 우리나라에 비하면 어떠한가? 숨기지 말고 사실을 있는 그대로 서술함이 가함.
(3) 인도국은 어찌하여 영국의 속국이 되어 지금까지 자주하지 못하는가?
(4) 프러시아-프랑스전쟁에서 프러시아는 어찌하여 승리하였으며 프랑스는 어찌하여 패배하였는가?
(5) 오스트리아 황제 페르디난드는 무슨 까닭으로 손위(遜位)하였으며 지금은 그 나라 정세가 어떠한가?
(6) 이탈리아국 사기(史記)에 나폴리왕 페르디난드 2세가 그 백성을 포학하다가 각국으로부터 업신여김을 당하였으니, 그 정형과 옳고 그름이 어떠한가?
(7) 러시아가 정치와 땅을 개척할 때에 어떻게 하여 속지(屬地) 국민을 얻을 수 있었으며, 그 나라와 깊이 교제하는 것이 어떠하겠는가? 이것은 러시아 약사를 잘 읽고 조목조목 대답함이 가함.
(8) 돌궐국(突厥國: 터키)은 어떤 나라인가? 그 정치의 옳고 그름을 말함이 가함.
(9) 미국은 세계 가운데에서 교화(敎化)와 여러 정형이 어떠하다고 할 것인가?
(10) 신정(新政)이 흥한 뒤에 세계가 이전과 비교하면 어떠한가?
(11) 우리 대한은 어떤 정치를 써야 세계 일등국이 되며, 또 구습을 고치지 아니하면 장차 어떤 지경에 이를 것인지 자세히 저론(著論)함이 가함.[36]

이러한 설문으로도 《태서신사》가 얼마나 광범위한 내용을 담고 있는가를 짐작할 수 있다. 《황성신문》의 이 설문은 국제관계 속에서 한국의

36) 《皇城新聞》 1898년 11월5일자, "別報: 學部訓令續".

현실을 이해하기 위해서는 반드시 《태서신사》를 읽어야 한다는 것을 강조한 독서 캠페인이었다. 《황성신문》의 《태서신사》 읽기 권장은 이듬해까지도 계속되었다. 1899년 7월29일자 《황성신문》의 "논설"은 서양의 선진문물을 배우고 시무(時務)를 이해하기 위해서는 반드시 《태서신사람요》를 읽어야 한다고 강조했다.[37)]

어려서 궁색한 가정환경 속에서도 남달리 향학열에 불탔고 지방을 여행하면서도 교육상황을 관심 있게 관찰했던 김창수는 《태서신사》의 내용 가운데에서 특히 교육의 중요성을 강조한 점에 큰 감명을 받았던 것 같다. 감옥 안에서도 죄수들에게 글을 가르쳤던 그가 출옥한 뒤에 신교육운동에 열성적으로 헌신하는 것은 뒤에서 보는 바와 같다. 그리고 《태서신사》를 읽고 깨우친 신지식은 그가 죄수들을 가르치는 데에도 반영되었을 것은 말할 나위도 없다.

《태서신사》는 풍부한 내용 면에서나 대중성 면에서 신지식을 갈구하던 개화파 지식인들 사이에 널리 읽힐 만한 책이기는 했으나, 그렇다고 한국인의 입장에서 특별히 교본으로 삼을 만한 내용을 담은 책은 아니었다. 실제로 이 책의 내용은 국제정치에서의 제국주의적 입장과 기독교적 가치관을 반영하고 있다. 영국의 정치, 경제, 사회, 교육의 개혁과 발전상을 상세히 서술하고, 영국의 인도침략이 인도의 계몽과 발전에 끼친 긍정적 요인들을 강조하는 것이 그 대표적인 보기이다. 또한 프랑스역사 서술에서는 가령 프랑스혁명의 내용과 의미보다는 나폴레옹이 끼친 영향과 의미에 더 비중을 두고 있다. 그리고 서유럽문명의 발전에 끼친 기독교의 영향을 강조하고 중국을 비롯한 동양의 여러 나라들이 부국강병하기 위해서는 기독교를 적극적으로 수용해야 한다고

37) 《皇城新聞》 1899년 7월29일자, "論說".

주장했다.

김창수는 《태서신사》 말고도 당시 개화파지식인들 사이에 널리 읽혔던 만국공법(萬國公法)에 관한 책도 아마 읽었을 것이다. 그가 1차 신문 때에 "만국공법의 조항 어디에…" 운운하면서 입회한 일본 순사를 꾸짖었던 것은 앞에서 본 대로이다. 그러나 그때까지는 김창수가 만국공법에 관한 서적을 읽었을 개연성은 없다.

공법개념과 관련한 위정척사파의 주장은 1896년 2월25일에 유학자 최익현(崔益鉉)이 일본의 민비 시해를 비판하면서 올린 유명한 상소문에 잘 나타나 있다. 이 상소문은 당시 위정척사파 유생들에게 널리 회자되었는데, 상소문의 다음과 같은 구절은 김창수가 일본 순사를 꾸짖으며 한 말과 비슷한 느낌을 준다.

> 신(臣)이 듣자옵건대 각국이 통화(通和)하는 데에는 이른바 공법(公法)이라는 것이 있고 또 조약(條約)이라는 것이 있다고 하는데, 그 같은 공법과 조약 속에 과연 이웃나라의 역도들을 도와 남의 나라 군주를 위협하고, 남의 나라 국모를 시해할 수 있다는 문구가 있는지 신은 알지 못하겠습니다. … 만약 그 같은 것이 없다면 이른바 공법이나 조약들은 어떤 곳에 써야만 마땅하겠나이까.[38]

김창수가 신문을 받을 때까지 만국공법에 관한 서적을 읽지 못했더라도 최익현의 이러한 상소문을 읽었거나 전해 들었을 개연성은 충분히 있다. 당시 만국공법 이론은 신지식인들의 큰 관심의 대상이었다. 이 무렵에 소개된 만국공법 관련서적은 《만국공법(萬國公法)》, 《공법회통(公法會通)》, 《공법편람(公法便覽)》 세가지였는데, 모두 중국에서 활동하던 미국 선교사 윌리엄 마틴(William Martin)이 번역한 것이었다. 미국 법학자 헨리 휘튼(Henry Wheaton)의 《만국공법》은 1864년에, 미

---

38) 崔益鉉, "宣諭大員命下後陳懷待罪疏", 崔昌圭 編, 《韓末憂國名上疏文集》, 瑞文堂, 1977, pp. 109~110.

국 법학자 울시(Theodor D. Woolsey)의 《공법편람》은 1877년에, 독일 법학자 블룬츨리(Johann K. Bluntschli)의 《공법회통》은 1880년에 한문으로 번역되었다. 이 세 책 가운데에서 1890년대 이후 한국의 지식인들에게 실질적으로 영향을 미친 것은 블룬츨리의 《공법회통》이었다. 그것은 대한제국을 선포한 뒤에 고종이 황제를 칭할 수 있는 법적 근거로 인용되었고, 을사조약(乙巳條約)이 강제되었을 때에는 조약의 무효를 주장하는 법적 근거로 이용되기도 했다.[39] 또한 그것은 1899년 8월에 선포한 대한제국 헌법전인「대한국국제(大韓國國制)」를 만들 때에 그 용어나 체제에 많은 영향을 끼쳤다.[40] 이런 점에서 김구도 옥중에서 블룬츨리의 《공법회통》을 읽었을 개연성이 없지 않다. 뒤에서 보듯이, 이승만은 옥중에서 엄청난 양의 독서를 했는데, 이승만이 읽은 책 가운데에도 《태서신사람요》와 《공법회통》이 포함되어 있다.

만국공법 이론은 한국의 지식인들이 화이적(華夷的) 세계관을 극복하고 새로운 세계질서의 원리를 이해하거나 일본의 침략행위를 비판하는 데 중요한 이론적 근거가 되었다. 우리나라 최초의 신문인 《한성순보(漢城旬報)》는 창간호 서문에서 새로운 시대에는 만국공법을 아는 것이 시무자의 급선무임을 강조했고,[41] 을미사변 이후에는 위정척사파들도, 최익현의 상소문에서 보듯이, 만국공법이론을 원용하여 일본을 비판했다.[42] 이러한 만국공법이론은 유생들보다 의병 지도자들에 의해 논리적으로 수상되었다.[43] 뒷날 이토 히로부미(伊藤博文)를 저격한 안중근이 법정 최후진술에서 "나는 선생에 나갔다가 포로가 되어 잡혀 온

39) 김용구, 《세계관 충돌의 국제정치학》, 나남출판, 1997, pp.269~279.

40) 田鳳德, "大韓國國制의 制定과 基本思想", 《法史學硏究》 제1호, 韓國法史學會, 1974, pp.5~24 참조.

41) 《漢城旬報》 1883년 10월31일자, "旬報序".

42) 김용구, 앞의 책, pp.269~275.

43) 嚴燦鎬, "高宗의 對外政策硏究", 江原大學校 博士學位論文, 2000, p.92.

것이라고 확신하므로, 나를 국제공법에 의하여 처우해 주기 바란다"[44] 라고 국제법에 따른 처우를 요구한 것도 주목된다.

그러나 19세기의 유럽공법은 본질적으로 세계로 팽창하는 유럽제국이 상호간의 질서를 규정한 법적 도구였다.[45] 그러한 만국공법이론으로부터 조선의 지식인들이 큰 영향을 받고 또 만국공법에 따른 열강의 협조에 희망적 기대를 걸고 있었던 것은 아이러니가 아닐 수 없다.

4. 김주경(金周卿)의 석방운동과 탈옥

사형집행이 중지된 김창수의 막연한 감옥생활이 계속되는 동안 그에 대한 석방운동이 시작되었다. 김구가 일생을 두고 그의 호의를 잊지 못했던 극적 인물 김주경(金周卿)이 나타난 것이었다.

하루는 감리서 주사가 옷 한 벌을 가지고 와서 김창수에게 주면서 말했다.

"강화에서 온 김주경이라는 사람이 이 옷을 지어다가 감리 사또에게 드리면서 김창수에게 분부하여 입게 하여 달라는 청원을 했으니, 이 옷으로 갈아입고 있다가 김주경이라는 친구가 면회오거든 보시오."

주사가 돌아가고 나서 얼마쯤 있다가 과연 김주경이라는 사람이 나타났다. 나이는 마흔 살쯤 되어 보이고 얼굴이 단단하게 생긴 사람이었다. 그는 김창수를 보자 별 말을 하지 않고, 다만 "고생이나 잘 하시오. 나는 김주경이오" 하고는 돌아갔다. 저녁 사식을 가지고 온 곽씨 부인도 김주경이 찾아왔더라는 말을 했다.

"아까 강화 계신 김우후(金虞候)라는 양반이 네 아버지와 나를 찾아

---

44) "안중근공판기록", 신용하 엮음, 《안중근 유고집》, 역민사, 1995, p. 291.
45) 김용구, 앞의 책, p. 67.

오셨더라. 우리를 보시고 네 옷만 자기 집에서 지어 왔다면서 우리 양주 옷하라고 옷감을 끊어 주시고, 돈 200냥을 주시면서 필요한 데 쓰라고 하셨다. 그러고는 금방 가시면서 얼마 뒤에 다시 찾겠다고 하고 가시누나. 네가 보니 어떻더냐? 밖에서 듣기에는 아주 훌륭한 사람이라고 하더라."

김주경이 김창수를 면회 온 것은 간수 가운데 우두머리 격인 최덕만(崔德萬)이 김주경을 찾아가서 김창수의 이야기를 자세히 했기 때문이었다. 최덕만은 김주경의 집에 계집종으로 있던 여자의 남편이었다.

김창수는 최덕만에게 김주경의 내력과 인격을 자세히 물어보았다. 김주경의 자는 경득(卿得)으로서 본래 강화관아의 이속(吏屬)이었는데, 뒤에 우후〔虞候: 각 도의 병마절도사를 보좌하는 외관직. 병마우후. 5水營에는 수군우후가 있었음〕의 벼슬을 지낸 유명한 인물이었다. 김주경은 성품이 호방하여 초립동이 시절에도 글읽기를 싫어하고 투전을 일삼았다. 한번은 그의 부모가 투전버릇을 벌하기 위하여 그를 며칠 동안 곳간에 감금했는데, 그는 들어 갈 때에 투전목 하나를 감추어 가지고 들어가서 갇혀 있는 동안에 투전에 대한 여러 가지 묘수를 연구했다. 곳간에서 나온 김주경은 서울로 올라가서 자기만이 알 수 있는 표시를 한 투전목을 몇 만개나 만들어 가지고 강화로 돌아왔다. 그는 그 투전목을 친구들에게 나누어주어 고깃배마다 들어가서 팔게 했다. 그리고 자기는 그 고깃배들로 돌아다니면서 투전을 하여 수십만냥의 떼돈을 땄다.

김주경은 이렇게 딴 돈으로 강화와 인천 각 관청의 하급 관속들을 매수하여 자신의 뜻에 따르게 하고, 또 원근에서 용기와 지략이 있다는 자들을 자기 수하로 만들어 놓고는 어떠한 세도 있는 양반이라도 비리만 저지르면 직접 간접으로 혼을 내주었다. 경내에 도적이 생겨서 포교가 범인을 잡으러 나왔다가도 먼저 김주경에게 물어보아서 그가 잡아가라면 잡아가고 자기에게 맡기고 가라면 그냥 돌아갔다.

이 무렵 강화에는 세인들의 입에 오르내리는 큰 인물 둘이 있는데,

양반으로는 이건창(李健昌)이요 상놈으로는 김주경이라고 했다. 이 두 사람은 강화유수도 함부로 건드리지 못한다는 것이었다. 병인양요(丙寅洋擾) 뒤에 대원군은 서양열강의 침략에 대비하여 강화에 3,000명의 별무사(別武士)를 양성하고 섬 주위에 포루를 쌓아 진무영(鎭撫營)을 설치했었는데, 그때에 대원군이 김주경의 인품을 알아보고 그에게 포량감(包糧監)의 중임을 맡겼다고 했다.

김창수를 면회한 다음 김주경은 최덕만의 집에 들러 음식을 먹으면서 말했다.

"김창수를 살려내어야 할 텐데, 지금 정부대관들은 모두 눈에 구리녹이 슬어서 돈밖에 보이는 것이 없으니, 불가불 금력을 사용하지 않으면 쉽게 방면치 못할 것 같다. 내가 집에 가서 가산 전부를 팔아 가지고 와서 김창수의 부모님을 모시고 서울에 가서, 어느 때까지든 김창수를 석방시키도록 주선을 하겠다."

김주경은 김창수의 석방운동을 위하여 자기의 재산을 다 들일 각오를 할 만큼 의협심이 강했다.

열흘 남짓 지나서 약속대로 김주경이 다시 나타났다. 그는 김순영 내외 가운데 한 사람만 동행하자고 하여 곽씨 부인과 함께 서울로 갔다. 서울에 도착한 김주경은 법부대신 한규설(韓圭卨)을 찾아가서 김창수를 석방시켜 줄 것을 간청했다.

"대감께서 책임 있게 김창수의 충의를 표창하시고, 조속히 방면토록 해야 옳지 않겠나이까. 폐하께 비밀히 주청이라도 하셔서 장래에 허다한 충의지사가 생기도록 하심이 대감의 직책이 아니오이까!"

《백범일지》는, 이때에 한규설은 속으로 김주경의 말에 감복했으나 일본공사 하야시 곤스케(林權助)가 김창수사건이 국제문제가 될까 염려하여 대신들 가운데 이 사건을 고종에게 진언하는 사람이 있으면 수단을 가리지 않고 위험에 빠트릴 흉계를 꾸미고 있었으므로, 김주경의 주장이 옳은 줄 알면서도 어떻게 할 방도가 없다고 말했다고 기술하고 있

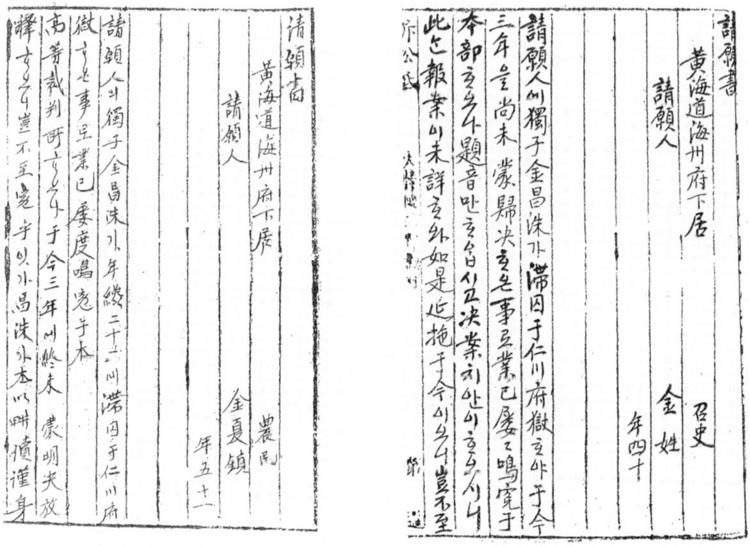

김순영이 김창수의 석방을 요망한 청원서(왼쪽)와 곽씨 부인이 김창수의 석방을 요망한 청원서(오른쪽)의 첫장.

다. 그러나 그러한 이야기를 확인할 만한 다른 기록은 없다. 김주경은 욕을 퍼붓고 한규설의 집을 나왔다고 한다. 그는 공식적으로 소장이나 들이자고 하여 제 1차로 법부에 소장을 올렸다. 그러자 "국모의 원수를 갚는다고 한 말의 뜻은 가상하나, 사건이 중대하여 이곳에서 마음대로 할 수 없다"라는 제지(題旨)가 내려 왔다. 김주경은 두번, 세번 계속해서 각 관청을 돌면서 소장을 올렸으나, 모두 이리 미루고 저리 미루고 하여 결말이 나지 않았다.[46]

김주경은 일여덟 달 동안이나 김창수의 석방운동에 온 힘을 기울였다. 그러는 동안 김순영 내외는 번갈아 가면서 인천과 서울을 오르내렸다. 김순영 내외가 1898년 2월에 법부에 올린 두가지 청원서가 규장각 문서에 보존되어 있다. 하나는 김순영이 올린 것이고, 또 하나는 곽씨

46) 《백범일지》, p. 125.

부인이 올린 것인데, 김순영의 청원서는 '김하진(金夏鎭)' 명의로, 그리고 곽씨 부인의 청원서는 '김소사(金召史)' 명의로 되어 있다.[47]

두 사람은 청원서에서 자기네 아들이 국모보수의 의리로 변복한 일본인을 죽였는데도 강도로 다루는 것은 억울하다면서 공정하게 판결하여 석방해 달라고 호소했다. 그러나 법부의 답변은 간단했다. 김순영의 청원서에 대해서는 "마땅히 참작할 것이니 물러가 기다리라" 라고 답변했다. 김순영의 청원서에 대한 법부의 제지(題旨)에는 날짜가 "1일"로만 적혀 있는데, 그것은 3월1일이었을 것이다. 곽씨 부인의 청원서에 대해서는 18일자 제지로 "사정이 비록 딱하나 죄가 왕의 결정사항에 관한 것이므로 용납할 수 없다" 라고 답변했다.

김순영 내외는 이보다 앞서 곽씨 부인 명의로 인천감리에게 청원서를 올렸었다. 이때에 인천감리는 "그 의(義)가 가상하고 민망하기 그지없으나 법부의 결정사항이라 본관이 임의로 다룰 수 없다" 라고 답변했었다. 이렇게 하여 김창수에 대한 석방운동은 아무런 성과 없이 끝나고, 김주경의 재산만 바닥나고 말았다. 마침내 김주경은 석방운동을 단념하고 김창수에게 편지 한 통을 보냈다. 내용은 보통 위문편지였으나, 단율(單律) 한 수가 적혀 있었다.

> 脫籠眞好鳥　조롱을 벗어나야 진정 좋은 새요
> 跋扈豈常鱗.　통발을 뛰어 넘어야 예사 물고기가 아니리.
> 求忠必於孝　충은 반드시 효에서 구할지니
> 請看倚閭人.　청컨대 애타게 기다리시는 모친을 생각하시오.

그것은 탈옥을 권유하는 내용이었다. 김창수는 곧 답장을 썼다. 그동안 자신의 석방을 위하여 온 힘을 다해 준 정성에는 지극히 감사하나,

---

47) "請願書: 金夏鎭이 法部大臣 韓圭卨께" 1898년 2월, "請願書: 金召史가 法部大臣 韓圭卨께" 1898년 2월, 《白凡金九全集(3)》, pp. 286~289, pp. 290~292.

한때 구차스럽게 살기 위하여 생명보다 중한 광명(光明)을 버릴 수 없으니 과히 염려하지 말라고 했다.

김창수의 석방운동에 실패한 김주경은 집으로 돌아가서 자기의 재산이 동이 난 것을 보고 새로 동지들을 규합했다. 그 무렵 강화에 관용선이 세 척 있었는데, 김주경은 그 가운데 한 척을 탈취하여 해적 활동을 하려고 모의했다. 그러나 그 모의가 강화군수에게 발각되어 김주경은 도망치고 말았다. 그는 분풀이로 자신의 일을 방해한 군수가 상경하는 도중에 습격하여 실컷 두들겨 패주고는 블라디보스토크 방면으로 잠적했다.[48] 그 뒤에 김순영은 서울에서의 소송자료 전부를 강화로 가지고 가서 이건창에게 보여 주고 방책을 상의했다. 그러나 이건창 역시 탄식만 할 뿐이었다. 김창수의 석방운동은 이렇게 끝나고 말았다.

김주경의 탈옥권유를 거절했던 김창수가 탈옥을 하려고 마음먹게 된 것은 같이 있는 죄수들의 간청 때문이었다고 《백범일지》는 적고 있다. 그러나 김창수의 탈옥이 김주경의 석방운동이 무위로 끝나고 나서 한 달도 채 안 된 때였음을 감안하면 반드시 그렇지만은 않았던 것 같다. 김창수 스스로도 '국모보수'의 대의를 무시당한 채 기약 없는 사형수 생활을 언제까지나 감내하고 있을 수만은 없었을 것이다.

감옥에는 앞에서 본 대로 김창수가 소리를 배운 기생서방 조덕근과 절도재범으로 10년형을 받고 몇 달이 되지 않은 열예닐곱 살의 강백석(姜伯石)과 3년형의 양봉구 등이 있었다.[49] 그밖에 절도죄로 3년형을

---

48) 《백범일지》, pp. 126~127.

49) 김구는 이때의 죄수들의 이름을 "金白石"과 "梁鳳求"로 기억했으나, 인천항재판소 판사가 법부에 올린 보고서에 따르면, "金白石"은 "姜伯石"이고 "梁鳳求"는 "梁鳳九"였다("보고서 제3호: 仁川港裁判所判事 徐相喬가 議政府贊政 法部大臣 李裕寅께" 1898년 3월21일, 《白凡金九全集(3)》, p. 293).

받았다가 만기를 거의 채우고 출옥일이 보름밖에 남지 않은 강화 출신의 황순용(黃順用)이란 자도 있었다. 그는 감옥 안에서 죄수를 감시하고 있었다. 이들은 김창수가 마음만 먹으면 언제든지 자기들을 한 손에 몇 명씩 움켜쥐고 공중으로 날아서라도 능히 구해 줄 힘이 있는 것처럼 믿는 듯했다. 이들은 이따금 김창수에게 다가와서 자기들을 탈옥시켜 줄 것을 간청하거나 간혹 은근히 그런 뜻을 비쳤다. 어느 날 조덕근이 김창수를 보고 눈물을 흘리면서 호소했다.

"김서방님이야 언제든지 상감께서 특전을 내리시기만 하면 나가서 귀하게 되시겠지요. 저도 김서방님을 모시고 근 2년이나 고생을 했습지요. 그렇지만 김서방님만 특전을 입어 나가시는 날이면 간수의 포학이 비할 데 없이 심해질 것입니다. 그렇게 되면 우리가 어찌 10년 기한을 다 채우고 살아 나갈 수 있겠습니까? 우리들이 불쌍치도 않으십니까? 그동안 가르침을 받아 국문 한 자 모르던 것이 이제는 국한문 편지를 쓰게 되었습니다. 만일 살아 세상에 나간다면 죽을 때까지 일생의 보배가 되겠지만 여기서 죽는다면 공부한 것을 무엇에 쓰겠습니까."

'개입소학(皆入小學)'을 "개아가리 소학"하며 건성으로 글을 배우기 시작했던 까막눈 조덕근이 국한문 편지를 쓸 수 있게 된 것은 김창수의 죄수교육이 꽤 성과를 거두고 있었음을 짐작하게 한다. 김창수는 근엄한 태도로 조덕근에게 말했다.

"나는 죄수가 아니냐? 피차에 어느 날이고 동시 출옥이 안 되면 그 섭섭한 마음이야 어찌 말로 표현할 수 있겠나."

"김서방님이 아직은 우리 더러운 놈들과 함께 계시지만 내일이라도 영광스럽게 감옥을 나가실 분이 아니십니까? 저를 살려 주시면 결초보은(結草報恩: 죽은 혼령이 되어서라도 은혜를 잊지 않고 갚는다는 뜻)하겠습니다."

조덕근은 말뜻을 분명하게 하지 않았다. 어떻게 들으면 국왕의 특별한 은혜를 입어서 나간 뒤에 권력으로 자기를 구해 달라는 것도 같고,

또 어떻게 들으면 김창수가 출옥하기 전에 힘으로 자기를 구해 달라는 말로도 들렸다. 김창수는 아무 말도 하지 않았다. 그러나 이때부터 자기도 모르게 그의 마음도 흔들리기 시작했다. 탈옥을 결심하게 되는 과정을 《백범일지》는 다음과 같이 적고 있다.

> 나를 무한정 놓아 주지 않는 데도 옥에서 죽는 것이 옳은가 그른가. 당초에 내가 왜놈을 죽인 것이 우리 국법에 따른 범죄행위로 인정한 것이 아니다. 왜놈을 죽이고 내가 죽어도 한이 없다고 생각한 것은 내 힘이 부족하여 왜놈에게 죽든지 충의를 몰라 주는 조선 관리들이 죄인으로 몰아 죽이더라도 한이 없다고 결심한 것이다. 지금 대군주가 나를 죽일 놈이 아니라고 아는 것은 유 8월26일에 전칙(電勅) 한 사형정지 한가지 일로 족히 증명할 수 있고. 이때 이후로 감리서로부터 경성 각 관아에 올린 제지(題旨)를 보아도 나를 죄인이라고 적시한 곳은 없다. 또한 김경득이 그같이 자기 전 재산을 탕진해 가며 내 한 목숨 살리려 하던 것도 그렇고, 인천항 내 인사들이 한 사람도 내가 옥중에서 죽는 것을 원하는 사람이 없을 것임은 분명히 아는 일이다. 나를 죽이려 애쓰는 놈은 왜구(倭仇) 인즉, 왜놈들을 즐겁게 하기 위해 내가 옥에서 죽는 것은 아무 의미가 없는 일이 아닌가.[50]

김창수는 깊이 생각한 끝에 마침내 탈옥하기로 결심했다. 그는 조덕근을 보고 은밀히 말했다.

"조서방이 내가 하라는 대로만 한다면 살려 줄 도리를 연구하여 보겠네."

조덕근은 마음 깊이 감동하여 무엇이든지 하라는 대로 복종하겠다고 말했다. 그러나 다른 죄수 네 사람을 데리고 탈옥한다는 것은 그다지 쉬운 일일 수 없었다. 김창수는 우선 조덕근으로 하여금 집에서 돈 200

50) 《金九自敍傳 白凡逸志》, (親筆影印版), 集文堂, 1994, p. 76 ; 《백범일지》, p. 128.

냥을 가져다가 은밀히 몸에 감추어 두게 했다. 그날로 조덕근의 집에서 백동전(白銅錢) 200냥을 감옥으로 가져왔다. 다음은 탈옥을 쉽게 할 수 있는 환경을 만드는 일이었다. 김창수는 우선 감옥 안에서 영향력이 있는 황순용을 이용하는 방법을 생각했다. 김창수는 황순용이 강백석을 남색으로 지극히 사랑한다는 사실을 알고 있었다. 그리하여 조덕근에게 먼저 강백석으로 하여금 황순용을 조르게 했다. 이 계책은 적중했다. 황순용이 김창수에게 강백석을 탈옥시켜 달라고 간청했다. 그러나 김창수는 황순용이 조바심을 내게 하기 위해서 짐짓 그를 엄중히 꾸짖었다.

"네가 출옥할 기한도 멀지 않았으니 사회에 나가서 좋은 사람이 될 줄 알았는데, 출옥도 하기 전에 범죄할 생각을 하느냐? 백석이는 어린 것이 중형을 받아서 나도 불쌍히 여기지 않음이 아니나, 피차 수인(囚人)의 처지로 무슨 도리가 있겠느냐?"

그러고 나서는 황순용이 거듭 자기에게 부탁하게 하라고 조덕근을 부추겼다. 황순용은 눈물을 흘리면서 호소했다.

"제가 백석이의 징역을 대신이라도 지겠습니다. 백석이를 살려만 주신다면 죽을 데라도 사양치 않겠습니다."

김창수는 만일의 경우에 대비하여 황순용의 다짐을 단단히 받아놓아야 한다고 생각했던 것이다. 황순용이 밀고라도 하는 날이면 큰 낭패를 겪게 될 것이기 때문이었다.

"너는 단지 더러운 정으로 백석이를 살렸으면 하는 생각이 있나 보구나. 그러나 그 마음이 내가 백석이에 대해 그 어린 것이 필경 옥중혼이 될 것을 불쌍히 생각하는 것만 할는지가 의문이다. 또 설사 내가 백석이를 살려 주마고 허락하고 살려 줄 수속을 한다면 너는 그것을 순검청에 고발하여 나를 망신시키지나 않을까 걱정이다. … 만일 내가 백석이를 살리려다가 실패하여 점잖지 못한 모습만 드러나게 되면, 오늘까지 관리들의 경애를 받아왔던 것이 다 헛일이 되지 않겠느냐. 백석이를 살리려다가 노리어 백석이를 죽일 터이니, 살고자 하는 백석이보다 살리려는 네 마음을 믿을 수 없다."

그러자 황순용은 별의별 맹세를 다했다. 마침내 김창수는 절대복종하겠다는 황순용의 서약을 받고 그늘을 출옥시켜 주겠다고 약속했다. 그들은 김창수가 그 자신은 결코 도주하지 않고 자기들만 내보내 줄 것으로 믿는 모양이었다.

김창수는 아버지를 면회 오게 하여 대장간에 가서 한 자쯤 되는 삼릉창(三稜槍)을 하나 만들어 달라고 부탁했다. 김순영도 아들이 무슨 일을 벌이는 줄 짐작하고 그날 저녁으로 새 옷 속에 쇠창을 싸서 들여보내 주었다. 김순영으로서는 김주경과 함께 서울에 올라가서 온갖 방법으로 아들의 석방운동을 해보았으나 허사였던 것을 생각할 때에 아들의 마지막 결단은 오히려 당연한 것으로 여겨졌을 것이다. 그날 저녁에 곽씨 부인이 사식을 넣어 줄 때에 김창수는 침착한 어조로 말했다.

"오늘 밤 감옥에서 나갑니다. 아무 때나 자식이 찾을 때를 기다리시고 부모님은 오늘 저녁으로 배를 타시고 고향으로 가십시오."

"네가 나오겠니? 그럼 우리 둘이는 떠나마."

이렇게 하여 김순영 내외는 그날로 인천을 떠났다.[51]

그날 오후에 김창수는 당번간수를 불러 돈 150냥을 주면서 자기가 오늘 저녁에 한턱 낼 테니까 쌀과 고기와 모주 한 통을 사다 달라고 부탁했다. 전에도 이따금 그렇게 한 적이 있었으므로 간수는 별 의심 없이 받아들였다. 김창수는 그에게도 유혹하는 말을 빠트리지 않았다.

"그대가 오늘 밤 당번이니까 50전어치 아편을 사 가지고 밤에 실컷 먹소."

매일 밤 간수 한 사람씩 감옥에서 밤을 보내는 규칙이 있었는데, 그날의 당번간수는 아편쟁이였다. 그는 성품과 행동이 고약하여 죄수들에게 특별히 미움을 받는 인물이었다. 김창수가 계획적으로 그가 당번인

51) 《백범일지》, pp. 128~130.

날을 택했을 것은 말할 나위도 없다.

그날 밤 감옥 안은 때아닌 잔치가 벌어졌다. 50여명의 징역수와 30여명의 잡범들은 그동안 주렸던 창자에 고깃국과 모주를 실컷 먹고 마셨다. 홍이 오를 즈음에 김창수는 간수더러 도적죄수칸에 가서 소리나 시켜 듣자고 말했다. 간수는 생색이나 내듯이 외쳤다.

"김서방님 듣게 너희들 장기대로 노래를 불러라!"

명령이 떨어지자 죄수들은 노래를 하느라고 야단들이었다. 간수는 자기 방에서 아편을 실컷 피우고는 정신이 몽롱한 상태로 가무러졌다. 김창수는 이방 저방으로 왔다 갔다 하면서 노래를 듣는 척하다가 슬쩍 마루 밑으로 들어갔다. 그는 깔아놓은 벽돌을 창끝으로 들추고 땅을 파서 마침내 감옥 밖으로 나왔다. 감옥 밖으로 나온 그는 담 밑으로 가서 담장을 넘을 줄사다리를 매었다. 줄사다리를 매어 놓고 나자 문득 마음속에서 갈등이 생겼다.

'조덕근과 같은 도둑들을 데리고 가려다가 무슨 일이 날지 모르니 이 길로 곧 가버리는 것이 좋지 않을까. 그 자들은 결코 나의 동지가 아니다. 굳이 구해내어 무엇하겠는가.'

그러나 다른 한편으로는 이런 생각도 들었다.

'그렇지 않다. 사람이 현인군자에게 죄인이 되어도 하늘을 이고 땅을 밟고 부끄러운 마음을 견디기 어렵거든, 하물며 저와 같이 더러운 죄인의 죄인이 되고서야 죽을 때까지 그 부끄러움을 어찌 견디랴!'

결국 그는 나온 구멍으로 다시 들어가서 천연스럽게 자기 자리에 앉아 조덕근 등 네명을 눈짓으로 내보내고 마지막으로 자기가 나왔다.

감옥 밖에 나오자 뜻밖의 상황이 벌어져 있었다. 앞서 나온 네명이 담을 넘지 못하고 담 밑에 앉아서 벌벌 떨고 있었던 것이다. 김창수가 한 사람씩 담 밖으로 넘겨 보내고 마지막으로 담을 넘으려고 할 때였다. 별안간 담 밖에서 요란스러운 소리와 함께 경무청과 순검청 쪽에서 비상을 알리는 호각소리가 울렸다. 옥담 밖에는 용동마루쪽으로 판자 울타리가 쳐져 있었는데, 먼저 나간 네 명이 이 판자 울타리를 넘다가 그만 소리를 내고 만 것이었다.

옥문 밖에서 순검들의 발자국 소리가 들렸다. 김창수는 아직 담 밑에서 있었다. 다른 죄수들을 넘겨주기는 쉬웠으나 혼자서 한 길 반이 넘는 담을 넘기는 쉬운 일이 아니었다. 줄사다리를 타고 넘는 것이 제일 수월한 방법이었으나, 그러기에는 이미 너무 늦었다. 문 밖에서도 옥문 여는 소리가 나고 감방에 있던 죄수들도 소란을 피우기 시작했다. 황급히 주위를 둘러보았다. 마침 죄수들이 물통을 메는 데 쓰는 한 길쯤 되는 몽둥이가 눈에 띄었다. 김창수는 그 몽둥이를 이용하여 몸을 솟구쳐 담 꼭대기를 손으로 잡고 뛰어 내렸다. 담장을 넘은 그는 누구든지 앞길을 막는 자가 있으면 처치해 버릴 생각으로 쇠창을 손에 쥐고 곧바로 정문인 삼문(三門)으로 나갔다. 삼문을 지키던 파수 순검도 비상소집에 들어간 때문인지 인적이 없었다.[52] 이렇게 하여 1896년 5월11일에 체포된 이래로 약 2년 동안 계속된 김창수의 첫번째 감옥생활은 끝났다.

오랜만에 맛보는 신선한 새벽공기였다. 3월의 싱그러운 봄기운이 자유의 몸이 된 김창수의 허파 속으로 스며 들었다. 《백범일지》에는 탈옥한 날이 3월9일(음력)이라고 적혀 있으나, 당시의 공식기록에 따르면 이날은 1898년 3월21일(음력 2월29일) 새벽 1시쯤이었다.[53] 이승만이 연사로 등장한 역사적인 독립협회 주최의 군중집회가 서울 종로에서 열린 지 열흘이 지난 때였다.

김순영 내외는 인천을 떠나서 해주집에 도착하자마자 뒤쫓아 온 인천 순검에게 체포되었다. 곽씨 부인은 곧 석방되었으나 김순영은 1년 동안이나 아들 대신에 옥살이를 해야 했다. 그리하여 곽씨 부인은 1898년 12월과 이듬해 3월에 남편의 석방을 탄원하는 청원서를 법부에 제출했

52) 《백범일지》, pp. 131~132.

53) "報告書 제 3호: 仁川港裁判所判事 徐相喬가 議政府贊政 法部大臣 李裕寅께" 1998년 3월21일, 《白凡金九全集(3)》, p. 293.

다. 청원서에서 곽씨 부인은 아들의 행동이 충의열사(忠義烈士)라고 칭하면서도 석방하지 아니하여 아들이 부득이 탈옥한 것인데, 남편을 대신 구속하여 1년이 되도록 재판도 하지 않고 가두어두는 것은 억울하다고 호소했다.[54] 법부 형사국은 이 문제를 논의한 끝에 1899년 3월 하순에 김순영을 석방했다.[55] 김창수는 탈옥한 뒤 도피생활을 하다가 1년이 지나서야 이러한 사실을 알았다.

---

54) "訴狀: 金召史가 法部大臣 韓圭卨께" 1898년 12월 및 "訴狀: 金召史가 法部大臣 韓圭卨께" 1899년 3월, 《白凡金九全集(3)》, pp. 299~302.

55) 《매일신문》 1899년 3월18일자, "잡보".

연 보

1875~1898년

연도	이승만
서기 1875 단기 4208 을해(乙亥)	**1세** • 2월19일(양력 3월26일). 황해도 평산군(平山郡) 마산면(馬山面) 능안골〔陵內洞〕에서 이경선(李敬善)과 김해 김씨의 3남 2녀 중 막내로 태어남. 두 형이 그의 출생 전에 사망했기 때문에 6대독자. 아명은 승룡(承龍). 혈액형 O형.
1876 4209 병자(丙子)	**2세**
1877 4210 정축(丁丑)	**3세** • 평산에서 서울 남대문 밖 염동(鹽洞)으로 이사.
1879 4212 기묘(己卯)	**5세** • 이 무렵부터 생일 때마다 여종 복녀를 따라 문수암(文殊庵)에 가서 불공을 드림. 오백나한상에 매료됨.
1880 4213 경진(庚辰)	**6세** • 어머니 김씨로부터 한문교육을 받음. 《천자문(天字文)》을 떼고 《동몽선습(童蒙先習)》을 익힘. 한시(漢詩)를 지음. • 천연두 앓음. 천연두로 인한 눈병으로 몇 달 동안 실명 상태에 빠졌다가 친척 이호선(李浩善)의 권유로 진고개에 있는 일본인병원을 찾아가 치료를 받고 나음.
1881 4214 신사(辛巳)	**7세** • 낙동(駱洞)의 퇴직대신 이건하(李建夏) 집 서당에 다니기 시작. 도강(都講)에 매번 장원할 만큼 뛰어남. • 낙동으로 이사.
1882 4215 임오(壬午)	**8세** • 6월. 서당아이들과 함께 임오군란(壬午軍亂) 현장을 돌아다님.

김 구	일반사
	▪ 8월20일. 일본군함 운양호(雲揚號), 강화도(江華島)를 침공(강화도사건).
1세 ▪ 8월29일. 황해도 해주 백운방(白雲坊) 텃골〔基洞〕에서 김순영(金淳永)과 곽낙원(郭樂園)의 외아들로 태어남. 아명은 창암(昌巖). 혈액형 AB형.	▪ 2월2일. 조-일수호조규(朝日修好條規: 강화도조약) 조인.
2세 ▪ 어머니 젖이 부족하여 암죽을 끓여 먹이고 아버지가 동냥젖을 얻어먹임.	▪ 10월. 일본 대리공사 하나부사 요시타다(花房義質) 서울 도착.
4세 ▪ 천연두 앓음. 어머니가 대나무 침으로 고름을 짜서 얼굴에 마마자국이 생김.	▪ 6월. 전국에 콜레라 퍼짐. ▪ 12월. 지석영, 최초로 종두 실시.
5세 ▪ 몇몇 친척집과 함께 강령군(康翎郡)으로 이사. ▪ 아버지 숟가락 부러뜨려 엿을 사먹거나 어머니 물감을 장맛비로 생긴 작은 샘에다 푸는 등 개구쟁이 행동을 함.	▪ 3월26일. 미 해군준장 슈펠트, 부산에 와서 통상을 요구.
6세	▪ 4월10일. 일본에 신사유람단 파견.
7세 ▪ 텃골 고향으로 돌아옴.	▪ 4월6일. 조-미수호통상조약 조인. ▪ 6월9일. 임오군란 발생.

연도	이승만
1883 4216 계미(癸未)	**9세**
1884 4217 갑신(甲申)	**10세** ▪ 갑신정변으로 아산으로 피난 간 이건하의 빈 집을 보아주기 위해 그 집으로 옮겨 지냄. ▪ 갑신정변에 대한 관심으로 어머니를 당혹케 함.
1885 4218 을유(乙酉)	**11세** ▪ 도동(桃洞)의 우수현(雩守峴) 밑으로 이사. ▪ 양녕대군의 봉사손 이근수(李根秀)의 집 서당에서 이병주(李丙冑), 최을룡(崔乙龍), 신긍우(申肯雨) 신흥우(申興雨) 형제 등과 한문공부. 서당 청지기 최응원에게서 그림과 소리를 배움. 《삼국지(三國志)》, 《수호지(水滸誌)》, 《서상기(西廂記)》, 《전등신화(剪燈新話)》 등 탐독.
1886 4219 병술(丙戌)	**12세** ▪ 《통감(通鑑)》 15권과 《맹자(孟子)》, 《논어(論語)》, 《중용(中庸)》, 《대학(大學)》 등을 익히고 글씨쓰기에 힘씀. ▪ 훈장 이승설의 어깨너머로 바둑을 배움. ▪ 이 무렵 연날리기와 남사당(男寺黨) 구경을 즐김. 나막신을 신고 다녀서 '나막신 선비'라는 별명을 얻음. 우수현 고개에서 연날리기를 즐김〔이때의 추억을 기려 뒷날 호를 우남(雩南)으로 지음〕.
1887 4220 정해(丁亥)	**13세** ▪ 처음으로 과거에 응시했으나, 낙방〔이때의 과거는 왕세자빈의 관례(冠禮)에 따른 경과정시(慶科庭試)여서 왕세자와 동갑인 14세까지 응시할 수 있었으나, 아버지가 시키는 대로 한 살을 올려서 응시함〕.

김 구	일반사
8세 ▪ 이 무렵 아버지는 세상에 대한 불평이 많아 술만 먹으면 이웃 동네 양반을 구타. 양반들이 아버지를 도존위(都尊位)에 천거〔3년이 안 되어 면직됨〕.	▪ 1월27일. 태극기를 국기로 제정, 전국에 반포. ▪ 10월31일. 《한성순보》 창간.
9세 ▪ 4월. 큰아버지 백영(伯永) 사망. 술에 취한 준영(俊永)의 행패로 장례식이 난장판이 됨. 문중회의를 열고 준영을 앉은뱅이로 만들기로 하고 발뒤꿈치 근육을 잘랐으나 다행히 힘줄은 상하지 않음.	▪ 10월17일. 갑신정변(甲申政變) 발생. ▪ 11월24일. 일본과 한성조약(漢城條約) 체결.
10세 ▪ 갓난 애기 때에 젖을 준 핏개댁〔稷浦宅〕이 사망하여 조의를 표함.	▪ 2월19일. 광혜원(廣惠院) 설립. ▪ 3월1일. 영국함대, 거문도 점령〔1887년 2월 철수〕. ▪ 8월3일. 배재학당(培材學堂) 설립.
11세	▪ 6월17일. 신교육기관 육영공원(育英公院) 설립.
12세 ▪ 이 무렵 한글을 배워 이야기책은 볼 줄 알았고, 한문도 통낭글도 천사문을 배움. ▪ 집안어른이 갓을 쓰지 못하게 된 경위를 듣고 글공부 결심. 아버지가 집에 서당을 차리고 청수리	▪ 6월29일. 박정양(朴定陽) 주미공사 등 5개국 주재 공사 임명.

연도	이승만
1887 4220 정해(丁亥)	▪ 승만(承晩)으로 개명.
1888 4221 무자(戊子)	**14세** ▪ 계속하여 이근수의 서당에 다니면서 과거시험 준비.
1890 4223 경인(庚寅)	**16세** ▪ 동갑인 음성 박씨(陰城 朴氏)〔뒷날 호적정리 때에 승선(承善)으로 작명〕와 혼인. ▪ 이 무렵 훈장 이승설이 죽고 석초(石樵) 김생원으로부터 한시(漢詩)를 집중적으로 배움.
1892 4225 임진(壬辰)	**18세** ▪ 《시전(詩傳)》, 《서전(書傳)》, 《주역(周易)》 등을 익힘.

김 구	일반사
(淸水里) 이생원을 초빙하여 공부 시작. 석 달 뒤 시당을 신존위의 사랑으로 옮김. 신존위가 이생원을 내쫓아 공부가 중단됨.	
13세 • 4월. 할아버지 김만묵(金萬默) 사망. • 아버지가 갑자기 뇌졸중으로 전신불수. 병세가 약간 호전되자 부모는 문전걸식하며 치료받기로 하고 창암을 큰어머니 집에 맡김. 곧 부모를 따라 신천, 안악, 장련 등지로 떠돌아다님.	• 12월29일. 한성부, 전국 호구 조사(158만 4,865호, 664만 4,082명).
15세 • 4월. 할아버지 대상(大祥)을 지내기 위해 창암을 장련 재종조의 누이 집에 맡겨두고 부모만 고향으로 돌아감. 다시 고향으로 돌아가 서당에 다녔으나 서당 선생들의 수준에 회의를 느낌. • 아버지의 권유로 토지문서 작성 등 실용문을 배움. 《자치통감(資治通鑑)》, 《십팔사략(十八史略)》 등을 읽음. • 학명동(鶴鳴洞) 정문재(鄭文哉)의 서당에 면비학동으로 통학. 한당시(漢唐詩)와 《대학(大學)》 등을 배움.	• 1월11일. 서울안의 청-일 양국상인을 용산으로 철거시키도록 양국에 요청. • 12월12일. 일본과 월미도기지 조차조약 체결.
17세 • 해주에서 시행된 임진경과(壬辰慶科)에 응시했으나, 낙방. 과거장이 타락상을 보고 실망하여 과거공부 포기. • 아버지의 권유에 따라 《마의상서(麻衣相書)》를 가지고 관상공부 시작. 자신의 관상에 실망하여 관상공부를 그만두고 풍수지리 서적을 읽었으나 흥미를 느끼지 못함. 《지가서(地家書)》, 《손무자(孫武子)》, 《오기자(吳起子)》, 《육도(六韜)》, 《삼략(三略)》 등 탐독. • 일가 아이들을 모아 1년 동안 글을 가르침.	• 12월1일. 동학교도, 전라도 삼례에서 교조 최제우(崔濟愚)의 신원(伸寃)과 탄압중지 요구.

연도	이승만
1893 4226 계사(癸巳)	**19세** ▪ 과거시험에 매번 응시했으나, 낙방. ▪ 겨울에 《시전》 몇 권을 반복하여 읽음.
1894 4227 갑오(甲午)	**20세** ▪ 과거제도의 폐지에 실망하고 칩거. ▪ 신긍우의 배재학당 입학 권유를 거절.
1895 4228 을미(乙未)	**21세** ▪ 봄. 신긍우 형제의 집요한 권유를 받아들여 배재학당 입학. ▪ 아펜젤러(H. G. Appenzeller), 노블(W. A. Noble), 존스(G. H. Jones), 벙커(D. H. Bunker), 헐버트(H. B. Hulbert) 등에게서 신학문을 배움. 특히 영어공부에 힘씀. ▪ 2월. 제중원 여의사 조지아나 화이팅(G. E. Whiting)의 한국어교사가 되어, 파이팅에게 조선어를 가르치고, 그녀에게서 영어를 배움. ▪ 8월. 배재학당의 초급 영어반 교사가 됨. ▪ 신긍우 형제 이외에 이충구, 윤열창, 이익채 등 개화를 주장하는 열혈청년들과 교우. ▪ 11월. 춘생문(春生門) 사건에 연루된 혐의를 받고 평산 누이 집으로 피신.

김 구	일반사
18세 • 정초. 동학교도 오응선(吳膺善)을 찾아가서 동학에 입도하고 창수(昌洙)로 개명. • 동학 입도 몇 달 뒤 연비(連臂)가 수천명이 됨. '애기접주'라는 별명을 얻음.	• 2월12일~14일. 동학교도 40여명 교조신원을 위해 광화문 앞에서 복합상소. • 3월11일. 동학교도 보은 집결.
19세 • 가을. 동학 본거지 보은 장내리에 가서 교주 최시형(崔時亨)으로부터 접주(接主) 접지 받음. 전봉준 등의 2차 봉기 소식을 듣고 해주로 돌아옴. • 11월27일(양력 12월23일). 동학농민군의 선봉장이 되어 해주성을 공략했으나 실패하고 회학동(回鶴洞)으로 퇴각. 동학 농민군 토벌군을 지휘하던 안태훈(安太勳) 진사가 밀사를 보내옴. • 구월산 패엽사(貝葉寺)로 이동하여 장교 경력자를 초빙하고 군사 조련에 힘씀. • 12월. 같은 동학군 이동엽(李東燁)의 기습을 받고 부대 괴멸. 몽금포로 피신. 3개월 동안 숨어 지냄.	• 1월10일. 고부에서 동학 농민 봉기. • 5월7일. 전주화약(全州和約) 성립. • 6월23일. 청-일전쟁 발발. • 6월25일. 군국기무처 설치〔갑오경장 시작〕. • 9월18일. 최시형 무력봉기 선언〔2차 봉기〕. • 11월8일~12일. 동학농민군 우금치(牛金峙)에서 대패.
20세 • 2월. 정덕현(鄭德鉉)의 권유로 신천군 청계동(淸溪洞)으로 안태훈을 찾아감. 그의 아들 안중근, 안정근, 안공근 형제를 만남. • 안태훈의 사랑에서 유학자(儒學者) 고능선(高能善)을 만나 《화서아언(華西雅言)》, 《주서백선(朱書百選)》등을 배우고 의리(義理)에 대한 가르침을 받음. • 5월. 청나라 사정을 알아보기 위해 김형진(金亨鎭)과 함께 청국 행 혜산진(惠山鎭)을 거쳐 압록강 건너 모아산(帽兒山), 통화(通化), 집안(輯安) 일대를 여행. • 11월. 삼도구(三道構) 김이언(金利彦) 의병의 강	• 1월. 「홍범14조(洪範十四條)」 선포. • 4월1일. 유길준(兪吉濬)의 《서유견문(西遊見聞)》 일본에서 발간됨.

연도	이승만
1895 4228 을미(乙未)	
1896 4229 병신(丙申) 건양(建陽) 1	**22세** ▪ 2월. 화이팅의 연락을 받고 3개월 만에 서울로 돌아옴. ▪ 의료 선교사 에비슨(O. R. Avison)에게 부탁하여 단발. ▪ 2월. 서재필(徐載弼)의 귀국환영회에 참석하여 서재필의 강연에 깊은 감동을 받음. ▪ 배재학당에서 실시한 서재필의 연속특강을 통하여 세계지리, 역사, 정치학 등 서양학문을 깨우침. ▪ 7월25일(음력). 어머니 사망. ▪ 11월30일. 서재필의 지도로 배재학당 안에 협성회(協成會)를 조직하고 서기로 선출됨.

김 구	일반사
계성 전투에 참가했다가 패배하고 고향으로 돌아옴. ▪ 고능선의 손녀와 약혼했으나, 김치경(金致景)의 방해로 파혼. ▪ 11월 말. 단발령이 내리자 고능선과 함께 의병을 일으키기로 하고 안태훈과 상의했으나 거절당함. ▪ 12월. 김형진과 함께 장연 산포수들을 동원하여 의병을 일으키려다 발각되어 피신함.	▪ 4월17일. 청-일강화조약〔시모노세키조약〕 조인. ▪ 5월23일. 평안도 운산(雲山)의 금광 광업권을 미국인에게 허가. ▪ 8월20일. 일본 낭인배 민비시해〔乙未事變〕. 친일내각 성립. ▪ 10월12일. 춘생문(春生門) 사건 발생. ▪ 11월15일. 단발령 시행. ▪ 11월17일. 양력 사용(1896년 1월1일이 됨). 독자연호로 건양(建陽) 채택.
21세 ▪ 2월. 다시 중국으로 가던 도중 안주에서 단발령 정지령과 삼남 의병 소식을 듣고 돌아오기로 결심. ▪ 3월9일. 안악군 치하포(鴟河浦)에서 국모보수(國母報讎)를 위해 변복한 일본인 쓰치다(土田讓亮) 살해. ▪ 5월11일. 집에서 체포되어 해주옥에 구금됨. ▪ 6월27일. 해주부 관찰사 서리 한서관 김효익(金孝益)으로부터 신문을 받음. ▪ 8월 초. 일본 인천영사관의 요구로 인천 감리영(監理營)으로 이송됨. 연안읍 근처에서 효자 이창매의 무덤을 지나다가 그의 효도 행적을 듣고 깊은 감명을 받음. ▪ 8월13일. 인천감옥에 수감됨. 어머니가 물상객주 박영문(朴永文)의 집에서 식모살이를 하며 옥바라지.	▪ 2월11일. 고종, 러시아 공사관으로 거처를 옮김〔俄館播遷〕. 친러내각 성립. ▪ 4월7일. 《독립신문》 창간. ▪ 4월22일. 경원(慶源), 경성(鏡城)의 광산 채굴권을 러시아인에게 허가. ▪ 7월2일. 독립협회 창립. ▪ 7월3일. 경의철도 부설권을 프랑스인에게 허가. ▪ 9월9일. 무산(茂山), 압록강 유역 및 울릉도 삼림채벌권을 러시아인에게 허가.

연도	이승만
1896 4229 병신(丙申) 건양(建陽) 1	
1897 4230 정유(丁酉) 광무(光武) 1	**23세** ▪ 7월8일. 배재학당 졸업. 졸업식에서 "조선의 독립"이라는 제목으로 영어 연설을 하여 갈채를 받음. ▪ 졸업한 뒤에도 학교에 나와 초등반 영어를 가르치는 한편 협성회의 토론회 주관.
1898 4231 무술(戊戌) 광무(光武) 2	**24세** ▪ 1월1일. 《협성회회보》 창간에 참여하고 주필을 맡음. ▪ 3월5일. 《협성회회보》(제 10호)에 신체시 "고목가" 발표. ▪ 3월10일. 종로에서 개최된 한국 최초의 대중집회인 독립협회 주최의 만민공동회에서 러시아의 절영도 조차요구 거절에 대한 연설을 하고 총대위원으로 선출됨. ▪ 3월19일. 《협성회회보》(제 22호)에 러시아의 절영도 조차요구를 반대하는 "논설" 발표〔이승만이 기명으로 집필한 최초의 "논설"〕. ▪ 4월9일. 《협성회회보》를 바꾸어 《매일신문》 창간〔한국 최초의 일간신문〕. ▪ 5월14일. 제 6대 협성회 회장에 선출됨. 《매일신문》 사장과 기재원을 겸직. ▪ 5월16일. 《매일신문》 1, 2면에 걸쳐 러시아와 프랑스가 한

김 구	일반사
▪8월31일. 경무관 김순근 주재의 1차 심문. 일인 살해동기를 밝혀 감리사 이재정(李在正) 등을 당황케 함. ▪9월5일. 경무관 김순근 주재의 2차 심문. ▪9월10일 감리 이재정이 인천항재판소 판사 자격으로 3차 심문. ▪11월16일. 《독립신문》의 기사를 읽고 사형소식을 알게 됨. 김구의 사형소식을 듣고 인천항 사람들의 산 소문이 줄을 이음. ▪11월. 고종의 특명으로 사형 직전에 집행 정지령이 내려짐. ▪감옥에서 《태서신사(泰西新史)》, 《만국지지(萬國地誌)》 등을 읽고서 개화파가 됨.	▪11월21일. 독립문 정초식(定礎式).
22세 (옥중) ▪강화의 김주경(金周卿)이 구명운동에 진력했으나, 성과 없이 가산만 탕진하고 잠적. ▪옥중에서 글을 읽지 못하는 죄수들을 위해 무료로 소장을 써줌.	▪2월20일. 고종 환궁. ▪8월16일. 연호를 광무(光武)로 바꿈. ▪10월12일. 대한제국(大韓帝國) 선포.
23세 ▪2월15일. 《독립신문》에 옥중에서 죄수들에게 글을 가르친 사실이 보도됨. ▪3월21일. 탈옥하여 서울로 도피. ▪부모는 해주집에 도착하자마자 체포됨 〔어머니는 곧 석방되었으나 아버지는 1년 동안 김구 대신 옥살이를 함〕. ▪4월. 서울을 출발하여 삼남지방으로 도피여행을 떠남. 강경포의 감옥동료 공종열의 집에 들렀다가 남원(南原)으로 김형진을 찾아갔으나 사망하고 없음. 목포, 무안, 해남 등지를 거쳐 5월 하순에 안동김씨 집성촌인 보성군 송곡리에 도착하여 40여일 동안 머묾. ▪8, 9월경. 화순, 동복, 순창을 지나 하동 쌍계사의	▪3월1일. 한러은행(韓露銀行) 설치됨(자본금 50만 루블. 5월에 폐쇄). ▪3월10일. 독립협회, 제1차 만민공동회 개최. ▪9월. 《황성신문(皇城新聞)》 창간. ▪9월8일. 경부철도부설권을 일본인에게 허가. ▪9월11일. 김홍륙(金鴻陸) 독다사건 발생. ▪10월29일. 종로에서 열린 관민공동회, 「헌의6

연도	이승만
1898 4231 무술(戊戌) 광무(光武) 2	국정부에 이권을 요구한 외교문서의 내용을 폭로하여 외교문제로 비화됨. 외부에 소환되어 관원들과 논쟁. ▪ 7월23일. 양홍묵(梁弘默) 등과의 알력으로 《매일신문》, 《협성회》에서 해임됨. ▪ 7월27일. 아들 태산(泰山 : 일명鳳秀) 태어남. ▪ 8월10일. 《뎨국신문》 창간에 참여하고 주필을 맡음. ▪ 8월16일~9월14일. 일본인 신문 《한성신보(漢城新報)》와 일본 '하등인들'의 행동과 관련하여 논쟁. ▪ 9월17일. 독립협회 외국인 용병부대 설치반대 총대위원으로 선출됨. ▪ 10월28일. 독립협회가 주최하는 의회원 개설을 위한 관민공동회에 참석. ▪ 11월5~23일. 「헌의6조(獻議六條)」 시행을 촉구하는 만민공동회를 주도. ▪ 11월21일. 만민공동회의 농성도중 보부상패에 습격당함. ▪ 11월29일. 새로 구성된 50명 중추원의 의관으로 선임됨. ▪ 12월16일. 박영효(朴永孝)와 서재필을 대신으로 임명할 것을 건의하는 중추원 결의에 앞장섬. ▪ 12월25일. 독립협회의 해산과 함께 체포령이 내리자 의료선교사 에비슨의 집으로 피신.

김 구	일반사
칠불아자방을 구경하고 계룡산 갑사(甲寺)에 도착. 공주에 사는 이서방이라는 유산객을 만나 마곡사(麻谷寺)에서 중이 됨. 법명은 원종(圓宗). 낮에는 장작 패고 물 긷는 잡일을 하고, 밤에는 《천수경(千手經)》 등 암송하고 용담(龍潭) 스님으로부터 《보각서장(普覺書狀)》을 배움. ▪ 12월. 어머니가 아버지의 석방을 탄원하는 청원서를 법부대신 한규설에게 제출.	조」를 결의. ▪ 10월30일. 고종, 관민공동회의 「헌의6조」를 윤허하고, 중추원장정의 제정 등 제도개혁을 위한 5개조의 조칙을 추가로 반포. ▪ 11월 5일. 독립협회 간부 17명 검거. ▪ 11월21일. 황국협회(皇國協會), 만민공동회 습격. ▪ 12월25일. 민회 금압령으로 독립협회 해산.

참고문헌

1. 자료

연대기, 정부기록, 신문 등

《承政院日記 高宗(13)》, 國史編纂委員會, 1970.
《日省錄(75)》, 서울大學校奎章閣, 1995.
《日省錄(79)》, 1996.
《日省錄(80)》, 1996.
《司法稟報(1)》, 亞細亞文化社, 1988.
《高宗純宗實錄(下)》, 國史編纂委員會, 1970.
《高宗時代史(三)》, 國史編纂委員會, 1969.
《高宗時代史(四)》, 1970.
《舊韓國外交文書(二) 日案(2)》, 高麗大學校 亞細亞問題研究所, 1967.
《舊韓國外交文書(三) 日案(3)》, 1967.
《舊韓國外交文書(四) 日案(4)》, 1968.
《舊韓國外交文書(七) 日案(7)》, 1970.
《舊韓國外交文書(十) 美案(1)》, 1967.
《舊韓國外交文書(十一) 美案(2)》, 1967.
《舊韓國外交文書(十四) 英案(2)》, 1968.
《舊韓國外交文書(十六) 德案(2)》, 1966.
《舊韓國外交文書(十七) 俄案(1)》, 1969.
《舊韓國外交文書(十九) 法案(1)》, 1969.
러시아財務省, 崔璇-金秉璘 譯, 《國譯 韓國誌》, 韓國精神文化研究院, 1984.

露國外務省 著, 南滿洲鐵道株式會社 庶務部調査課 譯,《極東露領に於ける黃色人種問題》, 1912.
日本外務省 編,《日本外交文書 29》, 國際聯合協會, 1954.
______,《日本外交文書 31-2》, 1954.
______,《日本外交年表竝主要文書 1840~1945 (上)》, 原書房, 1965.
______,《日本外交年表竝主要文書 1840~1945 (下)》, 1966.
《駐韓日本公使館記錄 (3)》, 國史編纂委員會, 1988.
《駐韓日本公使館記錄 (7)》, 1992.
《駐韓日本公使館記錄 (8)》, 1989.
《駐韓日本公使館記錄 (9)》, 1993.
《駐韓日本公使館記錄 (10)》, 1994.
《駐韓日本公使館記錄 (12)》, 1995.
《駐韓日本公使館記錄 (13)》, 1995.

《漢城旬報》,《독립신문》,《협성회회보》,《매일신문》,《帝國新聞》,《조선크리스도인회보》,《漢城日報》,《皇城新聞》,
The Independent, *The Korean Mission Field*, *The Korean Repository.*

《국역 신증동국여지승람(v)》, 민족문화추진위원회, 1970.
《大韓帝國官員履歷書》, 國史編纂委員會, 1972.
《侍天教歷史(下)》, 韓國學文獻硏究所 編,《東學思想資料集(3)》, 亞細亞文化社, 1979.
《天道教會史草稿》, 韓國學文獻硏究所 編,《東學思想資料集(1)》, 亞細亞文化社, 1979.
金允植,《續陰晴史(上)》, 國史編纂委員會, 1960.
宋炳基 外 編著,《韓末近代法令資料集(II)》, 國會圖書館, 1971.
兪吉濬,《兪吉濬全書(IV) 政治·經濟 篇》, 一潮閣, 1971.
______,《西遊見聞(全)》, 交詢社, 1895.
尹致昊,《尹致昊日記(四)》, 國史編纂委員會, 1975.
______,《尹致昊日記(五)》, 1975.
李敦化,《天道教創建史》, 大東印刷所, 1933.
鄭 喬,《大韓季年史(上)》, 國史編纂委員會, 1957.

______, 《大韓季年史(下)》, 國史編纂委員會, 1957.
崔昌圭 編, 《韓末憂國名上疏文集》, 瑞文堂, 1977.
秋憲樹 編, 《資料 韓國獨立運動(2)》, 延世大學校 出版部, 1972.
黃　玹, 《梅泉野錄》, 國史編纂委員會, 1955.
황　현 지음, 김종익 옮김, 《오하기문》, 역사비평사, 1994.
"重犯供招", 《東學亂記錄(下)》, 國史編纂委員會, 1959.
鄭顯奭, "甲午海營匪擾顚末", 《東學亂記錄(下)》, 國史編纂委員會, 1959.
《韓末新聞所藏目錄(1883~1910)》, 韓國研究院, 1972.

Palmer, Spencer J. ed., *Korean-American Relations—Documents pertaining to the Far Eastern Diplomacy of the United States*, vol. II, 1963, University of California Press.

■■■ 개인자료

宗正院 編, 《璿源續譜(太宗子孫錄 讓寧大君派)》 1, 3, 11, 22.
公報室, 《大統領李承晩博士談話集 (제 2집)》, 1956.
雩南李承晩文書編纂委員會 編, 《梨花莊所藏 雩南李承晩文書 東文篇(一) 李承晩著作 1》, 延世大學校 現代韓國學研究所, 1998.
______, 《梨花莊所藏 雩南李承晩文書 東文篇(二) 李承晩著作 2》, 1998.
雩南實錄編纂會, 《雩南實錄(1945~1948)》, 悅話堂, 1976.
리 프란세스카 지음, 조혜자 옮김, 《대통령의 건강》, 촛불, 1988.
徐廷柱, 《李承晩博士傳》, 三八社, 1949.

"人間李承晩百年(1)~(27)", 《한국일보》 1975년 3월11일~4월17일.
曺惠子, "人間李承晩의 새傳記①~⑥", 《女性中央》 1983년 1월호~6월호.
______, "촘촘한 사랑으로 머리를 빗긴다", 《女苑》 1984년 12월호.
"청년이승만자서전", 이정식 지음, 권기봉 옮김, 《초대대통령 이승만의 청년시절》, 동아일보사, 2002.
올리버, "내가 아는 李承晩博士", 《新東亞》, 1979년 9월호.

"Autobiography of Dr. Syngman Rhee", George A. Fitch Papers, Yenching

Institute, Harvard University.
"Autobiographical Notes of Syngman Rhee", Chong-Sik Lee, *Syngman Rhee — The Prison Years of a Young Radical*, Yonsei University Press, 2001.
Syngman Rhee, "Child Life in Korea" *The Korea Mission Field*, Vol. 8, No. 3, March 1912.
______, "Notes on Calligraphy", December 16th 1939.
Oliver, Robert T., *Syngman Rhee — The Man Behind the Myth*, Dodd Mead and Company, 1960.

《安東金氏翼元公派譜》
白凡金九先生全集編纂委員會 編, 《白凡金九全集 (3)》, 대한매일신보사, 1999.
金 九, 《金九自敍傳 白凡逸志》, 國士院, 1947.
______, 《金九自敍傳 白凡逸志》(親筆影印版), 集文堂, 1994.
윤병석 직해, 《직해 김구자서전 백범일지》, 집문당, 1995.
이병갑-김학민 주해, 《정본 백범일지》, 학민사, 1997.
도진순 주해, 《김구자서전 백범일지》, 돌베개, 1997.
김 구, 《백범학술원 총서① 金九自敍傳 白凡逸志》, 나남출판, 2002.
______, 《백범학술원 총서② 백범 김구(金九) 자서전 백범일지(白凡逸志)》, 나남출판, 2002.
白凡金九先生紀念事業協會 傳記編纂委員會, 《白凡 金九 — 생애와 사상》, 敎文社, 1982.
安在鴻, "白凡金九先生略史", 《新天地》 1949년 8월호.
"民族의 큰 스승 白凡 金九(1)~(10)", 《문화일보》 1995년 7월31일~9월1일.

■■■ 문집, 지방지, 전기, 회고록, 여행기 등

高錫魯, 《後凋先生文集》, 景仁文化社, 1993.
金靑熙 譯, 《華西集》 제 30권, 大洋書籍, 1975.
柳麟錫, 《毅菴集》, 景仁文化社, 1973.

金道泰, 《徐載弼博士自敍傳 — 韓末史를 중심으로》, 首善社, 1948.
金永義 編, 《左翁尹致昊先生略傳》, 基督教朝鮮監理會總理院, 1934.
金亨鎭, 《路程略記》, 白凡金九先生全集編纂委員會 編, 《白凡金九全集(3)》, 대한매일신보사, 1999.
馬懇西 元本, 李提摩太 譯, 蔡爾康 述稿, 《泰西新史攬要》, 學部編輯局, 1897.
______, 《泰西新史 諺譯, (元)》, 학부편집국, 1897.
______, 《泰西新史 諺譯, (亨)》, 1897.
______, 《泰西新史 諺譯, (利)》, 1897.
______, 《泰西新史 諺譯, (貞)》, 1897.
權寧漢 譯, 《김삿갓 시모음집》, 전원문화사, 2001.
김승태-박혜진 엮음, 《내한 선교사 총람 1884~1984》, 한국기독교역사연구소, 1994.
萬壽祠保存會, 《義士 安重根傳記》, 三信文化社, 1964.
批判新聞社 出版局, 《李圭完翁百年史》, 1958.
신용하 엮음, 《안중근 유고집》, 역민사, 1995.
愛國同志援護會, 《韓國獨立運動史》, 1956.
吳在景, 《隨想二十二年》, 汎署出版社, 1973.
올리버 R. 에비슨 지음, 황용수 옮김, 《구한말 40여년의 풍경》, 대구대학교 출판부, 2006.
尹炳奭 譯編, 《安重根傳記全集》, 國家報勳處, 1999.
乙未倭亂復讐義秘史委員會, 《乙未倭亂(1895) 眞相과 明成皇后 — 乙未倭亂復讐義秘史》, 한울, 1990.
李 全, 《安重根血鬪記》, 延泉中學校期成會, 1949.
이민열 편, 《아펜젤러 — 한국에 온 첫 선교사》, 연세대학교 출판부, 1985.
李鍾一, 《沃坡李鍾一先生論說集(三) 沃坡備忘錄》, 教學社, 1984.
정정화, 《녹두꽃》, 未完, 1987.
曺誠佑 譯, 《麻衣相法》, 明文堂, 1996.
趙洙翼 譯解, 《新譯 通鑑》, 弘新文化社, 1989.
許 政, 《내일을 위한 證言 — 許政回顧錄》, 샘터, 1979.
基督教大韓監理會百週年紀念事業委員會, 《朝鮮監理會年會錄》, 1906.
培材八十年史編纂委員會, 《培材八十年史》, 學校法人 培材學堂, 1965.

培材百年史編纂委員會, 《培材百年史(1885~1985)》, 學校法人 培材學堂, 1989.
醫學百年記念畵報編纂委員會, 《醫學百年記念畵報》 第1輯, 延世大學校 醫科大學, 1985.
安岳郡民會, 《安岳郡誌》, 1976.
仁川直轄市史編纂委員會, 《仁川市史(上)》, 仁川直轄市, 1993.
電氣通信史編纂委員會, 《韓國電氣通信100年史(上)》, 遞信部, 1985.
咸鏡南道誌編纂委員會, 《咸鏡南道誌》, 1968.
洪原郡誌編纂委員會, 《洪原郡誌》, 1973.
黃海道誌編纂委員會, 《黃海道誌》, 1970.
權五琦, "李靑潭 인터뷰", 《新東亞》, 1967년 2월호.
尹聲烈, "남기고 싶은 이야기들 — 培材學堂(1)~(67)", 《중앙일보》 1977년 2월4일~4월23일.
尹致昊, "獨立協會의 始終", 《新民》 1926년 6월호.
______, "獨立協會의 活動", 《東光》 1931년 10월호.
"朝鮮新敎育側面史 — 培材校五十年座談會", 《朝鮮日報》 1934년 12월4일자.
McKenzie, F. A., *Korea's Fight for Freedom*, AMS Press, Inc., 1920, rep., 1970.
Bishop, Isabella L. Bird, *Korea and Her Neighbours*, vol II, John Murray, 1898.
Mackenzie, Robert, *The Nineteenth Century: A History*, Nelson, 1892.
Philip Jaisohn, "What Korea Needs Most", *The Korean Repository*, March 1896.
______, "A Parting Word", *The Independent*, May 17th, 1898.
菊池謙讓, 《近代朝鮮史(下)》, 鷄鳴社, 1939.
東亞同文會 編, 《對支回顧錄(下卷)》, 原書房, 1981.
三浦梧樓, 《明治反骨中將一代記(觀樹將軍回顧錄)》, 芙蓉書房, 1981.
郁賢皓 主編, 《李白大辭典》, 廣西敎育出版社, 1995.
周勛初 主編, 《唐詩大辭典》, 南京鳳凰出版社, 2003.
中國歷史大辭典編纂委員會 編, 《中國歷史大辭典 淸史(下)》, 上海辭書出版社, 1992.
朝鮮公論社 編《紳士名鑑》, 朝鮮公論社, 1917.
朝鮮中央經濟協會 編《京城市民名鑑》, 朝鮮中央經濟協會, 1921.

鈴木彰, "黃海道東學黨征討略記", 《白凡金九全集 (3)》, 대한매일신보사, 1999.

2. 연구논저

단행본

고정휴, 《이승만과 한국독립운동》, 연세대학교 출판부, 2004.
권태환 · 전광희 · 은기수, 《서울의 전통 이해 — 인구와 도시화》, 서울시립대학교 서울학연구소, 1997.
金度亨, 《大韓帝國期의 政治思想硏究》, 지식산업사, 1994.
金斗鍾, 《韓國醫學史》, 探求堂, 1966.
______, 《韓國醫學文化大年表》, 探求堂, 1966.
金秉喆, 《韓國近代飜譯文學史硏究》, 乙酉文化社, 1975.
金庠基, 《東學과 東學亂》, 大成出版社, 1947.
金祥起, 《韓末義兵硏究》, 一潮閣, 1997.
김영작, 《한말내셔널리즘연구 — 사상과 현실》, 청계연구소, 1989.
김용구, 《세계관충돌의 국제정치학》, 나남출판, 1997.
______, 《임오군란과 갑신정변 — 사대질서의 변형과 한국외교사》, 도서출판 원, 2004.
朴成壽, 《獨立運動史硏究》, 創作과批評社, 1980.
方善柱, 《在美韓人의 獨立運動》, 翰林大學校 아시아文化硏究所, 1989.
白樂濬, 《韓國改新敎史》, 延世大學校 出版部, 1991.
베네딕트 앤더슨 지음, 윤형숙 옮김, 《상상의 공동체》, 나남출판, 2002.
서영희, 《대한제국정치사연구》, 서울대학교 출판부, 2003.
蕭公權 著, 崔明·孫文鎬 譯, 《中國政治思想史》, 서울대학교 출판부, 1998.
愼鏞廈, 《獨立協會硏究》, 一潮閣, 1976.
______, 《東學과 甲午農民戰爭硏究》, 一潮閣, 1996.
______, 《初期開化思想과 甲申政變硏究》, 지식산업사, 2000.
安龍植 編, 《大韓帝國官僚史硏究 1895. 4. ~1896. 7》, 延世大學校 社會科學硏究所, 1996.
______, 《大韓帝國官僚史硏究(Ⅰ)— 1896. 8. 1~1901. 7. 31》, 1994.

______, 《大韓帝國官僚史硏究(Ⅱ) — 1901. 8. 1~1904. 2. 29》, 1995.
______, 《大韓帝國官僚史硏究(Ⅲ) — 1904. 3~1907. 7》, 1995.
歷史學會 編, 《科擧 — 歷史學大會主題討論》, 一潮閣, 1981.
吳瑛燮, 《華西學派의 思想과 民族運動》, 國學資料院, 1999.
왕현종, 《한국근대국가의 형성과 갑오개혁》, 역사비평사, 2003.
禹仁秀, 《朝鮮後期山林勢力硏究》, 一潮閣, 2002.
柳永益, 《甲午更張硏究》, 一潮閣, 1990.
유영익, 《이승만의 삶과 꿈 — 대통령이 되기까지》, 중앙일보사, 1996.
______, 《젊은 날의 이승만 — 한성감옥생활(1899~1904)과 옥중잡기 연구》, 연세대학교 출판부, 2002.
兪鎭午, 《新稿憲法解義》, 一潮閣, 1952.
李光麟, 《韓國開化思想硏究》, 一潮閣, 1979.
______, 《韓國開化史의 諸問題》, 一潮閣, 1986.
______, 《開花派와 開化思想硏究》, 一潮閣, 1989.
______, 《올리버 알 에비슨의 생애 — 한국근대서양의학과 근대교육의 개척자》, 연세대학교 출판부, 1992.
이덕희, 《하와이이민 100년 — 그들은 어떻게 살았나?》, 중앙M&A, 2003.
이민원, 《명성황후시해와 아관파천》, 國學資料院, 2002.
李成茂, 《改正增補 韓國의 科擧制度》, 集文堂, 1994.
李佑成, 《韓國의 歷史像》, 創作과 批評社, 1982.
이정식, 《구한말의 개혁-독립투사 서재필》, 서울대학교 출판부, 2003.
이정식 지음, 권기붕 옮김, 《초대대통령 이승만의 청년시절》, 동아일보사, 2002.
李重煥 著, 李翼成 譯, 《擇里志》, 乙酉文化社, 1971.
李鉉宗, 《韓國開港場硏究》, 一潮閣, 1975.
정병준, 《우남 이승만 연구 — 한국근대국가의 형성과 우파의 길》, 역사비평사, 2005.
鄭晋錫, 《韓國言論史硏究》, 一潮閣, 1983.
______, 《한국언론사》, 나남출판, 1990.
정진석, 《歷史와 言論人》, 커뮤니케이션북스, 2001.
趙東杰, 《韓國民族主義의 成立과 獨立運動史硏究》, 지식산업사, 1989.
조재곤, 《한국근대사회와 보부상》, 혜안, 2001.

千寬宇, 《韓國史의 再發見》, 一潮閣, 1974.
崔起榮, 《大韓帝國時期新聞硏究》, 一潮閣, 1991.
______, 《韓國近代啓蒙運動硏究》, 一潮閣, 1997.
崔文衡, 《列强의 東아시아政策》, 一潮閣, 1979.
崔文衡 外, 《明成皇后弑害事件》, 民音社, 1992.
崔 埈, 《韓國新聞史》, 一潮閣, 1960.
韓相一, 《日本帝國主義의 한 硏究 — 大陸浪人과 大陸膨脹》, 까치, 1980.
한국역사연구회, 《1894년 농민전쟁연구(4)》, 역사비평사, 1995.
韓沽劤, 《全訂版 東學과 農民蜂起》, 一潮閣, 1983.
韓國政治外交史學會, 《甲申政變硏究》, 平民社, 1985.
______, 《한국근대정치사의 쟁점》, 집문당, 1995.
______, 《명성왕후 시해사건과 아관파천기의 국제관계》, 東林, 1998.
韓哲昊, 《親美開化派硏究》, 國學資料院, 1998.
洪淳權, 《韓末湖南地域義兵運動史硏究》, 서울大學校 出版部, 1994.

Anderson, Benedict, *Imagined Communities — Reflections on the Origin and Spread of Nationalism*, Verso, 2006.
MacKenzie, Robert, *The Nineteenth Century — A History*, 1880, London Nelson.
Schmid, Andre, *Korea Between Empires 1895～1919*, Columbia University Press, 2002.
ベ·ア·ロマーノフ著 山下義雄 譯, 《滿洲に於ける露國の利權外交史》, 1935, 原書房, 影印版, 1973.
細川嘉六, 《植民史》(細川嘉六著作集 第二卷), 理論社, 1972.

■■■ 논 문

高廷烋, "開化期 李承晩의 思想形成과 活動(1975～1904)", 《歷史學報》 제109집, 歷史學會, 1986.
권오영, "高錫魯의 위정척사사상과 '口傳心授'의 교육", 《백범과 민족운동연구》 제 3집, 백범학술원, 2005.
金東冕, "協成會活動에 관한 一考察 — 討論會와 機關紙 刊行을 中心으로",

《韓國學報》 제 25집, 일지사, 1981.
______, "協成會의 思想的研究"《史學誌》 제 15집, 檀國大學校 史學會, 1981.
金祥起, "甲午更張과 甲午乙未義兵", 《國史館論叢》 제 36집, 國史編纂委員會, 1992.
金淑子, "獨立協會의 斥俄思想 — 民族自主意識의 視覺", 《人文科學研究》 제 1집, 성신여자대학교 인문과학연구소, 1981.
金榮熙, "李鍾一의 言論觀과 뎨국신문의 性格에 관한 一考察", 《仁石朴有鳳博士華甲紀念論叢》, 傳藝苑, 1981.
김인선, "개화기 이승만의 한글운동 연구", 연세대학교 박사학위논문, 1999.
金春善, "'北間島'地域 韓人社會의 形成研究", 國民大學校 博士學位論文, 1999.
金翰奎, "賈誼의 政治思想 — 大韓帝國秩序確立의 思想史", 《歷史學報》 제 63집, 歷史學會, 1974.
金賢淑, "韓末顧問官 J. McLeavy Brown에 대한 研究", 《韓國史研究》 66호, 韓國史研究會, 1989.
盧秀子, "白堂 玄采研究", 《梨大史苑》 제 8집, 梨大史學會, 1969.
도진순, "1895~96년 金九의 聯中義兵活動과 치하포사건", 《韓國史論》 제 38집, 서울大學校 國史學科, 1997.
都冕會, "1894~1905年間 刑事裁判制度研究", 서울大學校 博士學位論文, 1998.
朴孟洙, "崔時亨研究", 한국정신문화연구원 박사학위논문, 1995.
______, "1893年 東學教團의 報恩聚會와 崔時亨의 役割", 《清溪史學》 제13집, 韓國精神文化研究院 清溪史學會, 1997.
______, "동학농민전쟁기 일본군의 무기 — 스나이더 소총과 무라타 소총을 중심으로", 《한국근현대사연구》 제 17집, 한울, 2001.
朴敏泳, "華西學派의 形成과 衛正斥邪運動", 《한국근현대사연구》 제 10집, 한울, 1999.
朴正信, "尹致昊研究", 《白山學報》 제 23호, 白山學會, 1977.
裵亢燮, "東學農民戰爭研究", 高麗大學校 博士學位論文, 1996.
白承鍾, "18~19세기 『정감록』을 비롯한 각종 예언서의 내용과 그에 대한 당시대인들의 해석", 《震檀學報》 제 88호, 震檀學會, 1999.
백승철, "개항 이후(1876~1893) 농민항쟁의 전개와 지향", 《1894년 농민전쟁연구(2)》, 역사비평사, 1992.
謝俊美, "淸日戰爭時 조선투입 淸軍의 동원과 朝鮮내에서의 전투상황", 翰林大學校 아시아文化硏究所, 《淸日戰爭의 再照明》, 翰林大學校 出版部, 1996.
송찬섭, "황해도지방의 농민전쟁의 전개와 성격", 《동학농민혁명의 지역적 전개와 사회변동》, 새길, 1995.
신영우, "충청도지역 동학농민전쟁의 전개과정", 《동학농민혁명의 지역적 전개와 사회변동》, 새길, 1995.
愼鏞廈, "獨立協會의 議會主義思想과 議會設立運動", 서울大學校 社會科學硏究所 編, 《儂石李海英敎授追念論文集 韓國社會의 變動과 發展》, 汎文社, 1985.
梁潤模, "김구의 『백범일지』와 민족주의사상 연구", 仁荷大學校 博士學位論文, 2001.
嚴燦鎬, "高宗의 對外政策硏究", 江原大學校 博士學位論文, 2000.
延甲洙, "大院君 執權期(1863~1873) 西洋勢力에 대한 대응과 軍備增强", 서울大學校 博士學位論文, 1998.
吳錫源, "19世紀 韓國道學派의 義理思想에 관한 연구 — 華西 李恒老 및 華西學派를 중심으로", 成均館大學校 博士學位論文, 1992.
오영섭, "고종과 춘생문사건", 《鄕土서울》 제68호, 서울市史編纂委員會, 2006.
______, "개화기 안태훈(1862~1905)의 생애와 활동", 《한국근현대사연구》 제40집, 한울, 2007.
柳泳益, "甲午-乙未年間(1894~1895) 朴泳孝의 改革活動", 《國史館論叢》 제36집, 國史編纂委員會, 1992.
尹炳喜, "第2次 日本亡命時節 朴泳孝의 쿠데타陰謀事件", 《李基白先生古稀紀念韓國史學論叢(下)》, 一潮閣, 1994.
李光麟, "舊韓末 韓國民族主義와 社會進化論", 《人文科學硏究》 제1집, 同德女子大學校 人文科學硏究院, 1995.
李玟源, "獨立協會에 대한 列國公使의 干涉", 《淸溪史學》 제2집, 韓國精神文化硏究院 淸溪史學會, 1985.
______, "稱帝論議의 展開와 大韓帝國의 成立", 《淸溪史學》 제5집, 韓國精神文化硏究院 淸溪史學會, 1988.

______, "俄館播遷前後의 韓露關係 1895～1898", 한국정신문화연구원 박사학위논문, 1994.

______, "大韓帝國의 改革과 그 實態 — 政府와 獨立協會의 皇權認識과 關聯하여", 《한국민족운동사연구》 제 9집, 한국민족운동사연구회, 1994.

______, "상투와 단발령", 《史學志》 제 31집, 檀國史學會, 1998.

李相燦, "1896년 義兵運動의 政治的性格", 서울大學校 博士學位論文, 1996.

李松姬, "韓末愛國啓蒙思想과 社會進化論", 《釜山女大史學》 제 1집, 1984.

이윤갑, "1894년의 경상도지역의 동학농민전쟁", 《동학농민혁명의 지역적 전개와 사회변동》, 새길, 1995.

李仁秀, "雩南 李承晩", 韓國史學會 編, 《韓國現代史論(Ⅰ)》, 乙酉文化社, 1987.

李憲昶, "舊韓末-日帝初 農家經營의 構造와 商品貨幣經濟", 《대한제국기의 토지제도》, 民音社, 1990.

李熙根, "1894년 농민전쟁기 농민의 東學에 대한 인식", 《한국근현대사연구》 제 5집, 한울, 1996.

張錫興, "19세기말 安泰勳書翰의 자료적 성격", 《韓國學論叢》 제 26집, 國民大學校 韓國學研究所, 2003.

田鳳德, "大韓國 國制의 制定과 基本思想", 《法史學研究》 제 1호, 韓國法史學會, 1974.

鄭求先, "甲午改革期 官吏任用制度 改革에 관한 一考察 — 科擧制廢址 및 薦擧制受容을 중심으로", 《慶州史學》 제 12집, 慶州史學會, 1993.

정은경, "황해도-강원도지역의 농민전쟁", 《1894년 농민전쟁 연구(4)》, 역사비평사, 1995.

鄭晋錫, "대한제국 최초의 '신문지조례' 제정과 그 내용", 제 7회 韋庵張志淵 기념 학술세미나, 2001.

趙東杰, "義兵運動의 韓國民族主義上의 位置(上)", 《韓國民族主義의 成立과 獨立運動史研究》, 지식산업사, 1989.

______, "백범 김구의 청소년기 생활과 의병운동", 《백범과 민족운동연구》 제 1집, 백범학술원, 2003.

朱鎭五, "獨立協會의 對外認識의 構造와 展開", 《學林》 제 8집, 延世大學校 史學研究會, 1986.

______, "19世紀 後半 開化改革論의 構造와 展開 — 獨立協會를 中心으로",

연세대학교 박사학위논문, 1995.

______, "1898년 독립협회운동의 주도세력과 지지기반", 《역사와 현실》 제 15호, 역사비평사, 1995.

______, "청년기 李承晩의 언론-정치활동 해외활동", 《역사비평》 제 33호, 역사비평사, 1996.

韓㳓劤, "東學農民軍의 蜂起와 戰鬪 — 江原-黃海道의 경우", 《韓國史論》 제 4집, 서울大學校 國史學科, 1978.

韓哲昊, "鷄林奬業團(1896～1898)의 조직과 활동", 《史學硏究》 제 55～56 합집, 韓國史學會, 1998.

洪景萬, "春生門事件", 《李載龒博士還曆紀念韓國史學論叢》, 한울, 1990.

洪性俊, "開化期 協成會運動에 관한 연구", 《崇實史學》 제 14집, 崇實大學校 史學會, 2001.

Lew, Young I., "American Advisers in Korea, 1885～1894 — Anatomy of Failure," Andrew C. Nahm, ed., *The United States and Korea: American-Korean Relations, 1866～1976*, The Center for Korean Studies, Western Michigan University, 1979.

Wagner, Edward W., "The Three Hundred Year History of the Haeju Kim(海州金) Chapkwa-chungin(雜科中人) Lineage", 《宋俊浩教授停年紀念論叢》別刷, 1987.

찾아보기(사항)

ㅊ · ㅋ · ㅌ

ㅍ · ㅎ

찾아보기(인명)

ㄱ

ㅂ

ㅅ

ㅇ

ㅈ

ㅊ

ㅋ · ㅌ · ㅍ